CF

SERVIC

W0358787

☐ Mme ☐ Melle. ☐ M. Nom ....

Société ....

Service ....

Adresse ....

Code postal |_|_|_|_|_| Ville .... Pays ....

Tél. : |_|_|_|_|_|_|_|_|_|_| Fax : |_|_|_|_|_|_|_|_|_|_| e-Mail : ....@........................

EFFECTIF DE L'ÉTABLISSEMENT (EN NOMBRE DE SALARIÉS)

☐ (1) 1 à 9 ☐ (2) 10 à 49 ☐ (3a) 50 à 59 ☐ (3b) 100 à 199 ☐ (4) 200 à 499 ☐ (5) 500 à 999 ☐ (6) 1000 à 4999 ☐ (7) + de 5000

SECTEUR D'ACTIVITÉ

☐ (1) Agriculture ☐ (2) Énergie, Métallurgie ☐ (3) Construction informatique ☐ (4) Construction mécanique

☐ (5) Chimie, Verre, Plastique ☐ (6) B.T.P. matériaux de construction ☐ (7) Autre secteurs industriels

☐ (8) Transports ☐ (9) Commerce ☐ (6) Administration ☐ (11) Services ☐ (12) Enseignements

☐ (13) Organismes financiers, assurances ☐ (11) Utilisation non professionnelle ☐ (12) Santé

TYPE DE MICRO UTILISÉ

☐ (1) i 286 ☐ (2) i 386 ☐ (3) i 486 ☐ (4) Pentium ☐ (5) autres PC ☐ (6) Macintosh

Possédez-vous un Modem ? ☐ (7) Oui ☐ (8) Non Possédez-vous un lecteur de CD-ROM ? ☐ (7) Oui ☐ (8) Non

Qu'est-ce qui, dans ce livre, vous a le plus intéressé ?

....

....

Avez-vous des suggestions à formuler ?

....

....

AUTRES APPLICATIONS UTILISÉES RÉGULIÈREMENT

LOGICIELS MICROSOFT. Merci de cocher la case correspondante pour chaque logiciel utilisé :

	DOS	Mac	WinNT	Win95
Office		(1)	(2)	(3)
Office Pro		(4)	(5)	(6)
Excel		(7)	(8)	(9)
Word	(10)	(11)	(12)	(13)
Access			(14)	(15)
PowerPoint		(16)	(17)	(18)

	DOS	Mac	WinNT	Win95
Publisher			(19)	(20)
Works	(21)	(22)	(23)	(24)
Project	(25)	(26)	(27)	(28)
FoxPro	(29)	(30)	(31)	(32)
Produits Multimédia (CD)		(33)	(34)	(35)
Logiciels jeux	(36)	(37)	(38)	(39)

	DOS	Mac	WinNT	Win95
Visual Basic	(40)	(41)	(42)	(43)
Visual C++		(44)	(45)	(46)
Autres logiciels et outils de développement	(47)	(48)	(49)	(50)

Windows NT Server	(51)
Windows NT Workstation	(52)
Microsoft BackOffice	(53)

82545

Conformément à la loi de la «Liberté informatique», les personnes physiques sont informées du droit d'accès et de rectification aux données qui peut s'exercer sur simple demande auprès de Microsoft France. Notre société peut être amenée à communiquer vos coordonnées à des entreprises extérieures dans un but de prospection commerciale. Si vous ne souhaitez pas recevoir ces informations, cochez simplement cette case ☐.

A retourner à : **MICROSOFT PRESS** - Service lecteurs
18, avenue du Québec - Courtabœuf 1 - 91957 Les Ulis cedex

Microsoft Press
La maison d'édition de Microsoft

uide des Meilleurs sites Web

5000 sites pour 100% d'Internet

Microsoft en direct
Tél. 0 825 827 829*
(*N° indigo 0,99 f/HT la minute)

Publié par Microsoft Press,
un département de Microsoft France.
18 avenue du Québec
91957 LES ULIS Cedex
Tél. 01 69 29 11 11

http://www.eu.microsoft.com/france/mspress/

Mise en page : Thierry Crouzet
Couverture : Punk

ISBN : 2-84082-545-7

Microsoft Press
La maison d'édition de Microsoft

uide des Meilleurs sites Web

5000 sites pour 100% d'Internet

Thierry Crouzet &
Rémi Pécheral

100 % d'Internet

Cette édition poche du *Guide des meilleurs sites Web* recense 5000 sites, soit environ 0,1 % de ceux existants. C'est peu et beaucoup à la fois. Pour tous les explorer, vous devriez y consacrer une année à temps plein. Depuis maintenant trois ans, nous nous appliquons à ce travail pour vous faire gagner du temps et transformer Internet en un outil de productivité et de loisirs.

En février 2000, NEC Research Institute (*www.neci.nj.nec.com*) et Inktomi (*www.inktomi.com*) estiment à près de 1 milliard le nombre de pages Web, soit environ 5 millions de sites (dont 4,2 millions accessibles sans mot de passe). Cela représente une progression de 20 % par rapport à 1999. Sur ce total, à peine plus de 100 000 sites s'affichent en français (contre 4,3 millions en anglais). Le guide recensant environ 2500 sites francophones, le taux de couverture s'élève alors à 2,5 %, ce qui est déjà plus honorable.

Durant la dernière année, nous avons justement constaté une fulgurante progression des sites français. Si la France reste en retard en regard du nombre d'internautes (environ 6 millions contre 112 millions aux USA, 14 millions en Grande-Bretagne ou 12,2 millions en Allemagne), la qualité des services francophones ne cesse de progresser. Nous continuons toutefois à lister les sites anglo-saxons car on ne saurait réduire le Web à sa portion congrue.

Pour faciliter la navigation dans le livre, nous avons réparti les sites en un peu plus de 300 catégories, regroupées par sections, elles-mêmes regroupées en chapitres. Dans les dernières pages, un index alphabétique renvoie directement sur les sites. Les chapitres Actualité et Shopping complètent les sept autres chapitres. Par exemple, retrouvez les sites sur le sport dans la section correspondante du chapitre Loisirs et l'actualité sportive dans la section Loisirs du chapitre Actualité.

Méthode de sélection

L'explosion du nombre d'utilisateurs va de pair avec le nombre de sites Web. Il est bien évident que nous ne pouvons en visiter qu'une infime partie. Notre stratégie de sélection se déroule en trois temps:

1. Les développeurs des sites ambitieux communiquent régulièrement dans la presse et les newsletters électroniques. Là, nous traquons les nouveautés.

2. Pour qu'un site ait une chance d'être sélectionné, il doit être actualisé au moins une fois par mois, de préférence une fois par semaine. Un site de qualité n'est pas un livre édité une fois pour toutes, pas même un manuel pédagogique réédité une fois par an, il se rapproche d'un journal. Ce critère suffit à balayer la plupart des sites amateurs, les home pages, qui, malgré le dévouement des internautes, ne peuvent être maintenues. Un site de qualité dispose aujourd'hui d'au moins un administrateur à temps plein.

3. Un nouveau site sera retenu si nous le trouvons meilleur qu'un de ceux déjà sélectionnés dans l'une des catégories qui composent l'édition antérieure du guide. À ce moment, nous évaluons l'ergonomie (navigation et vitesse de chargement), la quantité d'information et la qualité des services proposés.

Notation des sites

Pour vous aider à retrouver les sites, nous les qualifions à l'aide de pictogrammes :

Actualité. Le site publie de l'information, soit en temps réel, soit avec une actualisation au moins hebdomadaire.

Newsletter. Le site publie régulièrement des informations sous forme de bulletin (newsletter en anglais, aussi appelé lettre de diffusion). Abonnez-vous pour les recevoir par e-mail. La plupart sont gratuites.

Liens. Le site renvoie vers d'autres sites. Il aide à explorer Internet (sélection de sites ou moteur de recherche).

Mots clés. Le site dispose d'une base de données qu'on peut interroger à l'aide de requêtes, pour retrouver les pages dans le site ou dans d'autres sites (moteur de recherche).

Téléchargement. Depuis le site, téléchargez des programmes (freeware, shareware, versions de démonstration…), des fichiers multimédias (images, sons, vidéos, polices…) ou des données (bourse, livres électroniques…).

Audio. Le site diffuse des sons en direct ou en téléchargement. Vous devez installer Windows Media Player ou RealPlayer.

Vidéo. Le site diffuse des images en direct ou en téléchargement. Comme pour l'audio, vous installez Windows Media Player ou RealPlayer.

Multimédia. Le site diffuse des séquences animées Shockwave ou utilise des technologies avancées : Java, ActiveX, VRML, plug-ins…

Forum. Posez des questions aux animateurs du site ou dialoguez avec les autres internautes. Dans certains forums on discute en direct : on parle de chat ou d'IRC (Internet Relay Chat).

Sur mesure. Vous pouvez personnaliser le site pour qu'il affiche les informations dont vous avez besoin (météo, bourse…).

Login. Vous devez vous enregistrer en créant un mot de passe avant de pouvoir bénéficier de la plupart des services du site.

Home page. Site réalisé par un internaute bénévole. Cela ne présume pas de la qualité du style mais signifie son aspect non commercial.

Payant. Après une période d'essai, généralement 30 jours, vous devez payer pour accéder à certains des services proposés. Dans tous les cas, ces sites disposent de services gratuits.

Vente. Le site est la vitrine d'une boutique virtuelle. Vous pouvez commander directement sur le Web.

Un classement à quatre niveaux

Pour vous aider à gagner du temps, nous notons les 5000 sites de 1 à 4 :

1. Les meilleurs sites parmi les meilleurs apparaissent avec leur nom sur fond noir. C'est un choix coup de cœur mais aussi dicté par l'usage : certains sites sont plus riches que les autres et rendent plus de services. À visiter absolument.
2. Les sites indispensables apparaissent avec leur nom sur fond gris. Visitez-les en priorité.
3. Les sites plus qu'honorables apparaissent avec leur nom sur fond blanc.
4. Les sites moins remarquables sont simplement listés et non commentés.

La langue du site

Tout au long du guide, des pictogrammes, le plus souvent français ou anglais/américain, précisent la langue des sites. Quand plusieurs langues sont disponibles, nous plaçons un drapeau français (même si la page d'accueil du site est en anglais), à moins que seule une partie du site ne soit traduite (dans ce cas nous le mentionnons dans le commentaire).

FR Français	ES Espagnol	PT Portugais
US USA	DE Allemand	
UK Anglais	IT Italien	

www.bonweb.com

Retrouvez l'actualisation quotidienne du guide sur *www.bonweb.com*. Là, vous bénéficiez de services complémentaires :

1. La page d'accueil présente chaque jour un site et met en exergue de nouvelles pages ou des pages qui présentent de nombreuses nouveautés.

2. Abonnez-vous gratuitement à la newsletter et recevez par e-mail tous les lundis une synthèse de l'actualité publiée par *bonweb.com* et une revue de presse.

3. Avec des requêtes à mots clés, allez droit aux sites qui vous intéressent. Vous pouvez aussi explorer l'index thématique.

4. Le glossaire liste tous les mots techniques employés dans les descriptions des sites.

Internet

Près de 20 % des sites Web servent à travailler sur Internet. Les uns initient à l'usage du Web, les autres aident à rechercher des sites ou à s'informer sur les nouveautés. Les grands domaines d'Internet (e-mail, forum, dialogue en direct…) disposent de sites dédiés qui conseillent, fournissent des trucs et astuces, proposent des utilitaires et orientent vers les meilleures adresses. Après les moteurs de recherche, les bibliothèques de téléchargement sont les sites les plus populaires. Retrouvez des centaines de logiciels, tant en freeware qu'en version de démonstration. Enfin, plutôt que de consulter tous les jours des dizaines de sites, créez des pages d'accueil sur mesure grâce aux sites portails (ils combinent moteur de recherche et actualité).

Services > Comprendre Internet

Pour ceux qui ne maîtrisent pas les méandres d'Internet, des sites didactiques expliquent comment utiliser les principaux logiciels et effectuer des recherches sur le Web.

FR **Abeille.org** *www.abeille.org*

Plusieurs centaines de liens utiles pour optimiser vos recherches d'information sur Internet. Analyses et conseils sur l'utilisation des outils de recherche.

FR **Apprendre l'Internet** *www.learnthenet.com/french*

Guide multilingue de présentation d'Internet. Infos sur l'e-mail, les forums de discussion, les moteurs de recherche…

FR **Comment chercher sur le Web** *www.adit.fr/Recherche/Rech.html*

Apprenez à choisir les moteurs de recherche en fonction de ce que vous recherchez. Découvrez des liens vers les principaux moteurs.

FR **Cyber Rebelles** *www.cyber-rebelles.com*

Le b.a.-ba du Net. Retrouvez de bons conseils pour débuter. Si vous êtes perdu, n'hésitez pas à poser vos questions dans le forum de discussion.

FR **Easyweb** *www.easynet.fr/easyweb*

Guide d'initiation à Internet aussi bien qu'excellent point de départ pour commencer à surfer. Idéal pour les débutants.

FR **GIRI** *www.bibl.ulaval.ca/vitrine/giri*

Outre une présentation d'Internet, ce site décrit les différentes méthodes de recherche (par navigation ou mots clés).

US **Help Internet** *www.zdnet.com/zdhelp/filters/internet*

La section aide de ZDNet. Publie conseils et astuces : comment rechercher des sites, télécharger, discuter dans les chats ou les newsgroups.

FR **Net Express** *www.wanadoo.fr/animation/internautes/netexpress*

Encyclopédie animée pour découvrir et comprendre Internet. Présentation du courrier électronique, des moteurs de recherche, des forums de discussion…

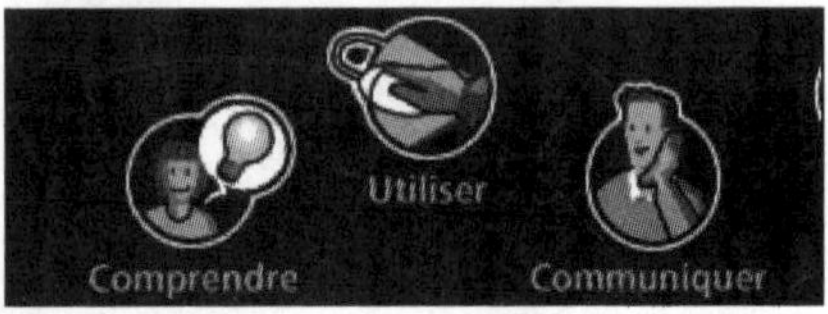

US **NetLingo** *www.netlingo.com*

Les internautes parlent un langage souvent hermétique : rien de tel qu'un bon dictionnaire lorsqu'on est perdu.

UK **Search Center** *www.tka.co.uk/search*

Apprenez à optimiser vos recherches, non seulement sur le Web mais aussi dans les forums de discussion et les listes de diffusion.

Un nouveau guide internet *www.imaginet.fr/ime*

Un livre en ligne pour tout apprendre sur Internet : histoire, art de surfer, utilisation du courrier électronique, conception de sites…

Webnovice *www.webnovice.com*

Tout pour découvrir Internet : glossaire, cours, prise en main, conseils pour chercher, nouveaux trucs et astuces quotidiens, sélection de liens…

Services > Modes d'accès à Internet

Avant de surfer sur le Web, il faut disposer d'un fournisseur d'accès (un provider). Choisissez-le en fonction de votre connexion à Internet (modem, Numéris, ADSL, câble, satellite…).

56K *www.56k.com*

Le site pour tout savoir de la norme V.90 avec laquelle les modems communiquent à 56 Kbit/s. Idéal pour maintenir votre connexion à son meilleur niveau.

ADSL *www.modem-fr.com/adsl*

Avec le standard ADSL, communiquez de 0,5 à 10 Mbits/s avec une simple ligne téléphonique. Conseils de configuration pour tous les systèmes d'exploitation.

ADSL.com *www.adsl.com*

Infos sur l'ADSL dans le monde (norme, déploiement, technique…). Consultez la FAQ et discutez dans le forum spécialisé. Agenda des événements.

Cyberposte *www.cyberposte.com*

Liste les 1000 bureaux de La poste offrant un accès Internet. Utile pour consulter votre boîte aux lettres loin de chez vous. Service d'e-mail gratuit.

EuroCyberCafes *eyesite.simplenet.com/eurocybercafes*

Ce site référence près de 1100 cybercafés en Europe et notamment en France. On retrouve les adresses classées par pays et par villes.

Internet Cafe Guide *www.netcafes.com*

Liste des centaines de cybercafés dans le monde et notamment plus de 140 pour la France. Recherche depuis une carte ou par mots clés.

ISDN Zone *www.isdnzone.com*

Présente l'accès RNIS, plus connu sous l'appellation France Telecom de Numéris. Section dédiée à la France. Visitez aussi *www.asi.fr/materiel/rnis.htm*.

FR **Netissimo** *www.netissimo.tm.fr*

Présente l'offre ADSL de France Telecom. Information technique sur ADSL. Calendrier du déploiement de l'offre.

FR **NetModem** *www.modem-fr.com*

Avec Internet, le modem devient un périphérique indispensable. Ce site détaille tous les modems : RTC, Numéris, câble... et tous les constructeurs.

US **The Cybercafe Search Engine** *cybercaptive.com*

Où que vous soyez dans le monde, connectez-vous à Internet en visitant un cybercafé. Repérez-les avant de partir en voyage.

FR **WanadooSat** *www.wanadoosat.com*

Présente le fonctionnement, le matériel nécessaire et les avantages des connexions Internet par satellite. Consultez la FAQ.

US **WAP Forum** *www.wapforum.com*

Pour tout savoir sur WAP (standard de distribution de services Internet pour téléphones mobiles, pagers et PDA). Fondé par Ericsson, Nokia et Motorola.

FR **Webfaster** *www.webfaster.net*

Actualité quotidienne des nouvelles technologies de l'information. Présente les solutions pour se connecter à Internet, notamment via le câble et le satellite.

AFA *www.afa-france.com*
Avicam *www.avicam.org*
Cable Datacom News *www.cabledatacomnews.com*
CableModemInfo.Com *www.cablemodeminfo.com*
Merca *www.merca.com*
ModemHelp *www.modemhelp.com*
PNFH *homer.span.ch/~spaw2479*

Services > Fournisseurs d'accès

L'arrivée d'offres gratuites modifie le marché de l'accès Internet. Les abonnements payants sont censés être de meilleure qualité et offrir de nombreux services annexes. À vous de juger : testez, ça n'est pas cher !

FR **AOL France** *www.france.aol.com*

America OnLine est le plus important provider au monde. Vous pouvez donc vous connecter où que vous soyez au tarif local. Visitez aussi *www.aol.com.*

FR **Club-Internet** *www.club-internet.fr*

Développé par Hachette, ce provider possède un des sites français les mieux dessinés. Il propose un abonnement forfaitaire au mois.

CompuServe France *www.compuserve.fr*

Maintenant sous l'égide d'AOL, CompuServe reste un des grands providers internationaux. Il cible les professionnels, notamment ceux de l'informatique.

Cybercâble *www.cybercable.fr*

La Lyonnaise installe dans les grandes villes françaises une connexion Internet via le câble de la télévision numérique (10 secondes pour télécharger 2 Mo).

Free *www.free.fr*

Accès gratuit en connexion RTC ou Numéris (vous ne payez que le téléphone). Adresses e-mail en nombre illimité, 25 Mo d'hébergement, forums…

Freesbee *www.freesbee.fr*

Accès gratuit sans abonnement. Facture directement les communications téléphoniques de votre compte. Plus besoin de passer par France Telecom.

Freesurf *www.freesurf.fr*

Propose un accès gratuit, un nombre illimité d'adresses e-mail, de nombreux newsgroups et une assistance par e-mail.

Infonie *www.infonie.com*

Le provider qui se veut au contact direct de l'information. Longtemps accroché à une technologie propriétaire, il s'ouvre dorénavant au Web.

LesProviders.com *www.lesproviders.com*

Présente l'actualité des fournisseurs d'accès. Fiches techniques, tableaux et tests comparatifs des offres d'accès gratuites et payantes.

Liberty Surf *www.libertysurf.com*

Accès gratuit au tarif local partout en France. Offre 50 Mo pour les pages personnelles et autant d'adresses e-mail que vous le souhaitez.

Liste des providers *www.nic.fr/Prestataires*

L'AFNIC (Association Française pour le Nommage Internet en Coopération) propose la liste quasi-exhaustive des providers professionnels et grand public.

Lokace-Online *www.lokaceonline.com*

Abonnement gratuit (connexion 56 Kbit/s en RTC et 64 Kbit/s en Numéris). Accessible en tarification locale sur toute la France.

Mageos *www.mageos.com*

Accès gratuit en connexion RTC ou Numéris (vous ne payez que le téléphone). Inscription directement en ligne. Points d'accès au tarif local pour toute la France.

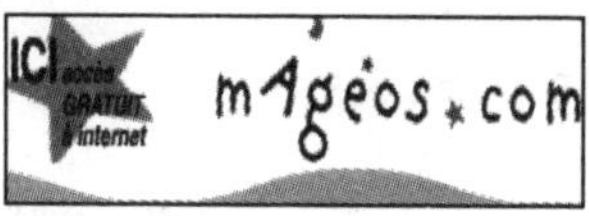

Magic Online *www.magic.fr*

Provider précurseur dans la fourniture de Packs Modem + Abonnement. Offres destinées aux particuliers aussi bien qu'aux entreprises.

Wanadoo *www.wanadoo.fr*

France Telecom propose un accès Internet compétitif et une série de services annexes : météo, programmes TV, bourse, horoscope…

World Online France *www.worldonline.fr*

Ce provider offre un accès gratuit. Le site présente des chaînes thématiques : sports, multimédia, infos… en partenariat avec TF1, ZDNet, Allo Ciné…

BD Way *www.bdway.com*
Câble Wanadoo *www.cablewanadoo.com*
chello *www.chello.fr*
Diligo *www.diligo.fr*
Everyday.com *www.everyday.com*
France Explorer *www.franceexplorer.com*
GoAmerica *www.goamerica.com*
imagiNet *www.imaginet.fr*
Internet gratuit *www.internetgratuit.com*
NumériCâble *www.numericable.com*
The list *thelist.internet.com*
World-Net *www.worldnet.net*

Services > Surf rémunéré

On pouvait se connecter à Internet gratuitement, on peut maintenant surfer en étant payé. En échange, on doit visualiser des publicités et, si possible, visiter les sites associés.

AllAdvantange.com *www.alladvantage.com*

Gagnez 0,5 $/heure de surf si vous affichez une bannière de pub. Maximum de 25 heures par mois. Accessible aux utilisateurs de Mac.

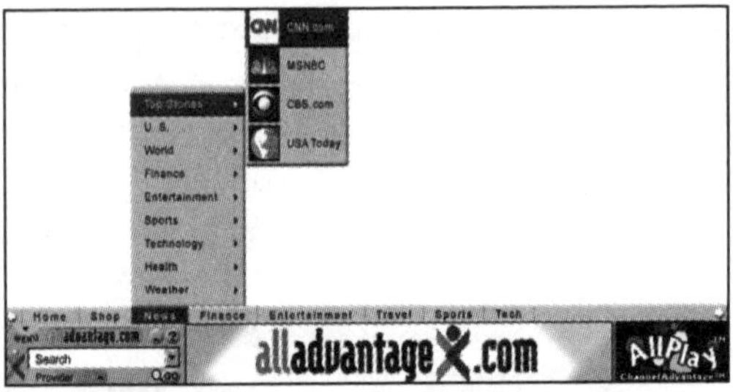

Allcommunity *allcommunity.com*

Gagnez 0,5 $/heure pour afficher une bannière de pub pendant que vous surfez. Acceptez de recevoir des publicités par e-mail et gagnez 0,03 $ par message lu.

Benefnet.com *www.benefnet.com*

Liste les offres pour rentabiliser la connexion : être payé pour visiter des sites, afficher des bannières, lire des e-mails… Liste les moyens de rentabiliser un site.

(US) **BePaid** *www.bepaid.com*

Gagnez 20 $/heure pour regarder des spots publicitaires dans une fenêtre de 800 x 600 pixels. Visitez les sites des annonceurs et gagnez jusqu'à 150 $/heure.

(US) **CashSurfers** *www.cashsurfers.com*

Accumulez des points en affichant une bannière de pub. Les points sont convertis en cash selon les revenus publicitaires du site. Paiement à partir de 20 $.

(US) **GetPaid4.com** *www.getpaid4.com*

Affichez une bannière de pub pendant que vous surfez. Rémunération calculée selon les revenus publicitaires du site : environ 0,5 $/heure (75 heures maximum).

(FR) **GoToWorldFR** *www.gotoworldfr.com*

Recevez 2,5 F/heure de surf pour afficher une bannière de pub. Maximum de 40 heures par mois. Paiement par chèque en francs à partir de 12,50 F de gain.

(FR) **Mediabarre** *www.mediabarre.com*

Gagnez 3 F/heure en affichant une bannière de pub en haut de l'écran. Paiement en fin de mois par chèque ou virement à partir de 100 F de gain.

(US) **PaysU** *www.paysu.com*

Gagnez 0,3 £/heure de surf pour afficher une bannière de pub. Maximum de 80 heures. Pour l'Europe, paiement en livres sterling ou en euros (à partir de 50 £).

(FR) **Picsou.net** *www.picsou.net*

Le guide du surf rémunéré : description et comparatif des offres, trucs et astuces… Inscriptions sur les sites anglophones à partir de formulaires en français.

(US) **Spedia** *www.spedia.net*

Soyez payé pour surfer, participer à des sondages, recevoir des e-mails publicitaires… Chaque activité rapporte des points convertibles en cash en fin de mois.

(UK) **SurfMiles** *www.surfmiles.net*

Gagnez 30 Miles (1 Mile=0,01 £) par heure de surf pour afficher une bannière de pub. Miles supplémentaires si vous achetez chez les sites marchands affiliés.

DesktopDollars.com *www.desktopdollars.com*
Dollar Web *www.dollar-web.com*
Dot Ad *www.dotad.com*
Extra $alary *www.extrasalary.com*
itadsup.com *www.itadsup.com*
Paid for surf *www.paidforsurf.com*
PayBar.com *www.paybar.com*
Surf Ad *www.surfad.com*
The X-Stream Network *www.x-stream.co.uk*
Urge2net *www.urge2net.com*
UtopiAd *www.utopiad.com*
ValuePay.com *www.valuepay.com*
VIPBenefits.com *www.vipbenefits.com*

Services > Annuaires du gratuit

Économisez en visitant les sélections de services gratuits. De l'e-mail à l'hébergement de pages en passant par l'envoi de fleurs virtuelles, ces services répondent aux besoins des particuliers et des entreprises.

US **#1 Free Stuf** *www.1freestuff.com*

Liste les ressources anglophones gratuites. Une section présente les autres sites qui référencent les services gratuits.

US **4Free.net** *www.4free.net*

Liste les ressources anglophones. Met en exergue les meilleures offres ou sites. Top 25 des requêtes les plus fréquentes.

US **4freenet** *4freenet.cjb.net*

Sélection de ressources gratuites (e-mail, logiciels, jeux..). Classement thématique. Liste les autres sites de gratuit.

US **4freestuff** *www.4freestuff.com*

Présente les 4 ou 5 meilleurs sites (offrant quelque chose de gratuit) de chaque catégorie : e-mail, cartes virtuelles, jeux et loisirs…

US **Free Stuf Center** *www.freestuffcenter.com*

Annuaire de ressources gratuites. Publie des conseils (rédigés par des experts bénévoles) sur l'e-mail, les freeware, les shareware…

FR **Gratuit du net** *www.gratuit-du-net.com*

Répertorie les meilleurs sites gratuits. Liste les services (traductions, petites annonces, e-mail…) , les jeux en ligne, les logiciels gratuits…

FR **Gratuit.org** *www.gratuit.org*

Retrouvez tous les services gratuits francophones : services d'hébergement de pages Web, e-mail, petites annonces…

FR **Gratuit-fr** *www.gratuit-fr.com*

Liste les ressources 100 % gratuites. Classement thématique. Site et logiciel du mois. Dossiers MP3 et fournisseurs d'accès gratuits.

FR **Journal du Gratuit** *www.journaldugratuit.com*

Faites des économies. Recevez par e-mail ce bulletin bimensuel qui répertorie les services Internet gratuits. Dossiers thématiques (accès Internet, emploi, météo…).

FR **Le Gratuit** *www.legratuit.com*

L'index thématique des services gratuits du Net. Parcourez les rubriques e-mail, téléphonie, petites annonces, enseignement, création de pages Web…

US **TheFreeGuide.com** *www.thefreeguide.com*

Liste les ressources gratuites par catégories. Importante section dédiée aux webmasters. Top des meilleurs sites.

US **Virtual Freestuff** *www.virtualfreesites.com/free.html*

Une compilation des services gratuits disponibles sur Internet. Consultez notamment la sélection des autres sites qui référencent le gratuit !

FR **WebGratuit** *www.webgratuit.com*

Indexe les sites dans trois sections : pour tous, utilisateurs de PC et webmasters. Chaque site est commenté. Mise à jour quotidienne.

123.gratuitfrance *www.gratuitfrance.fr.st*
Free Site X *www.freesitex.com*
FreeLinks.org *www.freelinks.org*

Services > Services gratuits

Même si de plus en plus de services deviennent payants, le Web reste une véritable mine d'or. Traduisez des documents ou des pages Web, gérez votre emploi du temps ou vos bookmarks…

US **AltaVista Translations** *babelfish.altavista.com*

Saisissez l'adresse d'un site en anglais et le site s'affichera en français. Si la traduction reste approximative, elle aide ceux qui ne sont pas polyglottes.

US **Date and time** *www.bsdi.com/date?CET*

Les dates et les heures dans le monde. Cliquez sur une ville : Paris, New York, Pékin… et le jour et l'heure locale s'affichent.

US **eOrganizer** *www.eorganizer.com*

Créez votre agenda en ligne. Gérez votre emploi du temps, votre carnet d'adresses, vos favoris et envoyez-vous des messages d'alerte à date fixe.

US **Freedrive** *www.freedrive.com*

Offre 20 Mo d'espaces pour stocker des données accessibles via Internet. Utile pour effectuer gratuitement des sauvegardes.

US **FreeTranslation.com** *www.freetranslation.com*

Service gratuit de traduction de textes ou de pages Web. Traduit de l'anglais en français, espagnol, allemand… et vice versa.

FR **MonRepertoire** *www.monrepertoire.com*

Avec ce répertoire virtuel, les adresses et les coordonnées de vos contacts seront toujours à votre disposition.

MyBookmarks *www.mybookmarks.com*

Créez un fichier bookmark et enregistrez-le directement sur ce site. Très utile pour accéder à vos adresses Web à partir de n'importe quelle machine.

Ukibi *www.ukibi.com*

Agenda virtuel. Notez vos rendez-vous, adresses e-mail ou bookmarks. Mises à jour automatiques à partir d'un PC ou d'un PDA.

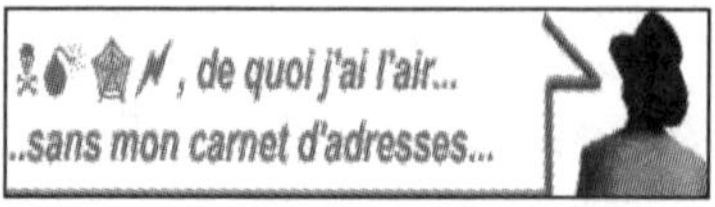

UtilNet *www.utilnet.fr*

Compilation de services utiles : agenda, publication de CV… Nombreuses infos pratiques : météo, horaires de transports, programmes télé…

Voila Traduction *www.voila.fr/Trans*

Traduisez textes ou pages Web du français vers l'anglais ou l'allemand et inversement. Utilise la technologie de Softissimo.

When.com *www.when.com*

N'oubliez plus vos rendez-vous ou un événement avec ce calendrier virtuel. Liste les événements par catégories (sport, culture, musique…). Fonction pense-bête.

Yahoo! Calendar *calendar.yahoo.com*

Créez votre agenda virtuel et protégez-le par un mot de passe. Téléchargez TrueSync pour synchroniser vos divers agendas (virtuel, Palm, Outlook…).

123 Conversions *www.123conversion.com*
Free Disk Space *www.freediskspace.com*
Go Translator *translator.go.com*
Megaconverter *www.megaconverter.com*
Outil Net *www.outilnet.com*
timeanddate.com *www.timeanddate.com*
Visto.com *www1.visto.com*

Recherches > Sites portails

Si vous rêvez d'une page Web qui rassemble vos informations préférées et vos services favoris, il vous suffit de la définir et d'en faire votre page d'accueil. Elle sera le point de départ de vos explorations.

AltaVista Live *live.av.com*

Multiples fonctions de personnalisation. Infos en direct dans sept chaînes thématiques : argent, actualités, sports, voyages, emploi, santé et loisirs.

AOL *www.aol.fr*

Actualité, météo, horoscope… La section Recherche du portail d'AOL comporte un moteur de recherche et des chaînes thématiques.

(US) **Go Network** *www.go.com*

Réalisé par Infoseek et Walt Disney. Propose des chaînes thématiques, un répertoire de sites ainsi que des services (actualité, météo, horoscope…).

(US) **Go2Net** *www.go2net.com*

Le portail du métamoteur Metacrawler propose des fonctions personnalisables pour l'actualité, les liens, la bourse…

(FR) **Mon guide Lycos** *personal.lycos.de/personal/fr*

Définissez votre page d'accueil en choisissant les informations affichées (actualité, météo, horoscope, sites favoris…), la mise en page et la couleur.

(FR) **Mon Yahoo!** *fr.my.yahoo.com*

Depuis une page que vous définissez, accédez à tous les services de Yahoo! (actualité, cotations boursières, résultats sportifs, météo, e-mail gratuit…).

(FR) **MSN** *www.msn.fr*

Nombreux services (météo, actualité, tourisme, jeux…) que vous ordonnez sur votre page d'accueil. Visitez aussi le site portail américain : *www.msn.com*.

(US) **My Excite** *my.excite.com*

Construisez une page d'accueil d'une grande richesse. Bourse en direct, actualité mondiale, météo… sans oublier l'accès au moteur de recherche.

(US) **My Netscape** *my.netscape.com*

Utilise la technologie de Google et de l'Open Directory Project. Rapatriez sur la page d'accueil les informations choisies.

(US) **My Way** *www.myway.com*

Propose de nombreux services : agenda, pense-bête, actualité sur mesure… Sauvegarde sur le site les résultats de vos recherches sur le Web.

(US) **myGO** *www.mygo.com*

Sélection des meilleurs sites par catégories. Personnalisez les rubriques actualité, sports, bourse, météo… Des experts répondent à vos questions.

(FR) **PortalCentral** *www.portalcentral.com*

Liste les sites portails en France et aux USA. Classement thématique : généralistes, régions, culture, finances…

(FR) **Spray** *www.spray.fr*

En sus des fonctions de recherche, un accès Internet gratuit, chaînes thématiques, services (e-mail, programmes télé, agenda…), communautés virtuelles…

(FR) **Voila** *www.voila.fr*

Le moteur de recherche de France Telecom offre de nombreux services : actualité, météo, suivi de portefeuille boursier, annuaires…

Octopus.com *www.octopus.com*
Snap! *home.snap.com*

Recherches > Sélections de sites

Les sélections indexent de cent à quelques milliers de sites. Elles aident à trouver le meilleur chemin possible au cœur d'Internet. Elles critiquent et commentent les sites sélectionnés.

US **100hot.com** *www.100hot.com*

Découvrez en temps réel la liste des cent sites les plus populaires d'Internet, ainsi que de nombreux Top 100 : jeux, voyages, technique…

US **4anything.com** *www.4internet.com*

Sélection organisée en quatorze rubriques : sports, information, santé… Dans les sous-rubriques (football, tennis, golf…), mise en avant des sites de référence.

US **About.com** *home.about.com*

Sans doute la plus riche boîte à outils du Web. Classement soigné, sites commentés… Liens vers les forums, l'actualité, les newsletters…

FR **bonweb.com** *www.bonweb.com*

Privilégie la qualité à la quantité. Sélectionne les 10 meilleurs sites de chaque catégorie : Internet, loisirs, culture… Retrouvez le site du jour.

FR **carrefour.net** *france.carrefour.net*

Cette sélection dispose d'un index à deux niveaux. Recevez chaque jour par e-mail la liste des nouveaux sites inscrits.

UK **eBLAST** *www.eblast.com*

Encyclopædia Britannica propose une sélection de sites classés par catégories. Consultez notamment le site du jour, les meilleurs sites, les nouveautés…

FR **Hachette.net** *www.hachette.net*

Une compilation des meilleurs sites francophones. Pour chaque site, une fiche descriptive abondamment détaillée.

US **HitBOX.com** *www.hitbox.com*

Classement des sites en fonction de leur popularité. Liste les sites pro et les home pages. Propose les 100 meilleurs sites par domaines (Internet, France, business…).

FR **Hit-Parade** *www.hit-parade.com*

Un Top 100 des sites professionnels et un Top 100 des sites réalisés par les internautes amateurs. Vous connaîtrez les sites les plus fréquentés par catégories.

US **LookSmart** *www.looksmart.com*

Système de navigation original. À partir des catégories initiales, approfondissez votre recherche jusqu'au site désiré.

US **NetGuide** *www.netguide.com*

À la fois une sélection de liens et un site d'actualité. Chaque jour des sites sont mis en vedette et des articles vous donnent des idées de surf.

UK **Suite101.com** *www.suite101.com*

L'une des plus riches compilations de tout le Web. Elle présente les sites en long, en large et en travers et les commente avec des articles de presse.

US **Virtual Sites Index** *www.dreamscape.com/frankvad*

Ce site ne sélectionne que les sites qui eux-même effectuent des sélections. Voici qui devrait augmenter la profondeur de vos explorations.

Chaloop *www.chaloop.com*
Cyber Tripp@nt *www.trippant.com*
Départ Éclair *www.departeclair.com*
Eye on the Web *www.eyeontheweb.com*
Le site du jour *www.site-du-jour.com*
Top10Links *www.toptenlinks.com*
Zap *www.zap.com*

Recherches > Annuaires de sites

Si les compilations et les sélections ne vous donnent pas satisfaction, utilisez un annuaire pour rechercher des informations générales (tout sur la peinture, par exemple).

FR **Francité** *www.francite.com*

Francité indexe tous les sites francophones. Pour chaque site affiché, vous connaissez sa date de dernière mise à jour.

US **Jassan** *www.jassan.com*

Ce moteur à l'interface très sobre offre une riche section actualité réalisée en collaboration avec *www.newshub.com*.

US **Magellan** *magellan.excite.com*

Construit en collaboration avec le moteur à mots clés Excite, Magellan propose de rechercher parmi tous les sites ou seulement parmi ceux qui ont été critiqués.

FR **Netscape Netcenter** *www.netscape.fr*

Cet index thématique s'utilise avec plaisir. Diverses rubriques : horoscope, taux de change, informations, météo…

FR **Nomade** *www.nomade.fr*

Le plus puissant des annuaires français. Propose de nombreux services : météo, actualité… Possibilité de limiter les recherches aux sites récents ou à l'actualité.

US **Open Directory Project** *dmoz.org*

Des dizaines de milliers d'internautes bénévoles de tous les pays indexent et commentent brièvement les sites. Classement thématique.

FR **Qui Quoi Où** *www.wanadoo.fr/qqo*

France Telecom publie un index thématique d'une grande richesse. Il fonctionne en relation avec le moteur à mots clés *www.voila.fr.*

US **Search.com** *www.search.com*

Ce site profite de l'expérience conjointe de c|net (spécialiste de l'actualité informatique et Internet) et d'Infoseek.

FR **Sympatico** *www2.sympatico.ca*

À la fois une compilation de liens classés par rubriques et un magazine Internet. De nombreux services : actualité, dossiers thématiques, horoscope…

US **WebCrawler** *www.webcrawler.com*

L'annuaire le mieux dessiné. Cliquez sur une rubrique et, en plus des sites sélectionnés, des suggestions apparaissent.

FR **Yahoo!** *fr.yahoo.com*

Le moteur le plus populaire. La version française reste beaucoup moins riche que la version américaine (*www.yahoo.com*).

Chut! *www.chut.com*

Recherches > Moteurs à mots clés

Utilisez ces moteurs pour rechercher des informations précises (sur un écrivain, par exemple). Ils proposent toujours un grand nombre de réponses, ce qui impose d'affiner les requêtes.

US **AltaVista France** *www.altavista.fr*

AltaVista est l'archétype du moteur de recherche à mots clés. Si vos requêtes ne sont pas précises, vous recevrez des milliers de réponses.

US **Direct Hit** *www.directhit.com*

Un bon moyen de trouver de bons sites. Saisissez une requête à mots clés, les sites trouvés seront classés du plus populaire au moins populaire.

FR **écila** *france.ecila.com*

Plus qu'un moteur de recherche, écila est la démonstration d'une technologie de recherche. Une très bonne couverture des sites français.

EuroFerret *www.euroferret.com*

Moteur de recherche européen. Il référence plus de 35 millions de pages. Choisissez le pays où rechercher.

EuroSeek *www.euroseek.net*

Moteur de recherche européen. Possibilité de choisir les pays où chercher, mais aussi la langue du site. Actualité thématique fournie par l'agence Reuters.

Excite France *fr.excite.com*

Version française d'*www.excite.com*. Recherche sur le Web français ou mondial. Services de petites annonces, météo, horoscope…

Google! *www.google.com*

Ce moteur repose sur une nouvelle technologie : les sites sont évalués en fonction du nombre et de la qualité des liens pointant vers eux.

HotBot *www.hotbot.com*

Ce moteur est le plus puissant. On peut chercher sur le Web, dans les newsgroups ou l'actualité. Il dispose d'un index thématique.

Infoseek *infoseek.go.com*

Le moteur à mots clés s'intègre au moteur thématique. On passe de l'un à l'autre de façon indistincte. Un site qui vous donne le tournis tant il propose de pistes.

Lokace *www.lokace.com*

Propose un index thématique ainsi que des chaînes spécialisées : musique, sport, cinéma… Météo, plans des principales villes, petites annonces, enchères…

Lycos France *www.lycos.fr*

Possibilité de limiter la recherche à la France. Guides thématiques sur la musique, les jeux vidéo, l'informatique… Accédez au site américain *www.lycos.com*.

Northern Light *www.nlsearch.com*

Original ! Les réponses sont classées dans des dossiers thématiques : sites Web, FAQ, questions et réponses… il devient plus facile de s'y retrouver.

Yep *www.yep.com*

Indexe et classe les sites en fonction de leur qualité et de leur popularité. Téléchargez le logiciel pour utiliser Yep depuis la barre d'outils du navigateur.

All the Web *www.alltheweb.com*
Eurêka, c'est trouvé *www.ctrouve.com*
FindWhat *www.findwhat.com*
Google Apple-Macintosh *www.google.com/mac*
GoTo.com *www.go2.com*

Recherches > Métamoteurs

Lorsque vos recherches n'aboutissent pas avec un annuaire ou un moteur à mots clés, essayez ces moteurs qui interrogent les moteurs, et donc multiplient les réponses.

FR **Ari@ne** *www.ariane6.com*

Interroge simultanément jusqu'à quinze moteurs différents. Le délai de réponse est très court, mais les réponses ne sont pas classées.

US **Cyber 411** *www.cyber411.com*

Choisissez quels moteurs interroger parmi les seize proposés. Les réponses des divers moteurs apparaissent les unes à la suite des autres.

FR **Debriefing** *www.debriefing.com/france*

Un des rares métamoteurs à accepter les caractères accentués. Possibilité d'interroger, en mode avancé, les moteurs français.

US **Dogpile** *www.dogpile.com*

On peut chercher aussi bien dans le Web, les newsgroups, les serveurs FTP que dans les articles de presse.

FR **InterferenceFind** *www.infind.com*

Exécute en parallèle votre requête sur 6 moteurs : WebCrawler, Yahoo!, Lycos, AltaVista, Infoseek et Excite. Classe les réponses par catégories.

US **Locate.com** *www.locate.com*

Recherche simultanément ou séparement sur les six principaux moteurs anglophones : AltaVista, Yahoo!, Excite, HotBot, Lycos et Infoseek.

US **Mamma** *www.mamma.com*

Interroge simultanément dix moteurs de recherche (AltaVista, Lycos, Excite…). Le choix des moteurs et l'affichage des réponses sont paramétrables.

US **MetaCrawler** *www.metacrawler.com*

Le plus puissant des métamoteurs. Il fusionne les réponses en une liste unique et ordonne les sites de la réponse la plus probable à la moins probable.

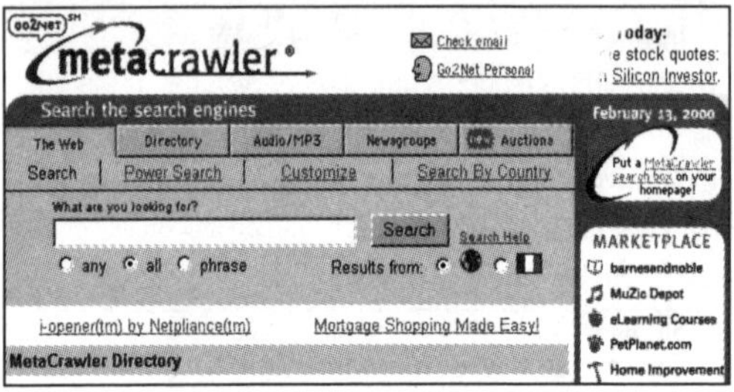

FR **MétaW3** *www.metaw3.com*

Interroge simultanément les principaux moteurs francophones : Voila, Yahoo!, Nomade… La version US interroge cinq moteurs anglophones.

US **ProFusion** *www.profusion.com*

Soumettez vos requêtes jusqu'à neuf moteurs simultanément. Choisissez d'afficher les adresses Web seules ou les adresses commentées.

FR **SavvySearch** *www.savvysearch.com*

Lancez des requêtes sur les principaux moteurs et annuaires du Web. Possibilité de limiter les recherches à un domaine ou une spécialité.

US **Starting Point** *www.stpt.com*

Se veut un point de départ à toute exploration du Web. Ce métamoteur dispose d'un index thématique. Possibilité de limiter la recherche à une entrée de l'index.

byteSeach *www.bytesearch.com*
C4 *www.c4.com*

Recherches > Métarépertoires

Lorsque vous ne trouvez pas ce que vous recherchez, consultez les sites qui donnent accès à toutes les ressources du Web : moteurs de recherche, bases de données, archives documentaires…

FR **7Alpha** *www.7alpha.com*

Guide des moteurs de recherche (généralistes et spécialisés) et des annuaires. Intéressante liste de moteurs classés par pays.

US **All-in-One Search** *www.allonesearch.com*

Inventaire de tous les outils de recherche disponibles sur Internet, aussi bien les moteurs que les bases de données, les dictionnaires ou les livres en ligne.

US **Beaucoup!** *www.beaucoup.com*

Sélection de moteurs de recherche spécialisée par domaines. Utilisez-les si vos requêtes n'aboutissent pas avec les outils généralistes.

FR **CIDIF Métarépertoire** *www.naviguer.org/metarepertoire*

Répertorie la plupart des outils de recherche francophones : index, répertoires thématiques, hybrides issus d'un croisement entre les deux.

FR **Enfin** *www.enfin.com*

Répertoire des annuaires, moteurs et métamoteurs francophones. Index thématique. Accès direct aux formulaires d'inscription (pratique pour référencer un site).

US **FinderSeeker** *www.finderseeker.com*

Moteur de recherche de moteurs de recherche. Précisez le pays du moteur et la spécialité recherchée (voyage, sports, finance…).

(US) **Internet Oracle** *www.searchgateway.com*

Liste les outils de recherche. Accédez dès la page d'accueil aux formulaires des principaux moteurs et annuaires (AltaVista, Yahoo!, HotBot…).

(US) **iTools!** *www.itools.com*

Avec Research-It!, consultez des dictionnaires et des bases documentaires. Avec Find-It!, consultez les principaux moteurs.

(FR) **Méga Francité** *mega.francite.com*

Accédez à partir d'une seule page aux meilleurs engins de recherche dans chaque domaine : sports, voyages, musique…

(US) **Search Engine Watch** *www.searchenginewatch.com*

La bible des moteurs de recherche. Afin de mieux les utiliser, découvrez leur fonctionnement. Consultez la sélection d'articles de presse.

(US) **SearchIQ** *www.searchiq.com*

Annuaire d'outils de recherche. Liste et présente les moteurs, métamoteurs, annuaires… Top 5 des plus utiles.

(US) **Search-It-All** *www.search-it-all.com*

Compilation de ressources de recherches : Internet, résultats sportifs, encyclopédies, finances… pour accéder à tout ce qui se cherche.

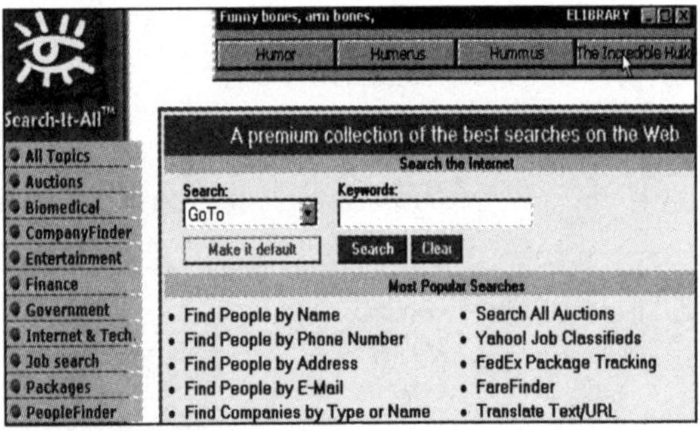

(US) **SearchPower.com** *www.searchpower.com*

Plus de 2400 moteurs classés par catégories (éducation, informatique, culture…). Aides à la recherche, trucs et astuces, statistiques…

(FR) **Stategic road** *www.mayaconcept.com*

Liste les outils de recherche par sections : annuaires et répertoires, bases de données, métamoteurs…

(US) **Web Search** *websearch.about.com*

Guide de la recherche sur Internet. Publie conseils et liens vers des centaines de moteurs. Nombreuses sections : images, MP3, actualité…

Annu@ire-bis *www.annuaire-Bis.com*
indicateur.com *www.indicateur.com*
Search Engine Showdown *www.searchengineshowdown.com*

Recherches > Agents intelligents

Pour ne rien perdre de ce qui se passe sur le Web, multipliez vos moyens d'investigation. Interrogez les moteurs de recherche en langage naturel ou demandez à des robots de travailler pour vous.

US **answers.com** *www.answers.com*

Cherche à rapprocher votre question d'une de celles de la base de données. Affiche directement la réponse ou vous dirige vers un site où en savoir plus.

US **Ask Jeeves!** *www.askjeeves.com*

Ne perdez plus de temps avec des requêtes à mots clés, parlez naturellement. Ask Jeeves! vous donnera les adresses Web où trouver votre réponse.

US **BotSpot** *www.botspot.com*

Le site pour tout savoir des agents intelligents (robots de recherche) : exploration du Web, comparaison de prix (shopping bot), synthèse de l'actualité...

FR **CyberTrouveTout** *www.cybertrouvetout.com*

Dans la section Demande de recherche, un internaute cherche pour vous. Idéal si vos requêtes n'aboutissent pas. Présente le fonctionnement des moteurs.

US **electric monk** *www.electricmonk.com*

Fini les requêtes à mots clés. Posez vos questions en langage naturel. Nombre de pages affichant les réponses volontairement limité (de 10 à 50 pages maximum).

US **HumanSearch** *www.humansearch.com*

Si vous ne trouvez pas ce que vous recherchez, demandez à des experts de l'exploration du Web de chercher pour vous.

US **Mind-it** *minder.netmind.com*

Un robot scrute le Web et vous envoie un e-mail dès qu'il détecte un changement dans les pages que vous avez indiquées.

FR **question.fr** *www.question.fr*

Des internautes cherchent pour vous. Envoyez vos questions, les réponses personnalisées vous parviendront par e-mail sous 24 heures.

US **The Informant** *informant.dartmouth.edu*

Effectue régulièrement une recherche sur les principaux moteurs et vous prévient par e-mail dès qu'un site qui vous intéresse apparaît.

FR **Veille.com** *www.veille.com*

Apprenez comment ne rien manquer de ce qui se passe sur le Web en utilisant les diverses technologies d'agents intelligents.

(US) **XpertSite.com** *www.xpertsite.com*

Des experts de chaque domaine (business, technologie, science…) répondent à vos questions. Site réalisé par des experts bénévoles.

Abuzz *www.abuzz.com*
EXP.com *exp.com*
ExpertCentral.com *www.expertcentral.com*
Ithority *www.ithority.com*
KnowPost.com *www.knowpost.com*
SearchProcess *www.searchprocess.com*
The Agent Society *www.agent.org*
UMBC Agent Web *www.cs.umbc.edu/agents*
Webhelp *www.webhelp.com*

Recherches > Utilitaires de recherche

Ne saisissez plus sans cesse les mêmes requêtes. Définissez-les une fois pour toutes et demandez à des utilitaires de les effectuer régulièrement et automatiquement. Vous obtenez des réponses synthétiques.

(UK) **Alexa** *www.alexa.com*

Quand vous êtes sur un site, Alexa suggère d'autres sites équivalents. Fonctionnalités en partie disponibles sur Netscape et Internet Explorer 5.

(US) **AltaVista Discovery** *discovery.altavista.digital.com*

Avec cet utilitaire, qui ajoute une barre d'outils à votre navigateur, optimisez vos recherches sur AltaVista.

(US) **Bulls Eye** *www.intelliseek.com*

Utilitaire pour optimiser la recherche : gestion des bookmarks, tri de l'actualité et exploration automatique des sites Web.

(FR) **Copernic** *www.copernic.com/fr*

Métamoteur de recherche hors ligne disponible en français. La version standard est gratuite. Les réponses s'affichent dans un tableau de bord.

(FR) **DigOut4U** *www.arisem.com/index_fr.html*

Logiciel qui utilise une technologie d'analyse sémantique et multilingue. Collecte, classe ou indexe les documents sur le contenu et non sur les mots clés.

(US) **Inforian** *www.inforian.com*

Quest 99 peut interroger simultanément plus de 100 moteurs de recherche. Il trie les résultats et les hierarchise. Essai gratuit de 30 jours.

(US) **MataHari** *www.thewebtools.com*

Les moteurs de recherche disposent de commandes spécifiques de recherche avancée. Avec MataHari, tous les moteurs parlent la même langue.

Net Attaché *www.tympani.com*

Avec ce métamoteur hors ligne, saisissez des requêtes, puis lancez-les une fois connecté. Avantage : nombreuses options de paramétrage.

Top-10 Tracker *www.top-10.com*

Effectuez des requêtes simultanément sur les dix moteurs les plus célèbres (Altavista, HotBot, Yahoo!...). Résultats sous forme de rapport très clair.

WebFerret *www.ferretsoft.com/netferret*

Métamoteur hors ligne à télécharger. Il interroge quinze moteurs et propose une liste de réponses synthétique. La version standard est gratuite.

WebSeeker *www.bluesquirrel.com*

Un des plus puissants métamoteurs de recherche. Vous pourrez aussi télécharger WebWhacker, utilitaire pour consulter des sites une fois déconnecté.

e-mail > Tout sur l'e-mail

L'envoi de messages texte, avec éventuellement des fichiers joints, est la fonction la plus largement utilisée par les internautes. Voici les sites pour comprendre et maîtriser le courrier électronique.

About.com Email *email.about.com*

Publie des guides qui vous conseillent sur tous les aspects du courrier électronique : logiciels de messagerie, signatures, listes de diffusion...

Anonymous.To *anonymous.to*

Pour tout savoir sur la gestion des e-mails anonymes. Explications sur la façon d'utiliser les remailers via une messagerie.

arobase.org *www.arobase.org*

Le site de référence du courrier électronique. Apprenez tout sur l'art d'écrire des messages. Des dizaines de liens indispensables.

Combattez le Spamming *www.cypango.net/spam*

Infos, conseils techniques et liens pour lutter contre les e-mails non sollicités (spamming). Visitez aussi le très complet site américain *http://spam.abuse.net/*.

e-mail son fonctionnement *www.webastien.com/technique/email*

Si vous cherchez des infos sur le courrier électronique, téléchargez une version zippée de ce site pour le consulter tranquillement hors ligne.

E-mail Today *www.emailtoday.com*

Actualité quotidienne sur le marché de l'e-mail et de ses applications. Infos sur les services (notamment gratuits), les logiciels ou le fonctionnement de l'e-mail.

Everything E-Mail *everythingemail.net*

L'e-mail ne consiste pas seulement à envoyer des messages, telle est la devise de ce site qui explique les possibilités du courrier électronique.

Help with E-mail *www.city.grande-prairie.ab.ca/h_email.htm*

Informations et conseils sur l'e-mail et les listes de diffusion. Idéal pour comprendre le fonctionnement de l'e-mail et ne pas transgresser la netiquette.

SPAM.Anti *SpamAntiFr.cjb.net*

Dédié à la lutte contre le spamming. Infos, liens, conseils… Publie les listes noires des domaines dangereux, des utilisateurs malsains et des revendeurs d'adresses.

e-mail > Boîtes aux lettres gratuites

Grâce à un forwarder, émancipez-vous de votre provider en transférant vos e-mails vers votre adresse officielle (celle qui change quand vous changez de provider) ou créez des boîtes gratuites.

Caramail *www.caramail.com*

Avec ce service gratuit de boîtes aux lettres, accédez à vos messages plus rapidement que sur les sites américains équivalents.

DotMail *www.mail.dotcom.fr*

Demandez à vos correspondants de vous écrire chez DotCom, ce forwarder gratuit fera suivre vos messages (taille limitée à 1 Mo) chez votre provider.

fairesuivre.com *www.fairesuivre.com*

Créez une adresse de type *votrenom@fairesuivre.com*. Votre courrier sera transféré chez votre provider. Options de filtrage, copie et accusé de réception.

Free Email Address Directory *www.emailaddresses.com*

Liste les sites proposant des boîtes aux lettres gratuites, mais aussi des services annexes : transfert d'e-mail (forwarder), agenda, pense-bête…

Hotmail *www.hotmail.fr*

Service d'e-mail gratuit de Microsoft. Possibilité de rapatrier les messages depuis plusieurs boîtes POP. Utile aux voyageurs et aux personnes utilisant plusieurs PC.

Mail.com *www.mail.com*

Après enregistrement gratuit, créez une adresse avec un domaine du type *dr.com*, *mail.com*, *europe.com*… Plus de 100 extensions disponibles.

MailClub *www.mailclub.com*

Avec ce remailer gratuit, définissez votre nom de domaine (plus de 200 possibilités). Vous n'êtes plus lié à un provider (quand vous changez, votre e-mail reste).

FR **Meloo** *www.meloo.com*

Héberge gratuitement votre boîte aux lettres. Consultez le courrier depuis le Web ou en vous connectant avec votre messagerie POP.

US **Net@ddress** *netaddress.usa.net*

Un des rares services d'e-mail gratuit proposant un accès à la boîte aux lettres avec une messagerie POP.

FR **Netcourrier** *www.netcourrier.com*

Boîte aux lettres gratuite accessible par messagerie (accès POP), téléphone ou Minitel. Possibilité de récupérer les messages d'une autre boîte aux lettres.

US **NetForward** *www.netforward.com*

Service gratuit de transfert d'e-mail (et aussi d'URL). Possibilité de choisir dans un nom de domaine : *votre nom@A-Vip.com, votre nom@cyberjunkie.com*…

US **RocketMail** *www.rocketmail.com*

Boîte aux lettres gratuite. Depuis le site, possibilité de lire plusieurs boîtes aux lettres en indiquant leur adresse POP. Racheté par Yahoo!.

FR **Voila Le mel** *mail.voila.fr*

L'e-mail gratuit de France Telecom. Vous pouvez envoyer et lire vos messages à partir du Minitel (36 15 MINITELNET). Adresse du type *votrenom@lemel.fr.*

FR **Youpy** *www.youpy.fr*

Créez une boîte aux lettres gratuite (*votrenom@youpy.com*). Nombreux services : redirection des courriers, répertoire, pense-bête, accès POP…

Populis *www.populis.com*
Yahoo! Courrier *courrier.yahoo.fr*

e-mail > Annuaires

En connaissant le nom d'une personne, retrouvez son e-mail ou téléphone. Attention : aucun annuaire n'est exhaustif et vous devrez en consulter plusieurs avant que votre recherche n'aboutisse.

FR **Annu.com** *www.annu.com*

Annuaire téléphonique français. Recherche par nom (particulier ou entreprise) et localisation. Affiche le plan du quartier de chaque abonné.

US **Bigfoot** *www.bigfoot.com*

Surtout connu pour son service de boîtes aux lettres gratuites, BigFoot est aussi un annuaire e-mail et téléphonique (américain avant tout).

(US) **EmailFerret** *www.ferretsoft.com/netferret/emailferret.htm*

Voici un métannuaire e-mail. Cet utilitaire interroge plusieurs annuaires et synthétise les réponses. Indispensable car tous les annuaires sont incomplets.

(FR) **EuroInfo** *www2.eu-info.com/France*

Annuaire téléphonique inversé. Entrez un numéro (français, belge, US…), ce service gratuit vous donne le nom de l'abonné et sa situation géographique.

(US) **InfoSpace** *www.infospace.com*

Se définit comme l'annuaire ultime. Possibilité de chercher les adresses de particuliers aussi bien que de sociétés aux USA, en France, GB, Italie…

(FR) **Les Pages Jaunes** *www.pagesjaunes.fr*

Retrouvez en ligne tous les annuaires de France Telecom : le 3611 du Minitel, les pages jaunes et blanches, et aussi les adresses e-mail (réponses de qualité).

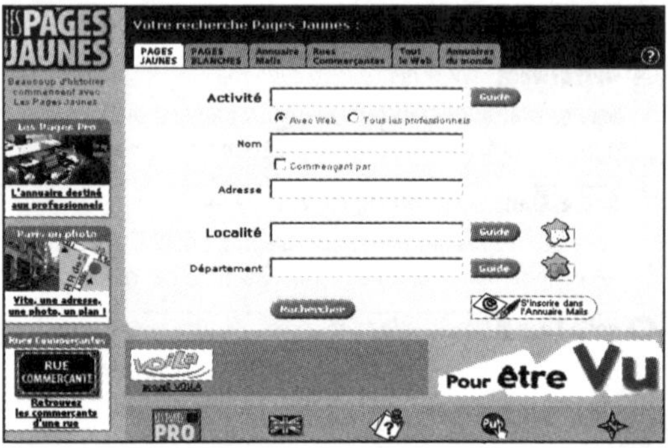

(US) **PeopleSearch** *peoplesearch.net*

Avec ce métannuaire, interrogez simultanément dix annuaires électroniques, sélectionnés parmi les plus importants.

(US) **PlanetAll** *www.planetall.com*

Recherche vos relations perdues de vue dans plus de 100 000 groupes d'intérêt. Service de calendrier et de carnet d'adresses personnels.

(FR) **WhoWhere?** *french.whowhere.com*

Le célèbre annuaire du Web est disponible en français (réponses très pertinentes). N'hésitez pas à visiter le site américain sur *www.whowhere.com*.

(FR) **Yahoo! Annuaire** *fr.people.yahoo.com*

Yahoo! ne se contente pas d'indexer les pages Web, il référence aussi les adresses e-mail. Une base de données complète.

AnyWho *www.anywho.com*
Internet Address Finder *www.iaf.net*
PhoneNumbers.net *www.phonenumbers.net*
Switchboard *www2.switchboard.com*
WorldPages *www.worldpages.com*

e-mail > Utilitaires de messagerie

L'e-mail est la fonction clé de votre système de communication. Soyez attentif aux nouvelles technologies qui apparaissent, notamment aux utilitaires qui vous facilitent la vie.

US **Email Cutter** *www.etn.nl/emailcut.htm*

Explore des fichiers à la recherche d'adresses e-mail et constitue automatiquement un carnet d'adresses. Voici un bon moyen de préparer un mailing.

US **ESP Mail Check** *www.essoftware.com*

Possibilité de tester régulièrement la présence de courrier dans vos boîtes aux lettres POP. Dès qu'un message arrive, vous êtes prévenu.

US **Eudora** *www.eudora.com*

Pour certains, surtout les pionniers d'Internet, voici la meilleure messagerie jamais créée. Elle reste très populaire sur Mac.

US **ForKeeps** *www.fkeeps.com*

Archivez vos messages e-mail et les articles des newsgroups dans une base de données que vous interrogez à volonté.

US **Group Mail** *www.group-mail.com*

Logiciel d'envoi d'e-mail en nombre. Utile si vous possédez de nombreux contacts ou si vous gérez une liste de diffusion.

FR **Outlook Express** *www.microsoft.com/windows/ie_intl/fr/ie40/oe*

Présente les fonctions du logiciel de messagerie Outlook Express de Microsoft : gestion des messages, des groupes de discussion, options de sécurité…

US **POP it Mail Notifier** *www.pro-pro.com/POPIt.htm*

Soyez prévenu de l'arrivée de nouveaux messages dans vos boîtes aux lettres (gère jusqu'à dix boîtes aux lettres). Option antispam. Essai gratuit 30 jours.

US **SpamKiller** *www.spamkiller.com*

Si vous recevez chaque jour des e-mails indésirables, voici l'utilitaire pour faire le ménage et ne charger que les messages attendus.

US **Third Voice** *www.thirdvoice.com*

Avec ce logiciel, laissez des messages de type Post-it sur les pages des sites que vous visitez. Les messages ne sont lisibles que par les utilisateurs du logiciel.

UK **TurboNote** *turbopress.com/tbnote.htm*

Avec ce logiciel, affichez des post-it virtuels sur votre écran. Choisissez leur couleur et leur taille. Disponible sur Windows 98/NT.

autoSMTP *www.bpardo.com/autosmtp*
Mail Bomber *ixisltd.hypermart.net/bomber.htm*

e-mail > Services de messagerie

Pour devenir un véritable homme communiquant, utilisez toutes les ressources de l'e-mail : redirection des messages, envoi de messages anonymes, pense-bêtes électroniques…

FR **Anonymizer** *anonymizer.secuser.com*

Depuis ce site, envoyez des e-mails anonymes, mais aussi surfez sans laisser de traces (en tout cas, pas trop évidentes).

FR **CyberPense-bête** *memo.gnafou.net*

Encore un site pour ne rien oublier. Si vous êtes tête en l'air, envoyez-vous un message pour dans un mois.

US **eFax** *www.efax.com*

Faites envoyer vos fax à ce service gratuit, il vous les transmettra par e-mail. Remplace avantageusement une ligne dédiée.

FR **EMail Planet** *www.emailplanet.com*

En vacances ou loin de chez vous, gérez avec ce service votre courrier électronique (depuis un cybercafé ou un hôtel).

FR **FaxExpert** *www.faxexpert.com*

Envoyez un e-mail à un serveur fax qui transforme votre message en fax et vous facture une communication au tarif local.

FR **Funny Mail** *www.iao.fr/funnymail*

Envoyez un e-mail en vous faisant passer pour une célébrité. Ou comment vérifier que vos amis n'ont pas la grosse tête.

US **Netgram** *www.netgram.com*

Convertit un e-mail en courrier traditionnel. Vous n'avez pas à vous rendre à la poste pour correspondre avec quelqu'un qui n'a pas d'e-mail (surtout aux USA).

FR **NetRappel** *www.isworld.com/netrappel*

Ce service envoie automatiquement un e-mail aux dates programmées. Vous ne manquerez plus aucun rendez-vous ou événement importants.

US **PrivacyX.com** *www.privacyx.com*

Avec ce service gratuit, surfez ou envoyez des e-mails en restant anonyme. Évitez ainsi que les sites collectent vos données personnelles.

US **Hushmail.com** *www.hushmail.com*

Pour participer incognito à un newsgroup, envoyez des e-mails anonymes. Visitez *www.arobase.org* pour en savoir plus sur l'anonymat.

(US) **ZipLip** *www.ziplip.com*

Envoyer des messages cryptés à vos correspondants. Après lecture le message est détruit sous 24 h. Visitez aussi *https://www.hushmail.com.*

Em@ilFile.com *www.emailfile.com*
Epidemics *www.epidemic.com*
Evite.com *www.evite.com*
eXtra Mail *www.extramail.com*
favemail *www.favemail.com*
iFrance Fax *fax.ifrance.com/fax*
seeUthere.com *www.seeuthere.com*
SuperSig *www.supersig.com*
ThatWeb *www.thatweb.com*
T-Mail *www.t-mail.com*

e-mail > Cartes virtuelles

Pour souhaiter une fête, un anniversaire ou tout simplement dire bonjour, envoyez des cartes postales virtuelles. Originales et personnalisées, elles remplacent de plus en plus les cartes postales.

(US) **123Greetings!** *www.123greetings.com*

Des cartes pour toutes les occasions et sur tous les thèmes (sport, Noël, musique...). Agenda des fêtes. Top des cartes les plus demandées.

(FR) **Banque Mondiale des Bizous** *www.ebizous.com*

Envoyez des bisous virtuels sous forme de chèques bisous. Sélectionnez un thème (amour, anniversaire, naissance...) et le montant du chèque (1, 10, 100...).

(US) **Blue Mountain Arts** *www1.bluemountain.com*

Des milliers de cartes classées par catégories. Agenda des fêtes et des événements du mois. La version française est bien moins riche *www.montbleu.com.*

(US) **Card4You** *www.card4you.com*

Cartes de tous types : classiques, animées, musicales... Service d'alerte e-mail pour ne pas oublier un événement. Liste plus de 5 000 sites de cartes.

(FR) **Carterie.com** *carterie.com*

Cartes classiques ou animées (nécessite le plug-in Flash). La version américaine offre beaucoup plus de choix *http://ynot.go.com.*

(FR) **greetings.xoom.fr** *greetings.xoom.fr*

Des cartes de vœux pour toutes les occasions. Publie les cartes d'internautes photographes, dessinateurs, artistes... Top 10 des meilleures cartes.

Ⓤⓢ **HappyBirthdayToYou** *www.happybirthdaytoyou.com*

Spécialisé dans les cartes d'anniversaires musicales. Avec la version payante du site, personnalisez la chanson Happy birthday.

Ⓕⓡ **La Girafe Timbrée** *www.girafetimbree.com*

Publie des cartes originales sur tous les événements : Noël, Nouvel An, fête des mères ou des pères, anniversaire, St-Valentin…

Ⓤⓢ **MessageMates!** *stuart.messagemates.com*

Créez des messages animés, style BD, et envoyez-les à vos amis à l'occasion d'un anniversaire ou d'une fête.

Ⓕⓡ **Voila Cyber Cartes** *cartes.voila.fr*

Catalogue de cartes pour illustrer vos e-mails. Classement par sections : fêtes, cartes animées, messages pratiques…

Cardmaster.com *www.cardmaster.com.*
Carte.fr *www.carte.fr*
Cartes Pour Enfants *www.cartespourenfants.com*
CyberCartes *www.cybercartes.com*
dromadaire *www.dromadaire.com*
Le Relais des Cartes Virtuelles *www.relaysoft.com*
Oscard *www.oscard.net*
Yahoo! Greetings *greetings.yahoo.com*
Ynot *web12.ynot.com/net.ynot.com*

e-mail > Listes de diffusion

Abonnez-vous pour recevoir des informations par e-mail. Avec les listes de diffusion (mailing lists), dialoguez avec les autres abonnés. Avec les newsletters, recevez l'information passivement.

Ⓤⓢ **Fidget** *www.fidget.com*

Annuaire thématique des meilleures newsletters anglophones. Inscrivez-vous directement à plus de 500 newsletters.

Ⓕⓡ **Francopholistes** *www.cru.fr/listes*

Annuaire des listes de diffusion et des newsletters francophones. Classement par noms et par domaines. Rubrique d'aide pour tout savoir sur les listes de diffusion.

Ⓤⓢ **List-Lingo** *list-lingo.com*

Guide des listes de diffusion à l'intention des néophytes. Publie un glossaire, des trucs et astuces quotidiens, un annuaire de newsletters…

Ⓤⓢ **ListQuest.com** *www.listquest.com*

Héberge les archives de listes de diffusion. Recherche par mots clés ou par l'index thématique (informatique, science, voyage…).

listTool.com *www.listtool.com*

Depuis ce site, abonnez-vous ou désabonnez-vous à volonté à plus de 850 listes de diffusion classées par thèmes.

Liszt *www.liszt.com*

Le répertoire de toutes les listes de diffusion dans le monde. Près de 90 000 listes référencées. Accès par mots clés ou index thématique.

L-Soft *www.lsoft.com/catalist.html*

Voici le catalogue officiel des listes de diffusion utilisant la technologie Listserv. Plus de 28 000 références et un répertoire des listes avec plus de 10 000 abonnés.

ONElist *www.onelist.com*

Un répertoire de listes de diffusion. Possibilité de parcourir l'index thématique ou de saisir des requêtes à mots clés.

Publicly Accessible Mailing Lists *www.neosoft.com/internet/paml*

L'ancêtre des répertoires de mailing lists. Propose une base de données fort riche. Liste les ressources et les annuaires de listes de diffusion.

Tile.net *tile.net*

Moteur de recherche pour fouiller les listes de diffusion, mais aussi les newsgroups, le Web, les sites FTP…

Topica *www.topica.com*

Annuaire thématique de listes de diffusion. Possibilité de créer et d'héberger gratuitement vos propres listes. Consultez les FAQ et le glossaire.

eScribe *www.escribe.com*
internetemaillist.com *www.internetemaillist.com*
Meta-Liste *www.meta-list.net*

Forums > Newsgroups

Communément appelés newsgroups, regroupés par le réseau Usenet, les forums reprennent le principe des listes de diffusion, mais en structurant les différents messages des intervenants.

Altavista Usenet *www.altavista.com/*

Recherchez dans les messages postés sur Usenet depuis quinze jours. Sélection en fonction de l'auteur des messages, d'un sujet, d'un groupe de discussion…

Deja.com *www.deja.com*

Consultez même les newsgroups que ne supporte pas votre provider. Recherche dans les messages avec des requêtes à mots clés. Archives depuis 1995.

US **Extra Newsguy** *extra.newsguy.com*

Si votre provider ne donne pas accès à l'ensemble des newsgroups, voici un service pour en consulter plus de 25 000 dans tous les domaines.

US **Gravity** *www.microplanet.com*

Vous pouvez lire les newsgroups avec Outlook Express ou télécharger un lecteur de newsgroups. Gravity est l'un des plus performants.

FR **Groupes de news français** *www-sor.inria.fr/~pierre/news*

Pour tout savoir sur les newsgroups : lire les news, écrire des articles et les poster… Vous trouverez aussi une liste des newsgroups francophones.

US **Internet FAQ Consortium** *www.faqs.org*

Consultez les FAQ postées sur Usenet. Index par nom d'archive, newsgroup, catégorie ou auteur. Infos pour les néophytes.

US **Liszt's Usenet Newsgroups Directory** *www.liszt.com/news*

Classement des newsgroups par nom de domaine : comp (computer), biz (business), rec (divertissement)… Possibilité d'interroger par mots clés.

UK **remarQ** *www.remarq.com*

Moteur de recherche dans les newsgroups. Abonnez-vous au serveur de news pour accéder aux newsgroups non gérés par votre provider (gratuit 30 jours).

US **Talkway** *www.talkway.com*

Plutôt que d'utiliser un logiciel lecteur de news (tel Microsoft Outlook Express), utilisez ce site pour lire et poster des messages dans les forums de discussion.

US **Tifny** *www.tifny2.com*

Logiciel gratuit pour lire les newsgroups. Il aide à classer les images, textes ou fichiers sons que vous avez téléchargés.

US **Tile.net News** *tile.net/news*

Outre retrouver les newsgroups par requêtes à mots clés, vous obtenez des informations statistiques et des liens vers les FAQ.

US **Usenet Quick Search** *www.hotbot.com/usenet*

HotBot est un moteur de recherche à tout faire, notamment pour fouiller les newsgroups. Accès par un index ou directement par requête.

FR **Voila News** *www.news.voila.fr*

L'équivalent du célèbre *Deja.com* pour les newsgroups francophones : recherche dans les messages, lecture et rédaction d'articles…

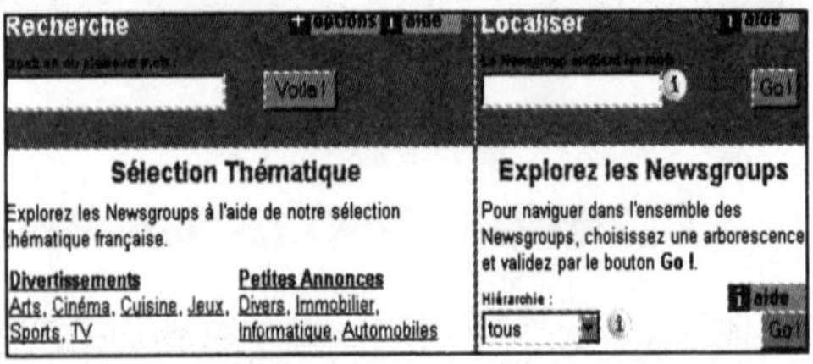

Forums > Forums sur le Web

Nul besoin d'utilitaire ou d'applet Java pour lire et écrire des messages dans ces forums au format HTML. Ils complètent les newsgroups du réseau Usenet. Toutes les communautés virtuelles en proposent.

FR **CompuServe Forums** *forums.compuserve.fr*

Les forums font la richesse de CompuServe. Découvrez-en plus de 700 sur tous les thèmes. Certains sont réservés aux abonnés.

US **Delphi Forums** *www.delphi.com*

Création et hébergement gratuit de forums de discussion. Participez à des forums sur tous les sujets. Top 10 des plus fréquentés. Propose aussi des chats.

US **Forum One** *www.forumone.com*

Recherchez parmi 310 000 forums disponibles sur le Web et accessibles directement depuis votre navigateur (aucun logiciel à télécharger).

FR **Indexo** *www.indexo.com*

Répertoire thématique de forums de discussion francophones. Offre aux particuliers ou aux webmasters la possibilité de créer gratuitement leur forum.

US **InsideThe Web** *www.insidetheweb.com*

Lisez et participez à des centaines de forums. Recherche dans les messages par mots clés. Les webmasters peuvent ajouter gratuitement un forum à leur site.

US **Lycos Message Boards** *boards.lycos.com*

Échangez des idées, nouez de nouvelles relations, résolvez un problème en postant des messages dans l'un des forums. Section d'aide pour les néophytes.

FR **Newsplus** *newsplus.fdbd.fr*

Des dizaines de forums de discussion par thèmes (sport, musique, informatique…). Postez vos messages à partir d'un formulaire.

FR **Place publique.ca** *placepublique.sympatico.ca*

Remplissez un formulaire d'inscription et choisissez un nom d'utilisateur pour accéder à des forums sur tous les sujets. Section réservée aux enfants.

FR **RESpublica forums** *www.respublica.fr/site/forums*

Consultez les forums des membres de cette communauté pour résoudre vos problèmes de conception de sites, partager des astuces, parler musique…

US **Yahoo! Message Boards** *messages.yahoo.com*

Les forums de discussion du premier acteur du Web. Tous les sujets sont traités, notamment l'actualité. Mise en exergue des forums les plus actifs.

Forums > Guides des chats

Vouloir dialoguer avec des inconnus sur Internet, c'est possible, mais pas à n'importe quelle heure. Voici les sites pour trouver les lieux où l'on parle de ce qui vous intéresse et pour savoir quand on en parle.

US **Chat planet** *www.chatplanet.com*

Répertoire des sites Web qui proposent des chats grâce à des applets Java. Classement thématique et par continent.

US **Entertainment Spotlite** *www.infobeat.com/en/cgi/en_merc.cgi*

Recevez tous les jours une sélection des événements online par e-mail (principalement des chats). Horaires, lieu et brève présentation du sujet.

US **Live@ Chat Events** *www.live-at.com/chat*

Sélection hebdomadaire des chats. Présente pour chaque chat le sujet, l'adresse du site qui l'héberge et la technologie utilisée.

FR **Lycos Chat Calendar** *chat.lycoschat.com/calendar.html*

Guide des chats quotidiens. Présente les chats les plus importants du jour, principalement ceux qui se déroulent sur l'un des sites de Lycos.

US **NetGuide Events** *www.netguide.com/events*

Présente les événements en direct. Possibilité de sélectionner en fonction du jour, de l'heure, du domaine, d'une technologie : audio, vidéo, VR, chat…

US **On Now chats** *www.onnow.com/OnNow.htmpl*

Programme quotidien des chats graphiques (un avatar vous représente). Classement par catégories. Bref commentaire du thème de chaque événement.

US **Ultimate Chatlist** *www.chatlist.com*

Moteur de recherche spécialisé dans les chats. Recherche par mots clés ou catégories : informatique et Internet, amusements, sports…

US **Yack!** *www.yack.com*

Les salles de discussion ne fonctionnent pas en continu. Yack! se présente comme un guide TV. Vous saurez quand on parle de ce qui vous intéresse.

US **Yahoo! Chat Rooms** *events.yahoo.com/Chat_Rooms*

Liste par catégories des milliers de salles de discussion. Pour chaque catégorie vous disposez d'un calendrier des événements de la semaine.

US **Yahoo! Internet Live** *www.ylive.com*

Sélection quotidienne des meilleurs événements en direct, notamment des chats. Pour chacun, présentation du sujet et sélection de sites s'y rapportant.

The Chat Directory *webarrow.net/chatindex*

Forums > Discuter sur le Web

Dans les forums, on dialogue en différé : on envoie un e-mail et on attend la réponse. Sur le Web, grâce à des applets Java, les messages s'échangent en temps réel.

FR **Canalchat** *www.canalchat.com*

Organise des chats avec des spécialistes de tous domaines (sports, musique, science…). Recevez le programme hebdomadaire par e-mail.

US **ChatHouse** *www.chathouse.com*

Près de 350 salles de discussion directement accessibles depuis votre navigateur. Certaines salles sont en libre accès.

US **chat-lycos.com** *chat.lycos.com*

Discutez en direct dans l'une des nombreuses salles (classement thématique). Agenda des chats avec des personnalités. Pour la France : *www.lycos.fr/chat.*

FR **Excite Chat** *www.excite.fr/chat_et_communautes*

Après création d'un pseudonyme, accédez aux salles de discussion à partir d'un applet Java. Classement des salles par centre d'intérêt.

FR **Interneto Chat** *chat.interneto.fr*

L'annuaire francophone des événements en direct sur le Net liste les chats par catégories (loisirs, sports, junior…). Organise des chats avec des personnalités.

FR **MaxiChat** *fr.maxichat.com*

Dialoguez en direct depuis votre navigateur Web et cela en français. Un bon moyen de découvrir le chat tout en évitant les problèmes techniques.

FR **MSN Chat** *webchat.msn.fr*

Après avoir sélectionné votre centre d'intérêt (sport, cinéma, culture…), discutez en direct avec les internautes qui les partagent.

FR **Multimania Chat** *www.multimania.fr/communiquer*

La plus importante communauté française offre de nombreuses salles de discussion en direct. Interlocuteurs garantis à toute heure.

FR **Rencontrez!** *www.rencontrez.com*

Vous disposez de salles de discussions accessibles sans logiciels : amitié, amour, voyages… Conseils et trucs pour une bonne utilisation du chat.

FR **Voila Chat** *chat.voila.fr*

Saisissez un pseudo et participez à l'un des chats de *www.voila.fr*. Créez vos salles de discussion pour accueillir vos amis.

US **WBS** *chat.go.com*

Communauté virtuelle dédiée au webchat. Consultez les profils des autres abonnés pour converser avec ceux partageant vos centres d'intérêt.

Yahoo! Tchatche *fr.chat.yahoo.com*

Après enregistrement, discutez en direct dans l'un des salons spécialisés : sports, politique et société, dialogue et rencontre… Bien plus riche : *chat.yahoo.com*.

Yahoo!Chat *chat.yahoo.com*

Après vous être enregistré, accédez à des dizaines de salles de discussion, dont l'une en français. Les dialogues s'effectuent dans des fenêtres Java.

Cool Chat *www.coolchat.com*
Newsplus.org Chat *chat1.newsplus.org*

Forums > Discuter sur IRC

Si l'envie vous prend de parler d'un sujet ou d'un autre, en français, en anglais, ou dans une autre langue, connectez-vous à un serveur IRC (Internet Relay Chat) et sélectionnez un canal de conversation.

ChaT cIRCuiT *chatcircuit.com*

Adresses de tous les réseaux IRC. Informations pour les débutants. Liste des logiciels de chat. Possibilité de dialoguer via un applet Java.

ConferenceRoom *irc.webmaster.com*

Accès à près de 800 salles de discussion du canal IRC. Salles dans toutes les langues, notamment en français.

DALnet *www.dal.net*

DALnet est l'un des plus importants réseaux IRC. Liste des canaux disponibles et les explications pour vous connecter. Dialoguez via un applet java.

Earthweb Chat *chat.earthweb.com*

La plus importante zone de chat IRC dans un environnement Java. Des dizaines de canaux, ces centaines d'internautes connectés.

hawkee.com *www.hawkee.com*

Les experts du logiciel mIRC trouveront des centaines de scripts pour automatiser les dialogues. Voir aussi *www.mircscripts.com* et *www.pairc.com*.

Hiersay *www.hiersay.net*

Guide de l'IRC francophone. Informe et conseille les débutants sur le dialogue en direct : introduction, netiquette, FAQ, smileys… Liste les canaux IRC.

ichat *www.ichat.com*

Téléchargez gratuitement ichat Room, un des meilleurs clients IRC, ou ichat Pager pour savoir quand se connecte l'une de vos connaissances.

Internet Relay Chat Help *irchelp.org*

Vous découvrirez l'IRC en long, en large et en travers : de l'installation du client IRC jusqu'aux conseils pour dialoguer en toute bonne humeur.

Liszt's IRC Chat Directory *www.liszt.com/chat*

Le moteur de recherche de canaux IRC le plus exhaustif. Près de 40 000 canaux référencés sur 27 réseaux IRC.

mIRC *www.mirc.co.uk*

L'un des clients IRC les plus utilisés. Infos et conseils sur l'installation du logiciel. Présentation générale de l'IRC et liens vers les principaux serveurs.

Forums > Chats avec utilitaire

Pour dialoguer en direct dans des conditions idéales, essayez les utilitaires ICQ, MSN Messenger, Yahoo! Messenger… Dès que vous vous connectez, adressez des messages à vos amis déjà en ligne.

AOL Instant Messenger *www.aol.fr/communiquer*

Créez votre salle de discussion privée. Une fenêtre vous signale quand vos amis se connectent. Vous pouvez alors les inviter à dialoguer en direct.

HearMe.com *www.hearme.com*

Logiciel gratuit pour transformer les chats écrits en chats audio. Testez-le dans l'un des salons de discussion (loisir, sport, romance…).

ICQ *www.icq.com*

Avec ICQ, dialoguez en direct avec vos amis connectés en même temps que vous. Conseils en français dans *www.icq.com/languages/french.html*.

MC-TEL *www.mctel.fr*

En téléchargeant VTxPlus ou depuis une fenêtre Java, accédez au Minitel. Nombreux services gratuits, dont certaines messageries roses.

MSN Messenger Service *messenger.msn.fr*

Logiciel gratuit pour échanger des messages en temps réel avec plus de 30 millions d'internautes. Lancez automatiquement des sessions NetMeeting.

Net-iT Now ICQ *www.netitnow.com/icq*

Tout sur ICQ, le logiciel de chat déjà utilisé par plus de dix millions de surfeurs. Forum pour dialoguer avec les autres utilisateurs et FAQ disponibles.

NetMeeting *www.microsoft.com/ie_intl/fr/netmeeting*

Pour tout savoir sur NetMeeting, le logiciel de dialogue en direct (vidéo et son) livré avec Internet Explorer. Pour aller plus loin, visitez *www.netmeet.net*.

(US) **Tribal Voice** *www.powwow.com*

Téléchargez gratuitement le logiciel PowWow et discutez en direct avec plus de 5 millions d'utilisateurs. Plus de 18 000 thématiques les regroupent.

(FR) **Voila Messager** *messager.voila.fr*

Logiciel pour communiquer en temps réel par écrit, son ou vidéo. Avec les fonctions de recherche, trouvez de nouveaux interlocuteurs. Disponible sur PC.

(FR) **Yahoo! Messenger** *messenger.yahoo.com/intl/fr*

Logiciel gratuit pour échanger des messages instantanés avec vos correspondants. Possibilité d'audioconférence. Disponible sur tous les OS.

Firetalk *www.firetalk.com*
Internet Pager *www.internetpager.net*
Kikoo *perso.wanadoo.fr/wwo/kikoo*
Liste ICQ de la Francophonie *www.icq-fr.com*
Lycos Instant Messenger *messenger.lycos.com*

Forums > Chats graphiques

Ils prolongent les forums et les canaux IRC. On peut y dialoguer en direct tout en se déplaçant dans un monde virtuel en deux ou trois dimensions. Une nouvelle expérience commence.

(FR) **2ème Monde** *virtuel.cplus.fr*

Téléchargez le plug-in et enregistrez-vous sous un pseudonyme pour explorer un Paris virtuel en trois dimensions. Agenda des événements en direct.

(US) **Active Worlds** *www.activeworlds.com*

Avec ce logiciel, explorez des mondes virtuels en 3D (il en existe dans toutes les langues, notamment en français). Jeux interactifs, shopping, chats…

(FR) **Cryopolis** *www.cryopolis.com*

Explorez un univers 3D stupéfiant de réalisme où vous pouvez jouer et discuter mais aussi construire votre maison. Basé sur la technologie Scol de Cryo.

(US) **Cybertown** *www.cybertown.com*

Monde virtuel dédié à la science-fiction. Créez un avatar et rejoignez votre maison virtuelle tout en dialoguant avec les autres membres.

US **Le Palace** *www.thepalace.com*

Avec un applet Java ou un utilitaire à télécharger, accédez à des dizaines de salles de discussion en 2D. Créez votre propre univers.

FR **Le Palace québécois** *lepalace.generation.net*

Le plus vaste Palace de toute la francophonie. Retrouvez des dizaines d'interlocuteurs. Documentation du Palace en français.

FR **Le Village virtuel** *www.le-village.com*

Téléchargez gratuitement le logiciel pour accéder à ce monde virtuel en 3D. Choisissez votre personnage parmi les avatars et construisez votre maison.

US **Microsoft V-Chat** *www.microsoft.com/windows/ie/chat*

Microsoft propose un logiciel de dialogue en direct où vous déplacez un avatar dans un monde en trois dimensions.

US **OuterWorlds** *www.outerworlds.com*

Téléchargez gratuitement le logiciel pour accéder à un monde virtuel en 3D. Des dizaines de mondes sont à votre disposition.

US **Worlds Chat** *www.worlds.net/3dcd*

Un monde en 3D où vous vous déplacez et rencontrez d'autres internautes, mais construisez aussi vos propres lieux (version de démonstration à télécharger).

ChatPOP *www.chatpop.com*
Holodesk *www.holodesk.com*
Virtual world chat *www.vzones.com*

Forums > Clubs virtuels

Ouverts à tous, les clubs virtuels rassemblent des internautes partageant un intérêt ou une passion. On peut y discuter en direct, participer à des forums et créer des sites Web automatiquement.

US **eGroups** *www.egroups.com*

Créez votre groupe dans cette communauté virtuelle. Chaque groupe dispose de sa propre liste de diffusion. Recherche par mots clés dans les messages.

US **Excite Clubs** *chat.excite.com*

Créez ou participez à un ou plusieurs clubs. Annuaire thématique de tous les clubs (de nombreux en français). Précise le nombre de membres de chaque club.

US **FamilyPoint** *www.familypoint.com*

Construisez ici le site Web de la famille. Vous pouvez y publier des messages, exposer des photos, noter sur un calendrier les anniversaires…

US **Globeclubs** *globelists.theglobe.com*

Clubs organisés autour de forums de discussion. Mise en exergue des clubs les plus actifs. Achetez des produits moins chers grâce aux clubs d'achat.

US **Lycos Clubs** *clubs.lycos.com*

Créez un club, vous disposez de tous les ingrédients pour l'animer : chats, listes de diffusion, sondages… Mise en exergue chaque semaine d'un nouveau club.

FR **MSN Web Communities** *communities.msn.fr*

Créez simplement et rapidement une communauté : celle de votre famille, de vos amis ou de votre activité préférée. Vous disposez de salles de chat privées, listes de diffusion, galerie de photos…

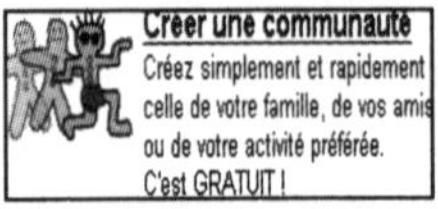

US **Talk City** *www.talkcity.com*

Communauté virtuelle spécialisée dans les discussions : des dizaines de chats quotidiens et des forums de discussion sur tous les sujets imaginables.

FR **tripod pods** *www.tripod.fr/interact*

Les pods sont des communautés d'intérêt. Dans chacune, vous disposez de chats et de forums de discussion dédiés. Accessibles après enregistrement.

FR **Voila Club** *club.voila.fr*

Créez votre iclub et partagez des idées, échangez des documents ou organisez des événements. Sections dédiées aux étudiants et au business.

US **Yahoo! Clubs** *clubs.yahoo.com*

Créez votre club ou devenez membre de l'un des nombreux clubs existants. Discutez en direct avec les autres membres via Voice Chat.

Téléchargement > Applications et utilitaires

Internet est la plus grande bibliothèque de programmes du monde. Téléchargez gratuitement des shareware, des freeware et aussi des versions de démonstration (démoware).

US **32bit.com** *www.32bit.com*

La bibliothèque des logiciels 32 bits (Windows 95/98 et Windows NT). Propose un hit-parade quotidien des logiciels les plus demandés.

FR **Annuaire du Shareware** *www.anshare.com*

Voici le site pour télécharger des shareware et freeware écrits en français par des Français. Un riche index thématique. Top 50 des logiciels les plus téléchargés.

US **c|net Shareware.com** *shareware.cnet.com*

Proposé par le c|net, voici une des plus complètes bibliothèques de téléchargement. Tous les OS sont supportés.

US **FAST FTP Search** *ftpsearch.lycos.com*

Plutôt que de passer par une bibliothèque de téléchargement, fouillez les sites FTP à l'aide de ce moteur de recherche à mots clés.

US **File Mine** *www.filemine.com*

Articles au sujet des programmes vedettes. Parcourez l'index à la recherche d'utilitaires inattendus. Consultez le florilège des logiciels les plus demandés.

FR **Mégagiciel** *www.megagiciel.com*

Une compilation de shareware et freeware accessibles par un index. Chaque logiciel est commenté : taille et mise à jour.

US **Nonags** *www.nonags.com*

Téléchargez des logiciels vraiment gratuits. Après quelques jours, ils ne vous diront pas qu'il faut payer maintenant.

US **Rocket Download** *www.rocketdownload.com*

Dispose de toutes les fonctionnalités indispensables : index, moteur de recherche, hit-parade des logiciels les plus téléchargés… Très riche collection.

UK **SoftSeek** *www.softseek.com*

Un des sites de téléchargement les plus agréables. Pour chaque catégorie, un Top10 s'affiche. Capture d'écran de tous les logiciels et liens vers les éditeurs.

FR **Telecharger.com** *www.telecharger.com*

Bibliothèque de shareware et freeware à télécharger. Classement thématique : jeux, MP3, bureautique… Top 10 des logiciels les plus demandés. Logiciel du jour.

US **Topdownloads.net** *topdownloads.net*

Bibliothèque de logiciels. Propose une grande quantité de softs pour la musique (MP3, Midi) et pour les jeux.

US **Tucows** *www.tucows.com*

Immense bibliothèque de logiciels (présenté, commenté, noté). Section dédiée à Internet, aux enfants, à la musique, aux jeux…

FR **Winternet** *winternet.planete.qc.ca*

Actualité des applications Windows et conseils pour mieux les utiliser. Téléchargement de fichiers : multimédias, utilitaires, jeux…

US **ZDNet Downloads** *www.zdnet.com/downloads*

Peut-on encore parler de logithèque pour ce site tentaculaire ? Vous y trouvez de tout, depuis les logiciels jusqu'aux articles de presse les critiquant.

(FR) **ZDNet Logithèque** *www.zdnet.fr/logi*

Version française de la logithèque du ZDNet. Présentation différente, mais les principaux ingrédients restent les mêmes.

CWSApps *cws.internet.com*
DaveCentral *www.davecentral.com*
Démarrez.com *www.demarrez.com*
FileWorld *www.pcworld.com/fileworld*
Freeware Files.com *www.freewarefiles.com*
Freeware Guide *freewareguide.freeservers.com*
Jumbo! *www.jumbo.com*
Logiciels Center *www.logicielscenter.com*
Pass The Shareware *www.passtheshareware.com*
SuperFiles.com *www.superfiles.com*
Tukids *libero.tukids.tucows.com*

Téléchargement > Navigateurs

Si on ne peut se passer de Microsoft Internet Explorer ou de Netscape Navigator, il peut être utile de surfer avec un autre navigateur. Par exemple, Opera fonctionne sur un vieux 386.

(US) **ActiveIE** *www.activeie.com*

Pour tout savoir sur Internet Explorer : versions en préparation, nouvelles technologies, trucs et astuces, aide en ligne... Bonne sélection de liens.

(US) **BrowserWatch** *browserwatch.internet.com*

Quel que soit votre ordinateur et son système d'exploitation, il existe de nombreux navigateurs Web (browsers en anglais) qui lui sont dédiés.

(US) **Hot Java** *java.sun.com/products*

Un navigateur universel qui pourrait fonctionner sur tout type de machine : telle est l'ambition de Hot Java (écrit en Java bien entendu). Essai gratuit de 30 jours.

(US) **Hotbar** *hotbar.com*

Décorez la barre d'outils de votre navigateur avec une image. Plus de 800 habillages (*skins* en anglais) sur tous les thèmes (sport, nature, animaux...).

(FR) **Microsoft Internet Explorer** *www.microsoft.com/windows/ie_intl/fr*

Indispensable pour profiter de Windows Media Player et des toutes dernières innovations : barre radio, ActiveX, DHTML, Flash, paiement sécurisé...

(US) **NeoPlanet** *www.neoplanet.com*

Navigateur ultraléger, moins de 800 Ko. Ils se veut une alternative face aux géants de Microsoft et de Netscape. Racheté par Lycos.

US **NetCaptor** *www.netcaptor.com*

Un browser qui n'encombrera pas votre disque dur ; 990 Ko à télécharger. Découvrez une nouvelle façon de naviguer. Version d'évaluation de 30 jours.

FR **Netscape Communicator** *home.netscape.com/fr*

Téléchargez la dernière version de Netscape Communicator (dorénavant gratuit comme Microsoft Internet Explorer). Consultez aussi le guide Internet.

FR **Opera** *www.operasoftware.com*

Voici un navigateur Web allégé pour PC antique. Il conserve ses adeptes malgré la concurrence de Microsoft et de Netscape. Gratuit pendant 30 jours.

US **Surfin' Annette** *www.spycatcher.com*

Spécialement dédié aux enfants. Les parents peuvent bloquer l'accès à certains sites (mais les malins peuvent passer outre sans trop de problèmes).

US **Web Prowler** *www.macrobyte.com*

Développé pour le gouvernement américain, il se veut le plus rapide du marché, à vous de le télécharger et d'en juger. Gratuit 30 jours.

Téléchargement > Plug-ins

Pour profiter de toute la richesse du Web, augmentez la puissance de votre navigateur en lui adjoignant des extensions (appelées plug-ins). Voici les incontournables.

FR **Acrobat Reader** *www.adobe.fr/products/acrobat/readermain.html*

On trouve sur le Web de nombreux documents au format PDF (il permet de garder la mise en page d'origine). Avec Acrobat Reader, vous les lisez.

US **Junkbuster** *waldherr.org/junkbuster*

Téléchargez ce logiciel gratuit, il accélère la navigation en ne chargeant plus les pubs. Disponible pour les principaux systèmes d'exploitation.

US **Liquid Audio** *www.liquidaudio.com*

Utilitaire de streaming audio concurrent de celui de RealNetwork. Les fichiers transmis peuvent être signés numériquement.

US **QuickTime** *www.quicktime.com*

Avec QuickTime et QuickTime VR, entrez dans les images et traversez-les comme si vous faisiez partie du paysage à l'écran.

FR **RealPlayer** *fr.realnetworks.de*

RealNetworks est l'éditeur du RealPlayer, un plug-in pour écouter de la musique et suivre de la vidéo en temps réel sur le Web.

(US) **Shockwave** *www.macromedia.com/shockwave*

De plus en plus de sites utilisent la technologie Shockwave. Ainsi, les pages Web deviennent plus interactives et plus riches en graphismes.

(US) **Superscape** *www.superscape.com*

Téléchargez Viscape, le meilleur plug-in pour visualiser les séquences VRML (Virtual Reality Modeling Language).

(UK) **WebWasher** *www.webwasher.com*

Si vous êtes publiphobe, ce logiciel gratuit de 1 Mo est indispensable : votre navigateur n'affichera plus les pubs. Vous surfez alors plus vite.

(US) **Windows Media Player** *www.microsoft.com/windows/mediaplayer/fr*

La solution de Microsoft pour gérer les fichiers multimédias. Lecture de nombreux fichiers audio et vidéo (MP3, AVI, QuickTime...).

(US) **WinZip** *www.winzip.com*

La plupart des fichiers que vous téléchargez sont compressés. Vous les décompressez avec WinZip. Téléchargez la dernière version.

Blaxxun Contact *www.blaxxun.com*
Cosmo Player *cosmosoftware.com*
Flash *www.macromedia.com/software/flash*

Téléchargement > Utilitaires de navigation

Surfer plus simplement et plus efficacement, c'est possible. Téléchargez les utilitaires qui travaillent pour vous : carnets d'adresses améliorés, recherche automatique, surf hors ligne...

(FR) **Babylon** *www.babylon.com/fre*

Un dictionnaire qui vous aide à traduire à la volée des mots anglais et même la totalité de certaines pages Web. Fonctionne en ligne ou déconnecté.

(UK) **BookMarx** *www.msw.com.au/bwolf*

Parcourt chacun de vos bookmarks et vérifie leur validité. Un bon moyen de faire le ménage dans vos adresses Web.

(US) **Cookie Cutter** *www.ayecor.com*

Grâce aux cookies, les sites Web enregistrent sur votre disque dur des informations à votre sujet. Cet utilitaire efface les cookies indésirables.

(FR) **eCatch** *www.ecatch.com*

Pour faire des économies de téléphone et être tenu au courant des modifications de vos sites préférés, téléchargez gratuitement ce navigateur hors connexion.

Gooey *www.getgooey.com*

Grâce à cet utilitaire, discutez en temps réel avec les internautes connectés sur le même site que vous. Disponible seulement pour Windows 95, 98 et NT.

MemoWeb *www.memoweb.com/fr*

Utilitaire pour surfer hors ligne. Téléchargez un site et consultez-le une fois déconnecté. Vous ne payez plus le téléphone.

QuickView Plus *www.inso.com*

Visualisez tous les les documents que vous téléchargez même si vous ne disposez pas de l'application qui les a créés (plus de 200 formats reconnus).

QuikLinks *www.quiklinks.com*

Ce gestionnaire d'adresses Web aide à constituer une base de données des bookmarks et à les ordonner à volonté.

Web TalkIt *www.groverind.com*

Grâce à la reconnaissance vocale, surfez en parlant à votre navigateur au lieu d'utiliser la souris. Version d'évaluation gratuite pendant dix jours.

WebZip *www.spidersoft.com*

N'encombrez plus votre disque dur, téléchargez des pages ou des sites Web compressés (format ZIP). Vous les consultez une fois déconnecté.

Flyswat *www.flyswat.com*
GuruNet *www.guru.net*
ICQ Surf *www.icq.com/icqsurf*
Microsoft Web Accessories *www.microsoft.com/Windows/IE/WebAccess/*
Net2gether *www.net2gether.com*
RoboForm *www.roboform.com*

Téléchargement > Utilitaires d'optimisation

Donnez un coup de pouce à votre navigateur Web en le complétant de quelques programmes indispensables : horodateur, régulateur de trafic, paramétrage optimisé de Windows...

Cool Tool of the Day *www.cooltool.com*

Tous les jours, ce site suggère un outil pour mieux surfer, mieux créer des pages Web ou mieux utiliser votre ordinateur.

cuteFTP *www.cuteftp.com*

Le client FTP le plus populaire. Idéal pour télécharger des fichiers ou mettre à jour un site. Vérifie si les fichiers téléchargés ne sont pas contaminés par des virus.

(US) **DunManager** *www.magsys.co.uk/dunman*

Automatise la connexion, la déconnexion et la reconnexion. Un utilitaire indispensable pour contrôler les appels téléphoniques du PC.

(US) **GetRight** *www.getright.com*

Utilitaire de téléchargement. Permet notamment de reprendre un téléchargement interrompu par erreur. Indispensable pour récupérer des dizaines de Mo.

(US) **Go!zilla** *www.gozilla.com*

Programmez des téléchargements et arrêtez un téléchargement avant de le reprendre plus tard. Recherchez les serveurs FTP les plus rapides.

(US) **Net.Medic** *www.vitalsigns.com*

Propose un bilan graphique des performances de votre connexion : processeur, modem, provider… Un bon outil de diagnostic.

(US) **NetAccelerator** *www.imsisoft.com*

Accélère la communication en préchargeant les pages et en optimisant la gestion du cache d'Internet Explorer ou de Netscape Navigator.

(US) **NetSonic** *www.web3000.com*

Cet utilitaire accélère votre connexion Internet en optimisant le trafic sur la ligne, notamment en préchargeant les pages.

(FR) **TarifCom** *www.tarifcom.com*

Pendant que vous surfez, vous payez le téléphone. Cet utilitaire calcule le montant de vos dépenses. Gratuit pendant 30 jours.

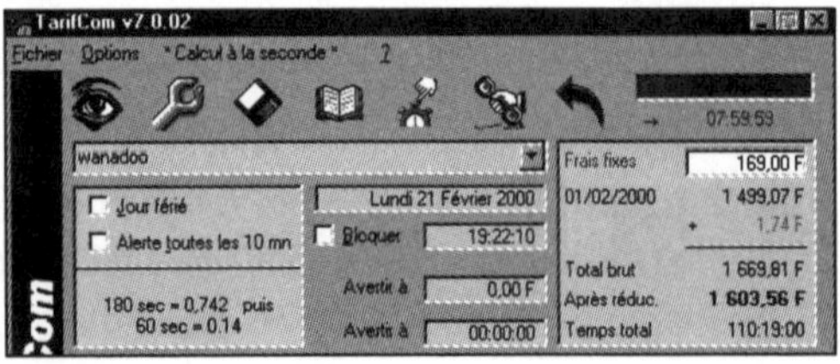

(US) **Webtuner** *www.dragontek.com*

Avec cet utilitaire, transformez votre PC en poste de radio. Programmez les stations que vous écoutez souvent et accédez-y d'un simple clic.

Customize.org *www.customize.org*
InternetBoost *www.bonzi.com*
ISpeed *www.hms.com*
Skinz.org *www.skinz.org*

Téléchargement > Utilitaires MP3

Le format MP3 révolutionne le monde de la musique. Voici les meilleurs logiciels pour écouter, encoder ou classer vos fichiers MP3. Les experts s'improviseront DJ en créant leur radio.

(US) **AudioActive** *www.audioactive.com*

Lecteur, encodeur (à partir d'un CD), décodeur (pour passer du format MP3 au format WAV)... Fonctions disponibles séparément ou dans un pack.

(UK) **Cerberus** *www.cdj.co.uk*

Commandez des morceaux de musique directement à partir de ce lecteur MP3. Classement par genre : reggae, jazz, classique... Extraits gratuits.

(US) **DailyMp3.com** *dailymp3.com*

Bibliothèque de logiciels MP3 (lecteur, enregistreur...). Utile au débutant pour les explications et les conseils ainsi qu'à l'expert pour les mises à jour et les plug-ins.

(UK) **K-Jöfol** *www.kjofol.org*

Téléchargez un lecteur MP3 en freeware. Plusieurs interfaces graphiques disponibles. Supporte aussi les fichiers AAC, VQF, WAV et MOD.

(US) **Layer3.org** *www.layer3.org*

Présentation de tous les logiciels MP3 : lecteur, encodeur, utilitaires... Liste des dernières nouveautés et des prochaines sorties. Section dédiée à WinAmp.

(UK) **mp3site** *www.mp3site.com*

Liste et commente tous les logiciels MP3 pour Windows, Mac et Unix. Tests de baladeurs MP3. Guide pour débutant. Moteur de recherche de fichiers MP3.

(US) **MusicMatch** *www.musicmatch.com*

Téléchargez ce shareware et transformez votre PC en juke-box. Gère l'enregistrement, le téléchargement et le classement des fichiers MP3.

(US) **napster** *www.napster.com*

Transforme votre PC en client/serveur de fichiers MP3. Accédez à tous les fichiers MP3 des utilisateurs de ce logiciel. Facilite le téléchargement.

(US) **RadioSpy** *www.radiospy.com*

Écoutez les radios qui diffusent au format MP3 ou devenez DJ en créant la vôtre. Fonction d'alerte quand une radio diffuse un morceau d'un de vos artistes favoris.

(US) **RealJukebox** *www.real.com/jukebox*

Cet utilitaire MP3 sait tout faire : lire les fichiers MP3, les encoder directement à partir d'un CD et les classer par genre en cherchant dans une base de données.

(US) **Sonique** *www.sonique.com*

Lecteur de MP3 en freeware. Plug-ins et différentes interfaces graphiques. Bibliothèque de fichiers MP3 classés par genre : rock, blues, hip-hop...

Sound Jam *www.soundjam.com*

Utilitaire MP3 (lecteur et encodeur) pour Mac. Essayez la démo avant d'acheter le logiciel. Propose aussi des interfaces graphiques et des plug-ins.

WinAmp *www.winamp.com*

Lecteur MP3 en freeware. Supporte tous les formats audio : MP3, Audiosoft, MOD, WAV… Interfaces graphiques, plug-ins et fichiers MP3 à télécharger.

AudioCatalyst *www.xingtech.com/mp3/audiocatalyst*
Audiograbber *www.audiograbber.com-us.net*

Téléchargement > Fichiers multimédias

Que ce soit pour illustrer vos documents de travail ou pour égayer votre site Web, téléchargez des millions d'images, de sons et de vidéos. Recherchez-les par requêtes à mots clés ou parcourez les index.

AV Photo & Media Finder *image.altavista.com*

Moteur de recherche à mots clés spécialisé dans les images, les sons et les vidéos. Il indexe plus de 17 millions de fichiers (MP3, RealPlayer, GIF…).

FilePile *filepile.com/nc/start*

Une bibliothèque fantastique. Plus d'un million de fichiers : programmes pour tout type de machine et fichiers multimédias en tout genre.

Filez *www.filez.com*

Un moteur qui recherche des fichiers dans tous les domaines d'Internet : bases de données, newsgroups, Web, polices, images… Visitez *www.wav.com.*

Lycos Pictures & Sounds *www.lycos.com/picturethis*

Recherche multicritère et téléchargement de fichiers multimédias (images, sons, MP3). Possibilité de limiter la recherche à la bibliothèque Lycos.

MediaBuilder *www.mediabuilder.com*

Images, GIF animés, fichiers sons, polices de caractères… Site idéal pour enrichir vos pages Web ou vos documents de travail.

Microsoft Clip Gallery *cgl.microsoft.com/clipgallerylive*

Ce site complète la bibliothèque d'images et de sons de Microsoft Office. Utilisez-les notamment avec PowerPoint.

Scour.net *scour.net*

Ce moteur de recherche à mots clés et thématique se spécialise dans le multimédia. Idéal pour trouver des fichiers audio, vidéo ou des images.

(US) **SoundAmerica** *soundamerica.com*

Des dizaines de milliers de fichiers sons à télécharger : extraits ou génériques de films, bruitages, effets spéciaux, dessins animés…

(US) **The MIDI Farm** *www.midifarm.com*

Le site indispensable pour rechercher des fichiers sons, notamment au format MIDI. Plus de 12 000 séquences gratuites.

(US) **Whoopie** *www.whoopie.com*

Ce moteur de recherche spécialisé indexe les sites qui proposent l'écoute ou le téléchargement de fichiers sons, de bandes annonces ou de vidéos musicales.

Beatnik *www.beatnik.com*
LicenseMusic.com *www.licensemusic.com*
MidiCity *www.midicity.com*
TheMidiWeb *www.midiweb.com*

Téléchargement > Images et illustrations

Des bibliothèques et des moteurs spécialisés indexent les fichiers images. Choisissez parmi des milliers de photos, cliparts, icônes… Indispensable pour illustrer vos documents et vos pages Web.

(US) **A-1 Icon Archive** *www.free-graphics.com*

Offre plus de 300 000 fichiers à télécharger gratuitement : boutons, icônes, photos, GIF animées… Liste aussi les autres sites d'images et de design.

(US) **Animation Factory** *www.animfactory.com*

Plus de 12 000 GIF animées gratuits. La section Gold (*www.animfactory.net*) présente plus de 100 000 fichiers (accès payant).

(US) **Arriba vista** *www.arribavista.com*

Moteur de recherche d'images. Interrogation par mots clés. Les images trouvées s'affichent à l'écran. Possibilité de les télécharger.

(US) **ArtToday** *www.arttoday.com*

Après enregistrement gratuit, accédez à plus de 40 000 images (bitmap, clipart, icônes…). La version payante propose plus d'un million d'images.

(US) **ClipArtDownload** *www.clipartdownload.com*

Plus de 100 000 images bitmap et cliparts à télécharger gratuitement après inscription. Recherche par mots clés.

US **Corbis** *www.corbis.com*

Une énorme base de données de photographies. Certaines sont à télécharger gratuitement ou à utiliser comme cartes postales virtuelles. Expos thématiques.

FR **ImageWolf** *www.trellian.com/fr/iwolf*

Ce logiciel explore le Web à la recherche d'images et de vidéos en fonction d'une requête à mots clés. Visualisez le résultat des recherches dans le navigateur.

US **International Signs Online** *www.intlsigns.com*

Dédié à la signalétique : panneaux de tous les pays, annuaire des fabricants, conseils et astuces pour créer des panneaux…

US **Surfer-Net.com** *surfer-net.com*

Voici le service spécialisé dans les images GIF (celles utilisées dans les pages HTML). Retrouvez notamment une collection de GIF animées.

FR **The Gifs Connection** *www.the-web-connection.com*

Plus de 30 000 icônes, polices, GIF animées… à télécharger. Images libres de droits pour une utilisation non commerciale.

FR **WebGraphique** *www.webgraphique.com*

Moteur de recherche d'images, icônes, GIF animées, cliparts… Recherche par mots clés ou à partir de catégories. Liste aussi les sites utiles aux webmasters.

US **WebSeek** *www.ctr.columbia.edu/webseek*

Base de données de plus de 650 000 images et vidéos. Recherche par catégories, critères (couleur, noir et blanc, dessins) ou par mots clés.

US **Yahoo! Image Surfer** *ipix.yahoo.com*

Recherchez des images en parcourant un index thématique ou en interrogeant la base de données à l'aide de requêtes à mots clés.

1-Click-Clipart *www.1-click-clipart.com*
a1clipart *www.a1clipart.com/fr*
Clipart.com *www.clipart.com*
ClipartTOP100 *www.cliparttop100.com/index.html*
ditto.com *www.ditto.com*
Free Clip Art Images *www.free-clip-art-images.com*
Free Graphics *www.freegraphics.com*
freegaia *www.freegaia.com*
iBand *www.iband.com*
IconBazaar *www.iconbazaar.com*
iconplanet *www.iconplanet.com*
La Galerie *www.altern.com/graphisme*
The Iconfactory *www.iconfactory.com*
Xoom's Free Clip Art Library *www.xoom.com/clips/website*

Téléchargement > Polices de caractères

Même si vous n'êtes pas un graphiste confirmé, recherchez sur le Web les polices de caractères et des conseils pour donner de la personnalité à tous vos documents de travail.

(US) **CrossFont** *www.asy.com*

Téléchargez cet utilitaire pour convertir les polices Type 1 et TrueType du Mac au PC et inversement. 15 jours d'essai gratuit.

(US) **Font Freak** *www.fontfreak.com*

Bonne collection de polices pour PC et pour Mac. Utilisez la rubrique d'aide à l'installation de polices, les liens de créateurs et la section sur les applications.

(US) **Fonts & Things** *www.fontsnthings.com*

Un site complet. Découvrez des polices à télécharger classées par thèmes, le Top 20, des liens… Le Hall of Fame présente les polices gratuites et cool du mois.

(FR) **FontShop** *www.fontshop.fr*

Liste et présente des milliers de polices de caractères. Utilisez le moteur de recherche multicritère pour trouver la police qui vous convient.

(US) **Microsoft Typography** *www.microsoft.com/truetype*

Microsoft propose une série de polices TrueType gratuites et compile des liens vers des dizaines d'autres sites qui offrent des polices.

(FR) **Planète Typographie** *typographie.free.fr*

Annuaire de sites sur la typographie. Liste les fonderies, les bibliothèques, les musées… Section dédiée à l'histoire de l'écriture et de l'imprimerie.

(US) **the Dingbat pages** *dingbats.i-us.com*

Dédié aux dingbats, les polices de caractères symboliques. Classement par thèmes : aliens, business, créatures…

(US) **The Font Foundry** *www.fontfoundry.com*

Plusieurs centaines de polices originales à télécharger (freeware et shareware). Testez chaque police avec le texte de votre choix.

(US) **True Type Resource** *www.typesource.com*

Immense sélection de liens. Idéal pour trouver un site offrant des polices à télécharger, des ressources pour les utilisateurs de Mac, des logiciels…

(US) **typoGraphic** *typographic.razorfish.com*

Un site magnifique pour en savoir plus sur l'usage des polices de caractères. Il présente l'histoire de la typographie et les différentes familles de police.

(US) **Will-Harris House** *www.will-harris.com*

Un superbe site. La rubrique Esperfonto aide à choisir les polices de caractères des documents en fonction du style que vous souhaitez leur donner.

Kaliber10000 *www.k10k.net*
Poaplume *www.poaplume.com*
Point Central *www.point-central.com*
Symbols.com *www.symbols.com*
Unicode *www.unicode.org*

Webmasters > Ressources

Développeurs, ne réinventez pas la roue. Dès que vous rencontrez un problème, cherchez la solution sur le Web. Découvrez les sites qui référencent les sites de développement et répondent à vos questions.

(US) **123Webmaster** *www.123webmaster.com*

Sélection de ressources gratuites pour webmasters. Rubriques maintenues par des experts bénévoles. Top des meilleurs sites.

(US) **Anchor** *www.ahref.com*

Site portail dédié aux développeurs. Collections de liens et articles d'introduction aux diverses technologies.

(US) **Complete Intranet Resource** *www.intrack.com/intranet*

Si vous développez un réseau dans votre entreprise, trouvez sur ce site tout pour lui donner un look et une logique Internet (riche sélection de liens).

(US) **DevEdge Online** *developer.netscape.com*

Retrouvez les documentations des produits Netscape et notamment la syntaxe HTML, DHTML, JavaScript… Conseils d'installation.

(FR) **Developer's Paradise** *www.devparadise.com*

Découvrez des conseils pour créer des sites (sources, applets...) et les promouvoir. Liste et présente les ressources et les outils indispensables.

(US) **Net Dezigns** *www.netdezigns.com/Tutor*

Guide du design de sites à destination des webmasters amateurs. Tout est passé en revue depuis HTML jusqu'à JavaScript.

(US) **netpedia** *www.netpedia.com*

Infos, tutoriaux, design, promotion… Sections dédiées au HTML, JavaScript, CGI, DHTML… Téléchargement d'applets et de scripts.

(US) **The Web Design Resource** *www.pageresource.com*

Découvrez des cours HTML et JavaScript. Apprenez à maîtriser la création d'un site Web. Collection de liens indispensables pour les développeurs.

(US) **Web Developer's Virtual Library** *wdvl.internet.com*

Une bible pour créer un site de A à Z. Comment concevoir les pages HTML, mais aussi des programmes Java ou ActiveX, ou encore des illustrations.

(FR) **Web Développeur** *www.webdeveloppeur.com*

Présentation des grands standards de programmation Web. Liens vers les sites indispensables aux développeurs : hébergement, statistiques, promotion…

(US) **Webdeveloper** *webdeveloper.com*

internet.com publie toutes les infos utiles aux développeurs (programmation, logiciels, design…). Nombreux tutoriaux. Forums spécialisés.

developerWorks *www.ibm.com/developer*
e-Fuse *www.efuse.com*
infohiway *www.infohiway.com*
Intranet Design Magazine *idm.internet.com*
Net Resources *www.uforesources.com*
Webtools *www.webtools.com*

Webmasters > Actualité pour webmaster

Les technologies Internet évoluent tous les jours. Pour ne pas rester à la traîne, les webmasters doivent s'informer. Voici la liste des meilleurs magazines et webzines diffusés sur le Net.

(US) **c|net Builder.com** *www.builder.com*

L'actualité pour les développeurs. Dédiée aux débutants aussi bien qu'aux webmasters expérimentés. Testez la qualité de votre site à l'aide d'un robot.

(US) **Highfive** *www.highfive.com*

Superbe webzine mensuel destiné au design des sites Web. Le site met en pratique les conseils qu'il prodigue. Vaut le coup d'œil.

(FR) **International Webmasters Association** *www.iwanet.org*

Cette association réunit les webmasters professionnels. À lire notamment le magazine *www.webprofession.com*.

(FR) **SAM-Magazine** *www.sam-mag.com*

Le magazine francophone des développeurs. Nombreux dossiers de fond. Conseils pour la promotion de sites. Description des sites qui gagnent.

(US) **Web Developer News** *www.internetnews.com/wd-news*

L'actualité du Net dédiée aux webmasters. Annonce et commente toutes les nouveautés sur les langages, les logiciels, les services…

(US) **Web Developer's Journal** *www.webdeveloperjournal.com*

Actualité du design de sites à l'attention des webmasters. Publie des infos et des astuces sur les logiciels, les langages, les outils… utiles à la réalisation d'un site.

(US) **webmOnkey** *www.hotwired.com/webmonkey*

Sur le site et avec le look de HotWired, trouvez tout pour construire pas à pas votre page Web. Des dizaines de trucs et astuces pour créer un site de qualité.

(US) **WebReference.com** *www.webreference.com*

Se veut le magazine de référence des webmasters. Infos, interviews, tutoriaux… Des experts maintiennent des sections sur la 3D, le design de site, le graphisme…

(US) **Webreview** *webreview.com*

Ce magazine au design agréable présente l'actualité destinée aux webmasters : les grandes manœuvres des éditeurs, les nouveaux produits, les services…

(US) **ZDNet developer** *www.zdnet.com/devhead*

ZDNet propose l'actualité et des articles au sujet des techniques de design de sites et de programmation (HTML, Java, ASP, ActiveX, CGI, XML…).

Streaming Media World *www.streamingmediaworld.com*
Trucsweb *www.trucsweb.com*
useit.com *www.useit.com*
Web Techniques *www.webtechniques.com*

Webmasters > Services pour sites Web

Après avoir testé les performances de votre site et les avoir optimisées, il vous reste à lui adjoindre des services tel un moteur de recherche ou un forum de discussion. Tout cela gratuitement.

(US) **beseen.com** *www.beseen.com*

Créez automatiquement et gratuitement des chatrooms, des listes de diffusion, des compteurs d'accès… Le site qui donne de la saveur à votre site.

(US) **Bobby** *www.cast.org/bobby*

Teste la validité de votre site sur différents navigateurs. Vérifie si l'accessibilité de vos pages par les personnes handicapées est conforme.

(US) **Cool List** *www.coollist.com*

Créez gratuitement votre liste de diffusion. Vous pouvez régulièrement envoyer des nouvelles à tous vos amis ou clients.

FR **eStat** *www.estat.com*

Statistiques sur la fréquentation de votre site (pages vues, origine des visiteurs…). Payant pour un site de plus de dix pages.

FR **Le Gr@tuit du Net** *www.actifweb.com/gratuit*

Cette compilation de services gratuits intéressera les créateurs de pages Web : hébergement, compteur de fréquentation, échange de publicité…

FR **NedStat** *be.nedstat.net*

Un des plus puissants compteurs de fréquentation, gratuit qui plus est. Vous aurez dorénavant des statistiques détaillées sur votre site.

US **NetMechanic** *www.netmechanic.com*

Les liens qui ne fonctionnent pas sur un site dérangent les internautes. Évitez ce désagrément en demandant à NetMechanic de vérifier chacun des liens.

FR **OVH Net** *www.ovh.net*

Club des webmasters francophones. Installez gratuitement sur votre site compteurs de fréquentation, moteurs de recherche, forum, mailing-list…

FR **PoP List** *www.poplist.fr*

Ce service héberge gratuitement vos newsletters (listes de diffusion où seul le propriétaire écrit). Nombreux services : envois différés, compteurs, statistiques.

US **SiteInspector** *siteinspector.linkexchange.com*

Testez la qualité de votre site. Nombreux services gratuits : optimisation du code HTML, test des liens hypertextes, mesure du temps de chargement des pages…

US **swURL** *www.swurl.net*

Service gratuit de redirection de nom de domaine. Créez une adresse de type *votre site.swurl.net*. Utile si votre adresse est trop compliquée ou trop longue.

US **V3** *go.to*

Service gratuit de redirection de nom de domaine. Créez une adresse de type : *go.to, come.to, surf.to*… suivie du nom de votre site.

US **Web Site Garage** *www.websitegarage.com*

Testez votre site Web gratuitement. Possibilité de recevoir un e-mail mensuel qui fait le point sur l'état de votre site.

FR **Webao** *www.webao.com*

Actualité et ressources gratuites pour la création ou le développement d'un site : fonds d'écrans, images, polices, compteurs…

(FR) **Webmasterplan** *www.webmasterplan.com/fr*

Optimisation et promotion gratuites de votre site Web. Contrôlez la validité du code HTML et des liens. Référencement gratuit dans 25 outils de recherche.

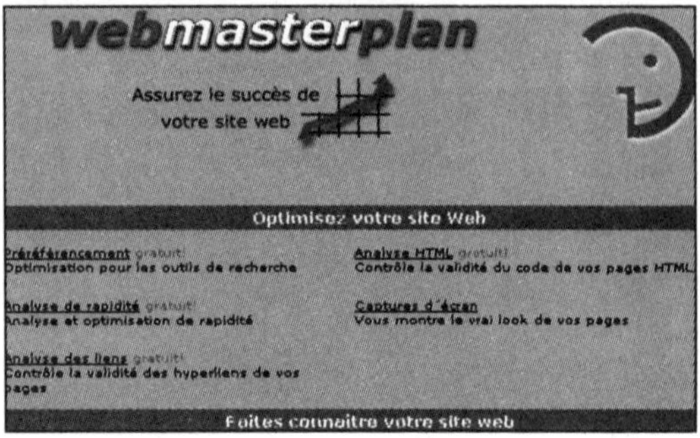

(FR) **WebOutils** *www.weboutils.com*

Services gratuits pour webmasters (compteurs, forum de discussion, livre d'or…). Publie conseils et astuces pour améliorer votre site.

(US) **WebPartner** *www.webpartner.com*

Vérifie l'accessibilité de vos pages Web, leurs temps de chargement, les liens internes et externes… Alerte par e-mail ou pager en cas de problème.

(FR) **X-Recherche** *www.x-recherche.com*

Ajoutez un moteur de recherche à votre site et cela sans aucune programmation. Saisissez simplement la liste des pages à indexer.

Afternic.com *www.afternic.com*
All domains *www.alldomains.com*
Buyasite *www.buyasite.com*
Dolist *www.dolist.net*
Easyhost *www.easyhost.com*
Free Certifier *www.freecertifier.com*
Humanclick.com *www.humanclick.com*
La Tete Chercheuse *www.tetechercheuse.net*
L'annuaire du Webmaster *www.annuaire-du-webmaster.com*
ListBot *www.listbot.com*
Nameshield *www.nameshield.net*
Netwhistle *www.netwhistle.com*
OnLive *www.onlive.com*
Paralogic Software *www.parachat.com*
Pour ou Contre *www.pouroucontre.com*
Présence Web *www.presenceweb.com*
RealNames *company.realnames.com*
Sondage gratuit *www.sondage-gratuit.com*
SOS noms de domaine *www.sos-domaines.com*
Top domaines *www.topdomaines.com*
Vendredi Net *www.vendredi.net*

Webmasters > Promouvoir un site

Voici les sites qui aident à faire connaître votre site et à en faire la publicité : échanges de bannières, conseils en marketing, études sur la pub et Internet…

FR **Abondance** *www.abondance.com*

Webzine axé sur la recherche d'informations, le référencement et la promotion de sites. Comparatif des principaux moteurs. Nombreux liens.

US **BannerStake** *www.namestake.com*

Vérifie la disponibilité des mots clés mis en vente par certains moteurs de recherche pour indexer les sites.

US **ClickZ Network** *www.clickz.com*

Le site où on discute du marketing et de la promotion des sites Web. Un site à visiter absolument pour que le vôtre ne reste pas anonyme.

US **dit-it.com** *www.did-it.com*

Optimisation et référencement de sites. Utilisez gratuitement Detective pour savoir dans quels moteurs votre site est référencé. Précise son positionnement.

FR **Eurobytes** *eurobytes.com*

Marketing et stratégie globale sur Internet. Analyse du fonctionnement de la publicité sur le Net. Liste plus de 500 sites sur le marketing.

FR **France Hyperbanner** *france.hyperbanner.net*

Faites gratuitement de la publicité à votre site. En échange, passez de la pub pour d'autres sites. Tel est le principe de l'échange de bannières.

US **FreeLinks** *www.freelinks.com*

Ce site vous explique comment enregistrer gratuitement votre site sur les principaux moteurs de recherche.

FR **Linkexchange** *www.linkexchange.com*

Réseau d'échange gratuit de bannières publicitaires. Indexe les ressources indispensables pour la création, l'optimisation ou la promotion d'un site.

FR **Mode d'emploi** *www.modemploi.com*

Comprendre la publicité sur Internet. Pour ceux qui veulent faire connaître leur site et pour ceux qui veulent gagner de l'argent en publiant des bannières.

FR **Promoweb** *promo-web.org*

Sélection de liens sur la promotion de sites (échange de bannières, référencement dans les moteurs de recherche, participation aux concours…).

US **RankThis** *www.rankthis.com*

Guide de l'enregistrement dans les moteurs de recherche. Vérifie gratuitement le positionnement de votre site dans les dix principaux moteurs.

SAM le référenceur *www.referenceur.com*

Leader francophone du référencement. Nombreux services : référencement gratuit, professionnel, personnalisé, conférence de presse virtuelle…

SubmitNow *www.wakatepe.com/submitnow*

Référencez gratuitement votre site dans 30 moteurs francophones et internationaux. NetShops présente une sélection de sites marchands.

AutoTraffic *www.autotraffic.net*
Bandeau.com *bandeau.com*
Broadcaster *www.broadcaster.co.uk*
Cybermaster *www.cybermaster.org*
Global Reach *glreach.com/fr*
RMB Online *www.online.rmb.be*
The Banner Generator *www.coder.com/creations/banner*
URL Announcement Service *www.netcreations.com/postmaster*
VirtualPromote *www.virtualpromote.com*
WebPromote *www.webpromote.com*

Webmasters > Rentabiliser un site

Pour gagner de l'argent, diffusez des bannières publicitaires (sur le site ou dans une newsletter) ou affiliez-vous à un site marchand (vous touchez un pourcentage des transactions effectuées chez vous).

AdverLine *www.adverline.com*

Après inscription gratuite, le site vous propose des annonceurs moyennant le partage des revenus. Les tarifs pour les annonceurs sont réévalués chaque semaine.

AssociatePrograms.com *www.associateprograms.com*

Liste les sites proposant des affiliations aux sites marchands. Classement thématique. Infos et conseils pour les néophytes. Top 10 des meilleurs programmes.

Click2Net *www.click2net.com*

Régie publicitaire. Paiement au nombre de clics sur les bannières (entre 6 et 10 cents le clic). Propose aussi un service gratuit d'échange de bannières.

Clickpartner *www.clickpartner.com*

Annuaire français des programmes d'affiliation. Classement thématique. Liste et présente les conditions de plus de 150 programmes.

Comclick *www.comclick.com*

Réseau d'affiliés français. Paiement au clic (2 à 3 F le clic) et au pourcentage sur les ventes générées (de 2 à 10 %).

DeclicNet *www.declicnet.com*

Diffusez des bannières publicitaires payantes. À chaque clic, comptez les dollars. Rémunère sur la base de 15 cents le clic.

DoubleClick *www.doubleclick.net*

La régie publicitaire numéro 1 du Web. Ne prends en régie que des sites à très forte audience (minimum 1 million de pages vues par mois).

emailingfrance.com *www.emailingfrance.com*

Ce service se charge de trouver des annonceurs pour votre liste de diffusion. Réservé aux listes de plus de 4000 abonnés.

LinkShare *www.linkshare.com*

Réseau d'affiliation. Après un enregistrement gratuit, choisissez les offres des sites marchands du réseau. Voir aussi *www.befree.com*.

Refer-It *www.refer-it.com*

Liste plus de 1300 programmes d'affiliation. Classement thématique. Infos sur chaque programme : descriptif, conditions de paiement, nombre d'affiliés…

RegieClick *www.regieclick.com*

Cette régie propose une rémunération au clic (0,60 F). Ce système est surtout avantageux pour l'annonceur vu le taux moyen de clics (moins de 1%).

24/7 Media *www.247media.com*
adonsale *www.adonsale.com*
beFree *www.befree.com*
ClickFR *www.click-fr.com*
WebRevenu *www.webrevenu.com*

Webmasters > Hébergement gratuit

Une fois un site Web créé, il faut le charger sur un serveur d'hébergement (à l'aide d'un utilitaire FTP). Autour de certains serveurs gratuits, de véritables cités virtuelles se constituent.

Chez *www.chez.com*

Vous disposez d'un espace de 20 Mo et d'un e-mail accessible avec une messagerie POP. Rubrique pour débutant, initié ou expert.

FortuneCity *fr.fortunecity.com*

Organisé comme une ville. 20 Mo d'espace gratuit et tous les outils pour créer et maintenir votre site. Chats et forums. Aide en ligne.

GeoCities *geocities.yahoo.com*

Un des plus gros sites d'hébergement. Créez et gérez votre site automatiquement ou consultez ceux des autres internautes. Racheté par Yahoo!.

(US) **Go Free Home Pages** *homepages.go.com*

Créez gratuitement votre home page en quelques minutes. Vous disposez de tous les outils (utilitaires de mise à jour, téléchargement d'illustrations, chat…).

(FR) **iFrance** *www.ifrance.com*

Offre 50 Mo d'espaces et des services : agenda interactif, actualité, accès Internet gratuit… Créez automatiquement des pages en moins de 2 minutes.

(FR) **MultiMania** *www.multimania.fr*

Le plus célèbre des sites francophones d'hébergement gratuit. Les multimaniens forment une caste sur le Web. Dialoguez en direct dans les nombreux chats.

(FR) **RESpublica** *www.respublica.fr*

En plus d'un hébergement gratuit (illimité), créez avec cette communauté virtuelle une page perso en moins de 2 minutes.

(US) **The Globe** *www.theglobe.com*

Vous disposez de 25 Mo pour vos pages et pouvez dialoguer avec les autres membres de la communauté (plus d'un million).

(UK) **Tripod France** *www.tripod.fr*

L'une des cités virtuelles les plus populaires des USA. Vous disposez de 12 Mo d'espace disque. Des assistants aident à créer des pages Web.

(FR) **Xoom.fr** *www.xoom.fr*

Vous disposez d'un espace illimité pour vos sites, de conseils pour les créer et d'une collection de cliparts pour les décorer. Un index regroupe tous les sites.

Citeweb *citeweb.net*
Digiweb *freeweb.digiweb.com*
Free Homepage Center *www.freehomepage.com*
Free stuff for your webpages! *jdante.hypermart.net*
FreeWebspace *www.freewebspace.net*
hoiley *www.hoiley.com*
NAMEzero *www.namezero.com*
Voila Mon Site *monsite.voila.fr*

Webmasters > Programmation HTML

Pour les créateurs de pages Web, des sites font le point sur les nouvelles technologies et sur les outils de développement. Indispensable pour gagner du temps et ne pas réinventer la roue.

(FR) **All HTML** *www.allhtml.com*

Webzine du HTML. Infos sur les éditeurs HTML, conseils pour les débutants, astuces HTML et JavaScript, index des mots clés… Consultez la FAQ et le lexique.

(US) **HTML Goodies** *www.htmlgoodies.com*

Un superbe site pour tout savoir sur HTML. Documentation sur toutes les commandes. Trucs et astuces pour optimiser les pages Web.

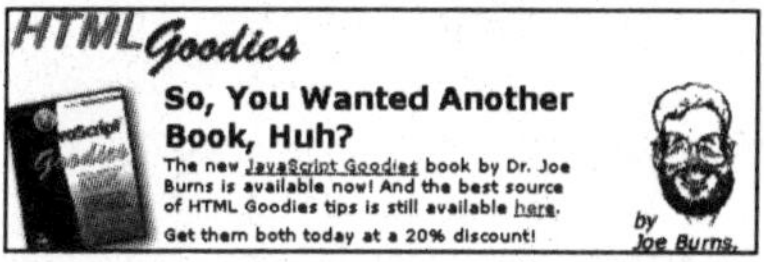

(US) **Oasis** *www.oasis-open.org*

Milite pour la standardisation des langages SGML, XML et HTML. Consultez la base de données sur XML et SGML.

(FR) **PhilGate** *www.philgate.com*

Astuces pour construire une page d'accueil (home page). Ce site s'adresse aux particuliers qui veulent publier sur le Web.

(UK) **Refsnes Data's Site Builder Web** *www.refsnesdata.no*

Infos, tutoriaux, exemples d'applications… sur les langages HTML, DHTML, XML et XHTML. Publie aussi des infos sur ASP, Visual Basic et JavaScript.

(US) **SiteExperts.com** *www.siteexperts.com*

Communauté virtuelle de webdéveloppeurs spécialistes du DHTML. Actus, infos et conseils sur DHTML, HTML, XML… Nombreux forums de discussion.

(FR) **The Compendium of HTML Elements** *www.htmlcompendium.org*

Pour tout savoir de HTML et des dernières commandes. Publie des infos notamment sur les tags. Exemples, démonstrations, tests… Aide en français.

(US) **The HTML Writers Guild** *www.hwg.org*

Organisation qui rassemble plus de 70 000 concepteurs de sites Web répartis dans 130 pays. Liens dédiés aux différents niveaux d'expertise des webmasters.

(US) **Training tools** *www.trainingtools.com*

Téléchargez gratuitement des cours complets d'introduction à FrontPage, HTML, JavaScript, Dreamweaver et Photoshop.

(US) **XML.com** *www.xml.com*

Présentation, actualité et guides techniques de XML. Participez aux forums de discussion. Agenda des événements sur XML.

developerWorks XML *www.ibm.com/developer/xml*
Dyanmic HTML Zone *www.dhtmlzone.com*
everything XML *www.everythingxml.com*
gettingstarted.net *www.gettingstarted.net*
Goxml.com *www.goxml.com*
HTML Help *www.htmlhelp.com*
HTML Stuff *html.tucows.com*
JustSMIL *smw.internet.com/smil*
MSDN Online XML *msdn.microsoft.com/xml*
XML.org *www.xml.org*

Webmasters > Programmation client

Avec JavaScript, insérez des lignes de code dans les pages HTML. Avec Java ou ActiveX, créez des applications qui, une fois compilées, interagiront avec les pages HTML

(US) **ActiveX** *activex.com*

ActiveX, la technologie développée par Microsoft, concurrence Java. Téléchargez des composants pour gérer des sites interactifs.

(US) **ActiveXUser** *www.zdnet.com/devhead/filters/activex*

Une compilation d'articles pour mieux comprendre les potentialités d'ActiveX. Liste exhaustive de tous les outils de développement.

(US) **Cookie Central** *www.cookiecentral.com*

Informations pour les programmeurs qui veulent surveiller leurs internautes et pour les internautes qui veulent se débarrasser des cookies enregistrés sur leur PC.

(US) **Gamelan** *www.gamelan.com*

L'index des sites dédiés à Java. Liens vers les bibliothèques d'applets et conseils de programmation. Nombreuses sections d'actualité.

(US) **Java Home Page** *java.sun.com*

Voici la page de référence du langage Java. Retrouvez tout sur la syntaxe et les applications possibles de Java.

(US) **Java Review Service** *www.jars.com*

Des milliers d'utilitaires, d'applets, de scripts, toute l'actualité… tant sur Java que JavaScript. Rubrique sur PERL et VRML.

(US) **Java Technology Home Page** *www.javasoft.com*

Site de James Gosling, l'inventeur de Java. Découvrez de nombreux applets. Une documentation très complète du langage.

(US) **JavaScript World** *www.jsworld.com*

Articles et tutoriaux sur JavaScript. Téléchargez des scripts (jeux, compteurs, e-mail…). Publie aussi des infos sur HTML et DHTML.

(US) **JavaScripts** *www.javascripts.com*

JavaScript est la solution la plus simple pour introduire des programmes dans les pages HTML. Explorez la bibliothèque de scripts.

(US) **JavaWorld** *www.javaworld.com*

Magazine d'IDG dédié à Java. Suivez l'actutalité et découvrez les techniques de programmation. Consultez la présentation des outils de développement.

(UK) **The Java Centre** *www.java.co.uk*

Bibliothèque d'applets Java. Classement thématique. Votez pour l'applet du mois. Visitez Elsewhere, sélection de liens commentés (tutoriaux, FAQ…).

ActiveX Arena *browserwatch.internet.com/activex.html*
Java Report *www.javareport.com*
Pharos Java *pharos.inria.fr/Java*
The Java Boutique *javaboutique.internet.com*
ToutJavaScript.com *www.toutjavascript.com*

Webmasters > Programmation serveur

Un site Web devient interactif si les pages se redessinent en fonction des besoins des internautes. Pour cela il faut installer sur le serveur des programmes en ASP, Perl, PHP…

US **15 Seconds** *www.15seconds.com*
Publie deux fois par mois de nouveaux articles sur ASP (archives en ligne). FAQ, documentations, exemples, trucs et astuces…

US **4GuysfromRolla** *www.4guysfromrolla.com*
Articles quotidiens sur ASP. FAQ, forums, chats, tutoriaux, trucs et astuces… rien ne manque. Archives depuis 1998.

FR **ASP Magazine** *www.asp-magazine.com*
Webzine sur le langage ASP. Infos, astuces du jour, cours en ligne, conseils pour débuter… Nombreux programmes à télécharger.

FR **ASP-FR** *www.asp-fr.net*
Conseils pour débuter avec le langage ASP. Consultez les exemples, les applications à télécharger, la FAQ…

US **ASPfree** *www.aspfree.com*
Liste les ressources en ASP (références, composants, modèles…). Les sites sont brièvement commentés. Nombreux forums spécialisés.

US **aspSites** *www.aspsites.com*
Sélection de liens sur ASP. Classement thématique. Les sites sont soumis aux votes des internautes. Top 10 des meilleurs sites.

US **ASPToday** *www.asptoday.com*
Publie quotidiennement des articles sur ASP. Les internautes peuvent annoter ces articles et en débattre dans les forums de discussion. Archives thématiques.

US **LearnASP** *www.learnasp.com*
Pour tout savoir de la programmation ASP. Leçons gratuites pour les débutants, exemples de programmes, forums de discussion dans toutes les langues…

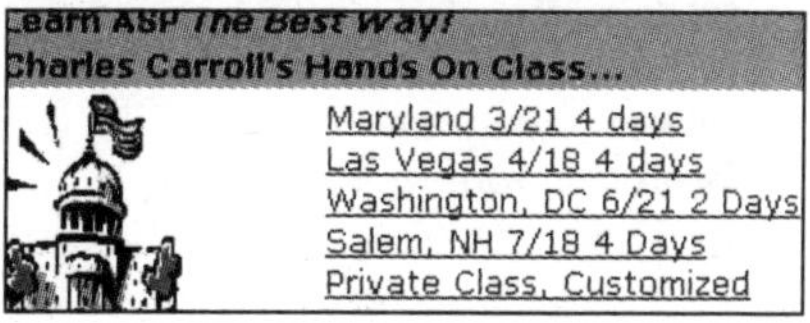

Nautilum *www.nautilum.com/tutorial*

Pour bien débuter en ASP consultez ce tutorial. Trois niveaux de difficultés. Trucs et astuces. Forum de discussion dédié à l'ASP.

Perl.com *www.perl.com*

Pour tout savoir sur le langage Perl, notamment pour l'utiliser dans les scripts CGI. Un superbe site pour les développeurs avertis.

phpindex *www.phpindex.com*

Passerelle française des technologies PHP. Articles, trucs et astuces, FAQ… sur ce nouveau langage. Téléchargez la traduction de la documentation officielle.

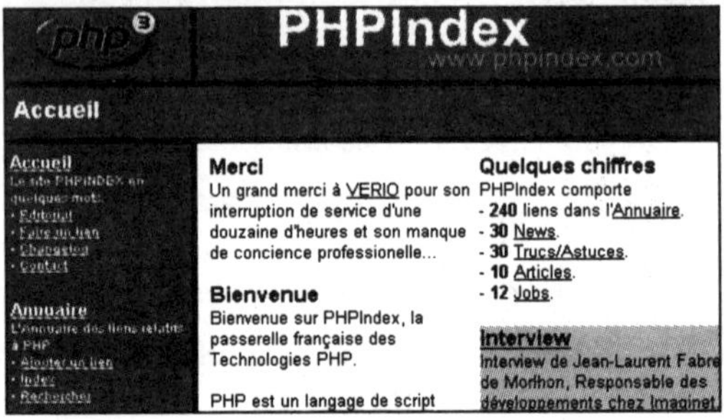

ScriptSearch *www.scriptsearch.com*

Bibliothèque de plus de 5 000 scripts CGI à télécharger. Trouvez aussi des scripts JavaScript, des applets Java, des progarmmes C/C++…

The CGI Resources Index *www.cgi-resources.com*

Le site pour les développeurs de scripts CGI. Collection de liens vers des informations techniques, des critiques de livres, des offres d'emploi…

Active Server Corner *www.kamath.com*
ASP 101 *www.asp101.com*
ASP Developer Nerwork *www.aspdeveloper.net*
ASP Hole *www.asphole.com*
ASP Toolbox *www.asptoolbox.net*
Humble Faq for ASP *homepages.id.ibs.se/henrik/aspfaq*
IIS Development *www.alphasierrapapa.com/iisdev*
Le cgi.net *www.lecgi.net*
MySQL *www.mysql.com*
PHP *www.php.net*
PHP France *www.phpfrance.com*
PHPBuilder *www.phpbuilder.com*
Server Watch *serverwatch.internet.com*
SQL Server Magazine *www.sqlmag.com*
SQLCourse.com *www.sqlcourse.com*
SQLWire *sqlwire.com*
Swynk.com *www.swynk.com*
WebF1.com *www.ojmnet.com/default.asp*

Webmasters > Institutions du Web

Personne ne dirige Internet, mais, pour que les choses continuent à fonctionner harmonieusement, des organisations tentent de mettre de l'ordre dans le réseau des réseaux.

FR **AFNIC** *www.nic.fr*

Pour déposer un nom de domaine avec l'extension *.fr*, passez par l'AFNIC (Association Française pour le Nommage Internet en Coopération).

FR **AUI** *www.aui.fr*

L'AUI (Association des Utilisateurs d'Internet) cherche à développer et à démocratiser l'utilisation des réseaux électroniques de communication.

US **ICANN** *www.icann.net*

Organisme chargé d'attribuer les licences de vente des noms de domaines en .com, .net et .org. Liens vers les opérateurs de chaque pays.

US **Internet Mail Consortium** *www.imc.org*

Vous apprendrez tout sur les standards de courrier électronique (communication, cryptage…) et leur évolution.

FR **Internet Society France** *www.isoc.asso.fr*

Grâce à cette organisation, Internet ne deviendra pas une jungle. Consultez notamment la rubrique All About the Internet. Visitez *www.isoc.org*.

FR **Internet.gouv.fr** *www.internet.gouv.fr*

Pour tout savoir des engagements de la France en matière d'Internet. Synthèse de l'actualité multimédia. Agenda des manifestations.

US **Network Solutions** *www.netsol.com*

Depuis 1993, NetWork Solutions enregistre les noms de domaine avec les extensions *.com*, *.net*, *.org*, *.gov* et *.edu*. Prend un statut commercial en 1997.

US **The Web Standards Project** *www.webstandards.org*

Association qui cherche à ce que les navigateurs Web soient compatibles entre eux, afin que les développeurs ne perdent pas de temps.

US **Web3d Consortium** *www.web3d.org*

Cette association développe et normalise le langage VRML (Virtual Reality Modeling Language). Consultez les informations techniques et la FAQ.

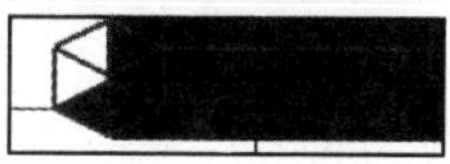

US **World Wide Web Consortium** *www.w3.org*

Cette association entend favoriser le développement du Web et en augmenter sans cesse les potentialités. Découvrez tous les standards.

CORE *corenic.org*
DomainMagistrate *domainmagistrate.com*

Culture

Culture

En tant que spectateur, consultez les sites d'actualité culturelle, généralistes aussi bien que spécialisés (musique, cinéma, littérature...). Préparez vos sorties grâce aux agendas publiés quotidiennement. Vous connaîtrez tous les événements qui touchent de près ou de loin à la culture. Passionné d'un domaine, retrouvez des sites dédiés : BD, techno, arts plastiques, photographie... Fan des nouvelles technologies, lisez les magazines de cyberculture et découvrez les artistes qui œuvrent avec l'ordinateur. Si vous avez du talent, ou ne serait-ce qu'un peu de fantaisie, publiez vos travaux dans une galerie virtuelle. Dialoguez avec d'autres amateurs.

Ressources > Explorer le Web culturel

Recherchez un site culturel avec les sélections spécialisées plutôt qu'avec les moteurs de recherche généralistes. Elles couvrent les arts plastiques mais aussi la littérature, le cinéma, la musique…

Culture

US **alt.culture** *www.altculture.com*

Encyclopédie de la culture des années 90. Nombreuses rubriques : musique, art, cinéma… Découvrez pour chaque thème un article avec photos et liens.

US **Art History Resources** *witcombe.bcpw.sbc.edu*

Liste les sites dédiés à l'histoire de l'art (classement par époques – de la préhistoire à nos jours). Section dédiée aux arts d'Asie, d'Afrique, d'Océanie…

FR **AVCG** *www.collegesherbrooke.qc.ca/~barbeari/avcg*

Répertoire sur les arts visuels. Banques d'images, galeries, revues, cours d'esthétique sur le Web… Liste les musées et les sites d'histoire de l'art.

US **Exploring Ancient World Cultures** *eawc.evansville.edu*

L'université d'Evansville présente les cultures antiques : Grèce, Inde, Égypte… Découvrez des images, des quizz, une chronologie, une sélection de sites…

FR **Guide de l'Internet culturel** *www.culture.gouv.fr/culture/int*

Le Ministère de la culture propose une sélection de sites, principalement francophones, autour de la littérature, l'architecture, la peinture…

FR **L'Espace culturel** *www.france.diplomatie.fr/culture*

Publie des infos et des liens sur la musique, le cinéma et l'archéologie. La bibliothèque liste revues, textes et livres sur les mouvements artistiques.

FR **Médiathèque du MAC de Montréal** *media.macm.qc.ca*

Sélection de sites, notamment francophones, du Musée d'Art Contemporain de Montréal. Classement par catégories : artistes, musées, galeries…

FR **Ministère de la culture** *www.culture.fr*

Informations sur les événements culturels et les expositions virtuelles. Consultez les bases de données et les banques d'images sur le patrimoine français.

FR **Signets de la BNF** *www.bnf.fr/web-bnf/liens*

La Bibliothèque Nationale de France liste plus de 1700 liens culturels. Recherche alphabétique, thématique ou par mots clés.

US **The Voice of The Shuttle** *humanitas.ucsb.edu*

Immense répertoire de liens sur la culture et les connaissances. Liste et commente les sites sur l'architecture, la cyberculture, les sciences…

US **World Wide Arts Resources** *www.wwar.com*

Moteur de recherche spécialisé dans l'art : arts plastiques, arts de la scène, cinéma, littérature, architecture…

Adam *adam.ac.uk*
SurfWebNow *www.surfwebnow.com*
The History of Art Virtual Library *www.hart.bbk.ac.uk/VirtualLibrary.html*

Ressources > Actualité culturelle

Événements, nouvelles sorties, critiques… la culture ne s'endort jamais ; des dizaines de journaux et magazines électroniques aident à ne rien manquer et à tout voir en direct.

UK **Arts & Letters Daily** *cybereditions.com/aldaily*

Revue de presse sur tous les domaines culturels : littérature, musique, arts… Articles extraits des grands titres de la presse mondiale et des agences de presse.

US **Arts Wire** *www.artswire.org*

Dans le domaine des arts, traite de tous les aspects de l'actualité : économique, politique, philosophique ou sociale. Recevez les infos par e-mail.

US **Atlantic Unbound** *www.theatlantic.com*

Chaque mois, des articles d'actualité sur la littérature, les arts, la cyberculture… Des séquences musicales illustrent certains articles.

FR **chronic'art** *www.chronicart.com*

Toutes les semaines, l'actualité du cinéma, de la musique, de la littérature et des sorties. La rubrique Événement traite du fait marquant de la quinzaine.

FR **Culturekiosque** *www.culturekiosque.com*

L'actualité culturelle européenne sur la danse, le cinéma, la musique… Articles, agenda, critiques, interviews et calendrier des événements.

FR **eurasie** *www.eurasie.net*

Webzine des passionnés de culture asiatique. Agenda des expos, spectacles, conférences… Actualité littéraire, articles, sélection de sites francophones…

FR **Fnac.net** *www.fnac.net*

Actualité de la musique, des spectacles, de la littérature… Dossiers thématiques, portraits et interviews, coups de cœur… Section dédiée aux enfants.

FR **Radio Canada Info-Culture** *www.radio-canada.ca/infoculture*

Actualité et chroniques culturelles. Participez aux critiques musicales en écoutant les extraits des nouveautés (dans tous les genres) avant de donner votre avis.

FR **Reflets** *www.sdv.fr/dna/reflets*

La rubrique culturelle des *Dernières Nouvelles d'Alsace*. Toute l'actualité de la musique, du théâtre, de la danse, des spectacles…

(US) **Retro** *www.retroactive.com*

Mensuel de la culture et de l'art de vivre d'avant les années 70. Consultez chaque week-end les nouvelles en écoutant les tubes de l'époque.

(US) **Salon** *www.salon.com*

Ce webzine traite surtout de la culture. Chacune des sections (livres, technologie, média…) est un mini-site avec dossiers, chroniques, interviews…

(FR) **Showbizz.Net** *www.showbizz.net*

L'actualité du cinéma, de la musique et du showbizz. Critiques de films et de disques, palmarès, dossiers…

(FR) **Télérama** *www.telerama.fr/*

Actualité hebdomadaire du cinéma, des livres, des spectacles… Dossiers, interviews, critiques, prévisions de sorties… Programmes des salles de cinéma.

(FR) **Voir** *www.voir.ca*

Les rubriques arts et scène, musique, cinéma, techno… traitent de l'actualité. Consultez la sélection de liens et les chroniques.

ArtActu *artactu.citeweb.net*
Go Broadcast *broadcast.go.com*
nuances *www.nuancesonline.com*
Technikart *www.technikart.com*
WebTélémax mags *www.webtelemax.com*
Word *www.word.com*
Yahoo! Culture *fr.news.yahoo.com/1*

Ressources > Cyberculture

Internet et les technologies numériques revisitent la culture traditionnelle, voire en inventent une nouvelle : art virtuel, musique techno, cinéma d'animation… autant de nouveaux domaines à explorer.

(FR) **Anacoluthe** *www.anacoluthe.com*

Se présente comme le site arrogant et prétentieux. De nombreuses rubriques où on se moque de tout.

(US) **HotWired** *www.hotwired.com*

Le magazine le plus branché de la planète traite de tous les sujets de société en rapport avec le monde numérique.

(US) **Irational** *www.irational.org*

Un site à multiples facettes : un magazine sur la biotechnologie, infos et flyers sur les soirées technos, conseils et outils Internet, liens et infos sur le hacking…

FR **Le Scarabée** *www.scarabee.com*

Éditos engagés, chroniques corrosives, sélection de sites… Ce webzine propose aussi des conseils techniques sur les plug-ins, sur Javascript…

FR **LeS oUrS** *www.les-ours.com*

Webzine satirique de cyberculture. Consultez les pastiches de sites : Wanadours, Yahoours, Nirvaniet, Virtual Braguette, Elysee.org…

FR **Nirvanet** *www.nirvanet.fr*

Attention à ne pas vous perdre dans cet immense site : des sons et des images jaillissent de tous les coins de votre écran. À visiter sans but précis.

US **Smug** *www.smug.com*

Webzine proposant des articles sur la musique, le cinéma, la culture en général… La navigation se fait à partir d'amusantes icônes interactives.

US **Suck** *www.suck.com*

Webzine hebdomadaire qui utilise pleinement les spécificités du Web, notamment par sa gestion des liens hypertextes et par sa mise en page. À découvrir.

FR **transfert** *www.transfert.net*

Magazine sur les nouvelles technologies et la cyberculture. Publie des articles sur les innovations liées à l'informatique et Internet.

US **Voice of the Shuttle Cyberculture** *vos.ucsb.edu/shuttle/cyber.html*

Liste et commente brièvement les ressources cyber en plusieurs catégories : journaux et e-zines, éthique et législation, cyberpunk…

FR **Ze WoC** *www.zewoc.com*

Guide du meilleur et du pire d'Internet. Chroniques, interviews et multiples sélections de sites. Bon point de départ pour surfer sans but précis.

La spirale *www.laspirale.org*
Le portail des copains *rezo.net*

Arts > Musées et expositions

Si les sites Web des grands musées ne se substituent pas aux musées réels, ils aident toutefois à préparer une visite et apportent des informations inestimables sur les œuvres et les artistes.

US **Art Museum.net** *www.artmuseum.net*

Intel présente des expositions en collaboration avec des grands musées. Nombreuses infos sur les artistes, liens, actualité…

FR **Centre Georges Pompidou** *www.centrepompidou.fr*

Présentation des expositions du centre et de celles auxquelles il collabore. Présentation d'œuvres, bibliographies et biographies des artistes.

US **Guggenheim Museum** *www.guggenheim.org*

Présente les expositions des différents musées Guggenheim dans le monde. Biographies des artistes, infos et photos des œuvres.

US **MoMA** *www.moma.org*

Musée d'art moderne de New York. La rubrique Online projects présente les productions ou coproductions utilisant les spécificités d'Internet.

US **Musee** *www.musee-online.org*

Liste par catégories les sites Web des musées (art, enfant, musique, histoire...). Une fiche décrit chaque musée (intérêt, éducatif, vente en ligne...).

FR **Musée du Louvre** *mistral.culture.fr/louvre*

Informations pratiques : accès, tarifs, horaires... Descriptions des expos temporaires, des activités culturelles, présentation de quelques œuvres...

FR **Musexpo** *www.musexpo.com*

Liste les musées français, leurs sites Web et toutes les expositions. Consacre des dossiers aux expositions importantes. Newsletter d'information hebdomadaire.

UK **National Gallery of Art** *www.nga.gov*

Propose plus de 100 000 œuvres en ligne. La base de données fournit aussi des infos sur les peintres et les différents courants artistiques.

FR **Réunion des Musées Nationaux** *www.rmn.fr*

Guide des musées nationaux français et de leurs expositions. La boutique vend en ligne plus de 1000 cadeaux d'art (livres, bijoux, moulages...).

US **Virtual Library museums pages** *www.icom.org/vlmp*

Liste non seulement tous les musées présents sur le Web, mais aussi les sites offrant des informations ou des liens sur les musées.

Agence photographique de la RMN *www.photo.rmn.fr*
Chateau de Versailles *www.chateauversailles.com/fr*
Isamu Noguchi Garden *www.noguchi.org*
Monuments de France *www.monuments-france.fr*
Smithsonian American Art Museum *nmaa-ryder.si.edu*
Videomuseum *www.videomuseum.fr*

Arts > Arts plastiques

Si rien ne remplace la vision réelle d'une œuvre d'art, les sites Web, à l'image du cinéma ou de la télévision, donnent une autre vision de l'art. Ils se substituent aux beaux livres et, cela, gratuitement.

US **Artchive** *www.artchive.com*

Bibliothèque d'images d'œuvres d'artistes. Classement par nom d'artiste et par mouvement : impressionisme, cubisme, surréalisme…

US **Artcyclopedia** *artcyclopedia.com*

Guide de l'art sur Internet (plus de 6000 artistes). Recherche par nom d'artiste, mouvement, nationalité… Nombreuses reproductions.

US **ArtResources** *artresources.com*

Répertoire sur les arts plastiques. Publie des articles, un catalogue d'images, des critiques… Liste les musées, artistes, expos…

FR **Critiques d'Espaces** *www.archicool.com*

L'architecture à Paris. Actualité, chroniques, agenda des événements, expos, conférences, sélection de liens, promenades virtuelles…

US **Cyburbia** *www.ap.buffalo.edu/pairc*

Liste les ressources en architecture : architectes célèbres, histoire de l'architecture, publications et magazines…

US **FAMSF** *www.thinker.org*

La base de données d'images du Fine Arts Museums of San Francisco contient plus de 70 000 reproductions de peintures, sculptures, dessins…

FR **L'Objet d'Art** *www.franceantiq.fr/objdart*

Version en ligne du magazine du même nom. Consultez notamment les fiches illustrées sur les peintres et les articles consacrés aux événements et à l'actualité.

FR **Musée Rodin** *www.musee-rodin.fr*

Présentation de l'œuvre de Rodin. Commentaires, photographies et illustrations sur Rodin sculpteur, dessinateur, peintre, graveur ou collectionneur.

US **Quondam** *www.quondam.com*

Musée virtuel d'architecture. Présente des œuvres de toutes les périodes et des plus grands architectes. Visualisation virtuelle de bâtiments non construits.

FR **World Art Treasures** *sgwww.epfl.ch/BERGER*

À partir de quelques 100 000 diapositives, découvrez l'art des principales civilisations. Un guide explique comment savoir interroger les œuvres.

ArchiTacT.com *www.architact.com*
art.com *www.art.com*
Frank Lloyd Wright *www.pbs.org/flw*
International Sculpture Center *www.sculpture.org*

Arts > Arts de la scène

Théâtre, danse, comédies musicales… suivez l'actualité et lisez les critiques des spectacles. Consultez les agendas, les adresses des écoles ou des cours de perfectionnement… Ne manquez aucun spectacle.

UK **@URL Arts Resources Dance** *url.co.nz/arts/dance.html*

Ressources sur la danse classées par catégories : ballets, danse contemporaine, festivals, publications, vidéos, films…

FR **Comedie-Francaise** *www.comedie-francaise.fr*

L'histoire et le fonctionnement de la Comédie Française. Nombreuses infos sur la saison en cours et la troupe. Réservez vos billets en ligne.

FR **La Revue du Spectacle** *wwwusers.imaginet.fr/~chauveau*

Chroniques et critiques de pièces qui se jouent à Paris et en province. La section Chanson présente les spectacles d'artistes français à découvrir.

FR **ladanse.com** *www.ladanse.com*

Panorama de la danse en Europe : agendas de spectacles et festivals, stages et cours, bases de données des compagnies, liste des écoles…

FR **Les Petits Ruisseaux** *www.les-petits-ruisseaux.com*

Actualité des arts de la scène en France. La rubrique Festivals présente les principaux festivals par type (danse, théâtre, cirque…) et par régions.

US **Playbill On-Line** *www1.playbill.com*

Actualité hebdomadaire sur le monde du théâtre (USA, Canada, international). Découvrez les programmes des grands théâtres.

FR **The@tr@l** *www.theatral.com*

Résumé des principales critiques théâtrales de la presse, programmation de Paris et sa région, infos sur les compagnies, offres et demandes d'emploi…

FR **Théâtreonline** *www.theatreonline.com*

Infos et critiques sur les nouvelles pièces de théâtre. Guide des programmes de la plupart des théâtres de Paris et d'Ile-de-France. Réservation de places en ligne.

(UK) **Virtual Library Theatre and Drama** *vl-theatre.com*

Liens sur le théâtre. Pour chaque pays, liste les sites des théâtres, des festivals, des magazines… et une sélection des meilleures ressources.

DanseNet *www.dansenet.com*
En coulisse *www.multimania.com/theothea*
Lieux publics *www.lieuxpublics.com*
Offjazz Danse *www.offjazz.com*
theatre-contemporain.net *www.theatre-contemporain.net*
Webthea *www.webthea.com*

Culture

Arts > Photographie

Avec Internet, la photographie d'art dispose enfin d'un bon média de diffusion. Amateurs aussi bien que professionnels présentent leurs œuvres et dialoguent sur le Web.

(FR) **Famille nombreuse** *www.famille-nombreuse.org*

Association qui fait la promotion des photographes en exposant leurs travaux sur le réseau. La rubrique Reportage publie chaque mois un sujet d'actualité.

(US) **Helios** *nmaa-ryder.si.edu/collections/exhibits/helios*

Cette exposition du National Museum of American Art présente les œuvres de photographes célèbres ou anonymes. Chaque photo est commentée.

(US) **HyperZine** *www.hyperzine.com*

Webzine dédié à la photographie et à l'image numérique. Publie une foule d'infos sur les appareils, les logiciels, la technique…

(FR) **iTIS** *www.itisphoto.com*

Guide Internet des photographes et de la photographie en France. Consultez les annuaires des agences, des studios, des écoles… Galeries d'expos photos.

(FR) **Maison Européenne de la Photographie** *www.mep-fr.org*

Consultez la présentation des photographes et le catalogue d'images des artistes ayant participé aux expositions de ce musée parisien.

(FR) **Photo** *www.photo.fr*

Le magazine de la photo. Traite l'actualité, critique les nouveaux livres, présente les expositions, les festivals ainsi que les aspects techniques de la photographie.

(FR) **Photographie** *www.photographie.com*

Actualité, brèves, reportages, expos, publications, interviews… La rubrique Contact recense les meilleurs sites et ceux à éviter…

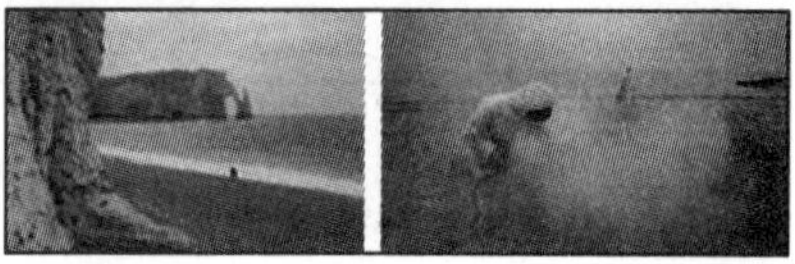

Ⓤⓢ **Photography In New York** *www.photography-guide.com*

Liste les ressources sur la photo : expos américaines et dans le monde, ventes aux enchères et événements, index des photographes, répertoire de sites…

Ⓤⓢ **PhotoServe** *www.photoserve.com*

Mensuel qui présente les travaux de photographes professionnels à travers leurs portfolios. Consultez les archives des anciens numéros.

FR **ReVue** *revue.com*

Ce webzine présente les travaux de dix photographes indépendants. Dans l'espace Paradis, tous les photographes peuvent publier leurs œuvres.

Black & White World *www.photogs.com/bwworld*
Fujifilmnet.com *www.fujilabnet.com*
Giraudon *www.giraudon-photo.fr*
Photo arts *www.photoarts.com*
Sygma *www.sygma.fr*
Zing *www.zing.com*
ZoneZero *www.zonezero.com*

Arts > Arts numériques

De nombreux artistes commencent à utiliser Internet et les technologies numériques dans leurs créations. Ces œuvres nouvelles constituent peut-être l'ébauche d'une nouvelle forme d'art.

Ⓤⓢ **3D Design** *www.3d-design.com*

Magazine dédié à la 3D. Découvrez toutes les nouveautés et visitez la galerie d'artistes utilisant cette technologie dans leurs œuvres.

Ⓤⓢ **Artbyte** *www.artbyteonline.com*

Magazine bimensuel sur les arts numériques et sur les relations entre les arts et les nouvelles technologies. Articles, interviews d'artistes, nouveau matériel…

FR **CICV** *www.cicv.fr*

Accueille et présente de nombreux artistes, chercheurs, webzines… sensibles aux effets de la révolution numérique sur la création contemporaine.

Ⓤⓢ **Foundation for Digital Culture** *www.digicult.org*

Association pour la promotion des arts numériques. Accédez directement aux sites de ses membres : äda 'web, ArtDirt, Plexus…

Ⓤⓢ **iiola-i** *artnetweb.com/iola*

Présente des projets personnels ou collectifs réalisés spécialement pour Internet. La section Exhibits liste les sites d'expositions virtuelles.

Culture

US **Leonardo On Line** *mitpress.mit.edu/e-journals/Leonardo*

Magazine et galerie sur l'art lié aux technologies. Articles, critiques, explications, liens… Visitez aussi *cyberworkers.com/Leonardo*, son complément francophone.

US **Soulflare** *www.soulflare.com*

Expose des artistes travaillant uniquement à partir d'ordinateurs. Expositions permanentes et temporaires. Téléchargez des thèmes de bureau.

US **The Hook** *marketvis.com/thehook*

Magazine d'avant-garde. Présente des œuvres (visuelles, sonores, amusantes…) faisant appel aux dernières technologies. Nécessite de nombreux plug-ins.

UK **The Laboratory** *www.ruskin-sch.ox.ac.uk*

Expose les œuvres de chercheurs de l'université d'Oxford. La rubrique Online Projects présente des œuvres numériques ou liées aux nouvelles technologies.

US **Turbulence** *www.turbulence.org*

Galerie virtuelle new-yorkaise d'arts numériques. Les œuvres présentées utilisent les technologies Internet : RealPlayer, VRML…

ICA *www.newmediacentre.com/ica.html*
Intel State of the Art *www.intel.com/francais/art*
MOWA *www.mowa.org*

Arts > Galeries virtuelles

Les arts nouveaux échappent au marché de l'art traditionnel et s'exposent virtuellement sur le Web. Découvrez les œuvres d'artistes encore anonymes et, pourquoi pas, exposez avec eux.

FR **Annuart** *www.tout-savoir.com/annuart*

Annuaire Web sur l'art. La section Galleries liste et présente brièvement les galeries en ligne. Consultez aussi la section sur les artistes.

US **Art Crimes** *www.graffiti.org*

Ce musée passe en revue les graffitis qui ponctuent les murs des grandes villes. Liste les sites dédiés aux graffitis et vous aide à dessiner votre graffiti en ligne.

US **ArtNet** *www.artnet.com*

Présente les expositions dans les grandes galeries traditionnelles, liste les galeries en ligne, ainsi que les salons et les foires. Vente aux enchères d'objets d'art.

FR **Artotal** *www.artotal.com*

La rubrique Artistes liste les sites de peintres, photographes, danseurs… Service d'annonces pour trouver un local, proposer un cours de danse…

FR **Booya** *www.booya.com/french*

Quel que soit votre domaine : littérature, informatique, arts plastiques… exposez vos créations. Section dédiée aux œuvres d'enfants.

UK **Contemporary Art Online** *www.contemporaryartonline.com*

Présente des artistes internationaux travaillant en dehors des circuits traditionnels. Très bonne sélection de sites sur les artistes, les expos et les galeries en ligne.

FR **Entrée Libre** *www.entree.org*

Galerie virtuelle qui présente et vend les œuvres de peintres ou de dessinateurs. Livre d'or spécifique à chaque artiste. Service payant pour les exposants.

UK **Global Children's Art Gallery** *www.naturalchild.com/gallery*

Les moins de douze ans peuvent envoyer à cette galerie leurs dessins par e-mail ou par la poste. Aucune censure. Expose aussi des œuvres venant de France.

US **The Fine Site** *kultur-online.com/finesite*

Expositions virtuelles dans plusieurs domaines : peinture, photos, design… Présentation des artistes et de leurs œuvres (commentaires, interviews…).

US **w3art** *www.w3art.com*

Envoyez votre biographie et des œuvres à présenter, ce service vous exposera gratuitement. Plus de 100 artistes déjà à l'affiche.

Art Com *www.artcom.tm.fr*
Art Data *www.artdata.com*
expo4art *www.expo4art.com*

Musique > Tout sur la musique

Que vous cherchiez le site d'un groupe, une partition, les paroles d'une chanson ou toute autre information qui touche de près ou de loin à la musique, utilisez un moteur de recherche spécialisé.

US **1212** *www.1212.com*

Annuaire international de l'industrie musicale. Liste les ressources par catégories : magazines, producteurs, emplois…

US **All-Music Guide** *www.allmusic.com*

Cet immense répertoire référence tous les courants musicaux dans tous les styles. Pour chaque catégorie, découvrez les artistes et les disques marquants.

US **CDDB** *www.cddb.com*

Base de données d'informations discographiques. Requêtes à partir du nom d'un artiste, du titre d'une chanson ou d'un album.

FR **Écoutez-vous !** *www.ecoutezvous.fr*

Annuaire musical international. Présente l'actualité musicale, un agenda des concerts et des festivals, un annuaire d'artistes par genre, des extraits audio…

US **Eyeneer Music Archives** *www.eyeneer.com*

Métarépertoire organisé par genres : classique, jazz, world music… Découvrez biographies et discographies d'artistes, photos, extraits de musique…

US **Harmony Central** *www.harmony-central.com*

Une mine d'or pour les musiciens. Les rubriques (guitare, percussion, synthétiseur…) publient des informations sur les produits, les magazines…

UK **International Lyrics Server** *www.lyrics.ch*

Les paroles de plus de 110 000 chansons en anglais comme en français. Recherche par noms d'artiste, titres d'album ou de chanson.

FR **Le Guide de la Musique** *www.jigal.com*

Cette sélection dispose de deux sections : France et Monde. Chacune contient une multitude de rubriques : artistes, radios, concerts…

US **MCY Music City** *www.mcy.com*

Actualité musicale, extraits audio de nouvelles chansons, musique à télécharger… Interviews et chats en direct avec des artistes.

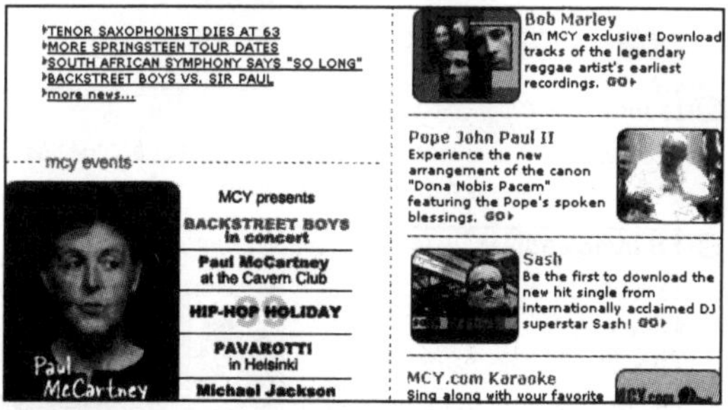

US **MusicLink** *toltec.lib.utk.edu/~music*

Cette sélection de sites classe les sites par thèmes : infos générales, genre, business… Liste aussi les bases de données et les bibliothèques.

US **MusicSearch** *www.musicsearch.com*

Moteur de recherche à mots clés. Liste 20 000 sites en plusieurs sections : actualité, artistes, groupes… Recherche le meilleur prix des CD.

FR **SongFile** *www.songfile.com*

Publie des infos et des liens sur les paroles de chansons, partitions, événements en direct, enregistrements, instruments, droits musicaux…

FR **YourDJ** *www.yourdj.com*

Le moteur de recherche musical de *www.voila.fr*. Écoutez plus de 1 million de titres. Recherche possible par type de fichiers : Midi, MP3, RealPlayer…

FR **ZDNet Music** *www.zdnet.fr/music*

Infos sur le matériel et les logiciels spécifiques à la musique. Section dédiée au MP3. Interviews d'artistes. Liste les meilleurs sites pour écouter de la musique.

CD Cover Central *www.cdcovercentral.com*
ChangeMusic.com *www.changemusic.com*
Innerviews *www.innerviews.org*
Lycos music *music.lycos.com*
Lyrics.com *www.lyrics.com*
Megazic *www.megazic.com*
Pagesmusique *www.pagesmusique.com*
RamDam *www.ramdam.com*
SongBot 2K *www.songbot.com*
Yanni Music *www.yanni.specialweb.com*

Musique > Actualité

Les modes musicales ne durent parfois que quelques mois. Voici les sites pour ne rien manquer des nouvelles tendances. Suivez les sorties, lisez les critiques, découvrez les meilleures ventes…

US **Launch** *www.launch.com*

Recevez une actualité musicale personnalisée et accédez à des forums. Possibilité d'obtenir des suggestions musicales correspondant à vos goûts.

FR **Les Inrockuptibles** *www.inrockuptibles.com*

La rubrique Dépêchons présente l'actualité de la semaine. Consultez ou téléchargez les archives des anciens numéros.

FR **MCM** *www.mcm.net*

L'actualité groove, rock, cyber, variété ou électro. Nombreux dossiers spéciaux, interviews et chroniques de disques (avec extraits audio).

US **MusicNewswire** *www.musicnewswire.com*

Tous les jours, revue de presse de l'actualité musicale. Trois catégories : générale, industrie, labels. Informations en provenance de la presse spécialisée.

US **Net Music Countdown** *www.netmusiccountdown.com*

Diffuse, chaque semaine pendant deux heures, les titres les plus vendus sur Internet. Sélection réalisée à partir des ventes d'Amazon, CDNow…

UK **NME.com** *www.nme.com*

Version électronique du célèbre *New Musical Express*. Actus quotidiennes, critiques de disques (certaines avec des extraits audio), dates de concerts…

US **RollingStone.com** *www.rollingstone.com*

L'actualité quotidienne de la musique vue des USA. Critiques de disques, fichiers MP3 à télécharger, galerie de photos de concerts... Extraits audio et clips vidéo.

US **Sonicnet** *www.sonicnet.com*

Flashes d'actualité quotidiens sur tous les styles de musique hormis le classique. La rubrique Guide présente une excellente sélection de liens.

FR **top 50 online** *www.top50online.com*

Classement hebdomadaire des meilleures ventes françaises de singles, albums et compilations. Retrouvez l'actualité de la musique.

FR **Virgin Megaweb** *www.virgin.fr*

Visitez les univers Fiesta, Cyber, Nostalgia... Dans chacun, découvrez l'actualité et les chroniques musicales agrémentées d'extraits audio et d'interviews.

UK **Wall of Sound** *www.wallofsound.com*

Actualité musicale quotidienne vue des USA. Prévisions de sorties, critiques de disques, charts... Fiches infos sur une multitude d'artistes.

Addicted To Noise *www.addict.com*
Billboard Online Welcome! *www.billboard-online.com*
CMJ Online *www.cmjmusic.com*
Entertainment Boulevard Music *music.entertainmentblvd.com*
ice magazine *www.icemagazine.com*
imusic *imusic.com*
mcity.fr *www.mcity.fr*
Musique-TV *musique-tv.com*
Silver Island *www.silverisland.com*
Spin.com *www.spin.com*
The Source *www.thesource.com*
Webnoize *www.webnoise.com*

Musique > MP3

Avec le format MP3, on compresse les fichiers sons sans perte de qualité. Ainsi on peut diffuser la musique sur le Web. Avec un graveur, enregistrez jusqu'à douze heures de musique sur un CD !

US **Dimension Music** *www.dimensionmusic.com*

Toute l'actualité musicale liée au MP3. Multiples infos sur le matériel (notamment sur le lecteur Rio) et sur les logiciels. Nombreux morceaux à télécharger.

FR **FranceMP3.COM** *www.francemp3.com*

Présente et commente brièvement les meilleurs softs et matériels MP3. Sélection de morceaux d'artistes ou de groupes français à télécharger.

Culture

(US) **MP3.com** *www.mp3.com*

Tout sur le format MP3. Rubrique pour les débutants, actualité, nouveaux softwares… Dans Free music, téléchargez des milliers de titres.

(US) **MP3now** *www.mp3now.com*

Site généraliste sur le MP3. Présentation des logiciels, liens avec les meilleurs sites de téléchargement ainsi que vers les meilleurs moteurs de recherche.

(FR) **Music To You** *www.musictoyou.com*

Présente les principaux formats de fichiers audio : MP3, RealPlayer, Liquid Audio… Nombreux morceaux de tous les genres musicaux à télécharger gratuitement.

(US) **RioPort** *www.rioport.com*

Diamond Multimedia, l'inventeur du Rio (lecteur-baladeur pour écouter des morceaux au format MP3), publie des liens pour télécharger des fichiers MP3.

(US) **The MP3 Place** *www.mp3place.com*

Actualité, infos sur le matériel et conseils pour les néophytes. Top 10 des meilleurs sites. Propose le téléchargement de logiciels ainsi que de morceaux de musique.

(FR) **Thomson Music** *www.thomson-music.com*

Le fabricant du lecteur Lyra propose de télécharger des titres de tous styles de musique. Top 10 des titres les plus téléchargés. Virgin réalise la partie éditoriale.

(UK) **Top MP3 Sites** *www.top-mp3-sites.com*

Top 100 des sites qui proposent le téléchargement de MP3. Recherchez des fichiers à partir du nom de l'artiste ou du titre de la chanson.

(FR) **Vitaminic** *www.vitaminic.fr*

Découvrez des milliers de groupes. Infos et conseils sur le MP3 (matériel, logiciels, configuration…). Les musiciens peuvent créer leurs pages Web.

Artist Direct *www.artistdirect.com*
enternote *www.enternote.com*
MPEG3.com *www.mpeg3.com*
peoplesound.com *www.peoplesound.com*
WikZik *www.wikzik.com*

Musique > Moteurs MP3

Le MP3 est la technologie de diffusion de musique la plus utilisée sur le Web. Pour trouver un fichier MP3 parmi les millions qui circulent, utilisez un moteur de recherche spécialisé.

(US) **Audiofind** *www.audiofind.com*

Moteur de recherche à mots clés. Classement par artistes et genres. Liste des mots clés les plus utilisés. Sélection par type de fichiers (MP3, WAV, Midi…).

US **FindSongs.com** *www.findsongs.com*

Entrez le titre d'une chanson, puis lancez une recherche avec l'un des quatorze moteurs spécialisés proposés. Recherchez aussi les paroles des chansons.

US **Listen.com** *www.listen.com*

Indexe et classe par thème des morceaux de musique à télécharger (principalement des fichiers MP3). Section d'aide pour les néophytes.

US **Lycos MP3** *mp3.lycos.com*

Plus de 500 000 fichiers MP3 indexés par nom de groupe ou titre de chanson. Initiation pour les débutants, présentation des utilitaires, actualité musicale…

US **MP3 Search** *www.mp3.com/search.html*

Accédez directement sur une seule page aux formulaires de recherche d'une dizaine de moteurs spécialisés (MP3.com, MP3meta, MediaFind…).

US **MP3 Search Engines** *www.mp3now.com/html/mp3_search.html*

MP3now publie chaque semaine un Top 20 des moteurs de recherche de fichiers MP3 en fonction du vote des internautes.

US **MP3.BOX.SK** *mp3.box.sk*

Métamoteur de recherche spécialisé dans le MP3 et ses applications. Requêtes par mots clés sur plusieurs autres moteurs pour retrouver des fichiers MP3.

US **MP3meta** *www.mp3meta.com*

Moteur de recherche spécialisé dans les fichiers MP3. Requêtes à partir du nom d'un groupe ou d'un titre de chanson. Top 1000 des titres les plus demandés.

US **musicseek** *www.musicseek.net*

Recherche par mots clés de paroles de chansons et de fichiers MP3. Rare and Live Music liste les sites offrant en téléchargement des morceaux inédits.

US **Palavista** *www.palavista.com*

Ce métamoteur recherche simultanément dans les six principaux moteurs de recherche de fichiers MP3 (AstraWeb, Kermit, Lycos MP3…).

123MP3 *www.123mp3.com*
2look4 *www.2look4.com*
Audiogalaxy *www.audiogalaxy.com*
Kermit's MP3 Search *oth.net*
SeekMP3 *www.seekmp3.com*

Musique > Artistes français

La chanson française se porte bien sur le Net. Les fans d'un artiste trouveront infos, photos ou inédits ; les curieux découvriront de nouveaux groupes, des textes de chansons ou des extraits audio.

FR **Alain Souchon** *www.alainsouchon.net*

Charles Souchon présente le travail et l'œuvre d'Alain son père. Photos, dessins, clips vidéo... Téléchargez les partitions du nouvel album.

FR **Chorus** *www.club-internet.fr/chorus*

Cette revue trimestrielle offre un panorama de l'histoire et de l'actualité de la chanson française. Consultez les archives et les dossiers sur les grands interprètes.

FR **French Music Database** *www.sirius.com/~alee/fmd.htm*

Base de données de la musique française et la francophonie. Découvrez la présentation des artistes, leurs photos et discographies (CD et vidéos)...

FR **IAM** *www.iam.tm.fr*

Toute l'aventure du groupe marseillais : archives, historique, extraits audio de CD ou de concerts... Amusez-vous à remixer des titres avec un sampler virtuel.

FR **Jean Louis Murat** *www.jlmurat.com*

Murat nous fait partager, en plus des textes de ses chansons et de sa discographie, ses goûts littéraires, cinématographiques ou sportifs.

FR **Johnny Hallyday** *www.johnny-hallyday.tm.fr*

Toute la carrière de Johnny depuis 1960, tous les films dans lesquels il apparaît, tous les livres écrits sur Johnny ou par Johnny... Photos et extraits audio.

FR **Michel Sardou** *www.sardou.com*

Sobre et efficace, à l'image de Michel Sardou, ce site comblera les admirateurs. Historique, biographie, discographie, liens:... rien ne manque.

FR **Musique Pro** *www.musique-pro.com*

Découvrez de nouveaux talents avec cette base de données qui présente des artistes de tous genres. Commandez leurs disques dans la boutique virtuelle.

FR **NetMusik** *www.netmusik.com*

La section Cybermags contient : Décibels, un hebdomadaire sur la musique québécoise et Longueurs d'ondes, un mensuel sur la musique en France.

FR **Pascal Obispo** *www.pascalobispo.com*

Le plus demandé des chanteurs français en 97 et 98. Tout sur ses projets, sa discographie, ses tournées... Recevez des infos exclusives et des cadeaux !

FR **Polnaweb** *www.polnaweb.com*

Extraits de CD à télécharger, paroles de chansons, photos, partitions... L'ex-enfant terrible de la chanson française nous gratifie d'un site superbe.

Québec Info Musique *www.qim.com*

Cette base de données présente les biographies, discographies et œuvres d'artistes québécois. Vente en ligne de disques et de partitions par téléchargement.

RFI Musique *www.rfimusique.com*

Base de données de la chanson française et de la world music. Présentation des artistes sous forme de fiches biographiques.

Céline Dion *www.celineonline.com*
Charlélie Couture *www.charlelie.com*
Francis Cabrel *www.franciscabrel.com*
Léo Ferré *www.leoferre.org*
Zazie *www.zazieonline.com*

Culture

Musique > Techno, house, rave

Le mouvement techno se développe en même temps que le Web. C'est logiquement le courant musical le plus représenté et celui qui utilise au mieux les nouvelles technologies : animations, vidéos, MP3…

Atome *www.atome.asso.fr*

Actualité, galerie de flyers, morceaux en RealPlayer, playlists… L'agenda liste quotidiennement les soirées en France et à l'étranger.

Beatseek *www.beatseek.com*

Index de sites liés à la culture techno. Recherche par mots clés ou par catégories. Classement selon le genre musical : ambient, house, trip-hop, drum'n bass…

Dream Escape *www.dream-escape.org*

Dédié aux sons, vidéos et images issus de la mouvance techno. Multiples extraits audio et vidéo, images fractales, animations VRML…

France Techno *www.france-techno.fr*

Actualité, sélection de labels, d'artistes, de magazines, agenda de soirées, nombreux liens… tout sur la culture techno et cyber en France.

Hyperreal *www.hyperreal.org*

Pour les passionnés de rave culture : e-zines, agendas, guides, liens… Liste impressionnante d'artistes et de labels de musique alternative.

Hypertunez *www.hypertunez.com*

Téléchargez des morceaux gratuitement (au format MP3) pour les écouter avant de les acheter. Près de 30 000 références disponibles.

Netmix *www.netmix.com*

Découvrez les nouveaux talents de la scène techno, house ou hip-hop. Ce site assure la promotion d'artistes, en présentant biographies, photos, extraits audio…

FR **Planet'Techno** *www.planet-tekno.com*

Site associatif dédié à la culture techno. Agenda, interviews, flyers... Multiples liens vers les labels, artistes, home pages, radios ou magazines.

UK **Pulsation** *www.pulsation.com*

Guide de la musique électronique en ligne. Liste les sites traitant la musique, la culture et l'art numérique issus des mouvements house et techno.

UK **Technomusic.com** *www.technomusic.com*

Après avoir écouté des morceaux de musique électronique avec RealPlayer, téléchargez au format MP3. House, ambient, trance...

FR **Technonews** *www.technonews.net*

Ce webzine publie des critiques de disques, des dossiers, un agenda des concerts et des soirées... Retransmission de soirées en direct.

FR **Trax Web** *www.traxweb.com*

Version électronique du mensuel. Agenda, prévisions de sorties et critiques de disques, chroniques... Écoutez le CD offert avec chaque numéro du magazine.

US **Urban Sounds** *www.urbansounds.com*

Réalisé par un collectif uni autour de la musique électronique. Traite de tous les styles : ambient, techno, drum'n'bass... Interviews, mixes de DJ, critiques...

Betalounge *www.betalounge.com*
ElectronicMusic.com *www.electronicmusic.com*
Mix Mag *www.mixmag.com*
networkin.com *www.networkin.com*
Raveworld *www.raveworld.net*

Musique > Jazz et blues

Écoutez les derniers disques aussi bien que les rééditions et découvrez les programmes des concerts et festivals de votre région. Retrouvez tout le jazz, des classiques aux nouveaux interprètes et compositeurs.

US **All-Jazz Clearinghouse** *www.all-jazz.com*

Annuaire de sites (anglophones et autres). Recherche multicritère d'infos par pays, nom de musicien ou instrument.

FR **Blue Note Records France** *www.bluenote.tm.fr*

Histoire du plus célèbre des labels de jazz. Actualité et prévisions de sorties. Nombreux extraits audio. Agenda des concerts. Visitez aussi *www.bluenote.com*.

US **DownBeatJazz** *www.downbeatjazz.com*

Magazine de jazz. Traite du jazz classique et contemporain. Dépêches d'actualité quotidiennes. Section dédiée aux monstres sacrés. Agenda des festivals.

(US) **Electric Blues** *www.electricblues.com*

Présentation et critique des meilleurs disques blues, Top 50, nombreux morceaux à écouter (avec RealPlayer). Sélection de disquaires virtuels qui livrent partout.

(US) **House of Blues Online** *hob.com*

Liste quotidiennement les événements blues du Net (interviews, concerts, chat). Critiques de disques, infos sur les groupes. Présente tous les mois un artiste.

(FR) **Jazz à Caen** *www.jazzcaen.com*

Tous les mois des infos, des photos, des critiques de disques (avec des extraits audio). Présentation des musiciens régionaux, des salles, des festivals…

(FR) **Jazz En France** *www.jazzfrance.com*

Référence tout ce qui est en rapport avec le jazz en France : concerts et festivals, maison de disques, magasins, revues et magazines, clubs…

(US) **Jazz Online** *www.jazzonln.com*

Superbe magazine généraliste sur le jazz. Présentation des divers courants, critiques hebdomadaires de CD avec extraits audio, vidéos de concerts…

(FR) **Le Jazz** *lejazz.simplenet.com*

Retrouvez dans ce webzine des interviews, des critiques de disques, l'agenda des concerts… Les anciens numéros sont en ligne.

(US) **The Sunday Blues** *www.sunday-blues.com*

Tous les week-ends, un nouveau programme de quatre heures de blues à écouter en provenance du Michigan. La section Juke-box propose des titres live.

Blues Harmonica *www.harmoniblues.com*
BluesWEB *www.island.net/~blues*
Jazz Valley *www.jazzvalley.com*
Montreux Jazz Festival *www.montreuxjazz.com*
saxOweb *www.saxoweb.fr.fm*
The Verve Music Group *www.vervemusicgroup.com*

Musique > Classique et opéra

Que ce soit pour découvrir la musique classique ou pour approfondir vos connaissances, consultez les bases de données de compositeurs, les magazines ou les guides des meilleurs disques.

(US) **All Classical** *allclassical.com*

Métarépertoire sur la musique classique. Recherche sur les compositeurs ou les interprètes selon trois critères : pays, époque et instrument.

(US) **Bernstein's studio** *www.leonardbernstein.com*

Histoire, discographie et bibliographie de Leonard Bernstein. Nombreuses photos et documents originaux (lettres, télégrammes, notes manuscrites…).

(US) **Classical is cool** *www.classicaliscool.com*

Critiques de nouveaux CD, extraits audio, top des meilleures ventes… La rubrique CoolPrograms liste les programmes de musique classique à la radio.

(US) **Classical Music** *www.gprep.org/classical*

Le département musique classique de la WWW Virtual Library liste et commente les sites par catégories (compositeurs, actualité, commerce…).

(US) **Classical Net** *www.classical.net*

Ressources sur la musique classique. Bases de données de compositeurs et de leurs œuvres. Guides d'achats, chroniques… Sélection de plus de 2000 sites.

(US) **Classics World** *www.classicalmus.com*

Actualité, infos sur les artistes et les disques de l'éditeur Bertelsman. Consultez la base de données des compositeurs et la section sur les trésors de l'opéra.

(UK) **Gramophone** *www.gramophone.co.uk*

Magazine mensuel consacré à la musique classique. Guide des meilleurs disques, critique des nouveautés, CD de l'année…

(FR) **Le discophile virtuel** *discophile.qc.ca*

Sélection commentée des meilleurs CD, liste des œuvres essentielles, boutique virtuelle de livres, partitions et disques de musique classique.

(FR) **Les Métiers du Classique** *www.metiers-du-classique.com*

L'actualité de la musique classique en France à destination des professionnels et du grand public. Une sélection de près de 3000 sites sur le classique.

(FR) **Les salles de musique** *www.france.diplomatie.fr/culture/france/musique*

Découvrez la Galerie des compositeurs français. Pour chaque compositeur, biographie, bibliographie, discographie et sélection des œuvres.

(FR) **Operabase** *operabase.com/fr*

Infos et liens sur l'opéra. Recherche d'artistes, de représentations ou de lieux de concert. Base de données de 500 théâtres et festivals.

(US) **OperadiO** *www.operadio.com*

Après téléchargement du logiciel gratuit, écoutez en direct l'un des sept programmes de musique classique. Interviews, critiques, jeux, sélection de sites…

Mélomane *www.melomane.ch*
Mezzo *www.mezzo.fr*
Online Classics *www.onlineclassics.net*
Opéra de Paris *www.opera-de-paris.fr*

Musique > Pop et rock

Pop, rock, variétés internationales… Peu importe l'appellation, cette musique populaire, essentiellement anglophone, dispose de superbes magazines, moteurs de recherche ou bases de données spécialisées.

US **Bob Dylan** *www.bobdylan.com*

Le site du compositeur américain. Discographie, annonce des tournées, extraits audio… mais surtout l'intégralité des textes de ses chansons.

US **David Bowie** *www.davidbowie.com*

Toujours à l'affût de nouveautés, Bowie affirme sa présence sur le Web. Actus et infos sur ses activités. Visitez aussi sa galerie d'art *www.bowieart.com.*

UK **Depeche Mode** *www.depechemode.com*

Discographie et présentation de Depeche Mode. Nombreuses infos sur les membres du groupe, sur les tournées, photos inédites…

US **Internet Underground Music Archive** *www.iuma.com*

Interrogez cette base de données à partir d'un nom de groupe ou d'un style de musique. Les groupes sont présentés (extraits de disques disponibles).

UK **Music365** *www.music365.co.uk*

L'actualité quotidienne de la variété et de la pop anglaise. Interviews exclusives, infos sur les artistes, critiques de nouveaux disques, agenda des concerts…

US **PollStar** *www.pollstar.com*

Si vous voulez connaître les dates des tournées mondiales de vos artistes préférés, interrogez cette base de données par noms d'artiste, lieux ou salles.

FR **PopNews** *www.popnews.com*

Webzine sur l'actualité de la pop music. Critiques de disques mensuelles axées essentiellement sur la musique anglaise. Possibilité de publier vos articles.

US **The Rolling Stones** *www.the-rolling-stones.com*

Toute l'histoire, les tournées, les nouveaux enregistrements en studio… du plus grand groupe de rock. Dans Stones bazaar, achetez les produits dérivés officiels.

UK **The Supersonic Guide.** *www.head-space.com/iworld/supersonic*

La musique indépendante en Grande-Bretagne. Liste les sites d'artistes et de groupes, les labels, les newsletters, les magazines…

US **Ultimate Band List** *www.ubl.com*

Indispensable pour les fans de rock. Liste les sites officiels des groupes et les home pages. Publie des biographies et permet d'écouter des extraits d'albums.

(US) **WorldWideBands** *www.worldwidebands.com*

Base de données de groupes indépendants. Pour chaque groupe téléchargez des fichiers MP3. Classement par genre de musique (punk, rock, metal…).

Bring The Rock *www.reify.org*
BUGjuice.com *www.bugjuice.com*
Cductive *www.cductive.com*
C'est Lenoir *www.radio-france.fr/inter/lenoir*
Rock sound *www.rock-sound.com*
Rolling Stones *www.stones.com*
Yahoo! Music *rock.yahoo.com*

Musique > World music

Les musiques ethniques, folkloriques ou de minorités trouvent une seconde jeunesse. Situées aux frontières du jazz et de la musique classique, elles séduisent un public amateur d'authenticité.

(UK) **Ceolas** *www.ceolas.org/ceolas.html*

Guide de la musique celtique. Liste les ressources d'actualité, de critiques de disques, de groupes, d'agenda de concerts et de festivals…

(US) **Descarga** *www.descarga.com*

Boutique virtuelle spécialisée dans la musique latine. La base de données contient une multitude d'infos sur les groupes et des critiques de CD.

(FR) **Hot Salsa** *www.chez.com/hotsalsa*

Guide de la salsa en France. Présente l'histoire, les figures de légende, les danseurs et danseuses, les disques, les lieux de concerts.

(UK) **International Music Archives** *www.eyeneer.com/World*

Publie des infos sur tous les styles de musiques. Pour chaque région ou pays, vous disposez d'une présentation, de photographies et d'extraits sonores.

(US) **Jammin Reggae archives** *niceup.com*

Le site indispensable si vous aimez le reggae : d'innombrables liens, nouveautés discographiques (avec extraits audio), festivals…

(FR) **Mondomix** *www.mondomix.org*

Le guide de la world music sur Internet : agenda, artistes, labels… Présente clips vidéo, interviews, dossiers spéciaux et une galerie photo.

(US) **Qradio** *commerce2.qradio.net*

La world music présentée par Quincy Jones. Multiples extraits audio accompagnés d'explications sur la musique en provenance du Brésil, de Cuba, d'Afrique…

UK **Real World** *www.realworld.on.net*

Le célèbre label de Peter Gabriel présente ses artistes dans un superbe environnement. Biographies, nombreux extraits musicaux, dates de tournées…

US **RootsWorld** *www.rootsworld.com/rw*

Publie des critiques et des articles sur les musiques de tous les pays. Classement des articles par continent. Ne payez l'abonnement que si vous êtes satisfait.

FR **Zouk Store** *www.zoukstore.com*

Boutique virtuelle spécialiste de la musique antillaise, la salsa et le ragga. Critiques de nouveaux disques, agenda des événements et index des radios spécialisées.

Alpha Blondy *www.alphablondy.org*
Cuba Folk *www.cubafolk.com*

Littérature > Tout sur les livres

Quand vous recherchez un site littéraire ou des informations sur un livre ou un auteur, passez par les annuaires, les moteurs de recherche ou les bases de données spécialisés.

FR **auteurs.net** *www.auteurs.com*

Liste, classe et commente les sites littéraires. Recherche multicritère (genre, époque, origine culturelle…). Critiques de livres et interviews d'auteurs.

US **BookSpot** *www.bookspot.com*

Liste les sites d'auteurs, d'éditeurs, les newsgroups spécialisés… Infos et liens sur les livres électroniques.

FR **ClicNet littérature** *clicnet.swarthmore.edu*

Liste les sites de littérature francophone par catégories : bibliographies, recherche littéraire, récits de voyage, nouvelles et contes… Nombreux textes en ligne.

FR **Electre** *www.electre.com*

Base de données des 400 000 livres disponibles ou à paraître en langue française. Répertorie aussi les éditeurs et les produits multimédias.

FR **Fabula** *www.fabula.org*

Lieu de rencontre destiné aux chercheurs en théorie de la littérature. Le moteur de recherche indexe les sites consacrés à la littérature.

FR **Guide des sites littéraires** *www.republique-des-lettres.com/sites.html*

La section République Internationale des Lettres liste environ 700 sites littéraires francophones, la majorité étant commentés.

La Porte des Lettres *www.lettres.net/portail*

Liste et commente les ressources éducatives, notamment les sites sur des écrivains, des livres en ligne, la littérature, la poésie…

Lettres *www2.ac-lyon.fr/enseigne/lettres*

Liste les ressources littéraires : histoire littéraire (par périodes), genres (récits, essais, correspondance…), auteurs (par ordre alphabétique)…

Littérature *www.culture.fr/culture/autserv/litterat.htm*

Le Ministère de la culture publie une liste de liens sur la littérature. Liste les répertoires de ressources, la presse spécialisée, les listes de diffusion…

Littérature française online *www.lehman.cuny.edu/depts/langlit/french*

Liste les sites littéraires, les bases de données, les sites d'auteurs français. Traite aussi les sites de littérature africaine, îlienne et québécoise.

Ulysse *www.babel.fr/ulysse*

Passerelle francophone pour les arts, les lettres et les sciences. Les rubriques Salon listent les ressources sur la poésie, la littérature, le théâtre…

ZaZieWeb *www.zazieweb.com*

Se veut la passerelle entre la littérature et Internet. Infos hebdomadaires sur les nouveautés du Web, sélection de sites littéraires, agenda des manifestations…

Au fil de mes lectures *www.synapse.net/~euler/aufil.htm*
Citations du Monde *www.citationsdumonde.com*
Ecrits vains *ecrits-vains.com*
iUniverse.com *www.iuniverse.com*
Liber Liber *www.liberliber.it*
Livre.net *www.livre.net*
paraGraphe Citations *www.paragraphes.com*

Littérature > Actualité

Voici les sites de référence pour rechercher des informations littéraires et suivre l'actualité. Fou de romans ou intellectuel assoiffé de connaissances, épanchez votre curiosité.

Bookwire *www.bookwire.com*

Toute l'actualité de la littérature anglophone. Présentation de nouveaux livres, d'auteurs, de best-sellers… Sélection de sites liés à la littérature.

Chapitre un *www.liberation.fr/chapitre*

L'actualité littéraire vue par *Libération*. Présentation des auteurs, critiques, dossiers… Retrouvez chaque jeudi le Cahier livres.

ecrire.com *www.ecrire.com*

Site de la littérature contemporaine. La section Les Inéditions publient des premières œuvres de fictions et des textes inédits de jeunes auteurs.

Le Matricule des Anges *www.lmda.net*

Magazine d'actualité culturelle. Explore la littérature contemporaine et classique. Publie les œuvres et les critiques des internautes. Agenda des manifestations.

Le Monde Livres *www.lemonde.fr/livres/index.html*

L'actualité littéraire du journal *Le Monde*. À partir de La librairie électronique, recherchez et commandez des ouvrages parmi les 12 000 critiqués.

Magazine littéraire *www.magazine-litteraire.com*

Présentation du sommaire du numéro courant. Recherche des articles et de tous les livres critiqués depuis 1986.

Netsurfer Books *www.netsurf.com/nsb*

Webzine bimensuel sur l'actualité littéraire anglophone distribué par e-mail. Traite tous les genres. Présentation très soignée. Archives en ligne.

Paru *www.paru.com*

L'actualité du livre sur Internet. Trois grandes sections : Littérature, Histoire, Essais et documents. Présente les meilleurs ouvrages, des dossiers, des entretiens…

Radio France livres *www.radio-france.fr/divers/thematiques/livres*

Témoignages d'auteurs, extraits audio, documents originaux… Explorez en texte intégral plus de 100 œuvres fondamentales de la littérature française.

Republique des Lettres *www.republique-des-lettres.com*

Mensuel d'informations et de critiques littéraires. Consultez la totalité des numéros parus depuis mars 1994 (1300 articles archivés et indexés par noms d'auteurs).

books Unlimited *www.booksunlimited.co.uk*
Guide de la bonne lecture *pages.infinit.net/lecture*
L'Express Livres *www.lexpress.fr/Livres*
Livresse *www.livresse.com*
The Pulitzer Prizes *www.pulitzer.org*

Littérature > Bibliothèques virtuelles

Lire sur un écran n'est pas agréable. Ne vous privez pourtant pas de visiter les bibliothèques virtuelles, que ce soit pour consulter leurs catalogues ou imprimer les textes des auteurs de votre choix.

FR **ABU** *cedric.cnam.fr/ABU*

Accès libre aux textes intégraux des œuvres du domaine public francophone. Se consulte à partir du catalogue des auteurs ou des œuvres.

FR **Athena** *hypo.ge-dip.etat-ge.ch/www/athena*

Bibliothèque francophone. Propose des centaines de textes d'auteurs d'expression française ainsi que des liens vers d'autres sites.

FR **Bibliothèque nationale de France** *www.bnf.fr*

Accédez aux bases de données Opale et Opaline qui cataloguent livres, périodiques, documents spécialisés (arts, cartes et plans, photos...).

FR **Bibliothèques francophones** *www.enssib.fr/Enssib/f_bibliofr.htm*

Offre un accès aux catalogues des bibliothèques francophones générales (nationales, universitaires, publiques) ou spécialisées (arts, droit, médecine...).

FR **gallica** *gallica.bnf.fr*

Bibliothèque virtuelle du XIXe siècle français. La section Classique s'ouvre à la littérature française, depuis le Moyen Age jusqu'à la veille de 1914.

US **LibrarySpot** *www.libraryspot.com*

Liste les meilleures bibliothèques dans quatre catégories : online, médecine, droit, musique. Liste aussi les dictionnaires, encyclopédies, journaux, cartes...

US **Libweb** *sunsite.berkeley.edu/Libweb*

Liste plus de 3000 bibliothèques dans 90 pays. Recherche par continent, par pays ou par mots clés sur le nom, le type, la localisation...

US **On-Line Books Page** *www.cs.cmu.edu/books*

Liste les sites qui proposent la consultation gratuite de livres. La recherche parmi les 9000 œuvres indexées s'effectue par noms d'auteur, titres ou sujets.

US **Project Gutenberg** *www.gutenberg.net*

Des volontaires numérisent les ouvrages dés qu'ils tombent dans le domaine public. Téléchargez des milliers de livres. Index par titre et nom d'auteur.

FR **SiteBib** *www.abf.asso.fr/sitebib*

Liste les sites, catalogues et adresses des bibliothèques (publiques et spécialisées) en France et dans le monde.

US **The Internet Public Library** *www.ipl.org*

Propose des milliers de textes en ligne classés par auteurs, par titres et par catégories (philosophie, langages, sciences, religion...).

Bibliomania *www.bibliomania.com*
Biblionet *minotaure.bibliopolis.fr*
Bibliothèque nationale du Canada *www.nlc-bnc.ca*
British Library *www.bl.uk*
CCFR *www.ccfr.bnf.fr*
Lili *lili.bibliopolis.fr*
Proverbes et Citations *proverbe.citeglobe.com*
Russian Courrier *www.rsl.ru/courier*
The Universal Library *www.ulib.org*

Littérature > Genres littéraires

Si vous aimez ou si vous cherchez des informations sur un genre littéraire précis, utilisez les sites spécialisés en poésie, polar, science-fiction... Vous obtiendrez des réponses ciblées et pertinentes.

FR **Anthologie haïku** *www.atreide.net/rendezvous*
Présentation et sélection des courts poèmes d'origine japonaise (formés de trois vers). Recherche par langue, région et pays, sujets...

FR **Belles-Lettres africaines** *www.arts.uwa.edu.au/AFLIT/FEMEChome.html*
Découvrez les littératures africaines. Présentation des auteurs féminins, des ouvrages indispensables, publication d'interviews ou de textes inédits.

US **BookBrowser** *www.bookbrowser.com*
Que vous cherchiez un site sur un auteur ou une info sur un livre précis, consultez ce classement par genres.

FR **Club des poètes** *www.franceweb.fr/poesie*
Poèmes à lire ou à écouter (format RealPlayer). Section dédiée aux enfants. Publie les poèmes des internautes et ceux d'auteurs consacrés.

FR **Jean de La Fontaine** *www.lafontaine.net*
Intégralité des œuvres disponible en ligne. Informations au sujet de la biographie, des fables, des poèmes, de la correspondance...

FR **La clé** *www.cafe.umontreal.ca/cle*
Répertoire des procédés littéraires. Introduction aux différents genres. Indispensable pour l'écrivain en herbe et l'étudiant en lettres.

FR **Le Poulpe sur la toile** *www.multimania.com/lepoulpe*
Le Poulpe, personnage de roman policier, mis en scène par plus d'une centaine d'auteurs. Découvrez son univers et son histoire.

FR **Muse** *muse.base.free.fr*
Ressources poétiques francophones classées (poésie originale, poésie du domaine public, poésie moderne...). Liste des forums, ateliers, librairies...

FR **Poésies** *www.webnet.fr/poesie*

Base de données de poésie française. Recherche à partir du nom d'un auteur, d'un titre ou d'un vers. Possibilité d'écouter certains poèmes avec RealPlayer.

FR **Polar Web** *www.multimania.com/polar*

Nombreux liens sur le roman policier francophone. Informations sur les manifestations, publications, auteurs…

Les pages polar *polar.nnx.com*
Nerve *www.francais.nerve.com*

BD > Tout sur la BD

Pour vous détendre, discuter avec d'autres fans de BD, suivre l'actualité ou visiter un festival, consultez sans modération les multiples ressources consacrées au neuvième art.

FR **à suivre** *www.asuivre.com*

Actualité de la BD : nouvelles parutions, revue de presse, événements… Téléchargez des cartes virtuelles dessinées par Pratt, Manara, Boucq…

FR **Angoulême** *www.bdangouleme.com*

Le site officiel du plus important festival de BD en France. Infos pratiques sur les expositions (tarifs, hébergement…), les prix et les lauréats…

FR **Annuaire des Bande dessinées** *adbd.hypermart.net*

Cet annuaire sur la BD recense près de 2000 sites. Consultables par mots clés ou par catégorie : auteurs, édition, personnages…

UK **Anonima Fumetti** *www.fumetti.org*

Centre italien de la BD. Actualité du Web lié à la BD, sélection de sites, hébergement de sites, index des auteurs italiens et de leurs héros…

US **Art Comics Syndicate** *www.artcomic.com*

Découvrez chaque jour un nouvel épisode des huit BD originales diffusées sur ce site : Joe Zabel, Can Hed, Head… Deux séries hebdomadaires : Gas et Thringst.

FR **Bande-dessinée.org** *www.bande-dessinee.org*

Cette base de données indexe auteurs, séries, collections et éditeurs de BD. Fiche technique, liens, couverture… Bibliographie et biographie des auteurs.

FR **BD Paradisio** *www.bdparadisio.com*

Plus de 900 biographies d'auteurs, de scénaristes, de dessinateurs… Présentation des parutions récentes ou à venir, calendrier des festivals, expos, dédicaces…

BDoubliees.com *bdoubliees.com*

Base de données sur le journal de Spirou : tout ce qui est paru depuis 1938 classé par année, auteur, série… Publie chaque semaine un mini-récit tiré du journal.

Comic Zone *www.unitedmedia.com/comics*

Prés de cent BD US à lire chaque jour : Snoopy, Dilbert, Garfield… Présentation de chaque série. Archive du mois en cour et lien vers les sites officiels.

Comics.Simplenet.Com *comics.simplenet.com*

Tout sur les publications de Dargaud et de Delcourt : présentation des séries, résumés des albums, auteurs… Section dédiée aux femmes de XIII.

European Comics *strindberg.ling.uu.se/~erikt/.comics*

Liste les sites européens de BD, aussi bien ceux sur les auteurs et les séries que ceux des éditeurs, des magasins en ligne…

Fluide Glacial *www.fluideglacial.tm.fr*

La version électronique de *Fluide Glacial* présente le numéro en cours, la biographie des auteurs, les nouveaux albums… Vente en ligne des albums.

Pressibus *pressibus.org*

Site spécialisé dans la BD des années 50 et 60. Index par noms d'auteur et titres de séries. La rubrique De bric et de broc traite de la BD actuelle.

Univers BD *www.universbd.com*

Magazine mensuel sur la BD. Actualités, interviews, parutions commentées… Service gratuit de petites annonces pour les collectionneurs et les passionnés.

Alkemya *www.alkemya.com*
La Bdthèque *www.altern.org/comics*
Le site sur la BD francophone *9art.cjb.net*
PLG *www.ifrance.com/PLG/pages/sommaire.htm*

BD > Éditeurs

Auteurs, séries, nouveaux talents, on trouve de tout dans les catalogues des éditeurs. Consultez les agendas des prochaines parutions pour vous tenir informé des nouveautés à venir.

Alain Beaulet Éditeur *www.alainbeaulet.com*

Édite livres, sérigraphies et objets en tirage limité signés par les grands auteurs : Bilal, Loustal, Tardi… Téléchargez des fonds d'écran de ces mêmes auteurs.

Casterman *www.casterman.com*

Plusieurs espaces dédiés aux dessinateurs vedettes de la maison (Tardi, Gelluck, Manara…). Infos sur les sorties, sérigraphies, présentation du catalogue.

FR **Dargaud** *www.dargaud.fr*

Infos sur Fred, Giraud, Goscinny… Opérations spéciales. Dates des dédicaces ou des salons. Héberge des sites de fans et d'auteurs en herbe.

FR **Delcourt on line** *www.editions-delcourt.fr*

Édite Caza, Lewis Trondheim, Andreas… Pour chaque BD : synopsis, fiches d'auteurs, date de parution… Agenda des festivals et des dédicaces.

FR **Dupuis** *www.dupuis-entertainment.com*

Présente Jessica Blandy, Largo Winch, Les tuniques beues… et les nouveautés de l'éditeur de Spirou et Fantasio. Pour les enfants : *www.kidcomics.com/fr*.

FR **Éditions François Boudet** *www.frboudet.com*

Réédite sur CD-ROM des BD introuvables de Marcelé, Montellier, Mayall et Smolderen. Visualisez et imprimez les planches avant de commander.

US **Fantagraphics Books** *www.fantagraphics.com*

L'éditeur de la BD underground US (Chris Ware, Gilbert Hernandez, Doug Allen…) réédite des classiques (Popeye, Prince Valiant, Nemo…).

FR **Glénat Presse** *www.glenat.com*

L'éditeur de Titeuf, Akira, Dragon Ball… Résumés de tous les titres parus depuis janvier 1999 et annonces des prochaines sorties,

FR **Le Lombard** *www.lombard.be*

L'éditeur de *La BD des jeunes de 7 à 77 ans* avec des héros comme Michel Vaillant, les Schtroumpfs, Thorgal… Catalogue, actualité, biographie, planches…

FR **Les Humanoïdes Associés** *www.humanos.com*

Consultez le catalogue, les dernières parutions et les fiches d'auteurs de cette maison d'édition de BD. Planches inédites dans la section Avant-premières.

BD > Auteurs

Pour apprécier le travail d'un auteur de BD, consultez son site officiel ou le site d'un fan. Retrouvez les travaux en cours, des biographies et bibliographies, les sources d'inspiration…

FR **bdamateur.com** *www.bdamateur.com*

Les auteurs amateurs exposent leurs travaux et publient leur CV. Forum dédié aux trucs et astuces du parfait dessinateur. Petites annonces.

FR **ChM BD** *www.citeweb.net/chmbd*

Fiches sur neuf auteurs de BD : Chaland, Cosey, Yslaire… Pour chacun, biographie, bibliographie avec résumés des albums, liste des prix reçus…

FR Dupuy & Berberian *www.dupuy-berberian.com*

Déjà récompensés à Angoulême, les créateurs de Monsieur Jean et d'Henriette publient inédits, sérigraphies, illustrations…

FR EuroBD *www.bdeuro.com*

Webring de BD. Produit les sites de nombreux auteurs : Ptiluc, Charles, Wasterlain… Agenda des expos, festivals et dédicaces.

FR Lewis Trondheim 2000 *www.kkn.com/lewis*

Le créateur de Lapinot livre sa biographie et sa bibliographie avec les anecdotes qui l'ont inspiré. Suivez l'avancement des travaux en cours.

FR Loustal *www.foragora.com/loustal*

Loustal commente sa bibliographie. Infos sur ses dernières parutions. Dessins inédits et images des travaux en cours.

UK Milo Manara *www.milomanara.it*

Site officiel de l'auteur de *Le déclic*. Nombreux dessins inédits, planches tirées d'albums et même des œuvres de fans.

US Starwatcher *www.starwatcher.org*

Encyclopédie sur l'œuvre de Jean "Moebius" Giraud : Blueberry, L'Incal, Arzach… Bibliographie, interviews, personnages… Héberge des sites d'autres auteurs.

FR Urbicande *www.urbicande.be*

Dédié à l'univers de Schuitten et Peeters. Informations sur leurs expos et leurs travaux. Lecture des BD en ligne. À visiter impérativement.

FR Zep sur le web *www.internity.com/zep*

Le site de Zep et de son personnage Titeuf : biographie, dessins inédits interview… Résumés des albums, planche complète, produits dérivés…

BD > Héros

Les personnages les plus connus sont de véritables stars dont les exploits se poursuivent sur plusieurs albums. Découvrez leur vie, leur univers et les personnages qui les entourent.

FR À la découverte de Tintin *www.tintin.qc.ca*

Tout l'univers de Tintin : personnages, lieux, résumés des albums… Découvrez les adaptations cinématographiques, les techniques de dessin d'Hergé, les erreurs…

FR Astérix *www.asterix.tm.fr*

Dossiers sur les personnages, les objets, les lieux… Jeux concours, produits dérivés, annuaire des pages perso… sur l'irréductible gaulois.

FR **BD Central** *www.bdcentral.com*

Dossiers sur cinq héros de BD : Astérix, Gaston Lagaffe, le Marsupilami, Spirou et les Tuniques Bleues. Résumés des albums et présentation des personnages.

FR **Fondation Hergé** *www.tintin.be*

Site officiel de Tintin. Historique, expositions, dossiers… Présente les personnages, les albums clés, Tintin au cinéma ou à la télévision… Voir aussi : *www.tintin.org*

FR **Gaston Lagaffe** *www.gastonlagaffe.com*

Pour mieux connaître le héros de Franquin : listes des albums, biographie. Partagez sa bonne humeur légendaire : gag quotidien, jeux, abécédaire…

FR **Joe Bar F3** *www.chez.com/joebarf3*

Personnages, extraits et présentation des albums. Restez dans le ton de la série avec les tests de motos, les sections humour et sport mécanique…

FR **Le Monde de Blake et Mortimer** *blake.citeweb.net*

Retrouvez les personnages, l'atlas et l'historique de la célèbre série. Pour prolonger votre plaisir : produits dérivés, fonds d'écran, quizz…

FR **Le site non-officiel de XIII** *www.multimania.com/cudje/pages/xiii.html*

Le héros de Jean Van Hamme et William Vance. Fiches sur les personnages, résumés des albums, analyses, planches, biographie des auteurs…

FR **Made in Belgium** *www.chez.com/nofx2*

Le site de Gelluck et de son célèbre chat. Biographie, bibliographie, articles, extraits d'albums… Savourez la rubrique Citations du chat.

FR **Méta-barons** *meta-barons.tripod.com*

Présente la série : résumé des albums, planches, description des personnages… Biographie et bibliographie des auteurs Gimenez et Jodorowsky.

Ga Bu Zo Meu *www.shadok.tm.fr*
Lanfeust de Troy *www.lanfeust.com*
Pif Gadget *www.pifgadget.com*

BD > Comics

Les super héros livrent un combat titanesque contre les super méchants. Voici les sites pour suivre leurs exploits, en version originale ou en français, sur papier ou sur le Net.

US **Comic Book Resources** *www.comicbookresources.com*

Moteur de recherche sur les comics. Recense plus de 2000 liens consultables par mots clés ou par catégorie : Marvel, DC comics, indépendants…

UK **Comics International** *www.comics-international.com*

Publie des critiques de comics classées par éditeur ou par date de sortie. Liste les éditeurs, magasins, festivals…

US **Dark Horse Comic** *www.darkhorse.com*

Présentation du catalogue de cet éditeur de comics : Tarzan, Star Wars, Aliens… Interviews de créateurs, produits dérivés, dossiers sur les nouveautés…

US **DC Comics** *www.dccomics.com*

L'éditeur de Superman, Batman, Wonder Woman… publie des dossiers sur ses héros : biographie, équipement, fiche signalétique, produits dérivés…

US **Digital Webbing** *www.digitalwebbing.com*

Moteur de recherche sur les comics. Plus de 1700 liens. Offres d'emploi pour les professionnels : dessinateurs, scénaristes, écrivains… Critiques des nouveautés.

FR **Éditions Spark** *www.spark.fr*

Site de la revue mensuelle de comics *DV8*. Présentation des personnages, résumé de l'épisode du mois, archives des épisodes précédents…

FR **Marvel.com** *www.marvel.com*

L'éditeur des célèbres comics comme Spiderman, X-men, Captain America… Actualité, prochaines sorties, jeux vidéo…

FR **Metro comics** *www.metro-comics.com*

Base de données sur les comics américains. Histoire des comics de 1897 à 1996. Grandes sagas, principaux éditeurs américains, dictionnaire…

US **The Long Box** *www.longbox.com*

Base de données sur les comics : personnages, auteurs, séries… Fiches de personnages, résumés d'épisodes, présentation de séries…

FR **Web-Toyz** *www.web-toyz.com*

Boutique virtuelle de produits dérivés autour des comics : Marvel, Spawn, Top Cow… Spécialisé dans les figurines de super héros.

US **WildStorm** *www.wildstorm.com*

Éditeur de comics : Gen13, Star Trek, Wildcats… Consultez le catalogue, les fiches d'auteurs, l'agenda des prochaines parutions… Importante galerie de dessins.

Avalon Studios *www.avaloncomics.com*
Image Comics *www.imagecomics.com*
Mile High Comics *www.milehighcomics.com*

Science-Fiction > Tout sur la SF

Pour mieux connaître l'univers de la science-fiction, visitez les sites de référence (dictionnaires, bases de données, archives…) ou les magazines spécialisés.

FR **Chronos** *home.nordnet.fr/~aleyssens*

Présentation chronologique des livres, films et prix qui ont marqué l'histoire de la SF de 1926 à nos jours. Biographie et bibliographie des principaux auteurs.

FR **Galaxies** *www.galaxies-sf.com*

La revue de référence de la SF. Participez aux concours de nouvelles. Votez et découvrez le Top 10 des nouvelles parues dans la revue.

US **isfdb** *www.sfsite.com/isfdb*

Base de donnée sur la SF : bibliographies, prochaines sorties, sommaire de magazines… Dresse la liste de tous les prix de SF.

FR **Les imaginautes** *www.imaginautes.com*

Après abonnement payant, téléchargez les guides mensuels sur la BD, le cinéma, les livres… Publie aussi Slash un magazine trimestriel.

US **Locus Online** *www.locusmag.com*

Critiques de livres, nouveautés littéraires et cinématographiques. Revue de presse US. L'index bibliographique est très complet.

FR **nooSFere** *www.noosfere.com*

Encyclopédie online de la SF (thèmes, auteurs, ouvrages…). Héberge des sites d'auteurs (Bordage, Borelli, Wagner…) et des pages personnelles.

FR **Pages Françaises de Science-Fiction** *sf.emse.fr*

Présentation d'auteurs francophones et de la SF française. Répertorie les listes de diffusion, magazines, auteurs, éditeurs et les ressources en SF.

FR **Quarante-Deux** *www.integra.fr/XLII*

Prix littéraires de la SF, nouvelles, critiques… Pour vous guider dans les publications réalisées par des amateurs, consultez la liste des *Éditions faniques*.

US **SF Site** *www.sfsite.com*

Critiques des dernières sorties (livres, TV, cinéma…). La sélection de liens est incontournable. Archives depuis 1997.

UK **The Linköping SF&F Archive** *sf.www.lysator.liu.se/sf_archive*

Archives des critiques et commentaires de films et de livres publiés sur Usenet. Téléchargez des listes de livres classés par auteurs ou par thèmes.

US **The ultimate SF web guide** *www.magicdragon.com/UltimateSF*

Plus de 5 500 liens commentés et classés (auteurs, pays, cinéma…). Tous les aspects de la SF sont évoqués (conventions, jeux, poésies…).

Science Fiction Resource Guide *sflovers.rutgers.edu/Web/SFRG*
SF Crowsnest *www.sfcrowsnest.com*

Culture

Science-Fiction > Thèmes de la SF

Découvrez les diverses facettes de la SF : fantastique, uchronie, comics, space opera… Participez à des créations : jeux de rôle, univers virtuels, réalisation de courts métrages…

FR **Crif** *perso.infonie.fr/crif*

Présentation et critiques d'albums de BD. Publie des dossiers sur l'univers des Méta-barons de Jodorowski et de Brazil de Terry Gillian.

FR **L'univers de Jadzia** *perso.cybercable.fr/fastjack*

Participez à la création de la planète Jadzia. Décrivez et développez un univers virtuel en collaboration avec les autres membres de cette communauté.

FR **Miroir des Mondes** *www.mdmondes.org*

Aides de jeu, suppléments et articles sur les jeux de rôle. Publie dessins ou nouvelles d'internautes. Moteur de recherche spécialisé : *www.mdmondes.net*.

FR **Mithrandir Littérature fantastique** *pages.infinit.net/frodon*

Fiches sur les auteurs de fantasy : Tolkien, Jordan, Eddings… Découvrez la richesse du Seigneur des Anneaux (cartes, définitions, objets magiques…).

FR **Pulp culture** *www.graphics-france.com/pulp*

L'histoire des pulps, premières revues américaines spécialisées en science-fiction. Présente les couvertures et les sommaires. Liste les auteurs.

US **scifan** *www.scifan.com*

Les œuvres et leurs auteurs classés par genre : cyberpunk, vampires, voyage temporel… Actualité des prochaines sorties. Liste des grands cycles.

US **Technoculture** *www.georgetown.edu/irvinemj/technoculture*

Le programme d'un cours universitaire sur la technoculture. Les films, les livres et les articles essentiels pour comprendre ce thème de la SF.

US **Uchronia** *www.uchronia.net*

Tout sur l'histoire parallèle en SF : historique, auteurs, œuvres… Galerie d'images de couvertures. Une partie du site est en français.

Pathway to Darkness *www.pathwaytodarkness.com*
Time Travel Research Center *www.time-travel.com*

Science-Fiction > Auteurs de SF

Écrivains et dessinateurs sont les acteurs incontournables de la SF. Retrouvez leur vie et leurs œuvres commentées et critiquées par des passionnés.

Culture

(US) **Greg Bear** *www.gregbear.com*

Greg Bear, l'auteur d'Eon, présente sa biographie et la liste de ses ouvrages, des interviews, des conférences, les illustrations de ses livres…

(FR) **Isaac Asimov** *ff-asimov.ifrance.com*

Pour s'y retrouver dans l'œuvre féconde du bon docteur. Présente sa biographie, sa bibliographie, les grands cycles : *Fondation, Trantor, Les robots…*

(FR) **Le ParaDick** *paradick.cjb.net*

Tout sur Philip K. Dick. Critiques de ses œuvres par l'auteur du site et par des auteurs en vue de la SF française. Adaptations, biographie…

(US) **Stephen King** *www.stephenking.com*

Le maître de l'angoisse publie : biographie, bibliographie et prochaines sorties. Infos sur les livres, les films, interviews…

(US) **The HP Lovecraft Archive** *www.hplovecraft.com*

La vie et l'œuvre du créateur du mythe de Cthulhu. Découvrez un bestiaire terrifiant, des ouvrages maudits et les personnages au bord de la folie.

(UK) **The Jack Vance Archive** *vance.hw.nl*

L'œuvre de Vance (*Le Chasch, Cugel saga, Bonne vieille Terre…*) dans ses différentes traductions dont le français. Biographie et bibliographie d'un auteur majeur.

(US) **The World of Dune** *duneworld.spaceguild.com*

La création de Franck Herbert à travers ses livres, le film et les jeux. Cartographie du monde de Dune, index des termes, résumé des livres…

(UK) **Tolkien Society** *www.tolkiensociety.org*

Association consacrée à la promotion de l'œuvre de Tolkien. Biographie et bibliographie du maître, événements, publications…

Andrevon.com *www.andrevon.com*
Jack Vance *multimania.com/jackvance*

Science-Fiction > Cinéma

La SF est la poule aux œufs d'or d'Hollywood. Révisez vos connaissances sur les films et les séries qui ont marqués leurs époques : Star Wars, Alien, Star Trek…

US **Alien Resurrection** *www.alien-resurrection.com*

L'histoire et les personnages du dernier volet de la série. Pour aller plus loin, consultez le making of ou téléchargez des économiseurs d'écran.

US **BanthaTracks** *www.banthatracks.com*

Annuaire de sites consacrés à Star Wars. Indispensable pour trouver photos ou sons à télécharger, fan clubs, chats ou newsgroups, produits dérivés…

FR **DoctorSF Movie Web** *doctorsf.free.fr*

Les films et les séries de SF de Méliès à Lucas. Résumés, fiches techniques, critiques... Enrichissez la base de vos propres commentaires.

FR **Le cinquième élément** *www.cinquieme-element.fr.st*

Retrouvez l'univers de Besson : histoire, personnages, effets spéciaux… Des animations flash restituent l'ambiance du film.

FR **Lune Rouge** *www.lunerouge.com*

Trucs et astuces pour réaliser des effets spéciaux et des films fantatisques amateurs. Galeries d'art, de nouvelles et de courts métrages.

US **SCIFI.COM** *www.scifi.com*

Tous les programmes de la chaîne de SF. Découvrez avant tout le monde les séries de demain (First Wave, The Sentinel, Farscape…).

FR **Star Trek en français** *www.domus.tm.fr/startrek*

Chacune des différentes séries de Star Trek a sa section. Résumés des épisodes, images des vaisseaux spatiaux, présentation des personnages récurrents…

FR **Star Trek Unification** *www.unification-online.org*

Le site du fan club de Star Trek : présentation des personnages, résumés des épisodes, calendrier des manifestations et comptes rendus d'événements…

US **Star Wars Web Site** *www.starwars.com*

Site officiel de *La Guerre des étoiles*. Infos inédites, présentation des tournages, interviews. Visionnez des images des prochains épisodes.

US **X files** *www.thex-files.com*

Site officiel de la série. Infos sur les épisodes, biographies, jeux, magazines… Écoutez les musiques de la série et du film ou discutez avec d'autres fans.

Cinéma > Tout sur le cinéma

Le cinéma est un des domaines culturels les mieux représentés sur le Web. Pour vous y retrouver, consultez les index et moteurs de recherche spécialisés. Vous deviendrez incollable !

US **All-Movie Guide** *allmovie.com*

Recherchez les grands films de l'histoire du cinéma par genres (action, comédie, western...), par pays ou par époques. Une fiche présente chaque film.

US **Cinema Sites** *www.cinema-sites.com*

Vaste répertoire de ressources sur le cinéma classées par secteurs : bases de données, scripts, production, animations et effets visuels, actualité, critiques...

UK **CineMedia** *www.afionline.org/links*

Si vous recherchez un site sur un film précis, utilisez cet annuaire : il ne référence pas moins de 20 000 liens sur le cinéma.

US **Classic Movies** *xoom.com/cobrand/classicmovies*

Choisissez une catégorie (horreur, SF, comédie...), puis, avec RealPlayer, visionnez les grands classiques du début de l'histoire du cinéma.

US **Greatest Films** *www.filmsite.org*

Infos et commentaires sur le cinéma américain et hollywoodien. La section 100 Greatest Films présente les films qui ont marqué l'histoire du cinéma.

US **Internet Movie Database** *www.imdb.com*

Immense base de données. Recherche par films, acteurs, années, genres, pays, biographies... Classement des films les plus appréciés, les plus détestés...

FR **Monsieur cinéma** *www.mcinema.com*

Plus de 10 000 fiches de films, acteurs, réalisateurs, scénaristes... Actualité (ciné, télé, vidéo), interviews, prévisions de sorties, jeux...

US **Movie Review Query** *www.cinema.pgh.pa.us/movie/reviews*

Base de données qui indexe les critiques de films. Les liens pointent vers les magazines où les critiques sont publiées. Visitez aussi *www.cinemachine.com.*

US **MovieWeb** *movieweb.com*

Infos et présentations de films récents ou à paraître avec un lien sur le site officiel du film. Liste les studios et les ressources sur le cinéma.

FR **SECAV** *www.imaginet.fr/secav*

La section Ressources liste les associations, les bases de données, les institutions, les publications, les répertoires...

US **The Site of Movie Magazines** *www.geocities.com/Hollywood/Set/5224*

Liste tous les magazines (avec la photo de la couverture et un lien sur le site s'il existe), les fanzines, les e-zines sur le cinéma de tous les pays.

About.com Movies *home.about.com/entertainment/movies*
AFI's 100 Years… 100 Movies *www.afionline.org/100movies*
Box Office Guru *www.boxofficeguru.com*
FIFI *www.internet-film.org*
Film World *www.filmworld.co.uk*
Film-Makers *www.film-makers.com*
TraxZone *www.traxzone.com*
Turner Classic Movies *tcm.turner.com*
Web Site Story *www.wstory.com*

Cinéma > Actualité francophone

Voici les sites pour ne rien manquer de l'actualité cinématographique : prévisions des sorties, nouveaux films, critiques, box-offices… Recevez par e-mail les dernières nouvelles.

FR **AlloCiné Actualités** *www.allocine.fr/actus*

Pour tout savoir sur les tournages, les prochaines sorties, le box-office, les célébrités… La revue de presse compile les critiques des films à l'affiche.

FR **Cinopsis** *www.cinopsis.be*

Le cinéma international vu depuis la Belgique. Toutes les sorties, les critiques, les prévisions… Interrogez la base de données des critiques.

FR **cplanete.com** *www.cplanete.com*

Actualité du cinéma et de la vidéo : interviews, portraits, avant-premières… Avec Cinexpress, recevez chaque semaine par e-mail l'actualité, les potins, les chiffres…

FR **Ecran Noir** *www.ecran-noir.com*

Webzine quotidien d'actualité. Publie des infos sur les célébrités et les événements majeurs, des dossiers thématiques et des interviews.

FR **Hors Champ** *www.horschamp.qc.ca*

Magazine dédié au cinéma d'art et d'essai. Chroniques, critiques et dossiers sur les grands réalisateurs (Antonioni, Buñuel…) de tous les pays.

FR **Infodéclic Cinéma** *www.cyberpress-publishing.com/cinelive*

Présente chaque semaine les nouvelles sorties de films en salle. Reportages, dossiers spéciaux, filmographies… Infos sur les sorties vidéo et DVD.

FR **Le Film Français** *www.lefilmfrancais.com*

L'actualité des professionnels du film. Publie chaque semaine les chiffres des entrées sur Paris et sa périphérie ainsi que sur le reste de la France.

FR **Nomade Ciné** *www.nomade.fr/nomadaire/cine*

Présente toutes les sorties. Un nouveau film et une star sont à l'honneur chaque semaine. Dépêches d'actualité de l'AFP. Sélection de liens par catégories.

Culture

Première *www.premiere.fr*

Découvrez l'actualité hebdomadaire du cinéma, le film de la semaine, les interviews, les jeux… Consultez la version américaine *www.premieremag.com.*

Unifrance *www.unifrance.org*

Informations, prévisions, promotion… du cinéma français dans le monde. Présentation des films, des réalisateurs, des producteurs… Agenda des festivals.

AlloCiné-TV *www.allocine-tv.com*
Cadrage *www.cadrage.net*
Canal+ de Cinéma *www.mon.cplus.fr/welcomeCine.cfm*
Ciné-courts.com *www.cine-courts.com*
Cinextreme *www.cinextreme.com*
FilmWeb *www.futurenet.com/filmweb*
Lumière *www.lumiere.org*
Nawak.com *www.nawak.com*
PrimeFilm.com *www.primefilm.com*

Cinéma > Actualité anglophone

L'industrie cinématographique américaine balaie ses concurrentes sur le Web comme à l'écran. Voici les sites pour tout savoir des futurs succès quelques mois avant leur arrivée en France.

Ain't It Cool News *www.aint-it-cool-news.com*

L'actualité de l'industrie cinématographique sur un ton humoristique voire irrévérencieux. Critiques de la quasi-totalité des films à l'affiche.

Boxoffice Magazine *www.boxoff.com*

Consultez le classement hebdomadaire des entrées en salle. Publie des infos sur les prochaines sorties et sur les films à succès (archives depuis 1995).

Coming Attractions *corona.bc.ca/films*

L'actualité quotidienne du monde du cinéma. Recherche multicritère (date, genre, titre…) dans les archives (en ligne depuis 1995).

Dark Horizons *www.darkhorizons.com*

L'actualité hebdomadaire. Multiples infos, liens, critiques… sur les films sortis ou à paraître. Publie un guide des séries télés célèbres (X-Files, Star Trek, Babylon 5…).

Entertainment Asylum *www.asylum.com*

Dépêches d'actualité, critiques, interviews, séquences vidéo… Propose plusieurs sections spécialisées sur les films d'action, les comédies, les films cultes…

Film Score Monthly *www.filmscoremonthly.com*

Spécialisé dans les musiques de films et de séries télévisées. Ce quotidien publie articles, interviews, critiques… Voir aussi *www.filmmusic.com.*

Film.com *www.film.com*

Actualité et critiques de toutes les sorties américaines. Interviews, prévisions de sorties… Nombreux extraits et bandes annonces à visionner en RealPlayer.

Hollywood Online *www.hollywood.com*

L'actualité d'Hollywood : revues de films, liens avec les sites des films, interviews à écouter avec RealPlayer, extraits de vidéos, photos…

The Hollywood Reporter *www.hollywoodreporter.com*

Publie l'actualité quotidienne du cinéma et de la télévision orientée business. La section dédiée à l'international couvre l'actualité française.

The Trailer Park *www.movie-trailers.com*

Visionnez les bandes annonces des films passés ou à venir. Infos sur les films en cours de réalisation. Conseils pour télécharger des vidéos.

AtomFilms *www.atomfilms.com*
Entertainment Boulevard Movies *movies.entertainmentblvd.com*
Entertainment Insiders *www.einsiders.com*
Film News *www.filmnews.com*
filmmusic.com *www.filmmusic.com*
Filmtracks *www.filmtracks.com*
Go Broadcast Movies *broadcast.go.com/movies*
inetfilm *www.inetfilm.com*
MediaTrip *www.mediatrip.com*
Pop.com *www.pop.com*
soundtrack.net *www.soundtrack.net*
Spliced Online *www.splicedonline.com*
The iFilm Network *www.ifilm.net*

Cinéma > Films, acteurs et studios

La plupart des films disposent d'un site officiel. Pour y accéder rapidement, consultez les sites des studios et des festivals. Découvrez ainsi les secrets de Star Wars ou de James Bond.

Club James Bond 007 *jamesbond007.net*

Pour tout savoir sur le personnage culte : acteurs, voitures, femmes, ennemis… Publie des infos sur les films, réalisateurs, musiques, box-office…

Festival de Cannes *www.festival-cannes.com*

Retrouvez les palmarès du plus célèbre des festivals de cinéma. Vidéos d'interviews, de la montée des marches, des conférences de presse…

FR **Film Festival Server** *www.filmfestivals.com*

Liste tous les festivals de cinéma par continent (avec un lien sur leur site). Les archives donnent accès aux palmarès, compositions des jurys, prix… depuis 1995.

US **Fox Movies** *www.foxmovies.com*

Accédez aux différents sites des films de la Fox (films à l'affiche, en prévision ou grands succès du passé). Interviews, photos et infos.

FR **Gaumont** *www.gaumont.fr*

Liens vers les sites francophones des films distribués par Gaumont (notamment ceux de Disney). Animations et jeux pour les enfants. Interviews de célébrités.

US **Leonardo DiCaprio** *www.leonardodicaprio.com*

Actualité, biographie, filmographie, collection de photos… La boutique vend en ligne livres, vidéos et CD des bandes originales des films.

US **Oscar.com** *www.oscar.com*

Présentation des nominés, films, acteurs, réalisateurs… Palmarès et résultats à suivre en temps réel. Revivez les meilleurs moments de la dernière édition.

US **Paramount** *www.paramount.com*

La rubrique Motion picture donne accès aux sites des films de la marque. La section Previous releases donne accès aux archives.

US **Sony Pictures** *www.spe.sony.com*

Infos, interviews, présentations et liens vers les films de Sony à l'affiche. Découvrez les aspects cachés des tournages et la réalisation des effets spéciaux.

US **Warner Bros** *www.movies.warnerbros.com*

Accès direct aux sites des films de la Warner. La section Kids renvoie vers des sites de dessins animés (Tom et Jerry, Batman…).

100films.com *www.100films.com*
Eon magazine *www.eonmagazine.com*
MGM *www.mgm.com*
Universal Pictures *www.universalpictures.com*
Walt Disney Pictures *www.disney.com/DisneyPictures*

Cinéma > Animations et mangas

Dessins animés et mangas rencontrent un succès sans précédent. De nombreux sites leur sont dédiés et offrent de multiples informations sous la forme de bases de données ou de magazines.

FR **Animanga** *www.animanga.com*

Infos et images (photos et vidéos) sur les mangas, liens, webzines… Ce serveur héberge aussi gratuitement les home pages sur les mangas.

(US) **Animation World Network** *www.awn.com*

Site dédié au dessin animé. Base de données sur les films, événements, festivals… Liste les sites des créateurs, des écoles, des compagnies… de tous les pays.

(US) **Anime Web Turnpike** *www.anipike.com*

Répertoire de ressources sur le dessin animé et les mangas réparties en catégories : séries, home pages, sites commerciaux, clubs, bases de données…

(FR) **Animint Anime Manga** *animint.uru.org*

Encyclopédie sur les mangas. Traductions, glossaire, biographies et dossiers thématiques. Publie une étude sur le manga en France. Adresses de boutiques.

(FR) **Cyber Namida** *kyodai.com/namida*

Actualité des mangas, encyclopédie de l'animation, sélections de liens… Ce fan de mangas offre ses connaissances pour vous faire partager sa passion.

(FR) **mangastore.com** *www.mangastore.com*

Vente en ligne d'articles liés aux mangas : livres, produits dérivés, CD… L'ensemble de la production française est disponible.

(US) **The Simpsons Archive** *www.snpp.com*

Tout sur l'univers des Simpsons : guides, interviews des scénaristes, explications sur les épisodes, listes de diffusion, multiples liens…

(UK) **Ultimate Animanga Archive** *the.animearchive.org*

Impressionnante base de données d'images mangas. Ce site publie aussi de courts descriptifs sur la plupart des séries.

(US) **Viz** *www.viz.com*

Édite en anglais des mangas et dessins animés japonais : Pokemon, Evangelion, Ranma… Résumés, présentation des personnages, images… de chaque série.

(US) **Wonderful World of Cartoons!** *www.spumco.com*

Articles, critiques, index et commentaires sur les dessins animés. Visionnez en ligne des dessins animés. Bonne sélection de liens.

Animerica *www.animerica-mag.com*
Cartoon Network *www.cartoon-network.co.uk*
CartooNet *www.cartoonet.net*
Eruptor *www.eruptor.com*
Internet Cartoons Forum *www.cartoonsforum.com*
j-pop *www.j-pop.com*
La Page du RoadRunner *www.itr.qc.ca/~mario*
Manga & Company *www.mangaeco.com*
Pulp *www.pulp-mag.com*

Actualité

Les organes de presse et les télévisions ont été parmi les premiers à disposer de sites Web. Aujourd'hui on peut s'informer sur tous les domaines aussi bien en temps réel qu'en différé, avec un traitement plus approfondi des nouvelles. Dans ce chapitre nous traitons de l'actualité généraliste (presse, radio, télévision), d'Internet et de l'informatique. Ces deux derniers domaines méritent un développement particulier tant les sites d'actualité spécialisés sont actifs. Pour les autres domaines (sports, jeux, voyage, cinéma, musique, business…), les sites sont répartis dans les chapitres correspondants. N'oubliez pas qu'une des meilleures façons de s'informer est de s'abonner aux newsletters qu'éditent la plupart des sites de qualité.

Recherches > Kiosques électroniques

Retrouvez les sites d'actualité grâce aux annuaires qui listent les médias disponibles sur le Web : magazines, journaux, télévisions, radios… et aussi les médias qui ne publient que sur le Web.

US **AJR News Link** *www.ajr.org*

Un superbe répertoire de magazines, TV et radios en ligne. Il couvre tous les pays. Possibilité d'interroger les grandes bases de données d'actualité.

FR **Bibliothèque virtuelle des périodiques** *biblio.ntic.org*

Moteur de recherche de publications imprimées en France. Saisissez leur nom ou parcourez l'index. Sélection intéressante bien qu'incomplète.

US **E&P Media Links** *emedia1.mediainfo.com*

Liste les organes de presse. Recherche multicritère par pays ou type de média (quotidien, magazine, radio…). Top 100 des meilleurs journaux.

US **ElectricBook** *www.electricbook.com*

Liste les médias mondiaux (magazines, journaux) et les bibliothéques de livres en ligne. Liens accessibles à partir d'un index.

FR **FNPS** *www.fnps.fr*

La Fédération Nationale de la Presse Spécialisée liste plus de 1400 titres dans 12 catégories. Recherche par mots clés ou thématique.

FR **France Abonnements** *www.faboutique.com*

Abonnez-vous à plus de 150 magazines à prix attractifs (jusqu'à 75% de remise). Top 10 des magazines les plus demandés.

FR **France Presse** *www.francepresse.com*

Commandez dans les éditions papier de près de 4000 titres (magazines et journaux). Soit l'intégralité de la presse française hormis les quotidiens.

FR **Le Journal du Web** *www.lejournal.com*

Ce kiosque électronique renvoie vers les articles publiés par d'autres sites : RTL, *Les Échos*… Il donne accès à toutes les prévisions météo en français.

FR **Médias francophones en ligne** *www.afp.com/francais/liens*

L'AFP propose une liste de médias francophones disponibles sur le Web. Accès par un index : titres nationaux, régionaux, radios, télévisions…

FR **Netsurf** *www.netsurf.ch*

Sélectionne les meilleures sources d'actualité générale et technologique. Liste séparément les ressources francophones et anglophones.

UK **Online Newspapers** *www.onlinenewspapers.com*

Ce répertoire propose l'une des sélections de journaux les plus complètes du Web (une trentaine de références pour la France).

FR **Page Presse** *www.pagepresse.com*

Une collection de liens vers les principaux magazines et journaux français. Index par région, par catégorie et par thème.

FR **Planète Presse** *www.planetepresse.com*

Sélection quotidienne des meilleurs articles de la presse magazine. Plus de 150 offres d'abonnement. Liste les sites de la presse française et internationale.

US **The Electronic Newsstand** *www.enews.com*

Ce guide référence la plupart des magazines et journaux du Web. Possibilité de personnaliser le site pour se construire son propre kiosque.

FR **Webdo-Presseweb** *www.webdo.ch/presseweb*

Liste quasi-exhaustive de la presse mondiale (quotidiens, magazines, e-zines…). Commente brièvement et précise la langue d'origine de chaque site.

MédiaRadioTV *www.mediaradiotv.com*
News Resource *www.newo.com/news*

Recherches > Revues de presse

Pour surveiller un domaine d'actualité, créez des journaux sur mesure en puisant les articles qui les composeront dans les divers médias en ligne. Consultez aussi bien les articles récents que ceux archivés.

US **1stHeadlines** *www.1stheadlines.com*

Les unes des principaux médias anglophones par thèmes (actualité générale, sport, business et santé) sur une seule page. Accès direct aux articles.

US **Crayon** *www.crayon.net*

Enregistrez-vous et créez votre journal sur mesure en compilant diverses sources d'informations (choisissez jusqu'au format des pages).

US **Individual.com NewsPage** *www.individual.com*

Créez votre journal sur mesure. Sélectionnez les articles qui vous intéressent et construisez une revue de presse journalière.

FR **Net2one** *www.net2one.com*

Recevez alertes et infos personnalisées sur téléphone mobile, ordinateur portable, ICQ ou par courrier électronique. Indexe près de 250 sources.

US **Newshub** *www.newshub.com*

L'actualité en temps réel, mise à jour toutes les quinze minutes. Les articles sont extraits des médias anglophones et classés par rubriques.

Newspaper *www.newspaper.tm.fr*

Résumés d'articles de presse francophones. Interrogation par mots clés. Commandez les magazines dont les articles correspondent à vos requêtes.

NewsWatch *www.newswatch.org*

Analyse et critique quotidiennement l'actualité. Publie chaque jour un sommaire de l'actualité des principaux organes de presse avec un lien vers les articles.

Pressed *www.pressed.com*

Recherchez parmi plus de 8 millions d'articles, communiqués et dépêches de la presse française (AFP, *Libération*, *Le Monde*...).

TotalNEWS *www.totalnews.com*

Liste les sites d'actualité anglophone diffusant sur le Web. Possibilité de construire une revue de presse sur mesure et d'effectuer des recherches par mots clés.

WorldNetDaily *www.worldnetdaily.com*

La rédaction publie des articles originaux et réalise une revue de presse des principaux médias anglophones. Liste la presse mondiale.

Dernières.com *www.dernieres.com*
NewsHunt *www.newshunt.com*
WorldNews.com *www.worldnews.com*

Recherches > Moteurs de recherche

Si vous vous intéressez à un sujet précis, ne perdez pas de temps à dépouiller la presse. Les moteurs de recherche spécialisés listent les articles intéressants et renvoient vers les sites qui les publient.

JournalismNet *www.journalismnet.com*

Répertoire des ressources francophones et anglophones utiles aux journalistes : journaux, médias en ligne, outils de recherche spécialisés...

News411 *www.news411.com*

Accédez à partir d'une seule page aux formulaires de recherche des principaux médias anglophones : CNN, *USA Today*, MSNBC...

NewsBot *www.newsbot.com*

Moteur de recherche dans l'actualité des principaux médias anglophones. Possibilité d'effectuer des recherches à l'aide de requêtes à mots clés.

NewsTracker *nt.excite.com*

Résumé de l'actualité américaine et internationale. Recherches possibles par mots clés. Collection de liens vers les principaux pourvoyeurs d'informations.

US **NewsTrawler** *www.newstrawler.com*

Recherches thématiques ou par mots clés dans les archives de centaines de journaux et magazines du Web. Liste les sources d'actualité.

FR **Nomade Actualité** *actu.nomade.fr*

Nomade traite l'actualité 24h/24 en collaboration avec l'AFP. Recherchez dans les dépêches. Consultez les rubriques thématiques.

US **Northern Light News Search** *www.northernlight.com/news.html*

Recherchez dans la presse les articles et dépêches sur un thème précis. Possibilité de limiter les recherches à un domaine (finances, sport, politique...).

UK **Paperboy** *www.paperboy.de*

Recherchez dans la presse les articles qui vous intéressent. Spécifiez les sujets de votre choix et recevez quotidiennement les résultats des recherches par e-mail.

US **Refdesk.com** *www.refdesk.com*

Liste les sources d'informations : presse, dictionnaires, annuaires, outils de recherche, sites d'actualité... Met chaque jour un site en exergue.

US **UnCoverWeb** *uncweb.carl.org*

Base de données de plus de sept millions d'articles indexés dans 18 000 journaux. Résumés disponibles, les articles doivent être commandés (envoi par fax).

FR **Yahoo! France Actualité** *fr.news.yahoo.com*

Yahoo! propose les dernières nouvelles en collaboration avec Reuters et autorise les recherches par mots clés dans toutes ses sections Actualité.

Lokace Actu *actu.lokace.com*
Lycos Actualité *news.lycos.de/news/fr*

Journaux > Presse francophone

Beaucoup de magazines et journaux limitent leur présence sur le Web de peur de perdre leur clientèle habituelle, mais les plus dynamiques parient sur le tout-numérique.

FR **Actualinfo** *www.actualinfo.com*

L'actualité en ligne et en temps réel en collaboration avec l'AFP. Nombreuses rubriques : sport, politique, bourse, économie, culture, sciences...

FR **Courrier International** *www.courrierint.com*

Publie chaque jour une revue de presse internationale et présente en images un pays. La rubrique L'hebdo regroupe les traductions d'articles étrangers.

FR **Le Monde** *www.lemonde.fr*

Découvrez *Le Monde* en ligne avant 17 heures (intégralité de l'édition du jour). Consultez les nombreux dossiers. Archives depuis 1987 (accès payant).

FR **Le Nouvel Observateur** *www.nouvelobs.com*

Dossiers, éditos, chroniques, programme télé personnalisable… Fil d'actualité 24h/24 avec l'AFP et toute la bourse en direct gratuitement.

FR **Le Point** *www.lepoint.fr*

Actualité française et internationale. Dossiers thématiques, rubrique multimédia, conseils boursiers… Info en continu en collaboration avec *www.tf1.fr*.

FR **L'Express** *www.lexpress.fr*

Actualité quotidienne. Sections dédiées aux livres, à l'emploi et au multimédia. Dossiers thématiques. Agenda des spectacles. Archives de plus de 35 000 articles.

FR **Libération** *www.liberation.fr*

L'actualité quotidienne, les débats, les grands dossiers… Abonnez-vous aux newsletters hebdomadaires : Actualité générale, Multimédia ou Livres.

FR **Marianne** *www.marianne-en-ligne.fr*

La France passée au scalpel. Interviews disponibles en RealAudio. De nombreuses photos illustrent les articles.

FR **Voila Actualité** *afp.voila.fr/journal/une*

Retrouvez toutes les nouvelles publiées par l'AFP sur ce site de France Telecom. Classement thématique : monde, France, politique, sciences, sports…

FR **Web matin** *www.webmatin.com*

Webzine quotidien d'information. Traite l'actualité internationale de manière satirique. Dessins et illustrations humoristiques.

amnistia ! *www.amnistia.net*
La crème de Canard *www.electriccafe.org/Canard*
Largeur *www.largeur.com*
L'Humanité *www.humanite.presse.fr*

Journaux > Presse anglophone

Les plus grands titres de la presse écrite mondiale publient sur le Net. Des magazines spécifiques au Web les concurrencent et exploitent les potentialités d'Internet.

UK **Electronic Telegraph** *www.telegraph.co.uk*

Actualité vue du Royaume Uni. Sections dédiées aux sports, aux finances et à l'actualité internationale. Mise à jour en temps réel.

UK **Reuters** *www.reuters.com*

L'équivalent de l'AFP. Actualité en temps réel, classée par thèmes et par pays. Vous accéderez gratuitement aux résumés des dépêches.

US **Slate** *www.slate.com*

Traite quotidiennement l'actualité internationale, politique et culturelle. Revue de presse des magazines américains et de la presse mondiale.

US **The Nando Times** *www.nandotimes.com*

Information générale, sportive ou politique américaine. Consultez aussi les sections sur les sciences, la technologie ou le business.

US **The New York Times** *www.nyt.com*

Actualité américaine et internationale. L'interface d'une grande sobriété présente de multiples rubriques : archives en ligne, forums de discussions…

UK **The Times** *www.the-times.co.uk*

Après enregistrement gratuit, accédez à l'intégralité du quotidien ainsi qu'à l'édition hebdomadaire du *Sunday Times*. Actualités thématiques, dossiers sur les événements importants, archives…

US **The Wire** *wire.ap.org*

L'actualité quotidienne par l'Associated Press. Les Américains peuvent choisir la page d'accueil de leur quotidien régional.

US **Time Warner's Pathfinder!** *www.pathfinder.com*

Accédez à tous les médias électroniques du géant américain de la communication : CNN, *Time*, *Fortune*, *Money*, *Life*, *Travel*…

US **WashingtonPost** *www.washingtonpost.com*

Actualité américaine. Intégralité de l'édition papier. Dossiers thématiques. Archives depuis 1977 (service payant). Forums quotidiens.

Boston Globe *www.boston.com*
Feed Magazine *www.feedmag.com*
Los Angeles Times *www.latimes.com*
Policy.com *www.policy.com*
Spike Magazine *www.spikemagazine.com*
Synge *synge.com*
The Drudge Report *www.drudgereport.com*
The Guardian *www.guardian.co.uk*
The Onion *www.theonion.com*

Journaux > Presse régionale

Consultez les sites des journaux et magazines de votre région pour suivre l'actualité, les manifestations sportives et culturelles. Retrouvez aussi les informations au sujet de votre ville.

Britia *www.britia.com*

Chaque semaine, toute l'actualité sportive, économique et culturelle de la Bretagne. Météo régionale. Archives en ligne.

DNA *idefix.sdv.fr/dna*

Les *Dernières Nouvelles d'Alsace* propose une riche édition en ligne. Informations internationales, nationales et alsaciennes. Rubrique multimédia quotidienne.

La Dépêche du Midi *www.ladepeche.com*

La rubrique Grand Sud propose l'actualité de la région toulousaine et des départements voisins (Aude, Gers, Lot…).

La Provence *www.laprovence-presse.fr*

Toute l'actualité de la région marseillaise. Grâce à la rubrique OM ne manquez rien des aventures du plus célèbre club de foot français.

La Voix du Nord *www.lavoixdunord.fr*

L'actualité, le tourisme, les sorties dans le Nord de la France. Cliquez sur une carte pour retrouver les titres des différentes éditions régionales.

Le Progrès *www.leprogres.fr*

En plus de sections thématiques (sports, économie, temps libre…), le quotidien de Lyon et de sa région propose l'intégralité de ses archives depuis janvier 97.

Le Républicain Lorrain *www.republicain-lorrain.fr*

Informations régionales, nationales et internationales. Rubriques : sortie, tourisme… Sélection de livres sur la Lorraine. Liste 1200 communes en ligne.

Le Télégramme *www.bretagne-online.com*

Quotidien électronique breton. Sur la une, les nouvelles défilent comme sur un téléscripteur. Météo, horaires des marées, offres d'emploi…

Nice Matin *www.nicematin.fr*

Le journal des Alpes-Maritimes. Traite l'actualité nationale et internationale. Propose aussi une multitude d'articles à vocation régionale.

Ouest-France *www.ouest-france.com*

L'actualité de l'ouest de la France au jour le jour. Éditions hebdomadaires d'une quinzaine d'articles sur les pays de Loire, la Bretagne, la Normandie…

Sud Ouest *www.sudouest.com*

Actualité nationale, internationale et girondine. Pour ne rien rater des événements, des sorties ou de la manière de vivre dans la région bordelaise.

Centre France *www.centrefrance.com*
Charente.com *www.charente.com*
Corse-Matin *www.corsematin.com*
La Nouvelle République des Pyrénnées *www.nrpyrenees.com*
L'Alsace *www.alsapresse.com*
Le Bien Public *www.bienpublic.com*
Le Courrier Picard *www.courrier-picard.fr*
Le Dauphiné Libéré *www.ledauphine.com*
Le Journal de l'Ile *www.jir.fr*
L'Est Républicain *www.estrepublicain.fr*
Midi Libre *www.midilibre.com*
Yahoo! Actualités locales *fr.news.yahoo.com/locales*

Journaux > Newsletters

Abonnez-vous aux journaux qui vous intéressent et recevez tous les jours une revue de presse sur mesure. Le courrier électronique deviendra alors votre principale source d'informations.

FR **Frognet** *www.france-science.org/publications/welcome-frognet.htm*

Destiné aux Français vivant à l'étranger, ce bulletin édité par Radio France International résume l'actualité francophone.

US **In-Box Direct** *form.netscape.com/ibd*

Abonnez-vous à des dizaines de revues e-mail : actualité, voyage, sports, loisirs, business, technologie… Des revues de tous les pays, dans toutes les langues.

US **InfoBeat** *www.infobeat.com*

Sélectionnez les actualités que vous recevrez tous les jours : finances, sports, loisirs, météo… et bien sûr actualité générale.

FR **Kitalettre** *www.kitalettre.com*

Annuaire thématique des newsletters francophones. Publie des dossiers informatifs sur le courrier électronique et des conseils sur la création d'une newsletter.

FR **Le petit bouquet** *www.le-petit-bouquet.com*

Recevez chaque jour les nouvelles du monde en français : politique, société, sciences, technologies, sports, peinture, cinéma, littérature…

FR **Les périodiques par Francopholistes** *www.cru.fr/listes/periodique.html*

Liste des principales newsletters francophones. Un lien pointe vers les formulaires d'abonnement situés sur les sites des éditeurs.

US **NewsHound** *www.newshound.com*

Recevez dans votre boîte aux lettres une information sur mesure. Vous bénéficiez de 30 jours d'essai gratuit.

Newsletter Libération *www.liberation.fr/newsletter*

La lettre d'actualité généraliste de Libération dresse un panorama de l'actualité de la semaine avec un bref résumé des principaux articles et des liens hypertextes.

Newsletters *talk.about.com/newsletter*

Des centaines de newsletters classées par rubriques. Pour chacune, vous obtenez une description et pouvez vous abonner automatiquement.

S&T Presse *www.france-science.org*

Depuis l'ambassade de France aux États-Unis, recevez tous les jours un résumé de l'actualité scientifique et technologique américaine.

The Daily Brief *www.incinc.net/db.html*

Tous les après-midi (8 heures sur la côte Est), recevez un résumé de quatre à six pages de l'actualité américaine et internationale.

En direct > Programmes TV et radio

Pour consulter les programmes TV, trouver une fréquence radio ou un média en direct sur le Web, consultez les programmes en ligne. Interviews, critiques, photos… choisissez en connaissance de cause.

COMFM *www.comfm.fr*

Guide des radios et des médias qui émettent en direct sur Internet (radios, télévisions, webcams…). Classement par pays.

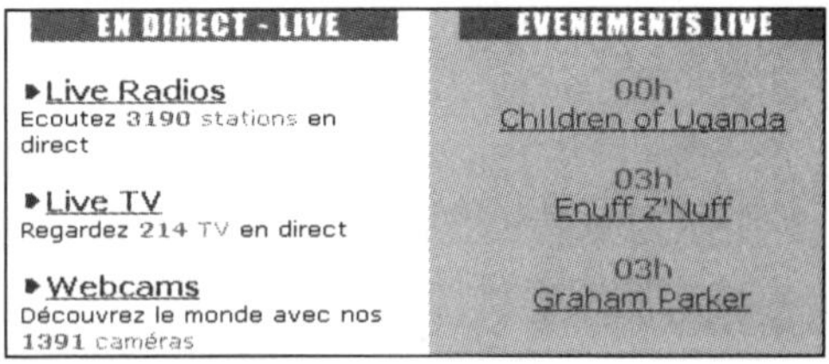

EuroTV *www.eurotv.com*

Les programmes de toutes les télévisions européennes. Classement par genres (film, série, actualité…) et par chaînes. Possibilité de se créer un guide sur mesure.

Radio-actu *www.radioactu.com*

Actualité de la FM. Sondages de popularité. Grilles de programmes des principales radios. Annuaires des fréquences et des sites de radio.

Radios en France *www.brume.org/brume/radios*

Si vous n'écoutez pas la radio sur le Net, recherchez les fréquences des stations avec ce moteur de recherche. Plus de 600 villes et de 6000 fréquences.

Télé7jours *www.t7j.com*

Voici l'édition numérique du programme TV le plus populaire en France. Recherche multicritère des horaires. Interviews, reportages, horoscope…

TéléObs *www.teleobs.com* (FR)

Ce supplément au *Nouvel Observateur* propose les programmes TV de la semaine. Sélections, critiques, créez votre programme personnalisé.

Télérama *www.telerama.fr* (FR)

Guide des programmes par genres, chaînes ou horaires de diffusion. Sélection des meilleurs films, documentaires, séries… Créez votre programme sur mesure.

TV MAG *www.tvmag.com* (FR)

Programmes télés des chaînes françaises (hertziennes, câblées et satellite). Personnalisation en fonction de la région. Publie infos, jeux…

TVgen *www.tvgen.com* (US)

Le guide des chaînes américaines. Indispensable pour ceux qui les reçoivent par satellite. Nombreux dossiers et interviews.

Web-radio *www.web-radio.fm* (US)

Annuaire des stations de radio. Liste plus de 2400 radios. Recherche par type ou localisation. Liste séparément celles qui émettent exclusivement sur Internet.

LyngSat *lyngsat.com*
MSN Médias *www.msn.fr/chaine/medias*
Radiotvonline *www.radiotvonline.com*
Teleprog.com *www.teleprog.com*

En direct > Télévisions

Les sites des chaînes de télévisions sont d'excellentes sources d'information. Avec Windows Media Player, captez certaines chaînes en direct sur votre ordinateur.

Arte *www.arte.fr* (FR)

Actualité culturelle, nombreux dossiers thématiques, présentation des émissions et des magazines. Guide des programmes et bandes annonces en vidéo.

BBC *www.bbc.co.uk* (UK)

La BBC propose l'actualité du sport, des finances, du monde, des sciences… Dans la rubrique News, écoutez les flashes.

FR **Canal +** *www.mon.cplus.fr*

Portail de la chaîne cryptée : nombreuses rubriques d'actualité, page personnalisable selon vos centres d'intérêt, e-mail gratuit…

FR **CanalWeb** *www.canalweb.net*

Bouquet de chaînes de télévision interactives créées spécialement pour Internet. Propose de nombreux directs. Diffuse les émissions au format RealPlayer.

US **CNN Interactive** *cnn.com*

Indispensable pour suivre l'actualité internationale en direct. Nombreuses rubriques : politique, sports, météo, technologies…

FR **France 2** *www.france2.fr*

Outre les programmes : actualité en continu et nombreux dossiers thématiques avec des sélections de liens. Journaux disponibles en vidéo.

FR **France 3** *www.france3.fr*

Visionnez à volonté les journaux télévisés et les magazines. Nombreuses actualités en ligne mises à jour plusieurs fois par heure.

FR **Francetv** *www.francetv.fr*

Regroupe les services Internet offerts par les télévisions publiques françaises. Accès direct aux pages à partir d'un index thématique : infos, sports, jeunesse…

FR **La Cinquième** *www.lacinquieme.fr*

Présente l'actualité et les programmes de la chaîne. Consultez les sites de plusieurs émissions notamment Net plus ultra.

FR **M6** *www.m6.fr*

Accès aux sites des émissions : Capital, Frequenstar, +Vite que la musique… Grille des programmes des trois semaines à venir. Infos en continu 24H/24.

FR **Série Club** *www.serieclub.fr*

Tout sur les séries. Actualité en son/vidéo des nouvelles séries. Une encyclopédie des séries avec leur histoire.

FR **TF1** *www.tf1.fr*

Outre les programmes de la chaîne, consultez l'actualité (*infos.tf1.fr*) mise à jour en temps réel. Recevez par e-mail un journal personnalisé.

ABC.com *www.abc.com*
abcNEWS.com *abcnews.go.com*
Canal Satellite *www.canalsatellite.fr*
FasTV *www.fastv.com*
Fox News *www.foxnews.com*
Histoire de la télévision *histv2.free.fr*
LCI *www.lci.fr*
MTV *www.mtv.com*
MTV Europe *www.mtveurope.com*
NBC *www.nbc.com*
PBS *www.pbs.org*
RockOnTV *www.rockontv.com*
Sky News *www.sky.co.uk*

En direct > Radios

La plupart des radios diffusent sur le Web. Accros à l'actualité ou fanas de musique, écoutez vos fréquences préférées et suivez les émissions en direct ou en différé.

FR **Europe Infos** *www.europeinfos.com*

L'actualité par Europe 1 et Club-Internet. Flash permanent à lire ou à écouter en RealAudio. Multiples rubriques : sport, multimédia, politique…

US **Imagine Radio** *www.imagineradio.com*

Possibilité d'écouter des radios commerciales ou de composer une radio sur mesure. Choisissez les artistes et la fréquence de leur passage.

FR **Net Radio** *www.net-radio.fm*

Station de radio diffusant en exclusivité sur Internet. Programmation essentiellement musicale. Diffusion en stéréo au format RealPlayer.

US **NetRadio Network** *www.netradio.net*

Des centaines de radios classées par genre et disponibles en direct. Par exemple, sélectionnez un style de musique puis choisissez votre station.

FR **NRJ** *www.nrj.fr*

Écoutez NRJ en direct. Publie l'actualité musicale, des interviews d'artistes, des extraits audio de nouveaux disques, des bandes annonces de nouveaux films…

FR **Radio France** *www.radio-france.fr*

Écoutez en direct, par thème ou à la carte l'une des radios du groupe : France Info, France Inter, France Culture, RFI… Programmes détaillés.

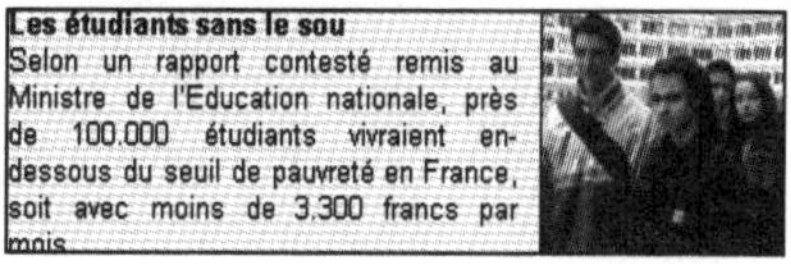

US Reel Top 40 Radio Repository *www.reelradio.com*

Écoutez les émissions radio du passé. Pour les nostalgiques des États-Unis des années 50 et 60. Les grésillements en prime.

FR RTL *www.rtl.fr*

L'info sous toutes ses formes : sons, textes, photos. Accès aux dernières dépêches à partir de grands thèmes.

US SHOUTcast! *www.shoutcast.com*

Avec ce logiciel gratuit, créez votre radio privée. Vos auditeurs n'ont qu'à télécharger un plug-in pour écouter vos programmes au format MP3.

US Spinner *www.spinner.com*

Une radio sur mesure : écoutez les musiques qui vous font plaisir. Classement thématique. Possibilité de choisir les morceaux sur les disques.

Compaq SpeechBot *speechbot.research.compaq.com*
Live365.com *www.live365.com*
NovaPlanet *www.novaplanet.com/index.html*
R&R Online *www.rronline.com*
Radio Free Europe *www.rferl.org*
Radio Sport *www.radiosport.com*
RFM *www.rfm.fr*
Tuner FM *www.tuner.fm*
Virgin Radio *www.virginradio.com*
vTuner *www.vtuner.com*

En direct > Programmes Web

Concerts, conférences, festivals, forums… Il se passe toujours quelque chose sur le Net. Voici les sites qui annoncent les événements qui se déroulent en direct. Connectez-vous à la bonne heure.

FR Interneto *www.interneto.fr*

Ce guide des programmes Internet présente une sélection hebdomadaire des meilleurs événements diffusés sur le Net : concerts, interviews, radios, chats…

US JAMtv *www.jamtv.com*

Présente en vidéo l'actualité du monde de la musique. Nombreux concerts diffusés en direct. Écoutez les prédécents enregistrements.

Actualité

Live on the net *www.liveonthenet.com*

Liste des événements en direct sur le Web par catégories (chats, radio/TV, webcams…) et par thème (sport, musique, cinéma…).

LiveConcerts *www.liveconcerts.com*

Agenda des prochains concerts diffusés en direct sur le Web (le plus souvent en RealPlayer). Possibilité d'écouter les concerts archivés.

On Now *www.onnow.com*

Liste les événements qui se déroulent en direct sur le Net : vidéoconférences, concerts, forums de discussion, émissions de radio ou télévision…

Real Guide *realguide.real.com*

Liste les sites qui diffusent des fichiers au format RealPlayer. Agenda quotidien des événements en direct qui utilisent cette technologie.

UBL OnLine events *ubl.com/upcoming_events.asp*

Programme des événements en direct liés à la musique. Recherche possible à partir du nom d'un groupe. Description des événements du jour.

Web Times *www.webtimes.com*

Guide des événements diffusés en direct et guide des chats. Mise en exergue des meilleurs programmes.

Yahoo! Broadcast *www.broadcast.com*

Sélectionnez une radio à écouter, une télévision ou une vidéo à regarder. Calendrier quotidien des événements en direct.

Yahoo! Net Events *events.yahoo.com*

Organisé comme un moteur de recherche. Permet de trouver tous les événements du Net par domaines : sports, culture, sciences…

Channelseek *w2.channelseek.com*
Live@ *www.live-at.com*
Webnoize Live *live.webnoize.com*
WindowsMedia.com *windowsmedia.microsoft.com*

Actualité

En direct > Webcasting

Le Web est une technologie Pull (vous tirez à vous l'information). Le Webcasting est une technologie Push (vous recevez l'information sans la demander explicitement comme avec la télé).

(US) **AvantGo** *www.avantgo.com*

Récepteur de chaînes d'information. Téléchargez-le gratuitement avant de vous abonner aux chaînes proposées (Wired news, c|net, Fox...).

(US) **Back Web** *www.backweb.com*

Recevez des dizaines de chaînes d'information en direct : depuis les résultats sportifs jusqu'aux cotations boursières en passant par les horoscopes.

(US) **Desktop Gallery** *www.microsoft.com/windows/ie/ie40/gallery*

Si avec Microsoft Internet Explorer vous avez installé le bureau actif, vous pouvez recevoir divers canaux d'information sur votre espace de travail Windows.

(US) **Desktop News** *www.desktopnews.com*

Pour recevoir en direct sur votre bureau l'actualité des grands médias anglophones (CNN, Yahoo!, FOX, MSNBC...), téléchargez gratuitement ce logiciel.

(US) **EntryPoint** *www.entrypoint.com*

Recevez de l'actualité en provenance du New York Times, du Wall Street Journal, de CNN... dans une barre d'outils personnalisable.

(US) **Marimba** *www.marimba.com*

Téléchargez Castanet, puis choisissez les informations à recevoir en direct. Vous disposez de nombreux canaux dédiés au business et à l'informatique.

(US) **Web accessories** *www.microsoft.com/Windows/IE/WebAccess*

Ajoutez une barre de navigation à Internet Explorer 5 pour recevoir de l'actualité en provenance de Bloomberg ou du *New York Times*.

(US) **WorldFlash** *www.scroller.com*

Si vous craignez d'engorger votre PC en utilisant une technologie Push, téléchargez ce petit logiciel pour recevoir des fils d'informations en continu.

En direct > Météo

Avant un départ en vacances, un déplacement ou une sortie, consultez les prévisions. Avec les cartes et les images satellite, obtenez des données synthétiques. Personnalisez les sites pour votre ville ou région.

(US) **CNN Weather** *www.cnn.com/WEATHER*

La chaîne d'information propose des prévisions météo pour les quatre jours à venir sur plus de 6 000 villes dans le monde.

(FR) **France 3 Météo** *www.france3.fr/fr3/meteo/meteo.html*

Retrouvez la météo comme à la télévision. Image extraite du bulletin télévisé de France 3. Cartes pour la France et l'Europe.

(US) **Intellicast** *www.intellicast.com*

Idéal pour connaître la météo de n'importe quel point du globe. Sélectionnez les pays sur une carte. Nombreuses informations au sujet de la météorologie.

(FR) **La météorologie** *perso.wanadoo.fr/vial*

Comprendre les phénomènes météorologiques : histoire de la météorologie, méthodes de prévision… Conseils pour construire une station météo amateur.

(FR) **Météo France** *www.meteo.fr*

Carte des prévisions et commentaires très précis pour la France. Images satellite. Consultez le lexique des termes météorologiques.

(US) **NOAA** *www.nws.noaa.gov*

Serveur officiel de la météo aux USA. Cartes, prévisions, infos sur les facteurs climatiques… Sections spécialisées sur la météo marine, l'aviation, les orages…

(FR) **OMM** *www.wmo.ch*

Organisation Météorologique Mondiale (institution des Nations Unies). Infos sur la météo et les changements climatiques. Liste les services météo de chaque pays.

(US) **The Weather Channel** *www.weather.com*

Idéal pour connaître la météo des villes. Plus de cent villes françaises disponibles. Sections dédiées : événements sportifs, voyages, phénomènes climatiques…

(FR) **The Weather Underground** *french.wunderground.com*

Température, état du ciel et prévisions sur trois jours pour quasiment toutes les villes du monde. Recherche à partir du code postal, de cartes ou de noms.

(UK) **USA Today Weather** *www.usatoday.com/weather*

La météo de toutes les régions du monde avec cartes, graphiques, images satellites… Prévisions à cinq jours. Infos sur les phénomènes climatiques.

(FR) **Yahoo! Météo** *meteo.yahoo.fr*

Yahoo! publie les bulletins météo. Choisissez votre ville ou région dans un index. Possibilité d'obtenir la carte météo de la région.

ECMWF *www.ecmwf.int*
La Chaîne Météo *meteo.lachainemeteo.com*
La Météo au quotidien *www.meteo.org*
Lowe's Storm99 Hurricane Central *www.gopbi.com/weather/storm*
Météo Consult *www.meteoconsult.fr*
Oragenet *www.oragenet.org*

Chic et choc > Presse féminine

Si vous aimez les éditions papier des magazines féminins, vous adorerez leur version en ligne. N'oubliez pas de lire les magazines qui ne sont publiés que sur le Web.

FR **Atmosphères** *www.atmospheres.com*

Magazine féminin d'art de vivre. Publie des articles sur la déco, les hobbies, les voyages… Sélection de recettes de cuisine.

US **Cosmopolitan** *cosmo.women.com*

Plusieurs rubriques hebdomadaires traitent de la santé, de la mode, de la beauté… sans oublier les tests et l'astrologie.

FR **Coup de pouce** *coupdepouce.infinit.net*

Mensuel québécois. Publie des infos et des conseils sur la santé, la mode, la cuisine, la décoration de la maison, le jardin, la famille…

FR **Elle** *www.elle.fr*

Nombreuses rubriques : mode, beauté, bon vivre, Paris… Les polyglottes consulteront les éditions étrangères du magazine.

FR **Femmes-Québec** *www.femmes-quebec.com*

Destiné au public francophone, ce mensuel publie des articles, des chroniques et des sélections de liens sur tous les sujets (Internet, voyages, arts…).

US **gURL** *www.gurl.com*

Magazine féminin d'une grande ergonomie et d'une superbe esthétique. Il aborde les sujets, tantôt avec sérieux, tantôt avec humour.

US **maxi** *www.maximag.com*

Webzine féminin qui aborde des sujets généraux : musique, art, cinéma… aussi bien que la politique ou la sexualité.

FR **Santé-Magazine** *www.sante-mag.com*

Magazine dédié à la santé et au mieux-vivre. Publie articles, dossiers et interviews sur la médecine, la diététique, les enfants et la beauté.

UK **Vogue** *www.vogue.co.uk*

La version en ligne de *Vogue* offre des photos, des articles au sujet de la mode ainsi que des conseils et des infos sur la beauté.

US **Women's Wire** *www.womenswire.com*

Un des plus célèbres magazines à destination de la communauté féminine. Très complet, il informe et conseille sur la santé, la beauté, l'argent, le travail…

Chic et choc > Potins et ragots

Même si depuis l'affaire Diana la presse people est souvent décriée, elle conserve ses adeptes. Voici les sites pour tout savoir des célébrités et des derniers potins à leur sujet.

US **100hot star** *www.100hot.com/directory/stars*

Du Président Clinton à la princesse Diana en passant par Madonna ou Michael Jackson… voici la liste des sites de célébrités les plus visités.

FR **ActuStar.com** *www.actustar.com*

Actualité des stars, notamment de leurs relations amoureuses. Publie des biographies, les adresses des stars et des fan-clubs, un agenda des spectacles…

US **Biographical Dictionary** *www.s9.com/biography*

Ce dictionnaire biographique (consultable par années de naissance ou de décès, par professions…) décrit plus de 28 000 personnages et personnalités.

US **Celebrity Site of the Day** *www.csotd.com*

Présente tous les jours un nouveau site de célébrités. Liste des sites sélectionnés depuis 1996. Proposez vos sites préférés dans Nominate a site.

US **CelebrityEmail** *www.celebrityemail.com*

Annuaire e-mail de célébrités. Utile à ceux ou celles qui veulent envoyer un message à leurs idoles. Liste les chats, les newsgroups et les sites des stars.

US **E! Online** *www.eonline.com*

Ce magazine propose l'actualité, des critiques cinéma et musique, des jeux et des quizz… ainsi que les derniers potins sur vos stars préférées.

US **eDrive** *www.edrive.com*

Actualité quotidienne des célébrités du cinéma, de la télé, de la musique… Pour ne manquer aucun ragot, abonnez-vous à la newsletter.

US **Mr. Showbiz** *mrshowbiz.go.com*

Dédié au show-biz, ce site informe sur tout ce qui arrive à vos stars préférées, qu'elles exercent leurs talents dans la musique, le cinéma ou la télévision.

FR **Paris Match** *www.parismatch.tm.fr*

Le plus célèbre des titres de la presse à scandale publie en ligne. Dossiers, reportages, mots, photos… un superbe site.

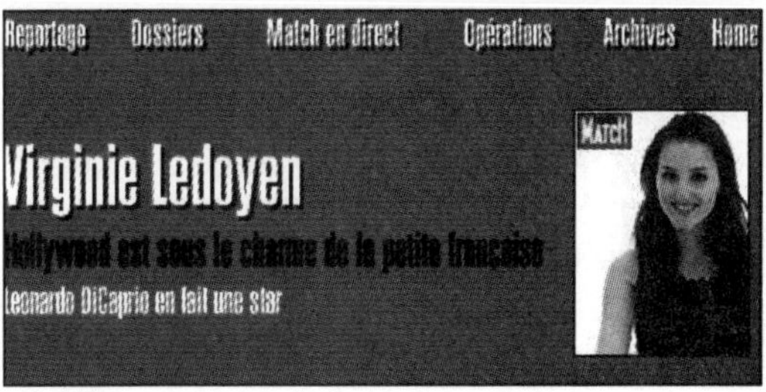

Actualité

People Online *www.pathfinder.com/people*

Histoires et actualité des célébrités quels que soient leurs domaines (sport, musique, cinéma…). Mise à jour quotidienne.

Star Seeker *www.starseeker.com*

Moteur de recherche spécialisé dans les stars de la musique, du cinéma, de la télévision, du sport… Consultez le hit-parade des sites les plus visités.

Who2 *www.who2.com*

Base de données de personnages célèbres. Chaque fiche contient une biographie sommaire, une photo et une sélection de liens.

Yahoo! People *fr.news.yahoo.com/47*

Actualité quotidienne des stars du sport, de la chanson, du cinéma… sous forme de dépêches en provenance de l'AFP.

Yealo! *www.yealo.com*

Annuaire d'adresses postales ou e-mail et de sites Web de célébrités. Recherche par mots clés ou thématique.

Le gotha *www.gotha-fr.com*
MegaStar *www.megastar.co.uk*
Stars du Net *www.starsdunet.com*

Chic et choc > Horoscope et astrologie

La rubrique horoscope est l'une des plus lues des journaux et magazines. Grâce à l'interactivité du Web, consultez des prévisions personnalisées et obtenez des thèmes approfondis.

Asterial *asterial.fr.msn.com*

Après avoir indiqué vos date, lieu de naissance, prénom… consultez votre thème astral personnalisé. Section sur la numérologie et le tarot.

Astrology.com *www.astrology.com*

Explications sur les signes du zodiaque, la mythologie ainsi que sur le calcul ou l'interprétation de l'astrologie. Recevez votre horoscope par e-mail.

Astrology Spot *www.astrologyspot.com*

Choisissez à partir de votre signe zodiacal les sites qui offrent quotidiennement ou hebdomadairement un horoscope gratuit.

AvatarSearch *www.avatarsearch.com*

Moteur de recherche qui indexe les sites de sciences occultes. Consultez le Top 20 du mois ainsi qu'un classement des meilleurs sites par catégories.

Elizabeth Teissier *www.t7j.com/horoscope*

Rubrique Horoscope de *Télé 7 jours*. Accédez à des services personnalisés : portrait astral, carte du ciel, prévisions à long terme…

Horoscope online *www.horoscope.com*

Horoscope hebdomadaire. Graphiques en fonction de votre date de naissance, de vos cycles physique, spirituel, intellectuel…

Yahoo! Horoscope *fr.horoscope.yahoo.com*

Cliquez sur votre signe zodiacal pour consulter votre horoscope hebdomadaire (mise à jour chaque vendredi).

Your Yastrologer *www.zdnet.com/yil/selector/yastromance.html*

Votre horoscope quotidien avec des liens et des articles sur les personnalités qui ont le même signe que vous ou sur les traits de caractère propres à chacun.

Zephyr *www.zodiacal.com*

Si vous voulez explorer en profondeur l'astrologie, utilisez cette sélection de liens classés par catégories : horoscope, archives, histoire…

Astro.qc.ca *www.astro.qc.ca*
Astrology World *astrology-world.com*
Astrologylink *www.astrologylink.com*

Internet > Actualité du Net

Internet bouge sans cesse, apporte tous les jours du neuf et ne laisse personne se reposer sur ses lauriers. Le mieux est de s'informer en direct sur le Web (et de n'utiliser la presse que pour approfondir).

Branchez-vous! Europe *www.branchez-vous.com/Europe*

Version européenne du magazine canadien spécialiste du Web. Outre les articles de fond, découvrez une sélection de sites francophones.

france.internet.com *france.internet.com*

Chaque jour un tour d'horizon de l'actualité française et internationale. Deux chaînes thématiques; Marketing et Tech, avec des news spécifiques.

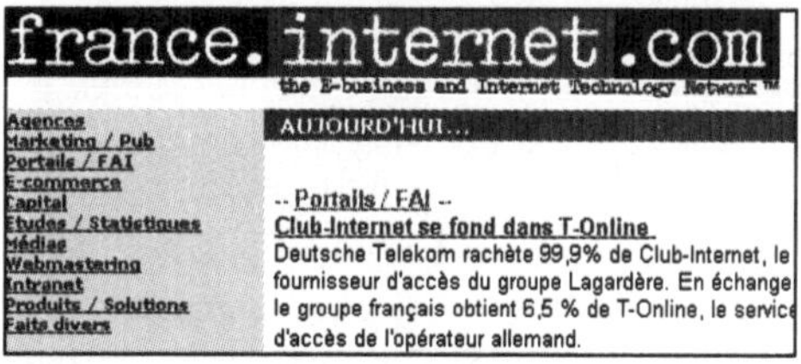

Inter@ctive Week *www.zdnet.com/intweek*

Cet hebdomadaire couvre tous les aspects d'Internet : alliances stratégiques, nouveaux produits et services… Idéal pour les professionnels.

UK internet magazine *www.internet-magazine.com*

Ce magazine en ligne résume chaque jour l'actualité Internet. Sur le site retrouvez des interviews, des dossiers, une sélection de liens…

FR Internet Professionnel *www.internet-professionnel.net*

Un superbe site d'actualité. Propose un observatoire du Web avec les résultats de nombreuses études. Recherche personnalisable d'articles.

US Internet.com *www.internet.com*

Vous suivrez les soubresauts d'Internet en temps réel. Visitez notamment la rubrique Internet World Daily (*www.iw.com*).

FR Le Journal du Net *www.journaldunet.com*

L'actualité quotidienne du Net orientée business. Interviews de décideurs, études et chiffres sur l'e-commerce, la publicité… Newsletter bihebdomadaire.

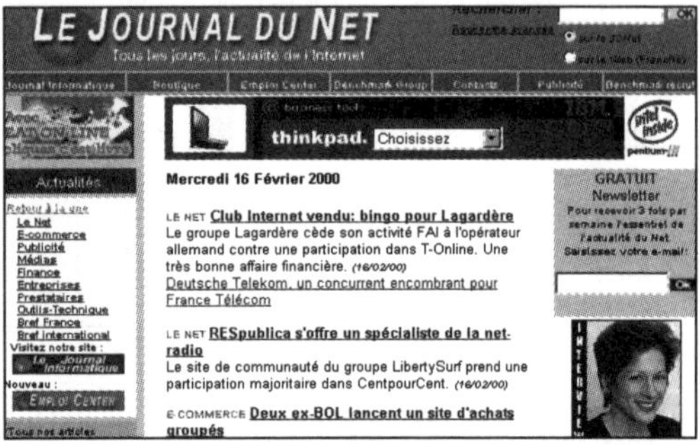

FR Les news *www.lesnews.net*

Présente l'actualité sous forme de brèves et de dépêches. Après abonnement gratuit, vous recevez par e-mail la synthèse des titres de l'actualité du jour.

FR Multimédium *www.mmedium.com*

Le quotidien des nouvelles technologies de l'information. Beaucoup de chiffres, très orienté business (accords, stratégies…).

FR powwow.net *www.powow.net*

Journal de dialogue sur l'éthique du net. Sections dédiées à la publicité, la vie privée, la liberté d'expression… Publie les contributions des internautes.

US TechWeb News *www.techweb.com/wire/internet*

Édité par le groupe de presse américain CMP, cette revue est l'une des plus complètes. En plus de l'actualité, accédez à de nombreux services…

US The Industry Standard *www.thestandard.net*

Édition quotidienne en ligne de l'hebdomadaire édité par IDG sur les enjeux d'Internet. Découvrez les statistiques hebdomadaires sur l'usage du Net.

US ZDNNews Internet *www.zdnet.com/zdnn/internet*

Actualité en temps réel. Complète idéalement Inter@ctive Week. Tous les nouveaux produits, technologies et services sont présentés.

.net *www.netmag.co.uk*
@Jour *www.ajour.fr*
3x+Net *www.3foisplusnet.com*
ActuSite *www.actusite.com*
Canal + de Web *www.mon.cplus.fr/welcomeDecale.cfm*
CVI *www.epita.net*
Internet News *www.wwwnetdaily.com*
La Lettre de l'Internet *www.lalettre.com*
La Minute Internet *www.m6.fr/emissions/minuteinternet*
L'Officiel du Net *www.officiel-du-net.com*
Media Central *www.mediacentral.com*
NetEconomie *www.neteconomie.fr*
Ses@me... *www.sesame-ouvre-toi.com*
Web Magazine *www.lewebmagazine.com*
Yahoo! Internet Life *www.yil.fr*

Internet > Newsletters

Pour ne rien manquer de l'actualité, le mieux est de la recevoir chaque jour dans sa boîte aux lettres électronique. Vous ne perdez ainsi pas de temps à consulter les sites Web.

FR **Branchez-vous!** *www.branchez-vous.com/Europe/bulletin*

Bulletin hebdomadaire d'information sur Internet. Paraît tous les vendredis. Présente les nouveaux sites, des jeux et des logiciels à télécharger.

FR **Chroniques de Cybérie** *cyberie.webdo.ch*

L'une des plus anciennes et des plus célèbres chroniques du Web francophone. Chaque semaine J-P Cloutier traite l'actualité, le plus souvent sur un ton acide.

FR **eMarket Newsletter** *emarketnewsletter.com*

Newsletter bimensuelle sur les tendances du Web. Elle informe aussi bien sur l'aspect juridique d'Internet que sur le e-business, le multimédia ou l'informatique.

FR **france.internet.com Newsletters** *e-newsletters.internet.com*

Une quinzaine de newsletters sur tous les aspects du Web. Visitez aussi la version américaine bien plus riche : *http://e-newsletters.internet.coml.*

FR **Internet Actu** *www.internetactu.com*

Hebdomadaire d'information sur Internet et l'informatique publié chaque jeudi. Archives depuis 1996.

FR **La revue de presse de l'Atelier** *rvp.tvt.fr*

Revue de presse quotidienne axée sur le multimédia et les nouvelles technologies. Archives en texte intégral.

Actualité

Netsurfer Digest *www.netsurf.com/nsd*

Lettre hebdomadaire destinée aux surfeurs. Il n'y est pratiquement question que des sites. Essayez *www.netsurf.com/nsf* pour des infos plus approfondies.

Nouvelles du CIDIF *w3.cidif.org/nouvelles*

Ce bulletin mensuel se consacre aux activités du CIDIF (Centre International pour le Développement de l'Inforoute en Français). Archives depuis 1997.

Quoi de Neuf *www.netsurf.ch/quoideneuf*

Newsletter quotidienne sur l'évolution d'Internet. Aborde tous les sujets : e-business, politique, nouveaux sites… Articles en français et en anglais.

WebRevue *www.cec.fr/webrevue/Sommaire.htm*

Le Centre Européen de la Communication édite tous les lundis cette newsletter dédiée à la communication et notamment à Internet.

Web Départ *www.webdepart.com*

Internet > Statistiques

Tenez-vous au courant de l'évolution du Net en consultant les études et statistiques. Suivez, par exemple, l'évolution du nombre d'internautes francophones.

@PCData Online *www.pcdataonline.com*

Statistiques sur la fréquentation des sites. Publie plusieurs classement (Top 20, Top 250, Top par catégories…), nombre de pages vues, temps de connexion…

Canal Ipsos *www.canalipsos.com*

Le spécialiste des sondages et des études de terrain publie certains de ses résultats. Consultez la banque de données et les archives.

CSOC *netscan.research.microsoft.com*

Le Center for the Study of Online Community publie des études et analyses sur les newsgroups : nombres d'interventions, de personnes, de messages…

CyberAtlas *www.cyberatlas.com*

Si vous envisagez de communiquer via Internet, retrouvez sur ce site les résultats de dizaines d'études : évolution des connexions, parts de marché…

Global Internet Statistics *www.euromktg.com/globstats*

Statistiques, informations et classements au sujet des langues parlées sur le Net. Deux sections : langue anglaise et non-anglaise.

Headcount *www.headcount.com*

Statistiques sur Internet et le e-commerce. Nombre d'internautes connectés par pays, par langues ou par régions du monde.

FR **IDC France** *www.idc.fr*

Propose en ligne des études de marché sur Internet, l'informatique, les télécommunications, Intranet, les logiciels, les périphériques…

US **Internet Traffic Report** *www.internettrafficreport.com*

Pour chaque continent, visualisez des graphiques sur l'état des connexions du jour, de la semaine, du mois… Actualisation toutes les quatre heures.

US **Media Metrix** *www.mediametrix.com*

Études et statistiques sur le réseau. Publication du Top 10 des sites les plus visités dans plusieurs catégories : moteurs de recherche, commerce, tourisme…

FR **Médiamétrie** *www.mediametrie.fr*

Le spécialiste de la mesure d'audience livre les résultats de ses études et enquêtes sur les médias (télévision, radio, Internet…).

US **Netcraft** *www.netcraft.com*

Recense le nombre de sites Web. Compte les domaines Internet avec un préfixe http, puis détermine leur systèmes d'exploitation.

US **NUA** *www.nua.org*

Dans la section Internet survey, la rubrique How many online indique le nombre d'internautes par régions du monde. Nombreux articles.

FR **OTEC** *www.atsystem.com/surweb*

Observatoire Européen des Technologies de Communication. Étude sur les 600 sites français les plus visités. Nombreuses enquêtes et sondages sur Internet.

US **Survey.Net** *www.survey.net*

Découvrez les résultats des enquêtes démographiques sur les internautes. Participez en répondant aux questions des enquêtes en cours.

Cyber Dialogue *www.cyberdialogue.com*
Multiscope *www.multiscope.net*
Netvalue *www.netvalue.fr*
Nielsen/Netratings *www.nielsen-netratings.com*
QualiWeb *www.qualiweb.com*
Sofres *www.sofres.fr*
StatMarket *www.statmarket.com*
The Internet Economy Indicators *www.internetindicators.com*

Informatique > Presse francophone

Pour suivre les évolutions technologiques ou préparer un achat, il faut disposer des dernières informations. Les éditions électroniques des magazines papier et les webzines présentent toutes les nouveautés.

FR **01 Informatique** *www.01-informatique.com*

L'hebdomadaire français publie en ligne une information quotidienne. Chaque semaine, un dossier. Retrouvez les offres d'emploi.

FR **e-news** *e-news.lu/start.htm*

Un résumé de l'actualité informatique sous forme de brèves. Idéal pour s'informer rapidement et connaître les grandes tendances.

FR **InfoPC** *www.infopc.fr*

Version électronique du magazine *InfoPC*. Retrouvez l'actualité et les dossiers du mois. Consultez les petites annonces et lisez les trucs et astuces.

FR **Informatique Magazine** *www.cmpnet.fr*

Retrouvez quotidiennement l'actualité informatique destinée aux professionnels. Lisez les dossiers des anciens numéros du magazine papier.

FR **Le Journal Informatique** *www.journalinformatique.com*

Actualité quotidienne de l'informatique par secteurs : acteurs du marché, matériel, sécurité, progiciels… Publie de nombreux chiffres.

FR **Le Monde Informatique** *www.lmi.fr*

L'actualité informatique professionnelle. Édition tous les vendredis. Synthèse de l'actualité et offres d'emploi. Consultez l'annuaire des sociétés informatiques.

FR **Le Monde Interactif** *www.lemonde.fr/aietek/0,2327,,00.html*

Le Monde présente les nouvelles technologies. Publie chaque semaine l'actualité, une revue de presse internationale, des dossiers, des enquêtes…

FR **Libération Multimédia** *www.liberation.fr/multi*

Retrouvez les articles des pages multimédias de *Libération*. Nombreux dossiers et enquêtes au sujet des CD-ROM, d'Internet, des internautes…

FR **NetHN** *nethn.com*

L'actualité du matériel PC (notamment processeurs et périphériques). Idéal si vous rêvez de posséder une bête de course. Nombreux conseils sur le site.

FR **SVM Net** *www.vnunet.fr/SVM*

Science & Vie Micro publie les infos du jour, une revue de presse, un agenda… Découvrez chaque mois de nouveaux dossiers.

FR **Yahoo! Multimédia** *fr.news.yahoo.com/32*

Yahoo! présente l'actualité des technologies et notamment de la micro-informatique. Informations souvent fournies par *www.zdnet.fr.*

Décision Micro & Réseaux *www.decisionmicro.com*
E-F *www.e-f.ch*
Ic-informatique *www.lc-informatique.com*
Le Lien multimédia *www.lienmultimedia.com*
L'Express Multimédia *www.lexpress.fr/multimedia*
L'Ordinateur Individuel *www.ordinateur-individuel.com*
Micro Hebdo *www.microhebdo.com*
MicroSon Xpress *www.microson.com/xpress*
No Spoon *www.nospoon.org*
PHS *france.gagames.com*
Presence-PC *www.presence-pc.com*
Press-O-Tech *welcome.to/pressotech*
Sabish *www.sabish.com*
SPIF *www.spif.cjb.net*

Informatique > Presse anglophone

L'industrie informatique a son royaume, les États-Unis. Pour aller à la source de l'information, pour connaître les dernières nouvelles et les accords stratégiques, lisez la presse anglophone.

US **Computer Currents** *www.currents.net*

Actualité quotidienne. Publie des dépêches et des articles sur l'informatique aussi bien que sur Internet. Sections dédiées à Windows 98, Linux, Mac et Y2K.

US **FamilyPC** *www.familypc.com*

Idéal pour ceux qui utilisent leur PC à la maison et en famille. Donne des idées pour utiliser le PC dans divers domaines : musique, jeux, éducation…

US **InfoWorld** *www.infoworld.com*

L'actualité informatique quotidienne par l'un des grands magazines américains. Interviews, tests de produits, présentations de livres…

US **Mobile Computing** *www.mobilecomputing.com*

Le magazine de l'informatique mobile : ordinateurs portables, agendas électroniques, téléphones… Indispensable pour les voyageurs.

US **PC Computing** *www.pccomp.com*

Le magazine pour vous aider à profiter au mieux de votre PC et des logiciels Windows. Des tests, des conseils, des sélections de produits…

PC Magazine *www.pcmag.com*

Retrouvez la version en ligne du célèbre magazine américain : tests et comparatifs de tous les nouveaux produits, service de téléchargement.

PC Week *www.pcweek.com*

Toute l'actualité de l'informatique, de la bureautique aux réseaux, des produits aux stratégies. Mises à jour plusieurs fois par heure.

PC World *www.pcworld.com*

Superbe version en ligne du magazine papier. Nombreux articles d'actualité. Consultez notamment le palmarès des 400 meilleurs produits.

SiliconValley.com *www.siliconvalley.com*

Toute l'actualité du monde numérique et technologique en direct de la Silicon Valley. Visitez notamment la rubrique Internet Daily.

Tech Web *www.techweb.com*

Le site de l'actualité des nouvelles technologies. Couvre tous les domaines : matériel, logiciel, Internet, télécoms…

BinaryThoughts *www.binarythoughts.com*
Computer News Daily *computernewsdaily.com*
Computerworld *www.computerworld.com*
coolinfo *www.coolinfo.com*
Geek.com *www.ugeek.com*
GeekNews *www.geeknews.com*
Hardware One *www.hardware-one.com*
Hardware Techs *www.hardwaretechs.com*
MakeItSimple *www.makeitsimple.com*
PC Format *www.pcformat.co.uk*
The Gadgeteer *www.the-gadgeteer.com*
West World Productions Inc *www.wwpi.com*

Informatique > Newsletters

Pour ne pas visiter les sites d'actualité informatique tous les jours et ne pas perdre trop de temps, faites-vous envoyer les nouvelles dans votre boîte aux lettres électronique.

c|net's Dispatch *www.cnet.com/Help/Dispatch*

Abonnez-vous à l'une des vingt newsletters du c|net. Tous les sujets de l'informatique sont largement couverts.

CMPnet Delivers *www.cmpnet.com/delivery*

Dix lettres d'informations qui traitent de tous les sujets de l'informatique et d'Internet. Choisissez entre le format texte ou HTML.

FR **Cyperus** *www.cyperus.fr*

Actualité high-tech en direct. Publication des communiqués de presse des acteurs de l'industrie (les journalistes n'ont souvent guère d'autres sources).

US **Internet Wire** *www.internetwire.com*

Lisez les actualités les plus importantes issues de nombreux médias. Vous pouvez vous les faire envoyer quotidiennement (nombreuses options).

FR **Le kiosque Microsoft** *www.microsoft.com/france/abonnement*

Pour connaître l'actualité Microsoft et les nouveautés en préparation, abonnez-vous aux newsletters officielles : bureautique, développement et jeux.

FR **lesinfos.com Informatique** *www.lesinfos.com/*

Bulletin de veille technologique sur le monde de l'informatique et des télécoms. Infos au sujet du matériel, des logiciels et des services Internet.

US **Newsbytes** *www.newsbytes.com*

Répertorie tous les jours les articles de la presse américaine en relation avec l'informatique. Plusieurs newsletters disponibles (quotidienne, hebdomadaire…).

US **TechMailings** *www.techmailings.com*

Annuaire de listes de diffusion et de newsletters spécialisé en informatique et Internet. Chaque jour une newsletter est mise en exergue.

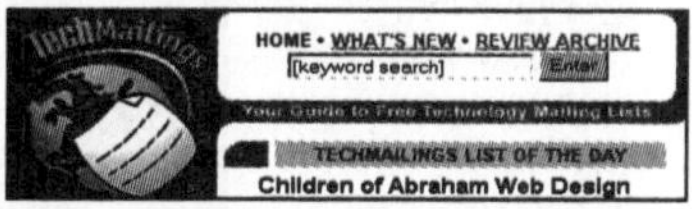

US **ZDNet Newsletters** *www.zdnet.com/filters/email*

Abonnez-vous gratuitement aux newsletters du groupe Ziff-Davis. Plus de vingt choix à votre disposition sur tous les aspects de l'informatique.

Inedit *www.inria.fr/INedit/INedit-fra*
Lockergnome *www.lockergnome.com*
Pixel Actu *www.pixelactu.com*

Informatique > Macintosh

Avec les iMac, Apple redore son blason. Aficionados de la marque à la pomme, suivez l'évolution du MacOS, des logiciels et des nouveaux matériels. Téléchargez des utilitaires.

US **Mac OS Rumors** *www.macosrumors.com*

Pour les inconditionnels du système d'exploitation du Mac, les toutes dernières nouvelles. Informations au sujet des mises à jour et des évolutions.

US **MacAddict** *www.macaddict.com*

Un superbe site d'actualité. Critiques des nouveaux produits et sélection de sites. Visitez *www.macaddictnetwork.com* et découvrez des dizaines de services.

(US) **MacCentral** *www.maccentral.com*

Actualité quotidienne du monde Apple. Des rubriques régulières font le point sur les avantages du Mac.

(US) **MacNN** *www.macnn.com*

Publie chaque jour les dernières nouvelles du monde Apple. Un robot permet de rechercher les produits Mac au meilleur prix.

(FR) **MacPlus** *www.macplus.net*

Webzine quotidien dédié au Macintosh. Rubriques : jeux, graphisme, musique… Une collection de liens et d'utilitaires à télécharger.

(US) **MacSurfer's Headline News** *www.macsurfer.com*

Revue de presse de l'actualité Macintosh du jour. Des liens renvoient vers les plus importants magazines américains.

(US) **MacWeek** *macweek.zdnet.com*

Le plus riche des hebdomadaires consacrés au Macintosh. Couvre toute l'actualité, teste les nouveaux produits et propose des analyses approfondies.

(US) **MacWorld** *macworld.zdnet.com*

L'actualité du Mac, mais aussi des trucs et astuces, un service d'aide pour les utilisateurs… Guide d'achat pour le hardware aussi bien que pour le software.

(FR) **SVM Mac** *www.vnunet.fr/SVM_Mac*

Retrouvez les infos du jour, une revue de presse, de nombreux dossiers ainsi que les nouveaux matériels et logiciels. Sommaire de l'édition papier.

(FR) **Take Back Your Mac** *www.tbym.com*

L'actualité quotidienne du Mac. Articles, présentation de nouveaux logiciels et des mises à jour, trucs et astuces… Chaque semaine, un logiciel à télécharger.

(FR) **TidBITS** *www.tidbits.com/tb-issues/lang/fr*

Traduction d'un des plus populaires hebdomadaire américain. Retrouvez-le sur *www.tidbits.com*. Archives depuis 1998.

MacInTouch *www.macintouch.com*
The Mac Times Network *www.mactimes.com*

Scientifique > Actualité francophone

Il ne se passe pas une journée sans une découverte étonnante. Pour être aux premières loges de cette fête de l'esprit et de la connaissance, branchez-vous sur les sites d'actualité scientifique.

FR **Agence Science-Presse** *www.sciencepresse.qc.ca*

Cette agence fournit des infos scientifiques aux médias canadiens. Le kiosque présente une synthèse de la presse spécialisée. Actualité hebdomadaire.

FR **AlphaGalileo** *www.alphagalileo.org*

Articles et agendas des manifestations scientifiques. Services pour les journalistes : alerte par e-mail, accès à tous les articles, carnet d'adresses…

FR **Cybersciences** *www.cybersciences.com*

Outre l'actualité, ce cybermagazine québécois publie de grands dossiers, un calendrier des événements, une FAQ, une sélection de sites…

FR **France sciences** *www.france-science.org/lire*

Recevez chaque jour par e-mail la synthèse de l'actualité par la mission scientifique de l'Ambassade de France aux États-Unis.

FR **Info Science** *www.infoscience.fr*

Actualité quotidienne. Galerie de portaits et biographies. Agenda des manifestations, programmes des émissions télés, nouvelles parutions de livres…

FR **Radio Canada Science** *radio-canada.ca/sciencetechno*

Dernières nouvelles scientifiques et technologiques. Découvrez les sections dédiées aux émissions scientifiques Découverte, Info-Science, Cl@ir et Net…

FR **Sciences actualité** *www.cite-sciences.fr/actu*

Les dernières dépêches de l'actualité scientifique classées par rubrique : agronomie, espace, géologie… Consultez les archives.

FR **Sciences en ligne** *www.sciences-en-ligne.com*

Articles d'actualité scientifique et technologique. Retrouvez les termes techniques employés dans des dictionnaires : mathématique, chimie, astronomie…

FR **Yahoo! Sciences** *fr.news.yahoo.com/45*

Publie en continu les dépêches scientifiques des agences Reuters, AFP, Caducée, Cybersciences, Reuters, Associated Press et Info Science.

Actualinfo Sciences *www.actualinfo.com/fr/sciences/categorie.cfm?cat=14*
Science Culture Tribune *www.tribunes.com/accueil.htm*
Sciences et Avenir Quotidien *quotidien.sciencesetavenir.com*

Scientifique > Actualité anglophone

Les scientifiques écrivent leurs articles en anglais, c'est pour eux un passage obligé. Pour gagner du temps et ne pas attendre les traductions, lisez en version originale.

US **Discover** *www.discover.com*

La chaîne de télé américaine présente l'actualité. Visitez la galerie d'images et d'illustrations : astronomie, dinosaures, vues de l'espace…

US **Discovery Online** *www.discovery.com*

Le site de la chaîne de télé Discovery. Découvrez l'actualité scientifique, les expéditions, les webcams sur les animaux, les quizz…

US **EurekAlert!** *www.eurekalert.org*

Ce bulletin électronique de l'American Association for the Advancement of Science délivre l'actualité dans tous les domaines scientifiques.

US **inScight** *www.europe.apnet.com/inscight*

L'Academic Press, en partenariat avec *Science Magazine*, propose l'actualité quotidienne du monde de la recherche scientifique.

US **Netsurfer Science** *www.netsurf.com/nss*

Abonnez-vous à cette liste de diffusion et suivez, chaque semaine, l'actualité du Web scientifique à travers une sélection de nouveaux sites.

US **Newshub Science** *www.newshub.com/science*

Recevez quotidiennement par e-mail des dépêches scientifiques en provenance de médias spécialisés. Mise à jour toutes les quinze minutes sur le site.

US **PopSci** *www.popsci.com*

Magazine virtuel de vulgarisation scientifique américain. Les articles sont classés par catégories : électronique, sciences, ordinateurs…

US **Quadnet** *www.quad-net.com*

Articles et actualités scientifiques accessibles par abonnement (via e-mail). Une partie seulement des articles est consultable en ligne. Deux mois d'essai gratuit.

US **ScienceDaily** *www.sciencedaily.com*

Découvrez chaque jour des nouvelles scientifiques et abonnez-vous à la newsletter hebdomadaire. Liste plus de 200 forums de discussion.

US **Sciences News** *www.worldscientist.com*

Publie des dépêches d'actualité scientifique et des dossiers fournis par la BBC, le Times, l'Associated Press… Importante sélection de liens.

US **ScienceWeek** *scienceweek.com*

Newsletter hebdomadaire qui résume l'actualité scientifique. Consultez gratuitement dans les archives plus de 1000 articles scientifiques.

(UK) **SciTech Daily** *scitechdaily.com*

Revue de presse quotidienne sur l'actualité scientifique et technologique. Liens vers les articles publiés par les grands titres de la presse spécialisée.

(US) **Why Files** *whyfiles.news.wisc.edu*

Chaque semaine un nouvel article sur un sujet scientifique. Consultez la rubrique In Brief, plus particulièrement axée sur les découvertes.

abc News Science *www.abcnews.go.com/sections/science*
Genamics JournalSeek *genamics.com/journals*
Science in the Headlines *www.nas.edu/headlines*

Scientifique > Magazines

Pour approfondir les nouvelles théories ou techniques, ou pour réviser vos connaissances, lisez la presse scientifique. Le plus souvent les chercheurs rédigent eux-même les articles.

(FR) **La Recherche** *www.larecherche.fr*

La première revue francophone d'informations scientifiques et techniques publie quelques articles du numéro du mois. Archives en texte intégral depuis 1997.

(US) **National Geographic** *www.nationalgeographic.com*

Consultez les articles et les archives de ce superbe magazine consacré à la géographie et aux charmes de la Terre. Section dédiée aux enfants.

(UK) **nature** *www.nature.com*

Version en ligne de l'hebdomadaire de référence du monde scientifique. Téléchargez des informations non disponibles dans l'édition papier.

(UK) **New Scientist Planet** *www.newscientist.com*

Chaque mercredi, retrouvez les extraits des articles du dernier numéro de la revue britannique. La rubrique Last Word répond aux questions des lecteurs.

(FR) **Pour la Science** *www.pourlascience.com*

Édition française de *Scientific American*. Publie chaque mois une partie des articles de l'édition papier et des dossiers thématiques.

(US) **Science Magazine** *www.sciencemag.org*

Accédez aux résumés des articles de cet hebdomadaire américain. Recherchez dans les archives des anciens numéros à partir de titres, noms d'auteurs, sujets…

(US) **Science News** *www.sciencenews.org*

Cet hebdomadaire d'actualité scientifique publie un résumé des articles avec leurs sources et références. Certains articles en intégralité. Archives depuis 1994.

FR **Sciences et Avenir** *www.sciences-et-avenir.com*

Dépêches d'actualité en provenance de l'AFP, hors-séries et dossiers extraits de l'édition papier. Consultez les archives en texte intégral.

US **Scientific American** *www.sciam.com*

La première revue internationale d'informations scientifiques et techniques publie de larges extraits de ses parutions : articles, dossiers, interviews…

Odyssey Magazine *www.odysseymagazine.com*
Science & Vie *www.science-et-vie.com*

Business > Actualité francophone

Pour investir sur les valeurs françaises, suivez de près l'actualité économique, les cours de la bourse, les avis financiers… À lire quotidiennement ou à écouter en direct.

FR **18h.com** *www.18h.com*

L'Expansion publie l'actualité quotidienne des marchés, de l'économie, des entreprises et des nouvelles technologies. Cote des valeurs du CAC 40 à la clôture.

FR **BFM** *www.radiobfm.com*

La radio du business en continu : politique, entreprises, marchés financiers… Écoutez les émissions qui vous intéressent avec le programme à la carte.

FR **Challenges** *www.challenges-eco.com*

Le site du magazine économique créé par *Le Nouvel Observateur*. Publie infos, dossiers, chiffres… Archives accessibles en ligne.

FR **EconoMédia** *www.economedia.com*

Un des rares quotidiens francophones disponibles en ligne. Revue de presse quotidienne par e-mail. Diffuse des cotations sur les bourses canadiennes.

FR **Financial Europe** *www.fee-euro.com*

Actualité financière européenne sur les principaux secteurs d'activité : banque, technologie, agrobusiness… Accédez gratuitement au résumé des articles.

FR **investir** *www.investir.fr*

Suivez la bourse au quotidien : cours, graphiques, guide bousier… Téléchargez les numéros de l'hebdomadaire financier *Investir*.

FR **La Tribune** *www.latribune.fr*

Découvrez, en plus de l'actualité, les espaces thématiques : multimédia, entreprise, management… Nombreux services financiers.

FR **Le journal des finances** *www.journaldesfinances.com*

Hebdomadaire destiné aux actionnaires individuels qui cherchent en priorité des conseils et des informations sur l'évolution des marchés.

FR **Les Échos** *www.lesechos.fr*

Numéro un en France : actualités quotidiennes en continu, dossiers, événements majeurs de la semaine... Nombreuses infos gratuites. À visiter obligatoirement.

FR **Yahoo! Finance** *finance.yahoo.fr*

Un panorama très complet et une sélection de liens. Dépêches d'actualité en provenance de l'AFP et de l'agence Reuters. Suivi de valeurs boursières.

Business > Actualité anglophone

Grâce aux médias économiques anglophones allez droit aux sources d'informations. Découvrez les tendances de demain, les orientations du marché, les secteurs à suivre...

US **abcNews.com Business** *abcnews.go.com/sections/business*

Voici la rubrique business d'un des géants de l'information généraliste américaine. Couvre tous les secteurs d'activité : high-tech, service, industrie...

US **Bloomberg** *www.bloomberg.com*

Une mine d'infos : toutes celles qui influencent de près ou de loin le business se trouvent sur ce site (analyses, services, indices, cotations...).

FR **Business Wire.com** *www.businesswire.com*

Dépêches financière en temps réel. Consultez les archives par secteur d'activité (banque, média, loisir...) ou zone géographique (USA, Europe, Asie...).

US **BusinessWeek** *www.businessweek.com*

Le site du magazine financier le plus vendu au monde. Seule une partie des rubriques est accessible gratuitement.

US **CBS MarketWatch** *cbs.marketwatch.com*

L'actualité financière (communiqués de presse, articles économiques, tendance des marchés...) commentée par les meilleurs analystes américains.

US **CNNfn** *www.cnnfn.com*

Comme toujours CNN met les grands moyens pour présenter l'actualité, ici les finances vues des États-Unis. Sans équivalent en Europe.

UK **Financial Times** *www.ft.com*

L'institution anglaise. Enregistrez-vous afin d'accéder gratuitement à toutes les rubriques : données du marché, indices, commentaires...

US **Forbes digital tool** *www.forbes.com*

Un vrai magazine interactif. Divisé en six départements : finances personnelles, e-business, technologie… Chaque rubrique dispose d'archives.

US **Kiplinger on line** *kiplinger.com*

Le magazine de finances personnelles qui a permis à des millions de ménages américains de gérer leur budget. Actus, conseils sur les marchés, cotations…

US **Money** *www.money.com*

Ce magazine enseigne l'art d'acheter et de vendre. Accès aux cotations en direct. Générez des graphiques sur l'évolution de vos actions.

US **ON24** *www.on24.com*

Approche multimédia de l'actualité financière US : émissions radio ou clips vidéo à télécharger. Analyses financières, conseils boursiers, actualité économique…

UK **The Economist** *www.economist.com*

Consultez la section Business, ses articles et ses liens. Après enregistrement, accédez aux archives du célèbre hebdomadaire anglais.

US **The Street** *www.thestreet.com*

Un ton original, pour ne pas dire irrévérencieux, et des informations de qualité. Accédez gratuitement aux rubriques marché et cotation.

US **The Wall Street Journal** *www.wsj.com*

La référence mondiale dans le domaine de l'actualité financière. Bénéficiez d'un essai gratuit de deux semaines.

US **wordlyinvestor.com** *www.worldlyinvestor.com*

Les bourses étrangères vous tentent. Informez-vous sur les valeurs internationales : tendance des marchés, analyses financières, indices boursiers…

Business Daily *www.businessdaily.com*
CIO *www.cio.com*
UpsideToday *www.upside.com*

Business > Newsletters

Gagnez du temps, recevez les informations financières directement dans votre boîte aux lettres : cours de la bourse, conseils d'investissements, communiqués de presse…

FR **ADC bourse** *www.adcbourse.com*

Conseils d'investissement (achat/vente) en accord avec votre tempérament boursier (spéculateur ou père de famille).

ADX Financial Network *www.adx.net*

Résumé par e-mail quotidien du marché américain, des cours des actions, des informations financières… Recherchez les cotations à la clôture.

Aladin *building.le-village.com/aladin*

Recevez en fin d'après-midi les cours de clôture de la bourse de Paris et la synthèse de la séance. Glossaire des termes financiers.

BoursAlerte *www.boursalerte.com*

Service d'alerte boursier. Surveille en temps réel les valeurs de votre portefeuille. Après paramétrage recevez un message d'alerte par téléphone, fax, e-mail…

Business Financial Netwok *www.bizfn.com*

Abonnez-vous à sept newsletters qui couvrent tous les aspects du marché financier américain : analyse du marché, valeurs high-tech, opportunités d'achat…

Company Sleuth *www.companysleuth.com*

Après enregistrement choisissez dix valeurs boursières US et recevez quotidiennement et gratuitement par e-mail des infos sur leurs évolutions.

IPOpatrol *www.ipopatrol.com*

Recevez la liste des introductions en bourse du marché américain. Indispensable si vous recherchez de nouvelles opportunités d'investissement.

lesinfos.com *www.lesinfos.com*

Recevez quotidiennement des analyses de titres, les cotations de vos actions, des cours de change, les principaux taux des marchés financiers français…

The Bull Market Report *www.bull-market.com*

Newsletter financière quotidienne spécialisée dans les actions à forte création de valeur, principalement high-tech : cours, conseils boursiers, actualité financière…

The Global Eye *www.theglobaleye.com*

Vision globale et quotidienne du marché financier américain : résumé des marchés, articles de conjoncture, informations financières…

Tipsheets.co.uk *www.tipsheets.co.uk*

La bourse de Londres est la plus grande bourse d'Europe. Pour suivre ce marché, abonnez-vous à l'une de ces newsletters spécialisées.

PresseXpress *pressexpress.fr*

Loisirs

Loisirs

Sur le Web, amusez-vous ou préparez vos loisirs. Organisez vos voyages, étudiez et choisissez les destinations, réservez les billets, consultez les prévisions météo. Quel que soit le tourisme que vous affectionnez, retrouvez des sites à votre mesure, aussi bien pour le farniente que pour crapahuter. Toutes les grandes villes, Paris en tête, disposent de guides touristiques virtuels. Si maintenant vous restez chez vous tout en ayant envie de vous dépenser, les sites sportifs vous aident à vous inscrire dans un club ou à vibrer en suivant les exploits de vos équipes favorites. Pour éprouver de nouvelles sensations, jouez sur Internet et expérimentez les jeux en réseau. Ils peuvent rassembler des centaines de joueurs.

Voyages > Tout sur les destinations

Des mégasites se spécialisent dans le tourisme. À la fois agence de réservation, indicatif des horaires, guide et magazine de voyage, sélection de liens, ils proposent des myriades de services.

US Epicurious Travel *travel.epicurious.com*

Description des principales villes et pays. Top 500 des meilleurs hôtels et restaurants au monde. Atlas interactif, météo, photos…

US Excite Travel *www.city.net*

Pour toutes les grandes villes et les villes d'art, outre des articles généraux, obtenez une collection de liens, les prévisions météo, une liste d'hôtels…

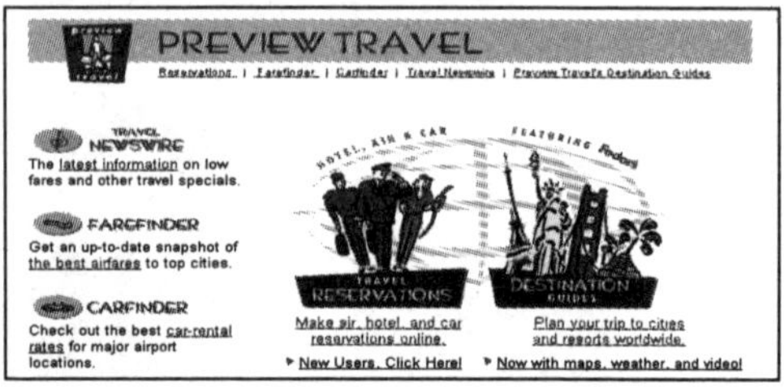

US Infoseek travel *infoseek.go.com/Travel*

Le moteur de recherche dispose d'une imposante rubrique voyage. Convertissez entre elles les principales monnaies.

US Internet Travel Network *www.itn.com*

Un guide de voyage, mais avant tout un système de réservation : avion, voiture… Idéal pour connaître les horaires des avions et les lignes existantes.

US Microsoft Expedia *www.expedia.msn.com*

Voici à la fois un magazine de voyage, un guide de voyage et une agence de voyage. À visiter ne serait-ce que pour avoir des idées de destination.

US Preview Travel *www.previewtravel.com*

Consultez ce guide pour tout savoir sur des centaines de destinations : infos pratiques, services, réservations…

FR SkiIN *www.skiin.com*

Couvre toutes les stations de sport d'hiver du monde. Bulletin d'enneigement, reportages, collection de liens…

US The Virtual Tourist *www.vtourist.com*

Communauté dédiée aux voyages. Propose des infos sur plus de 3000 destinations et des services (traducteurs, convertisseur de monnaies, annonces…).

US TravelFile *www.travelfile.com*

À la fois un guide de voyage et un moteur de recherche spécialisé dans le tourisme. Descriptions des lieux, agenda, collection de liens…

(US) **Travelocity** *www.travelocity.com*

Guide de voyages, recherche des meilleurs prix, réservations en ligne… Propose tous les services utiles : cartes, météo, convertisseur de monnaies…

1Ski.com *www.1ski.com*
Concierge.com *www.concierge.com*
Expo Voyages *www.expo-voyages.com*
Kasbah *www.kasbah.com*
Tourisme Lokace *tourisme.lokace.com*
Tourisurf *www.tourisurf.com*
Travel.com *www.travel.com*
Travel-Finder *www.travel-finder.com*
Vacances Online *www.vacancesonline.com*
Yahoo! Voyages *fr.travel.yahoo.com*

Loisirs

Voyages > Guides de voyage

Si vous êtes indécis, les guides aident à préparer vos voyages aussi bien qu'à rêver à vos prochaines destinations. Des centaines d'articles et de photos… Des milliers de bonnes adresses.

(US) **Arthur Frommer's** *www.frommers.com*

Un des meilleurs guides anglo-saxons. Des dizaines de conseils et de suggestions de voyage. Des experts répondent à vos questions.

(US) **Fodor's Travel** *www.fodors.com*

Choisissez votre destination, puis définissez vos goûts, votre budget… et obtenez alors uniquement les informations dont vous avez besoin.

(US) **Great Outdoor Recreation Pages** *www.gorp.com*

Une revue pour prendre l'air. Des centaines d'idées de voyages. Visitez les parcs naturels américains. Participez aux discussions de la communauté.

(FR) **L'art du voyage** *www.vuitton.com/vf/voyage/fvoyage.html*

Louis Vuitton publie un guide du voyageur dans les principales villes d'Europe. Renseignements pratiques : décalages horaires, adresses, conversions…

(FR) **Le Routard** *www.routard.com*

Préparez votre voyage selon votre destination : Amériques, Europe, Asie… Retrouvez des anecdotes de voyages, des infos pratiques, des photos…

(FR) **Lonely Planet** *www.lonelyplanet.fr*

Publie infos et conseils sur de nombreuses destinations. Mises à jour des guides papier à télécharger. Liste les meilleurs liens sur les voyages.

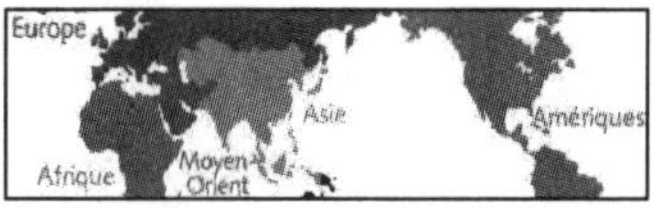

FR **Lycos Voyages** *www.fr.lycos.de/destinations*

Sélection de liens touristiques classés par pays. Chaque mois un gros plan sur une destination. Guide par activités : croisière, famille, culture…

US **Rand McNally** *www.randmcnally.com*

Le célèbre éditeur de cartes routières propose un site indispensable pour ceux qui veulent visiter les États-Unis. Idéal pour concocter un itinéraire.

FR **Voyage** *www.voyage.fr*

Chaîne TV du voyage. Présente les principaux pays du monde : infos, conseils, cartes… Avec le club des voyages, trouvez un équipier, pour ne pas partir seul.

FR **Voyagez!** *www.voyagez.com*

Le guide Web de vos voyages : sélection de sites (compagnies aériennes, réservations…), conseils, suggestions de destination…

Columbus Travel Guide *www.wtg-online.com*
InfoHub *www.infohub.com*
Time Out *www.timeout.com*
Tourisme.com *www.tourisme.com*
Travel Channel *travel.discovery.com*
Uniterre *www.uniterre.com*
Witness *www.worldmedia.fr/witness*

Voyages > Réservations

Pour partir tranquille, il est souvent plus prudent de réserver. Billets de train, nuits d'hôtel, voitures… simplifiez-vous la vie, réservez sur le Web depuis les sites spécialisés.

FR **Air France** *www.airfrance.fr*

Consultez les horaires de la compagnie française. Vente en ligne des billets, promotions tous les mercredis.

US **All Hotels on the Web** *www.all-hotels.com*

Le site pour trouver un hôtel n'importe où dans le monde. Réservation en ligne. Description détaillée des chambres proposées.

FR **amadeus.net** *www.amadeus.net*

Réservation de billets d'avion, de nuits d'hôtel et de voitures. Recherche et comparaison des prix des billets d'avion. Liste les agences de voyage par pays.

US **Avis** *www.avis.com*

Réservez une voiture. Calculez automatiquement le prix de la location en fonction de la durée du séjour. Cartes routières disponibles.

FR **Camping-fr** *www.camping-fr.com*

Répertorie plus de 10 000 campings français. Recherche par cartes ou mots clés. Descriptifs, tarifs et réservations en ligne pour les campings abonnés.

US **Guide to Rental Cars** *www.bnm.com*

Ce site publie les coordonnées des agences de location de voitures dans les grands aéroports internationaux (américains, européens...).

FR **Hotel Reservation Service** *www.hrs.de*

Des dizaines de milliers d'hôtels disponibles à travers le monde. Recherche et réservation. Il suffit de saisir le nom d'une ville, puis de choisir l'hôtel.

UK **Hotelguide.com** *www.hotelguide.com*

Cette base de données référence plusieurs dizaines de milliers d'hôtels. Requêtes à partir du nom de l'hôtel, de la ville, de sa catégorie...

FR **Hotelweb** *www.hotelweb.fr*

Réservez des chambres d'hôtel dans l'un des établissements du groupe Accor (Sofitel, Novotel, Ibis, Coralia, Etap Hotel, Mercure...). Recherche multicritère.

FR **SNCF Voyages** *voyages.sncf.fr*

Indispensable pour voyager et connaître les horaires des trains Grandes Lignes en France et en Europe. Réservation et achat de billets en ligne.

US **Tiss** *www.tiss.com*

Base de données (utilisée par les compagnies aériennes) pour comparer les tarifs aériens à partir du pays et de l'aéroport de votre choix.

Ada *www.ada-sa.fr*
artaxi.fr *www.artaxi.fr*
Escapade *www.escapade.es*
Europcar *www.europcar.com*
GeoTour *www.geotour.com*
Hertz *www.hertz.fr*
Iglu.com *www.fr.iglu.com*
IYHF *www.iyhf.org*
LokHôtel *tourisme.lokace.com/lokhotel.shtml*

Voyages > Services pour voyageurs

Avant de partir, si vous prenez la route, établissez le meilleur itinéraire. D'autres services complètent cette trousse du voyageur : horaires, conseils sanitaires, infos sur les langues...

FR **Aventure au bout du monde** *www.abm.fr*

Un club qui rassemble plusieurs milliers de voyageurs. Avant de partir, échangez des conseils et obtenez des renseignements pratiques.

Bison Futé *www.equipement.gouv.fr/bisonfute*

Avant de partir en voyage, ou ne serait-ce qu'en week-end, choisissez la meilleure heure. Estimation du trafic pour tous les grands axes français.

Docteur Vacances *www.traveling-doctor.com*

En fonction de votre destination, découvrez les protections sanitaires à prendre. Site réalisé avec la collaboration de l'Organisation Mondiale de la Santé.

Horaires.com *www.horaires.com*

Horaires de tous les transports publics en France (avion, train, bus…). Recherche par villes. Adresse des services de transport.

Les Aéroports Français *www.aeroport.fr*

Horaires et nombreuses informations sur les aéroports français : flashes d'infos, plans d'accès, guide du voyageur, descriptif des services offerts…

NJ TIDE Center *www.njtide.org*

Annuaire de ressources sur les transports. Retrouvez des renseignements sur tous les moyens de transport, dans tous les pays.

Oanda *www.oanda.com*

Avant de partir à l'étranger, découvrez le cours des monnaies. Convertissez entre elles 164 monnaies. Graphiques de l'évolution des cours des monnaies.

RATP *www.ratp.fr*

Trouver l'itinéraire optimal en transports en commun. En temps réel, état du trafic autobus, métro ou RER. Plans de tous les réseaux français et de 60 étrangers.

SNCF *www.sncf.fr*

La SNCF annonce les horaires et les tarifs de toutes ses lignes. Préparez votre voyage en France ou à l'étranger en consultant Le guide du voyageur.

Travlang *www.travlang.com/languages*

Ce site propose, pour les soixante langues les plus parlées, un lexique avec les expressions les plus couramment utilisées par les voyageurs.

Voyager à l'étranger *www.dfae.diplomatie.fr*

Le Ministère des affaires Étrangères publie des fiches d'information sur la plupart des pays (risques politiques, catastrophes naturelles, insécurité de tout ordre).

Web iTi *www.iTi.fr*

Établissez le meilleur itinéraire pour vos voyages par la route en Europe. Plans d'une quinzaine de villes françaises (recherche d'adresses).

Covoiturage.com *www.covoiturage.com*
etourismenewsletter *etourismenewsletter.com*
Michelin-Travel *www.michelin-travel.com*

Voyages > Cartes géographiques

Sur le Web, les cartes deviennent interactives. Recherchez vos destinations en saisissant des requêtes à mots clés. Aventuriers ou pas, préparez vos itinéraires même dans les contrées les plus reculées.

FR **ADDE** *www.adde.fr*

Pour toutes les agglomérations françaises de plus de 10 000 habitants, indiquez un nom de rue, le code postal et la ville pour visualiser le plan.

US **Atlapedia** *www.atlapedia.com*

La première partie du site présente les données et les statistiques des pays (climats, religions, langues...) ; la seconde, des cartes géographiques.

US **Cartography Resources** *geog.gmu.edu/projects/maps/cart2.html*

The Virtual Library répertorie les ressources sur les cartes et la cartographie. Les commentaires des sites précisent le nombre et le type de cartes disponibles.

US **Excite Maps** *www.city.net/maps*

Cartes des principaux pays et des principales villes du monde. Recherche à partir d'un index alphabétique ou thématique.

US **GMU** *geog.gmu.edu*

La section cartography resources liste les ressources sur les cartes et la cartographie. Précise le nombre et le type de cartes disponibles de chaque lien.

FR **Institut Géographique National** *www.ign.fr*

L'adresse indispensable pour acheter plus de 3000 cartes de toutes sortes. Près de 4 millions de vues aériennes disponibles.

FR **ISMAP** *www.ismap.com*

Moteur de recherche cartographique. Propose les cartes des grandes villes françaises. Interrogation par mots clés.

US **MapQuest!** *www.mapquest.com*

Cartes de tous les pays ainsi que de la majorité des grandes villes. Localisez les régions ou les villes par requête ou zoomez sur les cartes.

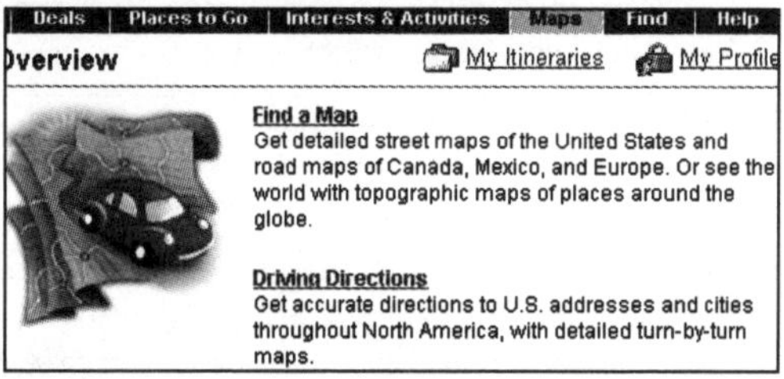

US **Microsoft Expedia Maps** *www.expediamaps.com*

Consultez des cartes de toutes les régions du monde. Possibilité de retrouver un lieu avec une requête à mots clés.

Planfax *www.planfax.com*

Indiquez l'endroit où aller et obtenez un plan d'accès à imprimer. Plans des rues des 27 plus grandes agglomérations françaises.

Web iTi plans *www.iti.fr/plan.hei*

Visualisez et imprimez les plans de Paris et des grandes villes françaises. Recherche multicritère à partir du département ou de la ville et du nom de la rue.

A World of Maps and Travel Books *www.worldofmaps.com*
e-Address *www.e-address.tm.fr*
LokaPlan *lokaplan.lokace.com*
Maps.com *www.maps.com*
WorldAtlas.com *www.worldatlas.com*

Loisirs

Voyages > Voyager en France

Pourquoi ne pas passer vos vacances dans l'hexagone comme 65 millions de touristes étrangers. À la montagne ou à la mer, en ville ou à la campagne, organisez vos séjours depuis le Web.

CybeVasion *www.cybevasion.com*

Guide du tourisme et des hôtels en France. Sur une carte, sélectionnez les régions et découvrez les sites indispensables pour préparer une visite.

Douce France *www.doucefrance.com*

Une remarquable sélection de liens spécialisés dans les régions et produits français : restaurants, vignobles, lieux de détente…

France Hôtel Reservation *www.francehotelreservation.com*

Réservez des hôtels partout en France (sélection intuitive via des cartes). En prime, une sélection de liens vers les meilleurs sites de voyage.

FUAJ *www.fuaj.org*

La Fédération Unie des Auberges de Jeunesse propose de repérer les auberges en France et de connaître leur environnement.

GaultMillau *www.gaultmillau.fr*

Recherche multicritère parmi l'un des 6000 établissements sélectionnés dans le guide. Mise en exergue chaque mois d'un chef, d'un vin et d'une recette.

Hachette.net Travel *www.club-internet.fr/travel*

Retrouvez le guide Hachette en ligne. Liste de restaurants, hôtels, vins… Classement par régions. Possibilité d'interroger la base de données.

Hiver.com *www.hiver.com*

Guide d'aide aux vacances à la montagne. Publie des liens vers les sites d'informations et de conseils sur l'équipement, les destinations et les activités.

Maison de la France *www.maison-de-la-france.com*

Le secrétariat d'État au tourisme publie toutes les infos pratiques sur le tourisme en France. Visite virtuelle des régions et agenda des événements.

Relais & Châteaux *www.relaischateaux.fr*

Plus de 400 châteaux, maisons de campagne et restaurants unis par la célèbre règle des cinq C : Caractère, Charme, Courtoisie, Calme et Cuisine…

Ski France *www.skifrance.fr*

Idéal pour organiser des vacances à la montagne, aussi bien en été qu'en hiver. Possibilité de réserver des logements.

Tourisme en France *www.tourisme.fr*

Le site officiel du tourisme. Collection de liens vers les régions, les départements, les autres sites spécialisés dans le tourisme.

Easy Resa *www.easyresa.com*
Inter Hôtel *www.inter-hotel.fr*
Rest@u.com *www.restau.com*

Loisirs

Voyages > Visiter et sortir à Paris

La France est le pays le plus touristique du monde et Paris, la ville la plus visitée. Que vous soyez parisien ou touriste, voici les guides indispensables pour ne rien manquer de la Ville Lumière.

Eat in Paris *www.eatinparis.com*

Annuaire des restaurants parisiens. Liste plus de 1600 établissements. Recherche par nom, type de cuisine, quartier, ambiance ou prix.

Le guide de Paris *www.alegria.fr*

Voici le guide de Paris : hôtels, restaurants, discothèques, cybercafés… Renvoie vers les sites spécialisés dans chaque domaine.

Le Parisien *www.leparisien.fr*

Toutes les rubriques du journal de Paris et de sa région se retrouvent en ligne : politique, sports, vie pratique, faits divers… Une présentation impeccable.

Office du tourisme de Paris *www.paris-touristoffice.com.*

Toutes les infos sur Paris : tourisme, transports, sorties, pratique… Recherche des renseignements à partir d'un index thématique ou de requêtes à mots clés.

Paris balades *www.parisbalades.com*

Pour découvrir l'architecture parisienne, les lieux touristiques et les monuments. Présentation des bâtiments, des jardins, des musées… Cartes à imprimer.

Paris Guide *www.smartweb.fr/fr/paris*

Présente les monuments, les expositions, les événements... La rubrique Photos propose de nombreux panoramiques de la capitale.

Pariscope *www.pariscope.fr*

La version électronique du magazine des sorties à Paris (tous les horaires). Présente chaque semaine les nouveaux films, concerts, spectacles...

Paris-Web *www.paris-web.com*

Moteur de recherche sur Paris. Liste plus de 1000 sites sur la capitale. Recherche par catégories (loisirs, hébergement, transports...) ou par mots clés.

Proloc Maps *www.proloc.com*

Plan complet de Paris et de sa banlieue. Toutes les stations de métro, toutes les rues... plus de 400 plans des quartiers de la capitale.

Sytadin *www.sytadin.tm.fr*

Le trafic routier en temps réel en Ile-de-France. Services de calcul d'itinéraires (voiture, train, métro) et de covoiturage.

WebCity Paris *paris.webcity.fr*

Propose des infos sur les spectacles, les horaires de cinéma, des services pratiques (plans, météo, circulation...) et de nombreux liens.

Zingueurs *www.zingueurs.com*

Les événements dans les bistrots, cafés, bars parisiens. Liste les expositions, les dédicaces, les débats, les conférences...

Airparif *www.airparif.asso.fr*
France-Hotels *www.france-hotels.net*
Paris.monquartier *www.monquartier.com*
parisavenue *www.parisavenue.fr*
ParisFree *www.parisfree.com*
Resto A Paris *www.restoaparis.com*
Tables de Paris *www.tables-de-paris.com*

Jeux > Sélections de sites

Pages personnelles, sites d'éditeurs, sites généralistes, pour vous y retrouver dans la masse de publications consacrées au jeu sur Internet consultez donc un annuaire.

Ankou.com *www.ankou.com*

Portail francophone des jeux : société, rôle, wargames... Agenda ludique (conventions, tournois, salons...). Nouveautés des éditeurs.

Gamelook *www.gamelook.com*

Moteur de recherche francophone sur les jeux vidéo. Recherche par mots clés ou catégories. Les sites sont présentés et peuvent être notés par les internautes.

games3.net *www.games3.net*

Moteur de recherche spécialisé dans les jeux. Requêtes par mots clés ou à partir de catégories : jeux en réseau, utilitaires, actualité des jeux...

game-searcher.com *www.game-searcher.com*

Des liens, rien que des liens, mais sur tous les jeux : classiques, vidéo, sur console... Consultables par catégorie ou par mots-clés.

GameStart *gamestart.com*

Cet annuaire propose de nombreux canaux dédiés aux jeux : réseau, patches, forums de discussion, jeux vedettes...

GameWeb *thegw.com*

Moteur de recherche spécialisé dans les jeux. Consultez les cinquantes meilleurs sites, le site de la semaine, les dernières entrées. Cheat codes à télécharger.

GibSeek *www.gibseek.com*

Plus de 4000 liens sur les jeux consultables par mots clés ou par catégorie (consoles, utilitaires, matériels...). Votez pour le meilleur site.

Interactive Sportgamer *www.alphasim.com*

Sélection de sites utiles à l'amateur de jeux de simulation sportive : actualité, statistiques, bibliographies... Liste les sites de paris sur les événements sportifs.

Le Seuil *www.leseuil.com*

Moteur de recherche sur les jeux de simulation : wargames, jeux de rôle, jeux par correspondance... Recherche à partir d'un jeu ou par catégorie.

PokeFind.com *www.pokefind.com*

Annuaire sur les jeux à base de Pokémon (monstre de poches en japonais). Liste les sites officiels et non-officiels, galeries d'images...

About.com Games *home.about.com/games*
Gamers.com *www.gamers.com*

Jeux > Actualité des jeux

Des dizaines de revues présentent les nouveaux jeux vidéo. Vous trouvez des critiques et des comparatifs, mais aussi de nombreux logiciels à télécharger gratuitement.

FR **Canal+ Jeux vidéo** *www.cplus.fr/html/jeuxvideo*

La chaîne cryptée présente l'actualité des jeux (matériel et logiciels) sous la forme d'une revue de presse. Tests, prévisions de sorties, astuces et solutions.

FR **ConsimWorld** *www.consimworld.com*

Actualité du wargame sur carte. Inscrivez-vous et rejoignez les 5000 participants des forums de discussion gratuit.

UK **Future Gamer** *www.futuregamer.com*

Actualité des jeux vidéo sur PC et consoles (Playstation, Nintendo et Dreamcast). Critiques, prévisions des sorties et téléchargement de démos.

US **GA Source** *www.gasource.com*

Toute l'actualité du jeu : tests, prochaines sorties, démos… Infos sur l'industrie du jeu : éditeurs, distributeurs et concepteurs.

FR **Game One** *www.gameone.net*

La chaine télé des jeux vidéo publie actualité, trucs et astuces, démos… Programme des émissions. Dossiers sur la BD et le cinéma dans le jeu vidéo.

FR **Hardcore Gamers** *www.hardcore-gamers.com*

Actualité des jeux vidéo sur PC et sur console : tests, prochaines sorties, patches… Débats polémiques autour des jeux vidéo dans la rubrique Chroniques.

FR **Jouez!** *www.jouez.com*

Actualité quotidienne. Sélection des meilleurs jeux, annonce des prochaines sorties, tests des nouveautés… Téléchargez chaque jour un jeu différent.

FR **Overgame** *www.overgame.com*

Magazine virtuel du jeu vidéo. Présentation des jeux les plus populaires, tests, prévisions de sortie… Téléchargez les derniers patches et démos.

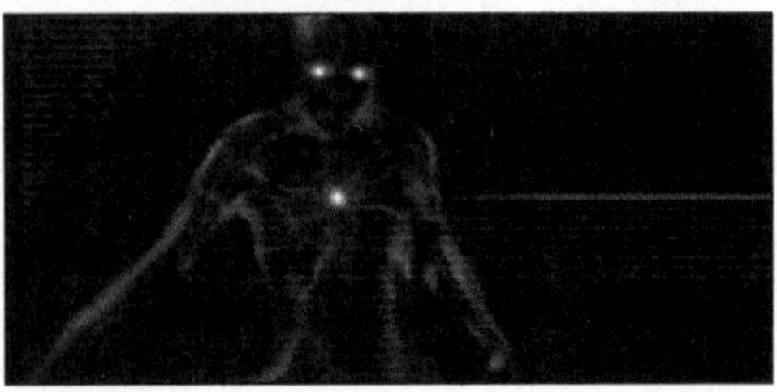

US **The Adrenaline Vault** *www.avault.com*

Traite toute l'actualité des jeux : prochaines sorties, interviews, infos sur les éditeurs… Retrouvez aussi des tests, démos, guides de jeu…

FR **Thundermag** *www.thundermag.com*

Actualité quotidienne du jeu vidéo. Interviews, tests des nouveaux jeux, prévisions de sorties... Présente aussi les nouveaux matériels.

Action Replay *www.actionreplay.cc*
FGN Online *www.fgnonline.com*
GA Sports *www.ga-sports.com*
Gamedata.com *www.gamedata.com*
GameFAQs *www.gamefaqs.com*
GameGirlz *www.gamegirlz.com*
GibWorld *www.gibworld.com*
Next Generation *www.next-generation.com*
PC Team *www.posse-press.com/pcteam*
Yahoo! Jeux *fr.news.yahoo.com/38*

Jeux > Mégasites

Actualité, téléchargement, codes, VPC, annuaires, forums... Tout ce qui se fait de mieux sur les jeux est à votre disposition sur ces sites incontournables. Voilà comment commencer un surf très ludique.

US **Computer Games Online** *www.cdmag.com*

Chaque jour un nouveau test, une astuce, l'annonce d'une sortie... Démos à télécharger. Tests de matériel. Rubrique spécifique à chaque type de jeu.

US **Game Zone** *www.gamezone.com*

Le nécessaire du parfait joueur : actualité, critiques, bandes annonces, démos, classement des meilleurs jeux. Rubriques spécialisées : action, classique, sport...

US **Gamecenter.com** *www.gamecenter.com*

À la fois magazine et bibliothèque de téléchargement. Recherche par mots clés. Liste de trucs pour tricher et se sortir de situations délicates.

FR **Gamelog** *www.gamelog.com*

Divisé en quatre sections spécialisées : jeux vidéo, éducatifs, en réseau et business. Dossiers, comparatifs, dernières tendances, interviews et reportages.

US **GamePower** *www.gamepower.com*

Actualité à chaud et critiques approfondies. Trucs et astuces, codes de déblocage, mises à jour, démonstrations...

US **GameProWorld** *www.gameproworld.com*

Ce magazine en ligne couvre les jeux sur PC et consoles : actualité, guides, critiques... Tests et comparatifs de matériel : joystick, carte vidéo, pad...

Games Domain *www.gamesdomain.com*

Actualité, critiques, démos, trucs et astuces et guide sur les jeux. Grosse bibliothèque de téléchargement : démos, freeware, patches et thèmes de bureau.

GameSpot *www.gamespot.com*

Indispensable si vous vous intéressez aux jeux sur PC. Des dizaines d'articles et de comparatifs. Infos et commentaires sur tous les jeux existants.

GameSpot.fr *www.gamespot.fr*

Incontournable pour le joueur français. Tests, trucs et astuces, avant-premières… Sections dédiées à chaque type de jeu : aventure, sports, simulation, stratégie…

Happy Puppy *www.happypuppy.com*

Le repère de tous les joueurs de la planète : jeux sur console ou sur ordinateur. Critiques, actualité, trucs et astuces, démos, interviews…

IGN.com *www.ign.com*

Internet Gaming Network regroupe plusieurs sites de qualité à l'attention des joueurs sur PC aussi bien que sur consoles (PlayStation, Nintendo ou Sega).

Jeuxvideo.com *www.jeuxvideo.com*

Retrouvez des critiques de jeux, des astuces et des jeux à télécharger. Top 10 des jeux vidéo. Base de données des trucs et astuces.

PC Game *www.pcgame.com*

Publie infos, démos, critiques et patches sur tous les jeux. Recherche par mots clés sur le titre ou par catégories : combat, aventure, arcade…

PC gameworld *www.pcgameworld.com*

Le monde du jeux sur PC : actualité, codes, patches, liens, démos, jeux à télécharger… Note chaque jeu commenté. Compare les prix des boutiques virtuelles.

The Wargamer *www.wargamer.com*

Dédié aux wargames. Chaque jeu célèbre de ce type dispose d'une section spécifique maintenue par un spécialiste. Nombreuses infos et astuces.

TheGamers.net *www.thegamers.net*

La section Game Resources liste les meilleurs sites de plusieurs wargames : Close Combat, Steel Panther, Age of Rifles, BattleFront…

Gamers Central *www.gamerscentral.net*
grrlgamer *www.grrlgamer.com*
Hexagame.com *www.hexagame.com*

Jeux > Jeux vidéo

Les jeux célèbres disposent de sites officiels et d'autres moins officiels où trouver des trucs inédits proposés par les fans. Téléchargez des extensions, échangez des astuces, dialoguez avec les joueurs...

US **Blizzard Entertainment** *www.blizzard.com*

L'éditeur de Warcraft, Diablo, StarCraft... Actualité, revue de presse, boutique virtuelle. Pour chaque jeu : patches, démos, cheat codes.

FR **Captain Alban** *www.captain-alban.com*

Le site en français le plus complet sur Tomb Raider et Lara Croft. Infos, patches, démos, sondages et enquêtes.

US **Cheat Code Central** *www.cheatcc.com*

L'une des plus grosses bibliothèques d'aides et astuces pour jeux vidéo : Playstation, Sega, Nintendo ou PC. Guides, patches, critiques...

FR **DiabloII.org** *www.diabloii.org*

Site non-officiel. Infos sur tous les personnages de Diablo. Visualisez des copies d'écran. Jouez en réseau. Démos à télécharger.

US **Eidos Interactive** *www.eidosinteractive.com*

Accès direct aux sites des jeux vedettes de l'éditeur (Tomb Raider, Formula 1, Commandos...). Démos de jeux, actualité, chats et forums.

FR **Electronic Arts** *www.ea.com*

Édite FIFA 2000, Sim City, Command & Conquer, System Shock, Wing Commander... Pour chaque jeu : démos, astuces, patches.

FR **Game Up** *www.gameup.com*

Avec ce moteur de recherche, trouvez tests, démos, patches... de jeux vidéo pour PC ou consoles. Solutions, FAQ et forums pour vous aider.

US **GT Network** *www.gtinteractive.com*

L'éditeur d'Unreal, Total Annihilation, Oddworld... Patches, démos, actualité. Jouez en réseau à Unreal sur *www.unrealtournament.net*.

US **id Sofware** *www.idsoftware.com*

Site officiel de Quake, l'un des Shoot them up les plus prenants jamais réalisés. Téléchargez gratuitement les premiers tableaux.

US **Tomb Raider** *www.tombraiders.com*

Bien que non officiel le site le plus complet sur Tomb Raider. Patches et infos sur toutes les versions du jeu, FAQ, newsgroup... Annuaire de sites sur Tomb Raider.

FR **Ubi Soft Entertainment** *www.ubisoft.fr*

Actualité, patches, démos à télécharger. Accédez aux sites de Monaco GP Racing Simulation 2, Speed Busters, Star Wars...

(UK) **Virtual Arcade** *www.virtualarcade.com*

Salle de jeux virtuelle. Dialoguez dans les forums consacrés aux jeux les plus populaires. Jouez à des jeux vidéo dans une fenêtre Java.

Brainblitz *brainblitz.com*
Classic Gaming *www.classicgaming.com*
Fédération des Sports Vidéo *fsv.free.fr*
FreeArcade.com *www.javaarcade.com*
Game Guides *gameguides.gamespot.com*
Giga Blast *www.gigablast.com*
JavaGamePlay.com *www.javagameplay.com*
Sanctum by Digital Addiction *www.digitaladdiction.com*

Loisirs

Jeux > Consoles

Moins chères qu'un ordinateur, les dernières générations de consoles se connectent à Internet. Jouez en réseau à vos jeux favoris, téléchargez des mises à jour ou consultez les supports techniques.

(US) **Console Domain** *www.consoledomain.com*

Tout pour le joueur sur console : tests, cheat codes, actualité. Téléchargez près de 100 vidéos d'introduction. Solutions et FAQ pour finir vos parties.

(FR) **Console World** *www.console-world.com*

Tests, solutions et cheat codes pour jeux sur consoles. Dopez votre console : plan de montage et conseils d'installation. Annuaire des sites spécialisés.

(FR) **Consoles.GameSpot.fr** *www.consoles.gamespot.fr*

Tests, prochaines sorties, cheat codes des jeux sur console : Playstation, Dreamcast, Nintendo 64 et Game Boy. Visitez aussi *http://videogames.gamespot.com*

(US) **Konami** *konami.com*

L'éditeur des jeux Metal Gear Solid, Castlevania, Spawn... dédie un site à chacun de ses jeux. Présentation, trucs et astuces, FAQ...

(FR) **MaXoE64** *www.maxoe64.com*

Le site français de référence sur la Nintendo 64 propose aussi des sites dédiés aux jeux vedettes. Zelda64, Banjo-Kazooie et WipeOut64. Section GameBoy.

(FR) **OGN** *ogn.online.fr*

L'actualité des consoles de nouvelle génération : Dreamcast et PlayStation 2. Tests, astuces, calendrier des sorties... Téléchargez bandes son et vidéos.

(FR) **PlayStation France** *www.playstation.tm.fr*

Le site officiel de la plus vendue des consoles. Prochaines sorties, événements, communiqués de presse... Fiches sur chaque jeu. Trucs et astuces.

US **Pokémon World** *www.pokemon.com*

Site officiel de Nintendo sur les Pokémons. Présentation des jeux et des personnages, évènements, guide, produits dérivés (BD, cartes…).

FR **Québec64** *www.quebec64.com*

Tous les jeux de la Nintendo 64 : tests, actus, trucs et astuces… Comparatifs des périphériques : pad, volant, cartouche. Sections PlayStation 2 et Dreamcast.

US **Sega** *www.sega.com*

Actualité par le concepteur de la Dreamcast : support technique, nouvelles de la société, achat en ligne de toute la gamme. Présentation de tous les jeux.

US **Sega Web** *www.segaweb.com*

Le site non-officiel sur la Dreamcast pour tout savoir de la dernière console de Sega : actualité, prochaines sorties, tests, interviews, historique de la firme.

Castlevania *www.castlevania64.com*
DC Team *www.dcteam.com*
Gaming Age *www.gaming-age.com*
Metal Gear Solid Konami France *www.metal-gear.de*
Nintendo WolrdWide *www.nintendo.com*
Nintendo.ca *www.nintendo.ca*
NintendojoFR *www.nintendojofr.com*
PlayStation Europe *www.playstation-europe.com*
Silent Hill *www.silenthill.com*
The Playstation Gallery *www.vidgames.com*

Jeux > Salles de jeux virtuelles

Les jeux profitent au maximum des nouvelles possibilités d'Internet. Dorénavant, on ne joue plus seul mais avec des partenaires répartis aux quatre coins du globe.

US **Battle.net** *www.battle.net*

Pour jouer en réseau, il faut se connecter à une salle de jeux virtuelle. Voici celle dédiée à Diablo et à StarCraft, les jeux vedettes de *www.blizzard.com.*

US **GameSpy 3D** *www.gamespy.com*

Pour un jeu sélectionné, ce shareware affiche une liste de serveurs où se connecter, le nombre de joueurs connectés, la version du jeu utilisée…

FR **Goa** *www.goa.com*

Après inscription et téléchargement d'un plug-in, jouez gratuitement à de nombreux jeux en réseau (jeux vidéo aussi bien que classiques).

US Internet Gaming Zone! *www.zone.com*

Dans cette salle de jeux virtuelle, pratiquez tous les jeux de Microsoft : Age of Empires, Golf, Monster Truck Madness, Close Combat… et jeux classiques.

FR Joystick *www.joystick.fr*

Version en ligne du magazine. Jouez en réseau à une multitude de jeux : Quake III, Kingpin, Sin, Half Life… Annuaire de plusieurs milliers de joueurs.

US Kali.net! *www.kali.net*

Salle de jeux virtuelle indépendante supporte presque tous les jeux en réseau (retrouvez d'ailleurs une liste fort exhaustive).

FR LFJR *lfjr.club-internet.fr*

Grâce à la Ligue Francophone des Jeux en Réseau, jouez à de nombreux jeux (Quake, Mud, Starcraft…). Participez aussi aux tournois.

US Mplayer *www.mplayer.com*

Après avoir téléchargé gratuitement le logiciel, accédez à plus de 80 salles de jeux. Plus de 2,5 millions de joueurs.

US Multiplayer online games directory *www.mpogd.com*

Indexe par catégories (action, stratégie, sport…) les jeux en réseau. Chacun est commenté. Vous saurez comment vous le procurer : shareware, freeware, béta…

US MultiPlayer Online Gaming *www.mpog.com*

Magazine spécialisé dans les jeux en réseau sur Internet. Présentation des nouveaux jeux. Idéal pour suivre l'actualité ludique.

US The Mud Connector *www.mudconnect.com*

Les MUD (*Multi-Users Dungeons & dragons*) sont des jeux de rôle en réseau et en mode texte. Voici leur moteur de recherche et leur bible.

US Ultima Online *www.owo.com*

Un jeu de rôle auquel participent des centaines d'internautes en même temps. Une expérience étonnante. Organisé en communauté.

US World Opponent Network *www.won.net*

Salles de jeux, infos, démos, liens, critiques de jeux, FAQ d'aides, chats… Un site complet. Plus de 50 jeux différents à jouer en ligne.

FR **ZonejeuX** *www.zonejeux.com*

Communauté virtuelle dédiée aux jeux. Jouez en réseau à près de 30 jeux différents (Quake, Age of Empires, Microsoft Flight Simulator…).

Blue's News *www.bluesnews.com*
ClanLink *www.clanlink.com*
Gamer's Alliance *www.gagames.net*
Heat *www.heat.net*
Multijoueurs.com *www.multijoueurs.com*
Ouare.com *www.ouare.com*
The Station *www.station.sony.com*
UnrealTournament *www.unrealtournament.net*

Jeux > Jeux classiques

Si vous n'êtes pas fan des jeux vidéo, jouez sur Internet aux dames, échecs, backgammon, bridge, poker… Des serveurs proposent la totalité des jeux traditionnels.

US **Bignetwork** *www.bignetwork.com*

Après l'enregistrement gratuit, jouez à de nombreux jeux classiques (échecs, othello, dames…) tout en discutant.

FR **Bridgepassion.com** *www.bridgepassion.com*

Leçons de bridge pour les joueurs débutants à intermédiaires : mains analysées, enchères, jeu de la carte, défense. Liste des clubs, des joueurs, des logiciels…

US **Clue and Cluedo** *www.cluedo.com*

Pour ceux qui aiment jouer au détective. Présente la gamme et les personnages (Colonel Moutarde, Mme Blanc, Révérend Vert…). Jouez au Cluedo par e-mail.

FR **Fédération Française de Carrom** *www.carrom.net*

Règles, histoire, matériel… du billard indien. Conseils et astuces sous forme d'animations. Calendrier des compétitions et liste des clubs.

FR **Fédération Française de Go** *ffg.jeudego.org*

Actualité du jeu de go, annonce des tournois. Découvrez comment jouer au go sur Internet. Une riche collection de liens.

FR **Fédération Française de Scrabble** *www.azursoft.fr/ffsc*

Informations sur les tournois et clubs. Résultats et classement des licenciés. Jouez en ligne contre un ordinateur ou revivez les tournois duplicate.

FR **Fédération Suisse de Bridge** *home.worldcom.ch/~fsb*

Découvrez, outre les règles officielles du bridge, une sélection vers de nombreux sites, ainsi que les annonces des tournois européens.

Monopoly.com *www.monopoly.com*

Le jeu de société le plus vendu dans le monde : histoire, variantes, actualité… Astuces, annonce des tournois, économiseur d'écran…

NetGammon *www.netgammon.com*

Téléchargez le programme, puis jouez en direct tout en bavardant avec votre adversaire. Sur le site, consultez les règles du backgammon.

Othello *perso.wanadoo.fr/brunodlb*

Une collection de liens dédiés à l'othello. Visitez notamment le site de la fédération française. Découvrez comment jouer à l'othello sur Internet.

PlaySite *www.playsite.com*

À l'intérieur d'une fenêtre Java, jouez aux échecs, au bridge, au poker… et à bien d'autres jeux traditionnels. Règles de tous les jeux disponibles.

pogo *www.pogo.com*

Jouez en ligne aux jeux de plateaux, de cartes ou de lettres : échecs, mots croisés, backgammon, quizz… Compte plus de 3,5 millions d'utilisateurs.

Scrabble *www.mattelscrabble.com*

Le plus célèbre des jeux de lettres : histoire, variantes, astuces… Jouez en ligne au pendu ou au scrabble invader. Les plus jeunes essaieront snake ou les puzzles.

Trivial Pursuit *www.trivialpursuit.com*

Présentation des différentes éditions : Junior, Star Wars, Genius…. Faites une partie de démonstration du nouveau Millenium ou jouez en ligne au Genius.

Vinco Online Games *www.vinco.ru*

Après avoir téléchargé les interfaces, jouez aux échecs, aux dames, à l'othello ou au backgammon en temps réel avec d'autres internautes.

Yahoo! Games *play.yahoo.com*

Accédez aux jeux les plus populaires (jeux de plateaux et jeux de cartes) par l'intermédiaire d'une fenêtre Java. Toujours des centaines d'internautes connectés.

Jeu de GO *jeudego.org*
Lycos Games *playsite.lycos.com*
OKbridge.com *www.okbridge.com*
Parc Internet *www.parc-internet.com*
Puzz.com *www.puzz.com*

Joueur occasionnel ou acharné, retrouvez des adversaires toujours prêts. Progressez avec les conseils de Grands Maîtres ou rejouez les parties qu'ils disputent lors de tournois internationaux.

US **Chess Mentor** *www.chess.com*

Débutant ou joueur confirmé suivez des cours grâce à ces logiciels pédagogiques. Téléchargez les démos avant de passer commande.

UK **Chess Planet** *www.chessplanet.com*

Le Grand Maître Nigel Davies vous invite à partager sa passion. Articles, cours de perfectionnement par e-mail (payant), critiques de livres…

FR **Europe Échecs** *www.europe-echecs.com*

Actualité, annuaire des clubs, calendrier des tournois… En ligne ou hors connexion après téléchargement, jouez contre le logiciel Jester.

US **FIDE** *www.worldfide.com*

La Fédération Internationale d'Échecs centralise une mine d'informations : classement des joueurs, résultats et calendrier des tournois, annuaire des fédérations…

US **Inside Chess** *www.insidechess.com*

Rejouez des centaines de parties commentées et annotées par des Maîtres Internationaux. Conseils tactiques et critiques de livres.

US **Internet Chess Club** *www.chessclub.com*

Près de 50 000 parties jouées en ligne chaque jour. Il suffit de télécharger le logiciel avant de rechercher un adversaire à votre pointure.

US **Internetchess.com** *www.internetchess.com*

Moteur de recherche spécialisé. Liste les sites pour jouer en ligne, prendre des leçons, discuter en direct… Problèmes, articles, critiques de logiciels…

UK **News in Chess** *www.newinchess.com*

Près de 2 000 liens et de nombreuses critiques de livres. Téléchargez des utilitaires et des parties commentées compatibles avec le logiciel d'apprentissage Nic.

US **The Chess Cafe** *www.chesscafe.com*

Pour améliorer vos performances, lisez les articles rédigés par les meilleurs spécialistes. Problèmes de fin de partie, critiques de livres, calendrier des tournois.

UK **The Week in Chess** *www.chesscenter.com*

Webzine d'actualité. Consultez notamment la bibliothèque d'ouvertures (plus de 1000 pages mises à jour tous les mois).

FR **Variantes** *www.variantes.com*

La boutique virtuelle du joueur d'échec présente des centaines d'articles à commander en ligne : livres, échiquiers, logiciels…

Chess.net *www.chess.net*
Chessmaster *www.chessmaster.com*
Notzai *www.notzai.com*
Yahoo! Sports Échecs *fr.sports.yahoo.com/chess*

Jeux > Télécharger des jeux

Renouvelez votre ludothèque sans sortir de chez vous. À coté des traditionnelles réussites, téléchargez des tonnes de jeux en freeware ou en shareware : jeux d'aventure, de rôle, d'arcade…

US **123 Free Solitaire** *www.123freesolitaire.com*

Sept réussites en freeware à télécharger. Pour les accrocs, essayez *www.solsuite.com*. 220 réussites en shareware (30 jours d'essai gratuit).

FR **Astral Entertainment** *www.astralent.com*

Marre des sempiternelles réussites ? Téléchargez donc ces jeux d'aventure, d'arcade, de tir… en freeware. Retrouvez ce vieux Pac-Man en shareware.

UK **ChaosSoft** *www.chaossoft.com*

Des développeurs indépendants proposent leurs jeux en freeware : Tétris, Arkanoïd et Ithala (jeux de rôle). Économiseur d'écran sur le thème de Matrix.

FR **dosgames.com** *www.dosgames.com*

Pour les nostalgiques, plus de 200 jeux sous DOS à télécharger gratuitement : jeux d'aventure, de plate-forme, de stratégie…

US **freegames.org** *freegames.org*

Présente et critique plus de 500 jeux en freeware. Pour chacun : taille du fichier, note selon l'intérêt et date de la dernière mise à jour.

US **Freeverse software** *www.freeverse.com*

Jeux de cartes, de plateaux, de stratégie en shareware pour PC et Mac. Certains d'entre eux se jouent aussi en réseau.

Goodsol Development *www.goodsol.com*

Jouez à Freecell, au Poker ou au Black Jack en solitaire. 10 réussites en freeware et plus de 400 en shareware. Consultez les statistiques des meilleurs joueurs.

Guicecal *guicecal.free.fr*

Essayez ces shareware pour jouer à des jeux bien de chez nous : belote, coinche et tiercé. Propose également deux jeux de lettres et un jeu de dé, le Yam.

MAME *www.mame.net*

Avec MAME (Multi Arcade Machine Emulator), jouez sur votre PC aux bons vieux jeux d'arcade (Pack Man, Space Invader, Star Force...). Plus de 1000 jeux.

Savegames.net *www.savegames.net*

Des sauvegardes à télécharger pour ceux qui n'arrivent pas à finir un jeu ou qui ont effacé la leur. Couvre les jeux sur PC et sur console.

Tucows Games *games.tucows.com*

Téléchargez démos, freeware, shareware... Deux sections : jeux (arcade, plateaux, simulations...) ou casino (cartes, solitaires, jeux d'argent...).

Ultisoft *www.ultisoft.com*

Une foule de jeux en shareware (jeux de cartes, de casino, d'arcade...) à télécharger ou à recevoir en CD.

Vintage Gaming *www.vintagegaming.com*

Téléchargez des émulateurs pour jouer sur votre machine à des jeux créés pour d'autres machines (PlayStation, GameBoy, bornes de jeux d'arcade...).

Wyvern Studios *www.wyvern.com*

Outre les habituels jeux de casino et de cartes essayez les jeux éducatifs ou préférez les jeux pour adultes. Tous sont en shareware.

Betazine *www.betazine.com*
Demo-Files.com *www.demo-files.com*
GameArchives.com *www.gamearchives.com*
GameDudes *www.gamedudes.com*
KidSafeGames.Com *www.kidsafegames.com*
SolSuite *www.solsuite.com*

Tentez votre chance au casino, aux paris, aux courses… Si vous craignez de perdre de l'argent, essayez plutôt les jeux concours. Les solutions sont même disponibles sur de nombreux sites.

FR **Atouts gagants** *www.atouts-gagnants.com*

Liste les jeux concours gratuits. Newsletters hebdomadaire (nouveaux concours) et mensuelle (meilleurs concours avec leurs réponses).

FR **CjCp** *www.centrale-jeux-concours.com*

Pour participer sérieusement aux jeux concours : guide du concouriste, sélection mensuelle de concours, statistiques…

FR **Eurobet** *www.eurobet.com*

Pariez sur les rencontres sportives (football, rugby, tennis…) chez ce bookmaker anglais. Cotes et actualité sportive pour vous guider dans vos choix.

FR **Française des Jeux** *www.francaise-des-jeux.fr*

La descendante de la Loterie Nationale présente tous ses jeux : Loto, Keno, Millionnaire… Retrouvez résultats et statistiques des tirages. Histoire des loteries.

FR **Jeux de Casino.com** *www.jeuxdecasino.com*

Consultez les règles des jeux et jouez de manière fictive avant de miser votre argent dans ce casino virtuel. Plus de 20 jeux disponibles.

FR **Le Monde des Courses** *www.lescourses.com*

Entièrement consacré au monde des courses. Conseils pour jouer, pronostics, résultats, calendrier… Vivez les arrivées du Quinté+ en direct.

FR **Le site Turf** *www.turf-fr.com*

Pour gagner aux courses : pronostics, actualité, statistiques… Pour vous perfectionner : méthodes, trucs et astuces, présentation des hippodromes…

FR **Lesconcours.com** *www.lesconcours.com*

Liste tous les concours (Web, par courrier ou par téléphone) et fournit les réponses. Achetez, vendez ou échangez des lots dans la section Petites Annonces.

FR **Loterie.net** *www.loterie.net*

Chaque mois répondez à une question simple et gagnez 1000 euros. La réponse se trouve sur le site de l'annonceur. Cliquez pour l'obtenir.

FR **Parier.net** *www.parier.net*

Pariez sur le football, la Formule 1, le basket… ou jouez à plus de vingt jeux de casino (black jack, poker, roulette…). Faites-vous la main avec les démos.

FR **PeeKaBoô** *peekaboo.citeweb.net*

Tous les concours gratuits ou payants sur Internet classés par ordre alphabétique ou chronologique. Échangez vos solutions dans les forums.

FR **www.jeuxconcours.net** *www.jeuxconcours.net*

Sélection de jeux-concours (par Internet ou par courrier) avec leur solution. Abonnez-vous à La revue des jeux pour recevoir les listes complètes.

iwin.com *www.iwin.com*
Le Paris Turf *www.paristurf.tm.fr*
OneGame *www.onegame.com*
Superwin *www.superwin.net*
Virtual Vegas *www.virtualvegas.com*

Sports > Tout sur le sport

Que vous soyez fan d'un sport ou que vous le pratiquiez, explorez les sites qui lui sont consacrés. Recherchez-les grâce aux moteurs spécialisés ou aux sélections de sites.

US **Adventure Sports Online** *www.adventuresports.com*

Ressources sur les sports de l'extrême. Liste les services, les magazines, les sites féminins... Sélection de liens par sports, par produits, par organisations...

FR **FindSport** *www.findsport.com*

Annuaire de sites sur le sport. Classement par catégories (football, rugby, basket...) et par thèmes (actualité, événements, boutiques...).

FR **HyperSport** *www.interface.nc/sports*

Cet annuaire des sites sur le sport, consultable par mots clés ou par catégorie, couvre tous les aspects du sport: disciplines, clubs, événements, santé, emploi...

US **SearchSport** *www.searchsport.com*

Plus de 5200 liens sur le sport classés par discipline: golf, football, équitation... Résumé de chaque site. Classement des meilleurs sites (notation, fréquentation).

US **Sport hits** *www.sporthits.com*

Trouvez des sites de sport grâce à une sélection de liens ou un moteur de recherche. Propose aussi une encyclopédie: règles, matériel, organisation...

UK **Sport Quest** *www.sportquest.com*

Base de données de sites classés par sport. Recherche par mots clés. Propose des services payants de veille sur le sport (revue de presse, nouveaux produits...).

US **Sports only** *www.sportsonly.com*

Prés de 2000 liens sur le sport classés par discipline: football, boxe, hockey... Héberge des forums de fans d'équipes de sport US: basket, baseball, foot US...

US **SportSearch** *www.sportsearch.com*

Annuaire de sites sportifs classés par catégorie: baseball, basket, football américain... Sélection des rubriques sportives des sites de la presse régionale US.

UK **Sportszine UK** *www.sportszineuk.co.uk*

Annuaire de sites spécialisés dans le sport. Pour chaque sport, de multiples catégories : magazines, sport féminin, fédérations…

FR **The Olympic Movement** *www.olympic.org*

Musée virtuel des jeux olympiques. Bibliothèque de photos. Histoire des jeux et point sur les manifestations à venir.

US **USFantasy411** *www.usfantasy411.com*

Moteur de recherche spécialisé dans le sport. Requêtes par mots clés, par type de sports (football, hockey, basket…) et par catégories (jeux, informations, chat…).

US **YeahSports.com** *www.yeahsports.com*

Annuaire de liens sur le sport classés par catégorie : courses automobiles, football, golf… Forum et chat pour chaque catégorie.

Lycos Guide Sports *www.lycos.fr/webguides/sports*
Online Sports Channels *sports-channels.com*
Sport-guide *www.sport-guide.com*
SportPlaces.com *www.sportsplaces.com*

Sports > Actualité internationale

N'attendez pas d'être devant votre télévision pour suivre les manifestations sportives internationales. Les sites Web couvrent l'actualité en direct. Consultez tous les résultats.

US **CBS SportsLine** *www.sportsline.com*

Idéal pour suivre l'actualité des sports américains : football, hockey, baseball… mais aussi tennis ou golf. Section dédiée aux sports européens.

US **CNN-SI** *www.cnnsi.com*

La chaîne de l'information couvre l'actualité sportive internationale (tous sports confondus). Résultats en direct.

UK **Eurosport** *www.eurosport.com*

Couvre l'ensemble de l'actualité des sports pratiqués en Europe : football, tennis, sports mécaniques… Résultats actualisés en temps réel.

US **Fox Sports** *www.foxsports.com*

L'actualité des sports principalement américains. Des vidéos accompagnent quasiment toutes les nouvelles.

IT **La Gazzetta dello Sport** *www.gazzetta.it*

Le célébrissime quotidien sportif italien publie sur le Net. Dans la rubrique Ultimora, l'actualité est mise à jour toutes les minutes.

(ES) **Marca** *marca.recoletos.es*

Découvrez, en plus de l'actualité sportive au quotidien, les pages dédiées à chaque sport. Elles présentent les résultats et une excellente liste de liens.

(FR) **RDS** *www.rds.ca*

Actualité par la chaîne de télévision canadienne du sport. Rubriques : hockey, automobile, tennis, base-ball... Liens vers toutes les fédérations québécoises.

(US) **Sportszone** *espn.sportszone.com*

L'actualité internationale et américaine. Sections dédiées à tous les sports majeurs. Infos sur l'histoire, les stars, le dopage... Un site incomparable.

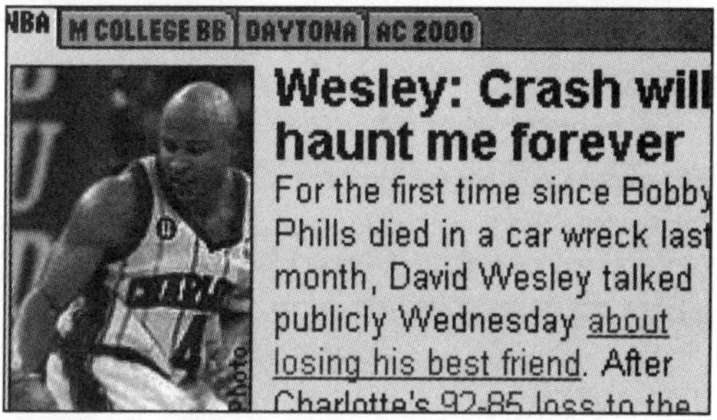

(US) **The Sporting News** *www.sportingnews.com*

Magazine américain d'information sportive. Résultats mis à jour en temps réel. Des experts de chaque sport répondent à vos questions.

(US) **Total Sports** *www.totalsports.net*

Résumé de l'actualité mondiale. Rassemble les articles des agences de presse. Possibilité d'afficher une mini-fenêtre avec tous les résultats.

(US) **Worldsport** *www.worldsport.com*

Synthèse de l'actualité sportive internationale. Liens vers les sites des fédérations internationales. Calendrier des manifestations des deux prochaines années.

Slam! Sports *www.canoe.ca/slam*
Sportec *www.sportec.com*
Sporting Life *www.sporting-life.com*
SportLive *www.sportlive.net*
Sportpages.com *sportspages.com*
Sports News *www.sportsnews.com*
SportsToday *www.sportstoday.com.au*
The Sports Network *www.sportsnetwork.com*
The Sports Server *www.sportserver.com*
tsn.ca *www.tsn.ca*

Sports > Actualité française

Spectateurs passionnés ou pratiquants assidus, suivez les manifestations sportives françaises en direct avant de consulter les résultats et lire les interviews des vedettes.

FR **Actualinfo Sports** *www.actualinfo.com/fr/sports*

En collaboration avec l'AFP, toutes les dépêches sportives. Actualisation plusieurs fois par jour.

FR **Comité National Olympique** *www.comite-olympique.asso.fr*

Actualité en rapport avec les sports olympiques et les athlètes français. Annonce des manifestations et résultats. Liens vers les fédérations.

FR **France 2 Sports** *www.france2.fr/sports*

Actualité de tous les sports en direct (infos et résultats en continu de 7h30 à 24h). Archives sur un mois par type de sports. Extraits vidéo d'émissions.

FR **France 3 Sports** *france3sport.com*

Infos et résultats quotidiens sur tous les sports. Chaque sport dispose d'une rubrique dédiée. Vidéo de l'émission *Tout le Sport*.

FR **France.sports.com** *france.sports.com*

Actus du sport international proposée par l'antenne française de CBS Sportsline. Sections football, rugby, formule 1, cyclisme, basket et tennis.

FR **Le Sportif Déchaîné** *www.timesport.com*

Hebdo sportif satirique. Pour suivre l'actualité d'une autre façon. Le monde du sport et ses multiples affaires offrant, il est vrai, de nombreuses occasions de rire.

FR **Sport Canal+** *sports.cplus.fr*

Le service des sports de Canal+ propose un résumé de l'actualité illustré de photos. Tous les résultats des sports les plus populaires (football, rugby…).

FR **Sport24.com** *www.sport24.com*

La chaîne du sport en direct sur Internet. Nombreuses rubriques, articles illustrés. Toute l'actualité française. Revue de presse sportive quotidienne.

TF1 Sports *infos.tf1.fr/sports*

La page sport de TF1 fait la part belle aux sports vedettes de la chaîne : football, F1 et nautisme. Infos, classements et résultats.

Yahoo! Sport *fr.sports.yahoo.com*

Yahoo! dispose d'une rubrique actualité dédiée aux sports. Propose les dépêches de l'AFP et de Reuters. Collection de liens vers les ressources francophones.

Lokace Sport *sports.lokace.com*
Sport OFM *www.sportofm.com*
sportal *www.sportal.fr*
Sportnotes.com *www.sportnotes.com*

Sports > Football

Le sport qui déchaîne les plus vives passions engendre une quantité astronomique de sites. Vous ne manquerez aucun résultat. Vous lirez des dizaines d'interviews.

CanalSoccer *www.canalsoccer.com*

Les résultats de tous les championnats européens (historique des années précédentes). Pour les fous de chiffres. Autres sports : handball et basket.

FIFA *www.fifa.com*

Le site officiel de la fédération internationale de football. Retrouvez toutes les grandes compétitions en direct. Annonce les compétitions.

Football365 *www.football365.fr*

Actualité quotidienne du foot : dépêches en temps réel, résultats français et internationaux, transferts... Suivez en direct les matches de D1.

France 98 *www.france98.com*

Revivez tous les grands moments de l'épopée des bleus jusqu'à la finale contre le Brésil. Interviews des joueurs, palmarès et résultats, présentation des équipes.

Onze Mondial *www.onze.tm.fr*

L'édition électronique du mensuel du football français. Jean-Michel Larqué présente sa chronique. Analyses critiques des matches et des stratégies.

SoccerFans *www.soccerfans.com*

Le moteur de recherche du football. Si vous cliquez sur Europe, Clubs puis sur France, vous obtenez la liste des sites des clubs français.

SoccerLinks *www.soccer-links.com*

Annuaire de sites sur le football. Idéal pour trouver un club ou un site d'actualité spécialisé. Top 20 des championnats européens, des clubs et des joueurs.

UK **Soccernet** *www.soccernet.com*

Soyez aux premières loges pour suivre les championnats anglais, européens et des autres pays. Analyse de tous les matches.

US **Sportszone Soccer** *espn.go.com/soccer*

Suivez le foot avec le regard des Américains. Actualité mondiale, interviews, possibilité de dialoguer en direct avec les fans du monde entier.

FR **Stade de France** *www.stadefrance.fr*

Même si on y joue au rugby, le Stade de France est le temple du football. Retrouvez le calendrier de tous les matchs. Visite virtuelle du stade.

FR **Supporters Club de France** *www.supporters.org*

Si vous soutenez l'équipe de France, rejoignez le club des supporters. Liens vers tous les clubs professionnels français.

UK **UEFA** *www.uefa.com*

Actualité du football européen. Suivi des compétitions majeures (Euro, Champions League, Coupe de l'UEFA…). Infos sur les clubs des 51 pays membres.

FR **Yahoo! Football** *fr.sports.yahoo.com/foot*

Actualité du football. Collection de liens vers les clubs français et étrangers. Classement de tous les championnats européens.

UK **ZoomSoccer** *www.zoomsoccer.com*

Suivez en direct les championnats de tous les pays. Dépêches et résultats mis à jour en temps réel. Liste les sites des clubs par continent.

BallondRond *www.ballonrond.com*
Foot Mag *www.ctrouve.com/footmag*
Football.sports.com *football.sports.com*
Football365.uk *www.football365.co.uk*
footballFC.com *footballfc.com*
internetsoccer.com *www.internetsoccer.com*
ISFA *www.isfa.com*
Les Cahiers du Football *www.cahiersdufoot.com*
Libération Foot *www.liberation.fr/foot*
LiveScore.com *www.livescore.com*
L'Olympien *www.olympien.com*
MLSNET *www.mlsnet.com*
Soccer News *www.soccerglobe.com*
Soccer Times *www.soccertimes.com*
SoccerAge *www.soccerage.com*
The Daily Soccer *www.dailysoccer.com*

Sports > Rugby

En modifiant ses règles, le rugby a su évoluer sans perdre son âme. Suivez l'actualité et devenez incollable sur tous les événements majeurs de ce sport spectaculaire.

FR **Carrefour du rugby** *www.carrefour-rugby.com*

Actualité du rugby en texte et en son. Indispensable pour suivre l'équipe de France, le championnat, la coupe ou le parcours européen des clubs français.

FR **FFR** *www.ffr.fr*

La Fédération Française de Rugby publie l'actualité nationale et internationale. Elle présente l'histoire, les compétitions, les équipes de France…

FR **Inforugby** *www.inforugby.com*

Résultats et analyses des compétitions de rugby : championnat, coupe de France, coupe d'Europe et bouclier européen. Classement des pays et des clubs.

UK **International Rugby Board** *www.irfb.com*

La Fédération Internationale de Rugby publie les règles du jeu et des leçons à l'usage des entraineurs. Résumés des matchs internationaux depuis 1871.

FR **Midi Olympique** *midol.compuserve.com*

Résultats du rugby, interviews, dossiers et articles de fond, présentation du rugby étranger. Programmes des matches de toute la saison.

UK **One Rugby Place** *www.onerugbyplace.co.uk*

L'actualité et les résultats du rugby international, principalement anglo-saxon. Liens avec les sites des clubs de tous les pays. Top 100 des meilleurs sites.

UK **Planet Rugby** *www.planet-rugby.com*

Actualité internationale, tournoi des Six Nations, coupe du Monde, interviews (en RealPlayer), base de données de joueurs, archives par pays, jeux, chats…

FR **Planète Rugby** *www.club-internet.fr/planeterugby*

Toutes les infos sur le rugby national et international. Histoire, agenda et résultats des compétitions (championnats, tournoi des Six Nations, coupe du Monde…).

FR **Rugby365** *www.rugby365.fr*

Actualité quotidienne du rugby. Couvre le tournoi des Six Nations, le Super 12, le championnat de France… Infos sur les règlements. Calendriers et résultats.

UK **Scrum.com** *www.scrum.com*

Découvrez l'actualité du rugby international. Infos sur les clubs et joueurs. Résultats de toutes les compétitions : championnats, coupes et tournois…

RFU *www.rfu.com*
Rugby Italie *www.rugby.it*
Rugby News *www.rugbyglobe.com*

Loisirs

Basket, volley, base-ball ou football américain… retrouvez sur le Web aussi bien les magazines spécialisés, les sites des fédérations que ceux consacrés aux stars.

FR **Basket Mag** *www.basketmag.com*

Actualité quotidienne du basket français, européen et américain. Portraits et interviews de joueurs. Résultats et classements des championnats et des coupes.

FR **Basket Zone** *www.basketzone.com*

Résultats du championnat de France et des coupes d'Europe en direct. Liens vers les sites de toutes les équipes françaises.

US **Eurobasket** *www.eurobasket.com*

L'actualité du basket mondial présentée par un spécialiste de chaque pays. Découvrez les résultats des compétitions, des infos, des liens…

FR **Fédération Française de volley-ball** *www.volley.asso.fr*

Suivez les championnats de France masculin et féminin, les coupes d'Europe et les manifestations internationales. Infos sur les équipes de France.

UK **FIBA** *www.fiba.com*

La fédération internationale de basket-ball. Infos et résultats des compétitions. Consultez la base de données à partir d'un nom de joueur, de coach, de club…

UK **FIVB** *www.fivb.ch*

L'actualité de la ligue mondiale de volley-ball et de toutes les compétitions internationales. Section spécifique pour le beach volley.

US **Major League Baseball** *www.majorleaguebaseball.com*

Publie l'actualité, les résultats, l'histoire et les statistiques du base-ball américain. Présente les profils des joueurs et les clubs. Retransmission en direct des parties.

US **Michael Jordan Web Site** *jordan.sportsline.com*

Le site officiel du plus célèbre joueur de basket. Retrace les grands moments de sa carrière, publie ses statistiques, des photos et des vidéos.

US **National Basket Association** *www.nba.com*

Suivez en direct les dieux vivants du basket. Le site de référence des passionnés. Les résultats, les statistiques…

US **National Football League** *www.nfl.com*

Sur le site de la NFL, découvrez les équipes du championnat US, les statistiques, les résultats, les interviews… Pour les fans du Superbowl.

US **Volleyball World Wide** *www.volleyball.org*

Le moteur de recherche du volley. Actualité mondiale du volley. Une riche collection de liens malgré une ergonomie désuète.

Basketball.com *www.basketball.com*
Beachmania! *www.beachmania.com*
Hoop Links *www.hooplinks.com*
Los Chucks OnHoops *www.onhoops.com*

Sports > Tennis

Sur les sites des institutions tennistiques (ATP, WTA, FFT…), spectateurs ou pratiquants retrouvent des infos sur les champions et les tournois et des conseils techniques (entraînement, analyses vidéo…).

US **ATP Tour** *www.atptour.com*

Le site officiel de l'association des joueurs professionnels. Actualité des tournois, informations sur les joueurs, classement ATP en direct…

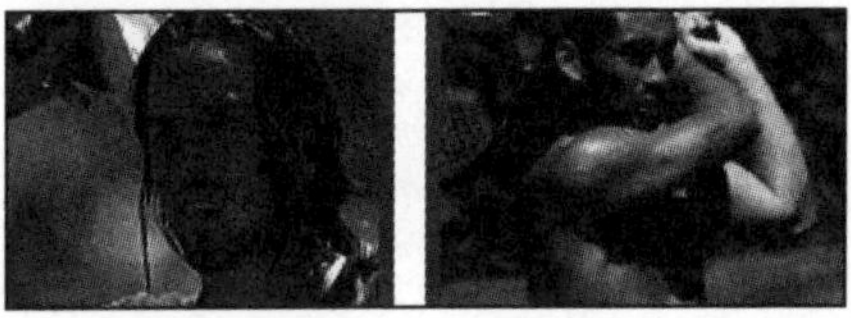

FR **Fédération Française de Tennis** *www.fft.fr*

Un site impeccable. À la fois des infos sur les stars du tennis et les grands tournois, mais aussi des infos pratiques pour les amateurs.

US **GoTennis** *www.gotennis.com*

Couvre les quatre tournois du Grand Chelem : Open d'Australie, Rolland-Garros, Wimbledon et Flushing Meadows. Résumés, présentation des joueurs, coulisses…

US **ITF** *www.itftennis.com*

La fédération internationale présente ses épreuves : coupe Davis, Fed Cup, Hopman Cup… Bulletin hebdomadaire d'actualité.

US **Michael Chang** *www.mchang.com*

Passées les rubriques traditionnelles pour les fans (biographie, photos…), visionnez les vidéos techniques commentées par l'entraîneur de Chang.

US **Tennis.com** *www.tennis.com*

Retrouvez les dernières nouvelles du circuit pro. Pour les amateurs, conseils sur le jeu, le choix du matériel, l'entraînement physique…

US **TennisONE** *www.tennisone.com*

Prodigue des conseils sur les différents aspects du tennis : mental, physique et technique. Analyses du jeu des champions et avis des meilleurs techniciens.

US **The Tennis Server** *tennisserver.com*

Conseils sur la pratique, l'entraînement et la compétition. Liste les meilleures sources d'actualité quotidienne. Présente les règles et le matériel. Nombreuses photos.

FR **Top-Tennis** *www.top-tennis.com*

Ce webzine publie l'actualité quotidienne du tennis international. Conseils médicaux sur la pratique du tennis. Calendriers, statistiques, photos…

US **WTA Tour** *www.wtatour.com*

L'actualité du tennis féminin international. Calendrier et résultats des tournois, présentation des joueuses, classement mondial et statistiques.

FR **Yahoo! Tennis** *fr.sports.yahoo.com/tennis*

L'actualité du tennis en collaboration avec l'AFP et l'agence Reuters. Les dépêches sont mises à jour en temps réel.

Championship Tennis Tours *www.tennistours.com*
Junior Tennis *www.juniortennis.com*
Pete's Place *www.sampras.com*
Roland Garros *www.frenchopen.org*
Tennis Features *www.sportserver.com/tennis*
Tennis News *www.tennisreport.com*
The Australian Open *www.australianopen.com*
The French Open *www.frenchopen.com*
The Tennis Information System *www.tennisinformation.com*
The US Open *www.usopenchampionships.com*
The Wimbledon Championships *www.wimbledonchampionships.com*
US Open *www.usopen.org*
Wimbledon *www.wimbledon.org*

Sports > Sports mécaniques

Essais, courses en direct, classements et palmarès… Suivez tous les sports mécaniques : motos, rallyes, endurance… sans oublier la catégorie reine : la Formule 1.

UK **10 Tenths Motorsport** *www.ten-tenths.com*

Un site complet sur tous les sports mécaniques : F1, rallye, motos… Actualité, guides, infos sur les pilotes, les écuries, les marques… Superbe sélection de liens.

FR **Daily F1** *www.dailyf1.com*

L'actualité de la F1 presque en temps réel. Résultats des grands prix, infos sur les teams, statistiques, photos… Newsletter quotidienne.

UK **Dorna** *www.dorna.com*

Suivez en direct les épreuves du championnat du monde moto (125, 250 et 500 cm^3). Actualité (une partie en français), résultats et interviews.

Loisirs

F1-Live *www.f1-live.com*

L'actualité de la Formule 1 en direct. Sélection de liens (écuries, pilotes...). Présentation des circuits, des pilotes et des voitures.

Fédération Internationale de l'Automobile *www.fia.com*

Informations et actualité sur tous les sports automobiles (F1, rallye...) ainsi que des conseils pratiques pour les particuliers.

Gale Force F1 *www.monaco.mc/f1*

Toute l'actualité de la F1. Infos sur les pilotes, calendrier, suivi des épreuves en direct... Recevez par e-mail le résultat de tous les grands prix.

Links Heaven! *www.linksheaven.com*

Sélection de liens relatifs à la F1. Classement par catégories : sites officiels, circuits, compétitions, simulations, produits dérivés...

Motorsports News International *www.motorsport.com*

Actualité de tous les sports automobiles. Mise à jour en temps réel. Consultez les dépêches à partir de l'index par spécialités (F1, NASCAR, F3000...).

Rally-Live *www.rally-live.com*

Suivez en direct les épreuves du championnat du monde des rallyes : programme, liste des engagés, infos et temps spéciale par spéciale, classements et palmarès...

Yahoo! Sports F1 *fr.sports.yahoo.com/actualite/sports/formule1*

L'actualité sous forme de dépêches par Yahoo!. Une section est réservée à la F1, l'autre aux sports mécaniques. Infos sur les pilotes, les courses, les classements...

Autosport *www.autosportmag.com*
F1 Today *www.f1today.com*
F1-Magazine *www.f1-magazine.com/english.html*
Formula1.com *www.formula1.com*
Racelink *www.racelink.com*
Sport24.Com F1 *ww.sport24.com/form1*
World Driver Ranking *www.champion-rankings.com*
ZoomF1 *www.zoomf1.com*

Sports > Cyclisme

Bien qu'il ait défrayé la chronique avec les affaires de dopage, le vélo reste l'un des sports les plus populaires grâce à la diversité de ses disciplines : VTT, courses ou balades sur routes, piste...

Cyber Cyclery *www.cycling.org*

Immense répertoire de ressources sur le vélo. Indexe aussi bien les sites spécialisés que les listes de diffusion, les forums de discussion, les événements...

(US) **Cyclegossip** *www.cyclegossip.com*

Actualité quotidienne du cyclisme professionnel en Europe. Agenda, résultats, archives, palmarès... de toutes les courses. Infos et liens sur les équipes.

(FR) **Fédération Française de Cyclisme** *www.ffc.fr*

Présente les disciplines, les règlements, les comités et les clubs. Calendrier et classement des compétitions. Section dédiée à la santé.

(FR) **Le Tour de France** *www.letour.fr*

Eh oui, le vélo sur route est un sport collectif (équipe de neuf coureurs). Revivez l'histoire du Tour pour vous en persuader. Base de données de 1903 à nos jours.

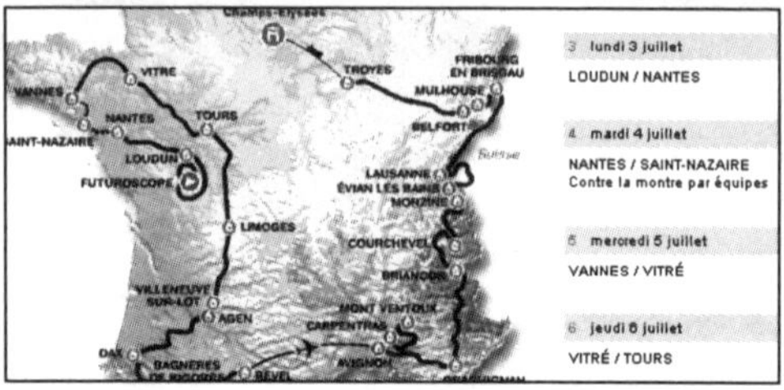

(FR) **Mémoire du Cyclisme** *www.planetesport.com/cyclisme*

Base de données des courses cyclistes professionnelles depuis leur création. Outre le palmarès, découvrez des infos sur plusieurs milliers de coureurs cyclistes.

(US) **MTBinfo** *www.mtbinfo.com*

La revue du mountain bike. Le site idéal pour le pratiquant. Collection de liens vers toutes les ressources VTT (informations, conseils pratiques, circuits...).

(FR) **Union Cycliste Internationale** *www.uci.ch*

Publie l'actualité et les résultats officiels de toutes les compétitions par catégorie : cyclisme sur route, sur piste, VTT...

(FR) **Veloscope** *www.veloscope.net*

Publie le calendrier des épreuves de VTT, des courses pro sur route et du cyclotourisme... Annuaire des détaillants professionnels.

(FR) **VTT Passion** *www.vttpassion.com*

Pour les passionnés de VTT. Actualité, guides pratiques, petites annonces, présentation de parcours et de circuits de randonnée...

(FR) **VTTnet** *www.vtt.org*

Consultez notamment l'e-zine PlaNetVTT. Suggestions de randonnées. Comparatifs de matériel. Agenda des manifestations.

BikeCrawler *www.bikecrawler.com*
Cyclingnews *www.cyclingnews.com*
ivelo *www.ivelo.com*
La Cyclopédie *www.cyclopedie.com*
Vélonews *velonews.citeweb.net*

Loisirs

Sports > Sports nautiques

Voile, plongée, ski nautique… les sports nautiques ont le vent en poupe. Suivez en direct les péripéties, parfois dramatiques, des courses au large ou préparez votre prochaine plongée.

US **America's Cup** *www.americascup.org*

Actualité de l'America's Cup et de la Louis Vuitton Cup. Positions, classements, interviews des participants… Suivi des régates en direct.

FR **Aqualog** *www.aqualog.qc.ca*

Webzine sur la plongée sous-marine. Chaque mois découvrez l'actualité, des dossiers, des photos… avec de superbes animations. Bonne sélection de liens.

FR **Autour du monde en bateau** *www.sail-the-world.com*

L'aventure d'une famille qui fait le tour du monde en bateau. Découvrez comment les enfants vont à l'école grâce au Web.

US **Behind The Boat** *www.behindtheboat.com*

Le magazine du ski nautique. Collection de liens. Agenda des compétitions. Conseils pratiques pour les skieurs.

FR **FFV** *www.ffv.fr*

La Fédération Française de Voile publie des informations sur les catégories de bateaux, les clubs, les réglementations, les compétitions…

FR **La voile et Internet** *www.multimania.com/voiles*

Sélection de liens sur la voile. Traite tous les sujets : la régate, l'architecture navale, les clubs nautiques, la météo, les croisières, les grands navigateurs…

FR **Sail Online** *www.sail-online.fr*

Un site pour les navigateurs et les fans. Toute l'actualité de la voile : course au large aussi bien que régates côtières. Riche collection de liens nautiques.

US **Surf TV.com** *www.sur4.com*

Annuaire de sites sur le surf. Consultez par zone géographique la sélection de sites pratiques : force du vent, observations satellites, boutiques…

FR **Thalassa** *www.guide-thalassa.com*

Guide de la mer et de la voile. Classement thématique des sites dédiés à la mer : sports nautiques, équipements, plaisance… Vidéos des émissions.

US **WakeCentral** *wakecentral.rivals.com*

Le magazine du ski nautique. Collection de liens. Agenda des compétitions. Conseils pratiques pour les skieurs.

(US) **Yachtingnet** *www.yachtingnet.com*

Le magazine du nautisme. Compilation de l'actualité anglo-saxonne en rapport avec la voile et le nautisme. Dispose d'un guide d'achat.

Airborn.net *www.airborn.net*
inautique *www.inautique.com*
Louis Vuitton Cup *www.louisvuittoncup.com*
Multicoques Mag *www.multihulls-world.com*
Sea and Boats *www.sea-and-boats.com*
Surfing News *www.surfingdaily.com*
The Race *www.therace.org*
windsurfer.com *www.windsurfer.com*

Loisirs

Sports > Sports de montagne

Les sports de glisse (ski, surf, hockey, patinage...) procurent de fortes sensations tout comme les sites qui leur sont consacrés. Ils présentent les stars et les compétitions.

(FR) **AFS** *afs-fr.com*

L'Association Française de Snowboard présente tous les événements de snowboard, l'agenda des compétitions et les classements par spécialité.

(UK) **Complete-Skier** *www.complete-skier.com*

Le site le plus généraliste sur le ski : dépêches d'actualité, infos sur les compétitions et le matériel, conseils techniques, programme de mise en forme...

(FR) **FFSG** *www.ffsg.org*

La Fédération Française des Sports de Glace informe sur ses disciplines : hockey, patinage artistique, curling, bobsleigh... Agenda des compétitions et résultats.

(US) **FIS** *www.fis-ski.org*

L'agenda des compétitions (ski alpin, surf, combiné nordique, saut à ski...), les résultats, portraits des skieurs... Pour la France consultez : *www.ffs.fr.*

(FR) **Le Serveur Montagnes** *www.montagnes.com*

Publie des infos sur les activités sportives (estivales et hivernales) liées à la montagne : escalade, spéléo, alpinisme, randonnée et surf.

(US) **National Hockey League** *www.nhl.com*

Toute l'actualité du hockey américain et canadien. Scores et classements en temps réel. Interviews audio des joueurs.

(US) **Powderhausen** *www.powderhausen.com*

Multiples infos sur le snowboard : spots, météo, événements... Recevez par e-mail la Powder alert, elle vous préviendra des chutes de neige.

(US) **SkateWeb** *frog.simplenet.com/skateweb*

Annuaire de sites consacrés au patinage artistique. Liste les fédérations, les événements, les newsgroups…

(US) **SkiCentral** *skicentral.com*

Moteur de recherche spécialisé sur le ski. Indispensable pour dénicher des magazines, des infos sur le matériel ou des résultats de compétitions.

(UK) **SkiWeb** *www.skiweb.net*

Dédié à la coupe du monde de ski alpin. Infos, résultats, classements, statistiques… Présente toutes les équipes masculines et féminines.

(US) **Snowboarding** *www.twsnow.com*

Pour les fans de surf des neiges, voici une très riche collection de liens : magazines, services, VPC, spot… Infos et conseils sur l'équipement.

(US) **The Mountain Zone** *www.mountainzone.com*

Le site de toutes les activités de montagne, aussi bien sportives (ski, snowboard, escalade, VTT…) que plus tranquilles (randonnées, photographie…).

@lpinisme.com *www.alpinisme.com*
Climbing News *www.climbingnews.com*
Ski News *www.skiingdaily.com*

Sports > Autres sports individuels

Équitation, golf, gymnastique, boxe, athlétisme… Lisez l'actualité spécialisée, recherchez les clubs et les fédérations, trouvez des adversaires… Ne manquez pas d'améliorer votre technique.

(FR) **Edmond aide mon billard** *www3.sympatico.ca/eric.perreault*

Pour tout savoir sur le billard : principes de base ou avancé, les effets, les règlements officiels… Nombreuses photos et animations.

(FR) **Fédération Française de Golf** *www.ffg.org*

Un site très riche. Liste des terrains de golf. Actualité du golf professionnel. Une collection de liens vers les principaux sites de golf.

(FR) **Fédération Française de Gymnastique** *www.ffgym.asso.fr*

Le site de la gym en France. Agenda et résultats des compétitions nationales et internationales, portraits de gymnastes de haut niveau.

(FR) **Fédération Française d'Équitation** *www.ffe.com*

Adresses de tous les clubs de France. Présentation des sites français et étrangers en rapport avec l'équitation.

(US) **GOLFonline** *www.golfonline.com*

Le magazine de référence du golf. Informations sur toutes les leagues américaines et européennes. Pour les fans de la PGA (Professional Golf Association).

(US) **IBHOF** *www.ibhof.com*

L'International Boxing Hall of Fame présente l'histoire de la boxe. Palmarès de toutes les catégories et de tous les championnats du monde.

(FR) **International Amateur Athletic Federation** *www.iaaf.org*

Le site officiel de l'athlétisme. Résultats des dernières compétitions. Annonces des prochains meetings. Présentation des athlètes.

(FR) **Net Boxing** *www.net-boxing.com*

Toute l'actualité de la boxe en français. Historique de la boxe. Annonces des combats. Propose un jeu interactif sur la boxe.

(US) **On The Run** *www.ontherun.com*

Pour les fans du footing et des compétitions de course à pied. Calendrier des courses, notamment des marathons.

(US) **Skating.com** *www.skating.com*

Le site du patinage et du roller. Actualité, agenda des événements, infos… Liste plus de 1600 liens fournis par le moteur spécialisé *www.skatecity.com*.

Arts martiaux *www.webmartial.com*
Athletic News *www.athleticsnews.com*
golf.com *www.golf.com*
GolfActus *www.golfactus.com*
Golfouest *www.golfouest.com*
igolfeur.com *www.igolfeur.com*
Rollernet *www.rollernet.com*
Runner's World *www.runnersworld.com*
Skateboard.com *www.skateboard.com*
Skateboarding.com *www.skateboarding.com*
Swimming News *www.worldswimming.com*
World Cup Skateboarding *www.wcsk8.com*

Divertissements > Passions et hobbies

Quelle que soit votre passion (chasse, pêche, automobile…) ou même votre manie (collection, modélisme…), retrouvez d'autres internautes qui les partagent. Voici quelques pistes à suivre…

(FR) **Actupêche** *www.actupeche.com*

Moteur de recherche sur la pêche. Héberge gratuitement vos pages sur la pêche. Voyages contient des conseils techniques, des reportages, des photos…

US **All Magic Guide** *www.uelectric.com/allmagicguide*

Le moteur de recherche pour les amoureux de la magie. Agenda des événements. Liste de boutiques, de théâtres, de jeux…

UK **All Outdoors** *www.alloutdoors.com*

Revue spécialisée dans la pêche et la chasse. Dispose d'une rubrique voyage. Présente les nouveaux produits. Collection de liens chasse et pêche.

US **Antique Radios Online** *www.antiqueradios.com*

Pour les amateurs de postes de radio anciens. Liste les clubs d'amateurs de radios. Propose des articles sur l'histoire de la radio.

FR **Aquarium Magazine** *www.aquarium-magazine.com*

Version en ligne du magazine sur l'aquariophilie. Fiches pratiques sur les poissons d'eaux douces, de mer et les invertébrés.

US **Collectors Auction** *collectorsauction.com*

Le site où les collectionneurs peuvent vendre ou acheter des timbres, des articles sportifs, des pièces de monnaies…

US **Collectors Digest** *www.wwcd.com*

Ce site référence les sites où trouver tout ce qui se collectionne et s'échange : timbres, livres, figurines, cartes téléphoniques…

US **Kite Flier's Site** *www.kfs.org/kites*

Le cerf-volant devient un sport ! Depuis la construction jusqu'au pilotage, découvrez des centaines de sites.

FR **La boule bleue** *www.laboulebleue.com*

L'histoire, les règles et les conseils des pros de la pétanque. Achetez vos boules personnalisées en direct. Visitez aussi *www.petanque.org*.

UK **Mundo Taurino** *mundo-taurino.org*

Annuaire de ressources sur la tauromachie. Indispensable aux passionnés. Pour les arènes françaises consultez *www.arenes.com*.

eHobbies *www.ehobbies.com*
Fishoo *www.fishhoo.com*
swappersandcollectors.com *swappersandcollectors.com*

Divertissements > Humour

Même si le Web a été créé par les militaires, on ne manque pas de s'y amuser. Si vous aimez raconter des blagues, ou simplement rigoler, consultez les sites humoristiques.

US **April Fools on the Net** *www.2meta.com/april-fools*

Moteur de recherche de l'humour sur Internet. Fouille les sites Web, les forums, la presse… à la recherche de vannes croustillantes.

FR **Aujourd'hui.com** *www.aujourdhui.com*

Pour démarrer la journée de bonne humeur, consultez les blagues, devinettes ou citations du jour. Abonnez-vous à la liste de diffusion pour les recevoir par e-mail.

FR **Gag center** *www.gagcenter.com*

Base de données de l'humour sous toutes ses formes. Publie histoires drôles, gags ou devinettes sur une multitude de sujets : informatique, travail, sexe…

FR **H@! Humourvirtuel.com** *www.humourvirtuel.com*

Dédié à l'humour québécois tout en étant ouvert à ce qui se fait ailleurs ! Vidéos à télécharger, petits jeux, humour visuel… Recevez par e-mail la blague du jour.

FR **Humour.com** *www.humour.com*

Publie le Top 10 des meilleures blagues mais aussi des flops de la semaine. Animations à télécharger, images, dessins humoristiques.

FR **Je me marre !** *www.jememarre.com*

Offre plus de 900 images, animations, vidéos… à copier pour rigoler ou divertir amis et collègues. Classement thématique : sexe, Internet, Bill Clinton…

FR **Le Web pour Rigoler** *www.rigoler.com*

Une énorme base de données de blagues. Les textes sont récoltés un peu partout dans la presse. À visiter si vous manquez d'inspiration.

FR **Pierre Desproges** *www.citeweb.net/desproge*

« Manuel du savoir-rire à l'usage des rustres et des aigris. » Pour tout savoir de l'humoriste, et surtout du poète le plus grinçant de ces dernières décennies.

US **The Dilbert Zone** *www.dilbertzone.com*

Retrouvez chaque jour la bande dessinée qui se moque du monde du travail. Un site pour vous détendre quand vos collaborateurs vous insupportent.

FR **Tranche de Foot** *www.zestrip.com*

Sorte de Dilbert Zone spécialisée sur le foot. Trois vignettes chaque jour. Vivez jour après jour le décompte vers la Coupe du Monde 2002.

Fou rire *www.fourire.ch*
Funny Town *www.funnytown.com*
inutile.com *www.inutile.com*
Mort de Rire *www.mortderire.com*
YUKYUK *www.yukyuk.com*
Zanzim *www.zanzim.ch*

Divertissements > Webcams

Pour voyager virtuellement rien ne vaut les webcams, aussi appelées netcams ou livecams : ces caméras scrutent le monde. Pourquoi ne pas créer la votre pour présenter votre ville ou même votre intérieur ?

US **A Webcam Resource** *www.webcamresource.com*

Annuaire de sites sur les webcams. Les internautes peuvent voter pour les sites présentés. Consultez les sections sur le matériel, les logiciels et les tutoriaux.

FR **Annucam** *annucam.com*

Annuaire francophone de webcams. Classement thématique (insolites, lieux, médias…). Top 5 des caméras les plus visitées.

US **Around the World in 80 Clicks** *www.steveweb.com/80clicks*

Effectuez un tour du monde en sautant de webcam en webcam. Rien de tel pour se retrouver ailleurs et se donner des envies de voyage.

US **EarthCam** *www.earthcam.net*

Recherche thématique (plages, villes, animaux…) ou par mots clés de caméras partout dans le monde. Section dédiée aux enfants. Webcam du jour.

FR **Fourmi Webcam** *www.fourmi.com/webcam*

Annuaire francophone de webcams. Classement thématique. Recevez par e-mail les nouvelles webcams découvertes.

US **Leonard's cam world** *www.leonardsworlds.com/camera.html*

Plus de 2500 Webcams en rapport avec le voyage. Classement thématique et par pays. Webcam de la semaine.

US **Streamingcam** *www.streamingcam.com*

Actus et conseils pour installer une webcam. Un spécialiste répond à vos questions par e-mail ou dans les sessions de chat. Top 100 des meilleures caméras.

FR **The Webcam Zone** *www.webcamzone.ch*

Publie des conseils pour choisir et installer une caméra. Nombreux tests de matériels et de logiciels. Liens vers les meilleurs sites de webcams.

(US) **WebCam Central** *www.camcentral.com*

Liste plus de 1000 caméras. Classement par thème et par localisation. La section Links présente des sites d'infos sur le matériel et les logiciels.

(US) **WebCam World** *www.webcamworld.com*

Ce portail publie des infos sur le matériel et les logiciels ainsi que des conseils pour l'installation d'une caméra. Top 100 des meilleures webcams.

(US) **WebcamSearch** *www.webcamsearch.com*

Sélection de liens. Classement thématique et régional. Liste plus de 11 000 ressources. Webcam du jour. Agenda mensuel des événements.

Cammunity *www.cammunity.com*
CondoCams *www.condocams.com*
Icepick *www.icepick.com*
Webcam Beach *www.comfm.fr/webcam*
Webcams *www.webcams.at*
Webcamvideo.com *webcamvideo.com*

Sortir > Sorties culturelles

Avant d'aller au cinéma, visiter une exposition, assister à un concert… consultez les programmes publiés en temps réel sur le Web. Découvrez tous les événements et tous les horaires.

(FR) **AlloCiné** *www.allocine.fr*

Horaires des films projetés dans la plupart des salles françaises. Possibilité de réservations pour certaines d'entre elles. Infos sur les films à l'affiche.

(FR) **Arts in Europe** *www.artineurope.com*

Agenda des festivals, des expositions et des événements culturels se déroulant dans les pays européens. Descriptif des lieux, contacts…

(FR) **Cinefil** *www.cinefil.com*

Présentation des nouveaux films, annonce des sorties, base de données de 32 000 films. Découvrez les salles de votre région (tarifs et horaires).

(FR) **Compuscope** *compuscope.compuserve.com*

Sélectionnez votre département, puis les rubriques expositions, concerts, théâtre… pour vous tenir au courant des événements culturels.

(FR) **Gal@rt** *www.galart.com*

Présente l'ensemble des expositions artistiques en France. Mise à jour toutes les semaines. Héberge gratuitement les pages Web d'artistes.

FR **Guide Muser** *www.muser.tm.fr*

Liste les sites des festivals français. Classement thématique : musique, danse, théâtre, cirque… Recherche par région.

FR **Infoconcert** *www.infoconcert.com*

Ce webzine annonce les concerts en France dans tous les genres sauf le classique. Sélection par régions, artistes, dates… Prévisions de tournées.

FR **Officiel des Arts** *www.od-arts.com*

Référence l'ensemble des galeries en France. Recherchez par localité, artiste, discipline… La rubrique Art en ligne répertorie plus de 500 sites culturels.

FR **Rock Info** *www.rockinfo.fr*

Agenda des concerts en France (rock, pop, jazz …). Classement par régions, villes, groupes, festivals… Présentation des principaux lieux de concerts.

FR **Ticket Clic** *www.ticketclic.fr*

Infos sur les spectacles et les événements culturels (cinéma, concerts, expos…) ou sportifs en France. Réservations en temps réel. Recherche multicritère.

FR **Ticketnet** *www.ticketnet.fr*

Réservez en temps réel vos places de concerts et autres manifestations sportives ou culturelles. Site officiel du Stade de France, de Bercy et du Palais des sports.

FR **Voila Nouba** *nouba.voila.fr*

Guide des manifestations culturelles en France. Sélectionnez votre ville, puis la catégorie : cinéma, expositions, festivals, musique, concerts.

US **Wilma** *www.wilma.com*

Base de données sur les concerts. Enregistrez votre profil et les artistes que vous préférez pour recevoir par e-mail des infos sur leurs tournées.

Aloud.com *www.aloud.com*
AOL Sorties *www.aolsorties.com*
L'Express Sortir *www.lexpress.fr/Express/Guides/Sortir*
Reg@rd en Coulisse *www.regardencoulisse.com*
Ticketmaster *www.ticketmaster.com*

Sortir > Attractions/événements

Lorsque vous en avez assez du farniente, peut-être aimez-vous trouver des choses à faire. Visitez alors un parc d'attractions, une exposition, assistez à un spectacle ou une manifestation sportive…

FR **Disneyland Paris** *www.disneylandparis.com*

Préparez virtuellement vos visites à Eurodisney. Conseils pour organiser un séjour. Jeux disponibles pour les plus jeunes. Visitez aussi *www.disney.com*.

(US) **Excite Event Finder** *city.net/forms/events*

Cherchez ce qui se passe là où vous allez avec ce moteur qui interroge les bases de données américaines d'événements.

(FR) **Festivals Live** *www.festivalslive.com*

Recense 600 festivals dans le monde. Classement par rubriques : musique classique, musique pop, théâtre et danse, beaux-arts, cinéma…

(US) **Festivals.com** *www.festivals.com*

Liste des festivals et des événements. Recherche par mots clés, géographique ou par type d'événements : sportif, artistique, musical…

(FR) **Futuroscope** *www.futuroscope.com*

Guide du parc d'exposition : infrastructures d'accueil (bars, restaurants, hôtels), tarifs, visite virtuelle, présentation de la région, webcams…

(FR) **Lagenda.com** *www.lagenda.com*

Liste, sous forme d'agendas thématiques, les événements à venir (culturels, sportifs, festifs…). Section dédiée aux événements du Web. Service d'alerte par e-mail.

(FR) **Parc Astérix** *www.parcasterix.fr*

Sur le site officiel d'Astérix, outre des informations sur la BD, visitez le plus gaulois des parcs d'attractions français.

(UK) **Port Aventura** *www.portaventura.es*

Présentation vidéo des cinq zones du parc d'attraction : Méditerranée, Polynésie, Chine, Mexique et Far West. Renseignements : horaire, hébergement, tarif…

(FR) **ViaFrance** *www.viafrance.com*

Moteur de recherche des événements en France. Liste les festivals, foires, conférences… Description des événements. Liens vers les sites officiels.

(UK) **World Wide Events** *wwevents.com*

Liste les événements sportifs, culturels et les festivités dans le monde. Recherche à partir du pays puis par dates.

Elotel *www.elotel.com*
What's Going On *www.whatsgoingon.com*
Whatsnew *www.whatsnew.com*

Loisirs

Sortir > Faire la fête

Ne ratez plus une soirée ou un événement festif. Si vous manquez d'idées, les agendas du Web vous transforment en noctambules avertis. Indispensable pour rester branché !

FR **Baoom** *www.baoom.com*

L'actualité des fêtes en France. Recherche multicritère des événements (à partir de la ville, du département, de la date...).

US **Carnaval.com** *www.carnaval.com*

Présente les carnavals des grandes capitales mondiale (Rio de Janeiro, Londres, New York...). Infos, conseils et liens. À visiter avant un voyage.

FR **Danse à Paris** *www.danse-a-2.com/Paris*

Destiné aux amateurs de danse à deux (danse de salon, salsa, rock...). Agenda quotidien des lieux où danser. Liste aussi les salles où apprendre à danser.

FR **Ethylic Web** *perso.infonie.fr/tavernier*

En plus de liens, d'adresses de lieux, de souvenirs ou de recettes, consultez les conseils et astuces pour réussir une soirée.

FR **Euronight** *www.euronight.com*

Liste les bars, discothèques, bowlings, pubs... en France. Recherche par nom d'établissement ou par département.

FR **Freetekno.org** *www.freetekno.org*

La section Party présente trois années de free parties en son, vidéo et image. Inscrivez-vous pour accéder à l'agenda de celles à venir.

FR **Le Petit Coin Fêtard** *www.aupetitcoin.com/fetard*

Un guide des sorties avec un agenda de soirées et des adresses de bars et de discothèques. Forums de rencontre.

FR **Parissi.com** *www.parissi.com*

Guide pour les fêtards parisiens. Liste les bars (ceux en ligne et ceux ouverts tard), les discothèques, les concerts et les soirées (agenda quotidien).

US **Raves.com** *www.raves.com*

Pour les voyageurs noctambules, cette base de données est indispensable. Elle présente les parties de tous les pays. Recherche multicritère.

FR **Serialweb** *www.serialclubers.com*

Guide des bons endroits pour sortir en France. Liste les soirées étudiantes, les clubs, les concerts... Publie des infos sur la musique et le cinéma.

Loisirs

(FR) **Sortirama** *www.top.org*

Base de données des spectacles et des sorties à Paris et dans la région Ile-de-France. Réservation en ligne pour certains spectacles.

flyersweb.com *www.flyersweb.com*
lanuit.com *www.lanuit.com*

Auto/Moto > Passion automobile

La voiture fait encore rêver même si elle devient utilitaire. Que vous soyez passionné ou simple curieux, découvrez sur le Web l'histoire des plus beaux modèles.

(FR) **Amateurs de Camions Lourds** *www.geocities.com/MotorCity/9018*

Pour tout savoir sur les camions américains et leurs chromes, leurs caractéristiques techniques, les remorques, les moteurs… Admirez les photos.

(FR) **AutoLogique** *www.autologique.qc.ca*

Sa section Le carrefour Internet de l'automobile répertoire de sites sur le monde de l'automobile (art, histoire, publications, pièces et accessoires…).

(US) **AutoSpeak** *www.autospeak.com*

Depuis Village photo, téléchargez des photos de voitures anciennes ainsi que la bibliothèque sonore régulièrement alimentée de nouveaux bruits de moteurs.

(UK) **Car lounge** *carlounge.com*

Si vous cherchez un lien sur l'automobile, ce site indexe aussi bien les ressources américaines qu'européennes.

(US) **Car Pictures** *www.carpictures.com*

Bibliothèque de photos de véhicules produits par l'industrie automobile depuis ses origines. Fiches techniques, extraits sonores et vidéos.

(US) **CARtimes** *cartimes.com*

Cet annuaire liste les ressources sur l'automobile par sections : clubs et organisations, musées, jeux et simulateurs…

(US) **Classic Car Source** *www.classicar.com*

Pour les amoureux de voitures anciennes. Présentation des modèles, conseils de restauration, clubs… Un véritable musée virtuel.

(FR) **Classic driver** *www.classicdriver.com*

Webzine européen sur les véhicules de collection et de prestige. Brèves d'actualité, calendrier des événements, liens vers les marques et les clubs.

(UK) **Ferrari** *www.ferrari.it*

Historique, présentation des voitures, produits dérivés… le site officiel de la plus célèbre des marques mérite votre visite. À voir aussi *www.ferrari.com*.

(US) **Lamborghini** *lamborghini.itg.net*

L'histoire de la marque et une galerie de modèles de légende : Countach, Miura, Diablo… Indispensable pour acheter ou vendre une Lamborghini !

(FR) **LVA** *www.act.fr/lva*

Magazine spécialisé dans les véhicules de collection. Le site liste les clubs et les musées. Consultez les cotes et les petites annonces.

(US) **The Auto Channel** *www.theautochannel.com*

Rendez-vous à la Media library pour visionner des vidéos de courses automobiles, de modèles contemporains ou de véhicules de légende.

(FR) **Tuning Center** *www.tuningcenter.com*

Le guide idéal pour découvrir le monde du tuning (transformation de voiture). Liste les clubs, les adresses de professionnels, sans oublier les sites sur le tuning.

AutoPedia *www.autopedia.com*
eAuto *www.eauto.com*
Motorpress *www.motornews.net*

Auto/Moto > Garages virtuels

Après avoir rêvé sur les véhicules de légende, revenez à la réalité avec ces sites utiles, voire indispensables, à tous ceux qui désirent changer ou entretenir leur véhicule.

(FR) **Auto Mag** *automag.citeweb.net*

Magazine en ligne consacré à l'automobile. Diverses rubriques traitent de l'actualité, des nouveautés, de l'histoire…

(FR) **Auto5** *www.auto5.com*

Comparez les modèles des différents constructeurs. Consultez l'annuaire des concessionnaires par pays. Moteur de recherche de véhicules d'occasion.

(FR) **Canal Auto** *www.canalauto.com*

Actualité de l'automobile au quotidien. Infos constructeurs, bancs d'essai et cote de l'occasion. Consultez les annonces de *La centrale des particuliers*.

(FR) **Car Driver** *www.cardriver.com*

Guide pratique de l'automobile. Infos sur le budget, le contrôle technique, l'assurance (calculez le montant des primes). Recevez par e-mail les annonces.

CarExplorer *www.carexplorer.net*

Base de données de véhicules d'occasion de toutes marques. Recherche multicritère en fonction du modèle, prix, kilométrage… Liste les concessionnaires.

e-Annonces Auto *www.e-annonces.fr/auto*

Petites annonces spécialisées dans le marché de la voiture d'occasion. Le dépôt d'annonces est gratuit pour les particuliers.

L'argus *www.argusauto.com*

L'argus informe sur le prix des véhicules, cartes grises, permis et vignettes. Consultez aussi la bourse des occasions ainsi que les conseils d'achat.

Le Moniteur Automobile *www.moniteur-automobile.presse.fr*

Informations sur tous les modèles de voitures : photos, prix, données techniques… Chaque semaine passage au crible d'un nouveau véhicule.

Motorsat *perso.club-internet.fr/motorsat*

Spécialisé dans les statistiques, ce site fournit des chiffres sur les automobiles, les motos, les utilitaires… Renseignements pratiques : prix des vignettes…

Occasions du lion *www.occasionsdulion.com*

Découvrez les offres d'occasions des concessionnaires Peugeot. Choisissez un véhicule, en sélectionnant la région, le prix, la marque. Liste des points de vente.

Renault Occasions *www.occasions.renault.fr*

Après avoir saisi vos critères (localisation, budget, marque…), consultez les fiches détaillées des véhicules correspondants.

Auto Moto *www.auto-moto.com*
auto.com *www.autoauth.com*
Autoatnet *www.autoatnet.com*
AutoValley *www.autovalley.com*
Car and Driver *www.caranddriver.com*
Code de la route *www.coderoute.com*
Procar *www.procar.com*
Web Car Center *www.webcarcenter.com*

Auto/Moto > Deux-roues

La moto, c'est la liberté et la fin des soucis de circulation. Que ce soit pour choisir un modèle, comparer les essais ou admirer les bêtes de courses, les sites des motards vous combleront.

Cycle News *www.cyclenews.com*

Le guide d'achat propose des infos et photos de tous les modèles de motos classés par constructeurs et par genres (enduro, grand prix, trial…).

(US) **Harley Davidson** *www.harley-davidson.com*

Admirez les motos de la marque la plus célèbre. Visionnez les présentations vidéo de certains modèles. Moins complet mais français : *www.harley-davidson.fr.*

(FR) **Moto Revue** *www.motorevue.com*

Actualité, calendrier hebdomadaire, essais comparatifs… Cette édition en ligne de la revue française de la moto complète l'édition papier.

(US) **Moto-directory** *www.moto-directory.com*

Annuaire de ressources organisé par catégories : clubs et associations, courses et compétitions, magazines, événements, collection…

(FR) **Moto-Net** *www.moto-net.com*

Ce webzine publie chaque mois des enquêtes, des dossiers spéciaux (louer une moto en ligne, les artisans de la moto…), un feuilleton…

(US) **Motorcycle City** *motorcyclecity.com*

Ce magazine traite de la moto à travers diverses rubriques : nouveautés, événements, photos, tests de modèles… Nombreux liens.

(US) **Motorcycle Online** *www.motorcycle.com*

Le site le plus complet. Retrouvez des essais, un musée virtuel, des présentations de nouveaux modèles, des renseignements techniques…

(US) **Motorcycle Pictures** *www.motorcyclepictures.com*

Galerie virtuelle de photos de motos (dont chaque semaine la photo d'un internaute). Vidéos, extraits sonores et fiches techniques de nombreux modèles.

(FR) **Motos & balades** *www.balades.net*

Découvrez tous les mois une nouvelle balade à moto à faire en France. Pour préparer vos sorties, téléchargez les infos pratiques et les cartes.

(FR) **Motos.com** *www.motos.com*

Un magazine moto exclusivement sur le Web. Actualité sportives, comparatifs des motos, annonces des nouveaux modèles…

(FR) **Motoweb** *wwwusers.imaginet.fr/~yvesjpv*

Liste les ressources en français. Plusieurs catégories : Votre moto, La vitesse, Le tout-terrain… N'oubliez pas la plus amusante, La moto et la BD.

(UK) **Trials Action** *www.trials.co.uk*

Nouvelles, calendriers et résultats, tests de machines, photos… Les amateurs de trial seront comblés. Bonne sélection de liens.

Banditmania *www.banditmania.com*
Custom Bikes *www.custom-bikes.com*
Cybermotard *www.cybermotard.com*
L'univers des scooters *www.lescooter.com*
Moto-Club Magazine *www.motoclubs.gncia.fr*

Vie pratique

Ah ! qu'on est bien chez soi ! Si le Web invite souvent au voyage car il nous montre le reste du monde et nous donne envie de le découvrir, il nous invite aussi à rester chez nous, à cultiver notre intérieur... à pratiquer le cocooning. Pour mijotez de bon petits plats, découvrez sur le Web des milliers de recettes. Choisissez les vins appropriés

Vie pratique

et préparez des cocktails détonnants. Pour vous changer les idées, retrouvez des conseils de jardinage et de bricolage. Pour répondre à des questions administratives, consultez les sites institutionnels. Si vous êtes en mal d'amour, recherchez le compagnon ou la compagne de vos rêves. À cette fin, équipez-vous du meilleur téléphone mobile. Mais avant tout, veillez à votre santé et à celle de votre famille.

Téléphonie > Tout sur le téléphone

L'utilisation quasi-obligatoire du téléphone pour se connecter force les internautes à s'informer et à suivre l'actualité des télécoms. Des sites pour tout savoir sur l'évolution des technologies de la communication.

FR **ART** *www.art-telecom.fr*

L'Autorité de régulation des télécommunications liste les opérateurs français. Elle fournit une multitude d'infos sur les mobiles, les contrats, les litiges…

FR **BudgeTelecom** *www.budgetelecom.com*

Simulez et comparez les offres de téléphonie fixe et mobile en fonction de votre consommation. Idéal pour choisir un opérateur. Fiches d'infos sur les opérateurs.

FR **France Telecom** *www.francetelecom.fr*

Les informations utiles pour téléphoner, la présentation des produits maisons (Itinéris, Wanadoo, Tatoo…), des liens vers les sites du groupe…

FR **ITU** *www.itu.ch*

L'International Telecommunication Union publie des informations sur les technologies de télécommunication, les régulations, les standards…

FR **Network News** *www.vnunet.fr/NN*

L'actualité des réseaux et des nouvelles technologies. Infos du jour, revue de presse, agenda des manifestations, dossiers. Présentation des nouveaux produits.

FR **Réseaux & Télécoms** *www.reseaux-telecoms.net*

N°1 de la presse télécom en France. Actualité quotidienne. Infos sur les opérateurs. Nombreuses études de marché. Tests comparatifs.

US **Telecom Information Resources** *china.si.umich.edu/telecom*

Sélection de plus de 7000 sites couvrant tous les domaines des télécoms. Point de départ indispensable pour trouver une information.

UK **Telecom Update** *www.angustel.ca*

Recevez gratuitement cette newsletter hebdomadaire sur l'actualité des télécoms. Traite des technologies, des opérateurs, des aspects financiers…

US **Telecom Web** *www.telecomweb.com*

L'actualité des télécoms orientée business. Couvre les domaines de la technologie, des produits, des services, des législations…

FR **telecom.gouv** *www.telecom.gouv.fr*

Les informations sur les télécoms par le Ministère de l'Industrie : textes de références sur les NTIC, dossiers thématiques, rapports concernant Internet…

UK **Telecoms Virtual Library** *www.analysys.com/vlib*

La section Telecoms liste les ressources liées aux télécommunications dans le monde. Recherche par sujets ou par mots clés.

(US) **TotalTelecom** *www.totaltele.com*

L'actualité mondiale quotidienne des télécoms. Recherche par mots clés dans les archives. Agenda des événements majeurs, séminaires et conférences.

@llo ! *www.allo.francetelecom.fr*
Boardwatch Magazine *boardwatch.internet.com*
ComparaTEL.fr *www.comparatel.fr*
Data communication *www.data.com*
Network Computing *www.networkcomputing.com*
Network Magazine *www.networkmagazine.com*
PersNews *www.persnews.com*
Simplexity *simplexity.com*
Wireless Design Online *www.wirelessdesignonline.com*

Téléphonie > Téléphones portables

Avant de choisir un téléphone, visitez les sites des opérateurs. Comparez leurs offres ainsi que les différents modèles d'appareils. Utilisez les services gratuits d'envoi de mini-messages.

(FR) **Bouygues Telecom** *www.bouyguestelecom.fr*

Les forfaits, les services, les téléphones... Avec Scoop recevez les infos directement sur l'écran de votre téléphone. Service gratuit pendant deux mois.

(FR) **Ericsson** *www.ericsson.fr*

Découvrez les derniers modèles d'appareils et les accessoires du constructeur suédois. Infos sur l'utilisation de mobiles avec un ordinateur portable.

(FR) **France Mobiles** *www.francemobiles.com*

Présente toutes les offres du marché. Multiples explications sur les opérateurs, les différents packs, les téléphones, les services...

(FR) **FTMS** *www.ftmsf.fr*

France Telecom Mobile Services présente tous les abonnements, forfaits et services du réseau Itinéris.

(US) **GSM World** *www.gsmworld.com*

Pour tout savoir de la norme GSM (Global System for Mobile Communications). Couverture des réseaux, services, infos ...

(FR) **Itinéris** *www.itineris.tm.fr*

Toutes les infos sur les mobiles de France Telecom. Essayez gratuitement pendant deux mois le service Mini-News, pour recevoir quotidiennement des infos.

(FR) **Mobiles test** *www.mobilestest.com*

Publie des bancs d'essai et les cartes de couverture des réseaux. Simulateur pour connaître la formule d'abonnement la plus adaptée à vos besoins.

FR **Mon Portable.com** *www.monportable.com*

Premier annuaire de la téléphonie mobile. Inscription gratuite. Recherche par nom, numéro ou adresse e-mail. Envoi gratuit de mini-messages.

FR **Phone Test** *www.phonetest.com*

Actualité de la téléphonie mobile. Cartes des couvertures, bancs d'essais et fiches techniques des appareils, simulateur de forfaits… Envoi de SMS.

FR **SFR** *www.sfr.fr*

Offres, tarifs, promotions et services du réseau SFR. Envoyez gratuitement en direct ou en différé un message texte vers un portable SFR.

Bluetooth *www.bluetooth.com*
Gixom WAP Catalog *www.gixom.com*
Kiwee *www.kiwee.com*
LepriXnet.com *www.leprixnet.com/tel*
Mobile Online *mobile.online.fr*
Mobimél *www.mobimel.com*
Motorola.fr *www.motorola.fr*
MSN Mobile *mobile.msn.com*
mtn sms *www.mtnsms.com*
PagesMobiles *www.pagesmobiles.com*
TF1 Mobiles *mobiles.tf1.fr*
Wireless Today *www.wirelesstoday.com*
WirelessWeek *www.wirelessweek.com*

Téléphonie > Téléphoner via Internet

Avec l'amélioration des connexions, de nouvelles possibilités d'utilisation d'Internet apparaissent. Une des plus intéressantes : téléphoner n'importe où dans le monde au tarif local !

FR **AGCOM** *www.agcom.fr*

Pour envoyer de votre ordinateur un message vers un portable (Itinéris, SFR, Bouygues…) ou un pager, téléchargez gratuitement le logiciel Mobi Message.

US **Computer Telephony Depot** *www.ctdepot.com*

Pour tout savoir des logiciels et des solutions de téléphonie via le Web. Présente les avantages de ces communications pour les particuliers et entreprises.

US **Computer Telephony Portal** *www.computertelephony.org*

Liste les ressources de téléphonie : sites d'information, forums de discussion, magazines… Indispensable pour effectuer des recherches exhaustives.

FR **Esme Net** *www.esmenet.org*

Envoi gratuit de SMS (message de 130 caractères maximum) vers des portables Itinéris ou SFR. Pour des envois en Europe, visitez *www.advalvas.be/sms*.

US **HelloDirect.com** *www.phonezone.com*

Informations au sujet de la téléphonie à l'attention des néophytes. Guides d'achats sur les produits et les services liés à la téléphonie Internet.

US **Iphone** *www.pulver.com/iphone*

Actualité et infos sur la téléphonie Internet. Propose des newsgroups et des listes de diffusion ainsi qu'un annuaire des utilisateurs du logiciel IPhone.

FR **MobiNet** *www.mobinet.com*

Site dédié au téléphone via Internet et aux accès Internet à partir de mobiles… Publie l'actualité, des interviews et des conseils, un annuaire de sites…

FR **Net2Phone** *www.net2phone.com/french*

Téléchargez gratuitement ce logiciel, ouvrez un compte et téléphonez à n'importe quel correspondant dans le monde à un tarif défiant toute concurrence.

US **PhoneFree.com** *phonefree.com*

Avec ce plug-in, téléphonez via votre connexion Internet. Le bout du monde est maintenant accessible au tarif local.

FR **Téléphonie Internet** *www.sit.ulaval.ca/logi/presteleconf*

Présentation du fonctionnement, du matériel, des avantages et des inconvénients de la téléphonie et de la vidéophonie Internet.

US **The Virtual Voice** *www.virtual-voice.com*

Publie des informations et des ressources sur la téléphonie Internet. Les FAQ répondront à la plupart des questions essentielles.

BuddyPhone *www.buddyphone.com*
ICQ phone *www.icqphone.com*
Internet Phone *www.vocaltec.com*
Phone Booth *phonebooth.yahoo.com*
Rave 2 *www.ravevar.com*
Talk.com *talk.com*
VoxPhone *www.voxware.com*
WebPhone *www.webphone.com*

Habitat > Maison et décoration

Découvrez les dernières tendances du design ou chinez chez les antiquaires virtuels. Le Web présente des objets et des idées par milliers pour décorer votre maison et améliorer votre confort.

FR **Beflux** *www.beflux.com*

Communauté virtuelle de l'architecture et du design contemporain. Base de données sur le mobilier contemporain. Galerie et annuaire de sites.

US **Better Homes and Garden** *www.bhglive.com*

Cet hebdomadaire de décoration publie une foule de conseils et de liens. Consultez l'encyclopédie des 1000 idées d'aménagement de la maison.

FR **Côté Sud** *www.cotesud.com*

Consultez l'avant-dernier numéro de la revue ainsi que le sommaire du dernier numéro. Grâce au carnet d'adresses, recherchez les meilleurs magasins.

FR **Design vox** *www.design.fr*

Le magazine du design français propose une sélection des meilleures agences ainsi que l'actualité, les expos et la découverte de jeunes talents.

US **FM4** *www.iserv.net/~plucas*

Liste les ressources spécialisées dans l'ameublement : histoire, design, industrie… Chaque lien est brièvement commenté.

US **HouseNet** *www.housenet.com*

Conseils pratiques pour la maison et le jardin classés par catégories : décoration, travaux, couture… Dossiers sur le déménagement, la cuisine, les réparations…

UK **IDE** *www.io.tudelft.nl/public/vdm*

Ce musée virtuel présente la vie et les objets de designers célèbres comme R. Loewy, F. Porshe, P. Stark…

FR **ideesmaison.com** *www.ideesmaison.com*

Conseils pratiques et astuces pour bricoler (débutants et initiés). Un guide explique comment faire construire une maison dans de bonnes conditions.

FR **Maison & Travaux** *www.maison-travaux.fr*

Conseils de bricolage en tout genre. Quelques articles de l'édition papier disponibles en ligne. Visitez aussi *www.art-decoration.fr.*

FR **Maison-Net Québec** *www.pageweb.qc.ca/maison-net*

Conseils et liens pour améliorer votre habitation. Consultez entre autres les rubriques : Intérieur, Extérieur, Construction et rénovation…

US **National Design Museum** *www.si.edu/ndm*

Visitez le musée National Cooper-Hewitt de New York et découvrez une partie des objets qui ont marqué l'histoire du design. Propose des expos virtuelles.

Objectif-devis *www.objectif-devis.com*

Déposez vos demandes de devis dans cinq catégories : maison, entreprise, loisirs… et recevez des propositions de professionnels sous trois jours.

Tribu-Design *www.tribu-design.com*

Lieu de rencontre des passionnés du mobilier et du design du XXe siècle. Découvrez la production et les créateurs de toutes les nationalités.

Ask the Builder *www.askthebuilder.com*
Home ideas *www.homeideas.com*
HomeArts! *www.homearts.com*
IDD *www.i-d-d.com*

Habitat > Jardinage et bricolage

On ne s'improvise pas jardinier ou bricoleur ; même après les premiers pas, il reste des milliers de choses à apprendre. Débutant ou expert, de nombreux sites viennent à votre secours.

Castorama *www.castorama.fr*

Publie des infos sur le bricolage, la décoration et le jardinage. Consultez les fiches conseil et l'agenda du jardinier et du bricolage. Présente une foule de produits.

Fleurs Plantes Jardins *versicolores.ca*

Ce magazine propose tous les mois un calendrier horticole, des chroniques au sujet des jardins de France, ainsi qu'une multitude de conseils sur le jardinage.

Garden.com *www2.garden.com*

Ce site très complet explique, étape par étape (création, composition, entretien…) comment réussir un jardin.

GardenGuides *www.gardenguides.com*

Les ressources indispensables pour le jardinier. Succession de guides au sujet des fleurs, des légumes, des plantes médicinales et de leurs propriétés.

Home Central *www.homecentral.com*

Publie des conseils sur la décoration, le bricolage ou le jardinage. How to est une collection de guides pratiques sur la plomberie, l'électricité, le téléphone…

Learn2.com *www.learn2.com*

Un des sites les plus utiles d'Internet. Si vous avez un problème (bricolage, finances, santé, ordinateur…), apprenez à le surmonter.

Leroy Merlin *www.leroymerlin.fr*

Après avoir consulté les renseignements pratiques (horaires d'ouverture, promos…), téléchargez les fiches conseil. Vente en ligne de quelques produits.

Vie pratique

FR **Mr. Bricolage** *www.mr-bricolage.fr*

Découvrez les fiches conseil thématiques : menuiserie, électricité, plomberie… ainsi que le guide des 500 trucs et astuces pour bricoler et jardiner.

US **PM zone** *www.popularmechanics.com*

La célèbre revue américaine sur la mécanique et les nouvelles technologies. Visitez plus particulièrement les rubriques jardinage et rénovation.

US **Toiletology 101** *www.toiletology.com*

Qui n'a pas un jour pesté contre une chasse d'eau ? Avec ce cours en ligne, agrémenté de nombreux croquis, résolvez tous les problèmes de fuites.

FR **Tout sur le jardin** *www.jardicom.com*

Publie un calendrier du jardinage, un agenda des manifestations, l'index des catalogues de VPC… Liste les médias liés au jardinage. Annuaire de professionnels.

Calendrier du jardin *www.gerbeaud.com/jardin*
Castokids *www.castokids.com*
eHow *www.ehow.com*
ijardin *www.ijardin.com*
Le site du bonheur *www.lebonheur.com*
Plantes et jardins *www.plantesetjardins.com*
RealGarden *www.realgarden.com*
Roseraies Pierre Guillot *www.rosesguillot.com*
SBE *www.seedman.com*

Habitat > Recettes de cuisine

Si vous êtes amateur de bonne chère ou tout simplement en manque d'idées pour un repas, feuilletez Internet : le meilleur et le plus grand livre de recettes du monde.

FR **À table !** *www.france3.fr/atable*

Les recettes de l'émission télé de Maïté consultables par types de plat : entrées, poissons, volailles… Une section pour les spécialités : cassoulet, flamiche, risotto…

US **Cook's Thesaurus** *www.foodsubs.com*

Remplacez certains ingrédients de vos recettes pour cuisiner plus léger, plus économique et plus simple. Liste les produits de substitution et leurs utilisations.

FR **Cuisine-fr** *www.cru.fr/listes/cuisine-fr@cru.fr*

Passionnés de cuisine, abonnez-vous à cette liste de diffusion. Échangez vos recettes et consultez les archives.

FR Gourmetseeker *www.gourmetseeker.com*

Moteur de recherche sur la gastronomie en France. Liste les produits et spécialités, les restaurants et les traiteurs, les sites de recettes de cuisine…

FR La Boîte à Recettes *www.boitearecettes.com*

Index de plusieurs milliers de recettes. Choissez en fonction des plats : pâtes, poissons, desserts… ou du type de cuisson : micro-ondes, barbecue, vapeur…

FR La Bonne Cuisine de A à Z *www.cuisineaz.com*

Livre de cuisine électronique. Recettes classées par types de plats (entrées, soupes, gibier…). Ne manquez pas les recettes du mois.

FR Le Meilleur du Chef *www.meilleurduchef.com*

En plus d'une liste de recettes, consultez les cours de cuisine, les trucs et astuces et le dictionnaire culinaire pour réussir tous vos plats.

FR Les gourmandises d'Éric *perso.wanadoo.fr/alferic*

Plusieurs rubriques informent et conseillent sur les desserts, le chocolat, les pâtisseries… Nombreux trucs et astuces. Publiez vos recettes.

FR Marmiton.org *www.marmiton.org*

Base de données de plus de 10 000 recettes. Plusieurs choix : les recettes de la semaine, l'index thématique, choix aléatoire…

FR Miam Miam *www.miam-miam.com*

Trouvez une recette avec les ingrédients dont vous disposez. Critiques de livres de cuisine, encyclopédie culinaire, commentaires sur les grands chefs…

FR Passion Cuisine *passioncuisine.online.fr*

Cet annuaire classe alphabétiquement les recettes en trois sections : entrées, plats, desserts et en deux catégories : gastronomique et express.

FR Reception France *www.receptionfrance.com*

Le site de la grande cuisine française : présentation des chefs et de leur établissement. Regardez-les réaliser leurs recettes en RealPlayer.

Amora *www.amora.tm.fr*
Choco-Club *www.choco-club.com*
Digital Chef *www.digitalchef.com*
Mes recettes *www.mesrecettes.org*

Vie pratique

Habitat > Goûts du monde

Découvrez de nouveaux horizons dans votre assiette avec ces recettes internationales. Réussissez ces plats exotiques en suivant les conseils, les vidéos et les trucs de cuisiniers expérimentés.

US **asiacuisine.com** *www.asiacuisine.com*

Un vrai régal pour les amateurs de cuisine asiatique : recettes des grands chefs, clips vidéo sur certaines préparations, actualité des meilleurs restaurants…

US **Barbecue** *www.barbecuen.com*

Tout, absolument tout sur l'art du barbecue, cette spécialité américaine si prisée des familles fançaises. Recettes, modes de cuisson, différents équipements…

US **Culinary.net** *www.culinary.net*

Trouvez des recettes et des conseils fournis par l'industrie agro-alimentaire américaine. Dossiers sur la cuisson, la pâtisserie, la diététique…

US **epicurious** *food.epicurious.com*

Vaste site d'un magazine américain sur la cuisine et les boissons. Consultez notamment les conseils pour les débutants, les recettes des chefs, le sommelier…

US **Global Gourmet** *www.foodwine.com*

Des recettes du monde à choisir par nom ou pays. Chaque mois des articles présentent un plat, un vin, un livre de cuisine…

US **Internet Food Channel** *www.foodchannel.com*

Moteur de recherche spécialisé dans les produits alimentaires et la cuisine consultables en nombreuses catégories : pâtisserie, pâtes, café…

US **Mimi's Cyber Kitchen** *www.cyber-kitchen.com*

Des recettes internationales avec une section sur la cuisine juive. Des critiques de livres de cuisine et un forum où échanger des recettes.

US **My-Recipe.com** *www.my-recipe.com*

Moteur de recherche de recettes. Vous pouvez sélectionner des recettes en éliminant celles faisant grossir ou trop salées ou trop sucrées.

US **recipecenter.com** *www.recipecenter.com*

Plus de 100 000 recettes de cuisine. Recherche par mots clés ou huit catégories : pays, type de cuisson, ingrédients…

FR **Saveurs du Monde** *saveurs.sympatico.ca*

Le site de référence des gastronomes francophones. Recettes de tous les pays, descriptions de produits, portraits des grands chefs…

UK **Simply Food** *www.simplyfood.co.uk*

Recettes, mais aussi guide des restaurants anglais, tests de produits, critiques de livres… Cours de cuisine et de diététique pour concilier appétit et forme.

The Kitchen Link *www.kitchenlink.com*

Moteur de recherche spécialisé dans la nourriture et la cuisine avec plus de 10000 liens. Composez chaque jour un menu différent grâce à la sélection de recettes.

Mangiare Bene *www.mangiarebene.com*
Sally's Place gastronomie *www.bpe.com*

Habitat > Cocktails et boissons

Point de bon repas sans bons vins pour l'accompagner, point de fête réussie sans bons cocktails. Écoutez les conseils des sommeliers virtuels, achetez les meilleurs crus ou réalisez des cocktails explosifs.

Broue *www.broue.com*

Site dédié à la bière. Découvrez les secrets de fabrication, les fiches descriptives, les chroniques… ainsi qu'une excellente sélection de liens.

ChannelWine *www.channelwine.com*

Ce webzine dédié au vin publie des informations pratiques, des articles historiques, des interviews de professionnels. Participez aux enchères.

Cocktail *ourworld.compuserve.com/homepages/S_Grialet*

Voici comment réaliser les 100 cocktails essentiels. Discutez des nouvelles recettes et trouvez tous les conseils pour devenir un véritable bartender.

Cocktail.com *www.cocktail.com*

Découvrez des cocktails pour chaque occasion (Halloween, réveillon…) et pour chaque saison. Publie les recettes des internautes.

Grand Marnier *www.grand-marnier.com*

Pour tout savoir sur la célèbre liqueur : fabrication, histoire et gamme de produits. Découvrez des recettes de cocktail à base de Grand Marnier.

Malongo *www.malongo.com*

L'encyclopédie du café : origines, cultures, torrefaction… Conseils pratiques : préparation, recettes, dégustation… Pour les passionnés, des cours à télécharger.

Smart Wine *smartwine.com*

Annuaire de sites sur le vin, base de données de tests, index des listes de diffusion… À utiliser pour explorer en profondeur le Web vinicole.

The Real Beer Page *www.realbeer.com*

Sélection de liens et ressources sur la bière. Plusieurs rubriques : e-zines, événements, jeux, produits dérivés… combleront les amateurs de bière.

(US) **The Webtender** *www.webtender.com*

Base de données de près de 5000 recettes de cocktails. Suggestion de cocktails en fonction des ingrédients dont vous disposez.

(US) **Wine Spectator** *www.winespectator.com*

Grâce à ce magazine, apprenez à choisir et à marier les vins. La base de données référence plus de 65 000 crus.

1,2,3 Spresso *www.123spresso.com*
1664 *www.1664.com*
Brasseries Kronenbourg *www.brasseries-kronenbourg.fr*
Ricard *www.ricard-sa.com*
Vin Delice *vindelice.free.fr*

Institutions > État français

Que vous désiriez envoyer un e-mail au Président de la République ou dialoguer en direct avec le Premier Ministre, les sites officiels de l'État vous attendent à bras ouverts.

Vie pratique

(FR) **Affaires étrangères** *www.france.diplomatie.fr*

Un superbe site, conçu comme une vitrine de la France. Découvrez l'Espace culturel, La France dans le monde, les informations pratiques…

(FR) **Assemblée nationale** *www.assemblee-nat.fr*

Après la visite historique, recherchez le député de votre région et consultez sa fiche. Téléchargez les textes de lois discutés et les ordres du jour.

(FR) **Conseil constitutionnel** *www.conseil-constitutionnel.fr*

Consultez l'intégralité de la Constitution de 1958, texte fondateur de la Ve République, ou la déclaration des Droits de l'Homme et du Citoyen.

(FR) **Cour des comptes** *www.ccomptes.fr*

L'organe de contrôle l'utilisation des fonds publics présente sa mission et compétences. Consultez les rapports de l'année ou commandez les archives.

(FR) **Journal officiel** *www.journal-officiel.gouv.fr*

Accédez gratuitement au journal officiel du jour et aux principaux textes depuis 1998 sur *www.legifrance.gouv.fr*. Commandez les éditions papier.

(FR) **Ministère de la Défense** *www.defense.gouv.fr*

Informez-vous sur la réforme du service national ou sur les opportunités d'emploi qu'offre l'armée française. Suivez en ligne les exercices interarmées.

(FR) **Ministère de l'Intérieur** *www.interieur.gouv.fr*

Publie des infos et des statistiques sur la France. Si vous envisagez une carrière dans la police, voici le calendrier et les formalités des concours de recrutement.

Premier Ministre *www.premier-ministre.gouv.fr*

Visitez Matignon ou révisez l'histoire de France. Dans la rubrique Grands rendez-vous, notez l'agenda des manifestations économiques, politiques, sportives…

Président de la République *www.elysee.fr*

Visitez virtuellement l'Élysée, explorez les services de la Présidence, analysez les discours, avant d'envoyer un e-mail au Président.

Sénat *www.senat.fr*

Consultez la grille des programmes afin de ne pas rater les séances du Sénat : elles sont retransmises en direct comme à la télévision.

Conseil d'État *www.conseil-etat.fr*
Ministère de la fonction publique *ww.fonction-publique.gouv.fr*
Ministère de la Jeunesse et des Sports *www.jeunesse-sports.gouv.fr*

Institutions > Services publics

Évitez les files d'attente ! L'administration française et les services publics sont présents sur le Web pour vous faciliter la vie. Visitez les sites de ressources et ceux des grandes entreprises nationales.

AdmiFrance *www.admifrance.gouv.fr*

Le portail de l'administration française. Publie des informations administratives, des rapports officiels, des formulaires…

AdmiNet *www.adminet.com*

Centre de cyberdocumentation de l'administration et des services publics français. Bien que non officiel ce site est une mine d'informations.

Admiroutes *www.admiroutes.asso.fr*

Cette association regroupe les fonctionnaires qui cherchent à moderniser les services publics par l'utilisation des nouvelles technologies de l'information.

CERFA *www.cerfa.gouv.fr*

Liste les formulaires administratifs pour particuliers et entreprises. Recherche par mots clés ou par numéro. Certains peuvent être téléchargés ou remplis en ligne.

CIRA *cira.admifrance.gouv.fr*

Les Centres Interministériels de Renseignements Administratifs publient, sous forme de questions-réponses, des infos par domaines : fiscalité, justice, travail…

France Pratique *www.pratique.fr*

Le guide des sites utiles. Liste des sites publics, infos sur les droits, l'éducation, l'argent, la santé… Propose un service payant pour estimer un salaire théorique.

La Poste *www.laposte.fr*

Ce site regroupe des informations pratiques, comme les différents tarifs des lettres et des colis. Vente en ligne des produits commercialisés par La Poste.

La Documentation Française *www.ladocfrancaise.gouv.fr*
Le CAWA *www.admi.net/cawa*
Le Médiateur de la République *www.mediateur-de-la-republique.fr*

Institutions > Régions de France

Avec la décentralisation, dont Internet est l'un des nouveaux vecteurs, les régions prennent de plus en plus d'importance. Visitez les sites des conseils généraux et régionaux.

Alpavista *www.alpavista.com*

Annuaire de sites de la région Rhône-Alpes. Recherche par catégories ou par mots clés sur un ou plusieurs des départements (Ain, Isère, Savoie…).

Annuaire Abondance *www.abondance.com/annuaire*

Liste les annuaires et moteurs de recherches régionaux français. Classement par région : Ile-de-France, Alsace, Languedoc-Roussillon…

Annuaire du monde local *www.clf.fr*

Recherchez par catégories, départements ou mots clés, les adresses Web de tous les conseils régionaux et généraux ainsi que des collectivités locales.

AquiSeeker *www.aquiseeker.com*

Moteur de recherche spécialisé sur les sites de l'Aquitaine. Liste les sites de tourisme, des services publics, d'actualités et de médias…

Bretagne *www.bretagne.com*

Un site très riche. Visitez les sections histoire et traditions, légendes, vie culturelle… Attardez-vous aussi sur la sélection de liens.

Ile-de-France *www.cr-ile-de-france.fr*

L'Ile-de-France présente aux investisseurs, tout comme aux habitants de la région, ses atouts économiques, son histoire, ses ressources…

La Normandie.net *www.lanormandie.net*

Annuaire thématique des meilleurs sites de la région dans les domaines économiques, commerciaux, administratifs, culturels…

Languedoc Roussillon *www.cr-languedocroussillon.fr*

Trois principales rubriques : une axée sur le tourisme, une autre sur l'export, la dernière sur les informations géographiques (base de données).

Le Guide Rhône Alpes *www.rhonealpes.com*

Infos locales aussi bien que touristiques. Nombreux services : météo, petites annonces, carte régionale, plans des villes… Boutique de produits régionaux.

Limousin *www.cr-limousin.fr*

Visitez la liste de liens ainsi que la rubrique Découvrir qui propose un agenda culturel par département (Corrèze, Creuse, Haute-Vienne).

Outremer *www.outremer.com*

Portail des DOM TOM. Infos locales et services (météo, horaires, transports…) pour la Guadeloupe, la Réunion, la Calédonie, la Guyane et la Martinique.

PACA *www.cr-paca.fr*

La région se présente à travers trois rubriques : Futur, Culture et Nature (réalisée avec *www.enprovence.com*).

Pays de la Loire *www.cr-pays-de-la-loire.fr*

Le conseil régional informe sur les infrastructures, l'économie, les événements des départements : Loire-Atlantique, Maine-et-Loire, Mayenne, Sarthe et Vendée.

Poitou-Charentes *www.cr-poitou-charentes.fr*

Le site de ce conseil général est une vraie réussite. Visitez virtuellement la région. La sélection de liens référence les sites régionaux.

SitéCantal *www.sitecantal.com*

Moteur de recherche départemental. Classement thématique. Publie deux revues de presse : l'une nationale (quotidienne), l'autre régionale (hebdomadaire).

Tourisme Alsace *www.tourisme-alsace.com*

Ce serveur à vocation touristique publie des infos pratiques et historiques, ainsi que les liens vers les villes et départements alsaciens.

Les échos du développement local *www.developpement-local.net*
RivieraWorld *www.rivieraworld.com*
Ternova *www2.ternova.com*

Institutions > Villes françaises

Les sites qui parlent de votre ville, qu'ils soient l'œuvre des municipalités ou de particuliers, vous font découvrir des ressources dont vous ne soupçonniez peut-être même pas l'existence.

Lyon *www.mairie-lyon.fr*

Découvrez la ville (histoire, spécificité…), la vie municipale (conseil municipal, budget…) et les événements (expos, conférences…).

Ma Ville *www.maville.com*

Réseau de sites dédié aux villes de l'ouest : Angers, Brest, Caen, Nantes, Rennes… Actualité, dossiers, infos locales et services pratiques…

Maire-Info *www.maire-info.com*

Site d'infos pour les élus locaux. La section Annuaire liste les villes et les communes disposant d'un site Web. Voir aussi *www.amf.asso.fr*.

Mairie de Bordeaux *www.mairie-bordeaux.fr*

Publie des infos pratiques et touristiques. Agenda des manifestations sportives ou culturelles. Visite virtuelle des expositions.

Marseille *www.mairie-marseille.fr*

Infos pratiques (plans, services publics…), culturelles (sorties, réservations pour l'opéra…) ou touristiques (visites, hébergement…).

Nantes *www.mairie-nantes.fr*

Le site d'une des villes françaises les plus vivantes culturellement. Infos sur le tourisme, l'urbanisme, l'économie locale, les sports et les loisirs.

Paris *www.mairie-paris.fr*

Site utile aussi bien aux touristes (visite des monuments, plan de la ville, hôtels, infos pratiques…) qu'aux parisiens (formalités, transports, numéros utiles…).

Strasbourg *www.strasbourg.com*

La capitale européenne se présente : cathédrale, musées, loisirs… Visitez la galerie virtuelle des artistes alsaciens.

Toulouse *www.mairie-toulouse.fr*

Après les rubriques indispensables : Culture et loisirs, Transports, Toulouse en bref… visitez la sélection de liens Les serveurs toulousains.

Voila Régions *www.toutenville.com*

Guide des grandes villes : Paris, Bordeaux, Marseille, Nantes, Montpellier, Toulouse, Lille… Infos sur les sorties et transports. Plans et annuaires.

Web City *www.webcity.fr*

Guides de villes sous forme de magazines. Cybergone pour Lyon, Cyberminot pour Marseille, Cyberchti pour Lille, Cyberparis…

Banlieues en ligne *www.cite.org*
Votreville *lokacites.lokace.com*

Institutions > Européennes

Malgré le passage à la monnaie unique, nous oublions souvent que nous sommes citoyens européens. Si vous voulez connaître vos droits, partez à la découverte des instances supranationales.

FR **Citoyens d'Europe** *citizens.eu.int*

Indiquez votre pays d'origine, puis choisissez le pays d'Europe où vous voudriez vivre, travailler, étudier... et les renseignements indispensables s'affichent.

FR **Commission Européenne** *europa.eu.int/comm*

Le guide du citoyen européen vous informe sur vos droits et vous explique comment accéder aux législations, statistiques et études sur l'Europe.

FR **Conseil de l'Europe** *www.coe.fr*

Réunit des représentants de 40 états européens. A pour objectif de protéger la démocratie, les droits de l'homme et l'État de droit.

FR **Conseil de l'Union Européenne** *ue.eu.int*

Site de l'institution représentant le pouvoir législatif de la communauté. Consultez les textes des traités de Rome (1957), de Maastricht (1992) et d'Amsterdam (1998).

FR **Eudor** *www.eudor.com*

Consultez et commandez les publications éditées dans les 11 langues de la communauté : journaux officiels, propositions de la Commission Européenne...

FR **Europa** *europa.eu.int*

Le serveur officiel de l'Union Européenne informe sur les différentes institutions, décrit leurs rôles et vous dirige vers leurs sites.

FR **Europe** *www.europe-fr.com*

Ce site non officiel sur l'Europe publie de nombreuses infos et des chroniques sur l'histoire, les institutions, l'euro, la politique, la culture...

UK **IM Europe** *www2.echo.lu*

Recherchez dans les bases de données de l'Union Européenne les textes ou documents relatifs au commerce électronique, au multimédia, à la population...

FR **Inforegio** *www.inforegio.org*

Découvrez la politique régionale de l'union à travers les rubriques : *Contacts, Documents, Nouvelles, Panorama...*

FR **L'Européen** *www.leuropeen.com*

Cet hebdomadaire informe sur toute l'actualité de la communauté européenne, ainsi que sur son fonctionnement.

FR **Parlement Européen** *www.europarl.eu.int*

Élu par 370 millions de citoyens, le Parlement est le centre législatif de l'Union Européenne. Retrouvez les journaux officiels et les textes de loi.

Sources d'Europe *www.info-europe.fr*

Ce site propose des actualités, des guides, des lieux d'information au sujet de l'Union Européenne et des pays qui la composent.

Europe Online *www.europeonline.com*
Europe, tout sur l'union *www.multimania.com/lorriaux*

Institutions > Mondiales

En même temps que l'économie se mondialise, les organisations internationales se développent. Toutes disposent de sites Web de qualité pour vous informer de leurs actions.

Amnesty International *www.amnesty.org*

Informez-vous sur l'organisation humanitaire et ses grands combats. Dans la section *Liens*, retrouvez les différentes antennes nationales.

CICR *www.icrc.org*

Informations sur le Comité International de la Croix-Rouge : actualité, historique, publications… Dossiers thématiques : mines, armes laser, l'eau et la guerre…

Médecins sans frontières *www.msf.org*

Le site international liste les différentes antennes de l'organisation. La française, *www.paris.msf.org*, présente l'histoire, l'actualité, les actions…

OMS *www.who.ch*

L'Organisation Mondiale de la Santé propose ses publications, ses documentations, ainsi que des rapports sur ses actions dans le monde.

oneworld *www.oneworld.org*

Consultez, par thèmes et par pays, l'actualité quotidienne des organisations internationales à travers le monde.

ONU *www.un.org*

L'Organisation des Nations Unies publie des informations sur les pays membres, des indicateurs, des statistiques, des vidéos et des archives photographiques.

RSF *www.rsf.fr*

Reporters Sans Frontières lutte contre la censure. Consultez les rapports, dossiers, pétitions, lettres de protestations, communiqués de presse…

UIA *www.uia.org*

Liste les organisations internationales, leurs sites, leurs publications et leurs documents. Une recherche bibliographique est également disponible.

FR **UNESCO** *www.unesco.org*

Présentation des programmes, des statistiques, des événements… Visitez la galerie virtuelle qui reprend les œuvres exposées au quartier général de l'organisation.

FR **UNICEF** *www.unicef.org*

Découvrez le travail du Fonds des Nation Unies pour l'Enfance : vaccination, aide humanitaire, conventions internationales. Participez aux forums.

Agence de la Francophonie *www.francophonie.org*
Médecins du monde *www.medecinsdumonde.org*

Institutions > Associations

Tout comme les organisations internationales, les associations se substituent souvent aux institutions officielles. Avec Internet, elles multiplient leurs champs d'action et vous invitent à les rejoindre.

FR **1901.net** *www.1901.net*

Moteur de recherche associatif. Liste par domaine d'activité les associations régies par la loi de 1901. L'inscription d'une association est gratuite.

US **Action without borders** *www.idealist.org*

Moteur de recherche thématique sur le monde associatif. Visitez la sélection des sites qui publient de l'actualité quotidienne ou hebdomadaire.

US **Associations On the Net** *www.ipl.org/ref/AON*

L'Internet Public Library liste les associations présentes sur le Web par catégories : arts et culture, santé et médecine, lois et politique, business…

UK **Charity Village** *www.charityvillage.com*

3000 pages de nouvelles, offres d'emploi, informations et ressources pour les bénévoles et les sympathisants des organismes à but non lucratif.

FR **clia** *www.clia.asso.fr*

Le Centre de Liaison et d'Information des Associations propose ses compétences en matière de gestion, de communication et d'emploi.

FR **GlobeNet** *www.globenet.org*

Serveur qui héberge plusieurs journaux et associations. Visitez le village des associations, la sélection de liens thématiques et l'agenda des manifestations.

FR **HumanWeb** *www.humanweb.org*

Retrouvez dans ce site un index des associations de quartier aussi bien que des organisations internationales œuvrant pour le bien de l'humanité.

US **National Opportunity** *www.opportunitynocs.org*

Si vous envisagez de travailler ou de faire du bénévolat, ce site réunit les annonces d'emploi des organisations américaines. La liste de liens mérite le détour.

US **Philanthropy Journal** *www.philanthropy-journal.org*

Ce journal publie les informations concernant le monde associatif et les organisations à but non lucratif : emplois, conférences, fondations, livres…

FR **Place publique** *www.place-publique.fr*

Sélection de liens. La rubrique *Guide* fournit des infos pratiques : comment créer une association, ses statuts, comment la financer…

Fraternet *www.fraternet.org*
Internet Nonprofit Center *www.nonprofits.org*
The Hunger Site *www.thehungersite.com*
Vie associative *www.vie-associative.gouv.fr*

Famille > Dur, dur, d'être parents !

Loin de diviser, Internet fédère, en faisant bénéficier les parents de conseils pour mieux comprendre leurs enfants ou en proposant des sites qui nécessitent la participation de toute la famille.

FR **A Baby on Web** *www.babyfrance.com*

Conseils pour les futurs parents classés par rubrique : grossesse, trucs et astuces, santé de bébé… Base de données de 8000 prénoms.

US **Baby Center** *www.babycenter.com*

Un site entièrement dédié aux parents ou à ceux qui vont le devenir. Questionnez des experts, trouvez un prénom, visitez la galerie de photos de bébés…

US **Babynamer.com** *www.babynamer.com*

Dans cette base de données, retrouvez des renseignements sur un prénom (19 000 références). Idéal pour chercher un prénom original.

FR **Enfance.com** *www.enfance.com*

Site d'infos sur les enfants maintenu par des professionnels de l'enfance. La rubrique *Dossiers* présente des sujets sur la santé, la prévention, la nutrition…

FR **Famille** *www.pratique.fr/vieprat/fam*

Renseignements sur toutes les législations ayant trait à la vie familiale : mariage, maternité, décès, droits et obligations des grands-parents…

US **family.com** *www.family.com*

Site réalisé par Disney et destiné à toute la famille. Des conseils, des infos et des jeux, sur l'éducation, la nourriture, les voyages…

Junior-Web *www.juniorweb.com*

Informations sur l'alimentation, conseils sur la sécurité ou l'enfant et l'école. Guide des jouets et des jeux éducatifs. Liste les ressources pour la famille.

Kidiweb *www.kidiweb.com*

Le guide des parents. Infos sur la santé des enfants, idées d'activités, agenda des spectacles… Dossiers thématiques (gardes d'enfant, divorce, aides financières…).

Magique Emilie *www.magique-emilie.com*

Publie des infos et des conseils à l'attention des parents ou futurs parents. Articles de la semaine et dossiers du mois sur la santé ou la vie pratique.

---

parent soup *www.parentsoup.com*

Quelle que soit votre situation familiale, trouvez ici des infos et des conseils. Posez vos questions à des experts, docteurs ou pédiatres. Consultez les archives.

PetitMonde *www.petitmonde.qc.ca*

Le site de la famille et de l'enfance. Informations, chroniques, dossiers et conseils sur la santé, la psychologie, la prévention et la sécurité…

---

11 000 vieux prénoms *cafe.rapidus.net/jhuriaux*
Babyglobe *www.babyglobe.com*
Caisse d'Allocations Familiales *www.caf.fr*
CEDIAS *www.familles.org*
Families Online *www.families-online.com*
Family Resource Online *www.familyresource.org*
Happy Families *www.happyfamilies.com*
Holidays on the net *www.holidays.net*
Jeunes Plus *www.jeunesplus.org*
Kid Services *www.kidservices.fr*
Le Bouclier *www.bouclier.org*
Naissances.com *www.naissances.com*
Parents d'aujourd'hui *radio-canada.ca/parentsdaujourdhui*
Petits & Grands *www.petitsetgrands.com*

Famille > Spécial femme

Le réseau féminin se développe à tel point que presque tous les moteurs de recherche ont une rubrique dédiée aux femmes. Des annuaires spécialisés voient aussi le jour.

---

auFeminin.com *www.aufeminin.com*

Près de 4 000 pages d'infos, de conseils ou de bons plans dans huit sections : beauté, carrière, couple, cuisine, enfants, fitness-santé, maternité et shopping.

US **Cybergrrl** *www.cybergrrl.com*

Destiné plus particulièrement aux femmes qui s'intéressent à Internet ou qui travaillent dans la technologie. Communiquez avec les autres membres du club.

US **Femina** *femina.cybergrrl.com/explorer.htm*

Moteur qui indexe les sites faits par les femmes et pour les femmes. Effectuez des requêtes à mots clés ou démarrez vos recherches à partir des rubriques.

US **Feminist.com** *www.feminist.com*

Un des sites les plus riches du Web féminin. Des articles, des interviews, des événements, des liens… sur tous les sujets d'intérêt pour les femmes.

FR **FemiWeb** *www.femiweb.com*

Dédié à la femme et à l'enfant. Infos (rédigées par des praticiens) et services sur la grossesse, les nourrissons, la sexualité… Interviews, FAQ, débats et enquêtes.

FR **Internénettes** *www.internenettes.fr*

Association de femmes travaillant dans la communication électronique. Informations, conseils, liens dans plusieurs rubriques : créer, travailler, rire…

US **iVillage** *www.ivillage.com*

L'une des plus importantes communautés féminines du Net. Informations, conseils dans les domaines de la santé, le shopping, le travail…

FR **La Gynécologie Obstétrique sur Internet** *www.gyneweb.fr*

Dans la section Grand public, posez vos questions dans un forum. Des gynécologues vous répondent. Bon annuaire de sites sur la gynécologie.

FR **Les pénélopes** *www.mire.net/penelopes*

Les rubriques (actualité, documents, à la une et humeur) fournissent des renseignements à destination du public féminin (activistes, lesbiennes…).

FR **NetFemmes** *www.netfemmes.org*

Méta-index des ressources francophones du réseau. Excellent point de départ pour ceux ou celles qui veulent découvrir Internet dans son aspect féminin.

FR **Newsfam.com** *www.newsfam.com*

Infos et conseils pour les femmes. Dernières tendances de la mode, bons plans shopping, prévisions astrologiques, tests, sondages…

US **WWWomen!** *www.wwwomen.com*

Cet annuaire indexe les ressources féminines. Consultez les rubriques Feminism, Women and computer, Women in business…

Amabilia.com *www.amabilia.com*
chickclick *www.chickclick.com*
Femmes Aujourd'hui *www.femmesaujourdhui.com*
Girls On *www.girlson.com*
lyloo *www.lyloo.com*
MSN Femmes *www.msn.fr/femmes*
oxygen *www.oxygen.com*
Pl@netFemmes *www.planetfemmes.com*
touteslesfemmes.com *www.touteslesfemmes.com*
Vivre Femme *www.vivrefemme.com*

Famille > Spécial homme

Bien moins développé et organisé que son homologue féminin, le Web masculin propose toutefois quelques sites spécialement conçus pour les hommes (sans être macho pour autant).

FR **Dis Papa** *www.dispapa.com*

Ce site vient en aide à tous les papas qui ne savent pas quoi répondre aux questions impertinentes de leurs bambins.

US **Fathering Magazine** *www.fathermag.com*

Magazine destiné aux pères célibataires ou divorcés. Articles, conseils et témoignages visant à aider les personnes dans cette situation.

FR **La barbe à ras bord** *perso.wanadoo.fr/les.barbus*

Musée des plus belles barbes de l'antiquité à nos jours. Présentation des formes. Expositions La barbe dans l'œuvre de Hergé et Femmes à barbe.

FR **Men's Club** *pages.infinit.net/webmania/menclub*

Dédié à la mode masculine. Les différentes tendances, présentation des divers éléments d'une garde-robe, sélection de liens, galerie de photos…

US **Men's Health** *www.menshealth.com*

Infos sur la nutrition, la sexualité et les activités physiques pour les hommes. Personal Trainer présente, avec des animations, des exercices de gym.

US **MenStuff** *www.menstuff.org*

Infos spécifiquement destinées aux hommes (divorce, santé, violence…). La rubrique Resources liste par thèmes les sites d'intérêt pour les hommes.

US **Pipes Web Page** *www.pipes.org*

Non fumeurs s'abstenir. Ce site liste toutes les ressources dédiées à la pipe, ainsi que celles sur les cigares et les associations de fumeurs.

US **Playboy** *www.playboy.com*

Retrouvez la version en ligne du célèbre magazine (version française disponible). La sensualité distinguée, les photos chics, les articles…

US **SexBuzz** *www.sexbuzz.com*

Magazine masculin. Chaque mois découvrez des articles et des photos sur les voitures de rêves, les célébrités, la santé, la musique…

US **Smoke Mag** *www.smokemag.com*

Magazine pour amateurs de cigares. Nombreux conseils, tests et guides d'achats (humidificateurs, accessoires, cigares…).

FR **Tetu.com** *www.tetu.com*

Version électronique du magazine des gays et des lesbiennes. Publie des brèves médicales et des fiches techniques et sociales. Abonnez-vous en ligne.

A Man's life *www.manslife.com*
FHM *www.fhm.co.uk/fhmfrance*

Famille > Enfants

Les enfants utilisent Internet aussi facilement que le téléphone. De nombreux sites spécialement conçus à leur intention attendent leurs visites et les guident pas à pas.

FR **@près l'école** *www.apreslecole.fr*

Un serveur ludo-éducatif pour les 7-13 ans. Magazine, conseils, jeux, activités… De retour de l'école, c'est mieux que la télévision.

FR **Boowa et Quoila** *www.boowaquoila.com*

Pour les enfants de 2 à 8 ans, voici un tour du monde en chansons. Publie chaque mois de nouveaux jeux interactifs, une histoire et des chansons drôles.

US **Disney's Internet Guide** *www.dig.com*

Le site portail de Disney pour les enfants. Liste par catégories tous les sites pouvant les intéresser. Un bon point de départ pour explorer le Web.

FR **Hachette.net Junior** *www.hachette.net/junior*

Sélection des meilleurs sites dédiés aux enfants qui veulent surfer en s'amusant ou en apprenant. Les sites sont commentés et notés.

FR **Kazibao** *www.kazibao.net*

Le site interdit aux adultes. Les rubriques MiniZone, KidZone et AdoZone proposent des dialogues en direct, des animations, des jeux…

FR **Kid Comics** *www.kidcomics.com*

Club bourré d'activités pour les juniors. Tests, jeux, guides divers : comment faire une blague téléphonique, énerver son voisin ou se débarrasser d'un cadeau idiot.

US **KidPub** *www.kidpub.org*

Sélection d'histoires écrites par ou pour les enfants (classement par thèmes et par pays). Enrichissez cette base de données avec vos histoires.

FR **Le Progrès des Enfants** *www.leprogres.fr/Enfant*

Le Progrès de Lyon présente une version électronique de son magazine *Le Mercredi des enfants*. À l'ordre du jour : récréation, Internet à l'école, liens…

FR **Premiers pas sur Internet** *www.momes.net*

Indexe les sites particulièrement attrayants pour les cybermômes. Excellent point de départ pour les explorations ludiques ou éducatives.

US **Yahooligans!** *www.yahooligans.com*

Le moteur de recherche spécialement étudié pour les enfants : liens, clubs, événements… avec un design des plus réussis.

US **Yucky** *www.yucky.com*

Publie des infos scientifiques de vulgarisation pour les enfants. Section dédiée aux jeux. Sélectionne chaque semaine les meilleurs sites à visiter.

Ask Jeeves for Kids *www.ajkids.com*
Caillou *www.caillou.com*
Discovery Kids *www.discoverykids.com*
Infojunior *infojunior.com*
IPL Teen *www.ipl.org/teen*
L'écran des junioors *www.ecrandesjunioors.net*
Les Débrouillards *www.lesdebrouillards.qc.ca*
Spiderkids *www.spiderkids.com*
Sssplash *www.sssplash.com*
Surf Monkey's Kids Channel *www.surfmonkey.com*
Webbyz *www.webbyz.com*

Famille > Adolescents

Les adolescents ne sont pas oubliés ; les magazines en ligne et les sites informatifs abordent tous les thèmes qui les intéressent et répondent à toutes les questions qu'ils peuvent se poser.

FR **AdoMonde** *www.adomonde.qc.ca*

Un hebdomadaire éducatif francophone écrit par des ados pour les ados. Parmi les rubriques, visitez notamment : Célébrités, Humour, Énigmes…

Chez Roxie! *www.dsuper.net/~roxie*

Un site informatif sur les questions que peuvent se poser les ados. Les différentes sections du site abordent les gars, les filles, les études, les jeux…

Filles d'aujourd'hui *www.fillesdaujourdhui.com*

Articles, conseils, concours, tests… pour les adolescentes. La rubrique La fouineuse sélectionne et commente, cinq fois par semaine, de nouveaux sites.

First Cut *www.firstcut.com*

Ce magazine américain, à l'attention des teenagers, parle d'actualité, de mode ou de musique. Certains articles sont illustrés de sons ou de vidéos.

Funky *pages.infinit.net/funkymag*

Ce webzine répond aux questions que ne manquent pas de se poser les adolescents. Sujets classés par catégories : sexualité, énigmes, informatique…

giRL Zone *www.girlzone.com*

Ce webzine pour adolescentes évoque des sujets liés à la santé, à la mode, aux voyages… Nombreux forums de discussion.

La Zone *lazone.educ.infinit.net*

Webzine qui publie des articles en fonction de l'actualité. Il aborde les sujets les plus divers : vacances, grossesses chez les adolescentes, rapports filles/garçons…

Lycos Guide Junior *www.lycos.fr/webguides/juniors*

Plusieurs mini-guides : animaux, séries télé… Sélection des meilleurs sites de jeux, de BD… Mise en exergue des sites exceptionnels.

Mediajunior *www.mediajunior.com*

Agence de presse destinée aux jeunes. Son but : informer pour mieux comprendre. La rubrique Pratique renseigne sur les activités scolaires et extra-scolaires.

Teen-Net *www.teen-net.com*

Webzine pour ados qui informe à travers ses rubriques sur la musique, les sports, les jeux, le cinéma… Chaque rubrique offre une excellente sélection de liens.

Bolt *www.bolt.com/index.asp*
Brain Pop *www.brainpop.com*
Headbone Zone *www.headbone.com*
IPL Youth *www.ipl.org/youth*
Jailedroit.net *www.jailedroit.net*
Jeune 2000 *www.jeune2000.com*

Famille > Seniors

L'époque où les personnes âgées étaient dépassées par l'évolution technologique est révolue. De nombreux sites s'adressent aux internautes avec les cheveux grisonnants.

FR **55Net** *www.55net.com*

Articles rédigés par des plus de 55 ans et à leur intention. Publiez des articles. Utilisez les forums de discussion pour résoudre vos problèmes informatiques.

FR **Club 50** *www.club50.org*

Infos (sur la santé, les droits, l'argent…), documentations, forums de discussion… pour les plus de 50 ans. Dossiers thématiques mensuels.

FR **Cyberpapy** *www.cyberpapy.com*

Par l'intermédiaire de forums de discussion (classés par matières), aidez les enfants à faire leurs devoirs. Les réponses restent archivées un mois.

FR **Espace Retraite** *www.espaceretraite.tm.fr*

Pour tout savoir sur les régimes de retraite français et étrangers. Découvrez le ou les régimes dont vous dépendez. Consultez les chiffres clés.

FR **Internautes poivre et sel** *www.poivresel.qc.ca*

Découvrez les chroniques hebdomadaires, notamment sur les relations entre Internet et le troisième âge, la boîte à outils, la sélection de liens et d'articles…

FR **Senior planet** *www.senior-planet.com*

Se définit comme le premier site généraliste senior européen. Sa vocation : offrir des informations sur la santé, les loisirs, les associations…

US **SeniorCom** *www.senior.com*

Communauté virtuelle de plusieurs millions de seniors. Propose de nombreux services : hébergement de sites, newsgroups, chats…

US **SeniorsSearch** *www.seniorssearch.com*

Ce moteur de recherche indexe par catégories tous les sites qui peuvent présenter un intérêt pour les plus de 50 ans.

US **seniors-site** *seniors-site.com*

Plus de 30 rubriques abordent tous les sujets. Chaque rubrique contient des articles, des conseils, des liens… d'intérêt pour les plus de 50 ans.

US **third Age** *www.thirdage.com*

Des liens pour explorer le Web, des conseils et des idées sur des activités ou des voyages à réaliser, des forums pour discuter ou effectuer des rencontres…

US **Yahoo! Senior** *seniors.yahoo.com*

Cet annuaire à l'attention des personnes âgées classe les ressources par catégories : jardinage, santé, voyage…

Famille > Mode

Haute couture, prêt-à-porter, défilés, collections… si ces domaines vous fascinent, tenez-vous au courant de toutes les modes passées et à venir afin de rester branché.

(US) **Angel of Fashion** *www.fashionangel.com*

Cet annuaire indexe et décerne des prix aux meilleurs sites de mode classés dans plusieurs catégories : designers, mode alternative, e-zines…

(US) **CNN Style** *www.cnn.com/STYLE*

Découvrez l'actualité quotidienne de la mode par CNN. Tous les jours des articles relatifs au monde de la mode : musées, créateurs, modèles…

(FR) **Fashion Live** *www.worldmedia.fr/fashion*

Présentation des derniers défilés des collections printemps/été et automne/hiver. Retrouvez le portrait des couturiers et créateurs.

(US) **Fashion-Planet** *www.fashion-planet.com*

Magazine en ligne qui passe en revue le monde de la mode. Informations quotidiennes au sujet des personnalités, horoscope, shopping…

(US) **firstView Mode** *www.firstview.com*

Découvrez les photos des défilés de mode de Paris, Milan, New York et Londres. Les dernières collections sont réservées aux abonnés.

(FR) **French Fashion Directory** *www.frenchfashion.com*

Guide des sites de la mode française : haute couture, prêt-à-porter, accessoires, parfums, magazines, créateurs…

(FR) **La Mode Française** *www.lamodefrancaise.tm.fr*

Faites un tour d'horizon de la mode française : culture, histoire, musées, créateurs, boutiques, emplois…

(FR) **Place de Mode** *www.placedemode.com*

Présente la mode féminine et masculine. Guides conseils sur le maquillage, les tissus, les couleurs… Idées shopping en collaboration avec *Marie Claire*.

(US) **Shoes On The Net** *shoesonthenet.com*

Toutes les ressources sur les chaussures : chiffres de l'industrie, catalogues, actualité, magasins… Utile aux particuliers aussi bien qu'aux professionnels.

(FR) **Vivre la mode c'est...tout ceci !** *mode.ivic.qc.ca*

Sélection de sites sur la mode. Chaque site est brièvement présenté. Classement par catégories (tendances, chaussures, accessoires…)..

Anatomique *www.anatomique.com*
Fashion News *www.fashionguide.com*
FashiOnLine *www.fashionline.org*
Givenchy *www.givenchy.fr*
Hypermode *www.hypermode.com*
JP Gaultier *www.jpgaultier.fr*
Louis Vuitton *www.vuitton.com*
Lumiere Magazine *www.lumiere.com.*
Makeup One's Mind *www.makeup1.com*
NYW *www.nyw.com*
Papermag *www.papermag.com*
The Costume Page *members.aol.com/nebula5*
Wadmag *www.wadmag.com*

Famille > Animaux domestiques

Ils font aussi partie de la famille et, même s'ils ne savent pas encore surfer, ils disposent de sites qui leur sont consacrés. À vous de les visiter pour mieux comprendre vos meilleurs amis.

US **Acme Pet** *www.acmepet.com*

Publie des renseignements et des conseils sur tous les animaux domestiques. Sections dédiées aux chiens, chats, poissons, chevaux, oiseaux…

US **American Veterinary Medical Association** *www.avma.org*

La section Care for pets fournit quantité d'informations et d'histoires sur la santé, la sécurité ou la perte d'un animal.

FR **Cynophilie en France** *www.cedia.fr*

Publie des infos sur diverses races de chiens. Inscrivez votre chien à un concours de beauté et consultez les résultats. Sélection de liens au sujet des chiens.

FR **La vache** *www.lavache.com*

Bulletin mensuel des adorateurs de la vache. Infos sérieuses et humoristiques, documentation, photos… Agenda des événements.

FR **Le monde des animaux** *www.les-animaux.com*

Informations sur les chiens, les chats ainsi que d'autres animaux. Rubriques sur l'élevage, le dressage, l'alimentation…

FR **Mediavet** *www.mediavet.com*

Le spécialiste de l'information sur la santé animale. Utile aux particuliers et aux vétérinaires. Services : annonces, animal trouvé, dépôt de dossier médical…

US **NetVet** *netvet.wustl.edu/vet.htm*

Liste les ressources vétérinaires. Recherchez parmi les catégories : publications, listes de diffusion, images, organisations, meetings…

FR **SPA** *www.spa.asso.fr.*

Outre l'actualité de la protection animale, la SPA publie des conseils pratiques et présente un aperçu de sa revue.

US **The Pet Channel** *www.thepetchannel.com*

Dédié aux animaux domestiques. Infos sur la santé, histoires et témoignages de lecteurs, bande dessinée… propose même un horoscope pour animaux.

FR **Vétérinet** *www.mlink.net/veterinet*

Répertoire de sites francophones sur les animaux. Les sites sont classés par centres d'intérêt : animation, discussion, jeunesse, média…

FR **Vétonet** *www.vetonet.asso.fr*

Un site dédié aux vétérinaires. La section Visiter est une bonne sélection de liens sur les espèces, les magazines, les droits des animaux…

Agrisalon *www.agrisalon.com*
Animal Services *www.animal-services.com*
Cheval plus *www.chevalplus.com*
Cyber toutou *www.cybertoutou.com*
Le web canin *noschiens.com*

Famille > Généalogie

D'où venez-vous ? Des dizaines de sites vous aident à rechercher vos ancêtres. Les passionnés de généalogie aussi bien que les curieux trouveront des sources d'information inestimables.

US **Cyndi's List of Genealogy** *www.cyndislist.com*

L'un des plus importants répertoires de sites généalogiques. Plus de 40 000 sites répertoriés dans 100 catégories (la plupart sont commentés).

US **Family Chronicle Magazine** *www.familychronicle.com*

Ce magazine propose des articles, un guide pour les débutants, une présentation des bases de données, ainsi que les origines de 2000 noms…

US **Family Tree Maker** *www.familytreemaker.com*

Le site de généalogie le plus complet : impressionnante sélection de liens (plus de 40 000), possibilité d'utiliser des agents intelligents pour vos recherches.

US **FamilySearch** *www.familysearch.org*

L'église mormone met en ligne une partie de ses 2 milliards de fiches généalogiques. Liens vers plusieurs milliers de sites consacrés à la généalogie.

FR **FranceGenWeb** *francegenweb.org*

Sélection de liens classées par catégories : archives, histoires, cercles, centres… Consultez la version américaine *www.worldgenweb.org*.

FR **FrancoGène** *www.genealogie.com*

Si vous cherchez des ancêtres qui ont émigré au Canada ou en Amérique du Nord, visitez ce site. Plusieurs zones d'intérêt : Québec, Louisiane, Acadie…

FR **GeneaNet** *www.geneanet.org*

Cette base de données indexe les ressources mondiales sur la généalogie, qu'elles soient ou non présentes sur Internet.

FR **GenMédi@s** *www.multimania.com/genmedias*

Sélection de sites classés par sujets : généralité, héraldique, histoire, outils, paléographie… Lisez Le sextant, journal dédié aux ancêtres !

US **Gensource** *www.gensource.com*

I found it est un moteur de recherche spécialisé en généalogie. Avec Common Threads, contactez les personnes qui s'intéressent aux mêmes noms que vous.

US **Journal of Online genealogy** *www.onlinegenealogy.com*

Avec ce webzine, suivez l'actualité du monde de la généalogie. Utile autant pour les débutants que pour les experts.

Ancestry.com *www.ancestry.com*
Gechanges *gechanges.hypermart.net*
Genealogy.com *www.genealogy.com*
Guide pratique de généalogie en France *www.genealogy.tm.fr*
Le site généalogique d'Yves Guignard *www.geneanet.net*

Famille > Noël

Le Père Noël existe, nous l'avons rencontré sur le Web. Tous les sites au sujet de Noël proposent aux enfants de lui écrire. Les plus grands découvriront les traditions de Noël et les recettes de tous les pays.

US **Christmas Community** *www.christmas-community.com*

Découvrez plus de 1000 images de Noël et les paroles de 800 chants, dont certains accompagnés de musique. Poèmes, dessins et contes autour de Noël.

US **Christmas Links** *www.centrinet.com/christmas*

Sélection de liens sur Noël. Indexe plus de 1500 sites. Classement thématique : enfants, traditions, pages personnelles, recettes…

US **Christmas.com** *christmas.com*

L'encyclopédie interactive sur Noël. Pour tout savoir des origines, des traditions de tous les pays, des musiques… Liste les newsgroups et les chats sur Noël.

FR **Le Père Noël** *www.perenoel.com*

Découvrez les activités quotidiennes du Père Noël. Via le bureau de poste, écrivez au Père Noël, envoyez des cartes de vœux et abonnez-vous au courrier des lutins.

FR **Noël Éternel** *www.noeleternel.com*

Infos sur Noël, ses origines et ses traditions. Présente les grands chants et cantiques. Recettes traditionnelles pour les gourmets.

FR **Noël sur la planète** *saveurs.sympatico.ca/noel/noel.htm*

Pour fêter Noël ou la Saint Sylvestre découvrez un cortège de traditions, de coutumes et de menus qui reflètent les tables d'Asie, d'Europe et d'Amérique.

FR **Noëls traditionnels** *www.culture.fr/culture/noel*

Exposition virtuelle présentant les traditions de Noël en France et au Canada : fête familiale, célébration religieuse, manifestations sociales et communautaires.

FR **Père Noël** *www.pere-noel.org*

Chaque semaine, les enfants découvriront de nouveaux jeux rigolos et un nouvel épisode des aventures de Léon le père Noël.

FR **Pere-noël.fr** *www.pere-noel.fr*

Consultez le journal du Père Noël. Envoyez vos messages au Père Noël, au petit Léon ou à la petite Léone. Jeux pour les garçons et les filles.

UK **Silent Night Web** *silentnight.web.za*

Entièrement dédié à la célébrissime chanson de Noël *Silent night, holy night* (*Douce nuit, sainte nuit*). Plus de 140 versions dans plus de 90 langues.

A Christmas Celebration *www.itschristmas.com*

Romance > Trouver le grand amour

Amour, mariage, sexe… contrairement aux idées reçues qui ont défrayé l'actualité, Internet dispose de bonnes ressources que ce soit pour s'informer ou protéger les enfants.

FR **Alafolie** *www.alafolie.com*

Préparer, planifier et prévoir le budget d'un mariage. Infos et conseils sur les bons lieux de réception, les faire-part, le repas… Guide des robes de mariée.

FR **Cortège.com** *www.cortege.com*

Guide et conseils pour le mariage. Infos sur les démarches administratives, la liste de mariage, les contrats… Conseils sur le choix de la robe et des faire-part.

US **Cupid's Network** *www.cupidnet.com*

Cet annuaire liste et commente brièvement les sites dédiés aux célibataires. Plusieurs rubriques : rencontres, littérature, voyages…

FR **Dimoiou!** *www.dimoiou.org*

Annuaire de sites de rencontres. Liste aussi bien ceux spécialisés que ceux proposant seulement une rubrique de petites annonces.

FR **Elise's** *www.tdscom.com/rencontres-et-amitie*

Lisez une véritable histoire d'amour virtuelle. Conseils sur les rencontres via Internet, présentation des services et des utilitaires (ICQ, IRC, newsgroups…).

FR **Le mariage** *www.le-mariage.com*

Publie, région par région, des adresses et des conseils sur le mariage. Un rétro-planning explique comment organiser un mariage.

US **loveresources.com** *www.loveresources.com*

Cet annuaire liste les sites par catégories et publie un e-zine mensuel. Nombreux services : petites annonces, envoi de cartes virtuelles, boutique…

FR **Mariage-Online** *www.infomariage.com*

Astuces, conseils et adresses pour que votre mariage soit une réussite. De l'animation au voyage de noces, vous ne pouvez rien oublier.

FR **Rencontres** *www.utilnet.fr/rencontre/index_rencontre.shtml*

La rubrique Rencontres d'Utilnet présente une sélection de sites et d'outils indispensables pour nouer des contacts et des amitiés sur le Web.

US **Romance Search** *www.romance-search.com*

Sélection de sites spécialisée dans les rencontres. Classement par catégories : newsgroups, chats, pages personnelles…

US **RomanceLinks.com** *www.romancelinks.com*

Liste les sites de rencontre et d'annonces aussi bien que ceux sur la religion, les horoscopes, la littérature ou les chats…

123love.com *www.123love.com*
Romantics Network *www.romantics.net*

Romance > Clubs de rencontres

Les clubs de rencontres vous proposent de trouver l'âme sœur. Gratuits ou payants, ces services mettent à votre disposition des bases de données contenant des milliers de contacts.

FR **AOL Contacts** *www.aolcontacts.com*

Service de petites annonces destinées aux rencontres et classées par catégories : elle pour lui, lui pour elle, rencontres discrètes…

UK **Blind Date!** *www.blinddate.org*

Faites se rencontrer deux de vos amis grâce à ce service qui leur fixe un rendez-vous anonyme par e-mail. Rédigez l'invitation de manière convaincante !

FR **Celib@web** *www.celibaweb.com*

Après saisie de critères tels sexe, âge, couleur des yeux… accédez aux annonces correspondantes. Chat, jeux et l'intégralité des annonces réservés aux abonnés.

FR **Cupid on line** *www.cupid-on-line.com*

Déposez gratuitement votre fiche descriptive dans cette base de données. Seuls les abonnés peuvent répondre aux annonces.

FR **Ex-Anges** *www.ex-anges.org*

Rédigez votre annonce, joignez-y votre photo, ce service les publie gratuitement. Effacées tous les mois, les annonces sont renouvelables à volonté.

US **Match.com** *www.match.com*

Avec ce service payant, recevez quotidiennement par e-mail la liste des personnes dont le profil correspond au vôtre. Essai gratuit de 7 jours.

FR **Matchmaking service** *matchmaking-service.com*

Service de dépôt d'annonces dans le but de faire des rencontres. Pour pouvoir consulter les autres annonces, il faut d'abord enregistrer la sienne.

FR **NetClub** *www.netclub.fr*

Le dépôt et la consultation de petites annonces sont en libre accès. Les discussions en direct et la messagerie entre membres sont réservées aux abonnés.

FR **Réseau Contact** *www.contact-com.com*

Contactez confidentiellement les personnes qui partagent vos centres d'intérêt. Inscription gratuite. Plusieurs dizaines de milliers de membres.

FR **Wiziou** *www.wiziou.com*

Petites annonces gratuites. Vous disposez d'une boîte aux lettres anonyme pour envoyer et recevoir des messages.

Affection.org *www.affection.org*
Amoureux.com *www.amoureux.com/fr*
Evrisko *www.evrisko.com*
one and only *www.one-and-only.com*
Singles On-Line *www.singlesonline.com*
Spray Date *www.spraydate.spray.fr*
WebSeduction *www.webseduction.com*

Romance > Sexy folies

Le sexe a fait le succès du Minitel, fera-t-il le succès d'Internet ? En tout cas, les sites érotiques pullulent sur le Web. Le plus souvent ce sont des attrape-nigauds (soi-disant gratuits, mais en fait payants).

US **Adult 100Hotsites** *adult.100hotsites.com*

Liste les 100 sites les plus sexy du point de vue des internautes. Accès à partir de multiples sections : amateur, gay, webcams…

US **Cyber Patrol** *www.cyberpatrol.com*

Pour que vos enfants ne surfent pas sur des sites un peu trop osés, téléchargez ce logiciel de protection. Il interdit l'accès à certaines pages.

FR **Elysa** *www.unites.uqam.ca/dsexo*

Créé par des sexologues de l'Université du Québec à Montréal, ce site offre des informations et des conseils sur la sexualité.

FR **erotisme.net** *www.erotisme.net*

Annuaire de sites francophones. Classement des sites par catégories. Chaque lien est commenté. Liste les sites amateurs et commerciaux.

FR **France Sexe** *www.fransexe.qc.ca*

Sélection thématique de ressources francophones. Présente chaque mois un site intéressant et gratuit. Services de cartes virtuelles et de petites annonces.

FR **MMM100** *www.mmm100.com*

Sélection de sites vers des galeries de photos gratuites. Mise à jour quotidienne. Mise en exergue d'un site chaque jour.

US **Naugthy** *www.naughty.com*

Le moteur de recherche spécialisé dans le sexe. Une référence. Classement thématique. Liste des services gratuits et payants.

FR **Pagesx.com** *www.pagesx.com*

Sélection de sites réservés aux adultes. Présente brièvement et indique pour chaque site s'il est payant ou gratuit. Top 10 des meilleurs sites.

US **RSACi** *www.rsac.org*

Technologie intégrée à Microsoft Internet Explorer pour interdire l'accès à certains sites. Découvrez notamment comment l'utiliser.

FR **Sexy-Parade** *www.sexy-parade.com*

Classement des sites sexy les plus visités par catégories : agence de rencontres, dialogues, galerie de photos, petites annonces…

FR **TopCharme** *www.topcharme.com*

Liste les ressources francophones par catégories : rencontres, photos, sites amateurs… Nombreux sites gratuits. Top 5 des sites les plus visités.

Cam Depot Webcam *www.camdepot.com*
Derrière *www.derriere.com*
noCB.com *www.no-cb.com*
ParisVoyeur *www.parisvoyeur.com*
Sexe-Amateur *www.sexe-amateur2.com*
The Hun *www.thehun.com*

Santé > Explorer le Web médical

25 % des pages Web consultées par les Américains seraient en rapport avec la santé. Pour vous retrouver dans la multitude des sites médicaux, voici les sites par lesquels commencer vos recherches.

FR **C@ducée** *www.caducee.net*

Annuaire de sites référencés par spécialités. Par e-mail, recevez deux fois par semaine une revue de presse médicale.

FR **CISMeF** *www.cismef.org*

Le CHU de Rouen liste les sites médicaux, par matières et par spécialités. Le secteur francophone est particulièrement détaillé.

FR **Galaxie médecine** *medecine.galaxie.fr*

Sélection des meilleures ressources francophones. Liste notamment les 115 000 médecins (avec et sans e-mail), la presse médicale, les sites par type de maladies…

US **Hardin Meta Directory** *www.lib.uiowa.edu/hardin/md*

Ce métarépertoire indexe les sélections de sites selon leur taille et les classe par matières : allergies, cardiologie, pédiatrie…

FR **Health On the Net** *www.hon.ch*

Répertoire d'articles, de listes de discussions, d'événements passés et à venir, ainsi que des FAQ, des images et des vidéos utiles aux particuliers.

(US) **Healthatoz** *www.healthatoz.com*

Ce moteur de recherche à mots clés propose aussi une classification des ressources par rubriques : médicaments, médecine, pharmacie…

(US) **MedExplorer** *www.medexplorer.com*

Moteur de recherche spécialisé dans la médecine. Requêtes par mots clés ou à partir de catégories. Nombreux chats et newsgroups.

(FR) **Médisite** *www.medisite.fr*

Ce catalogue de ressources francophones, classées par catégories, propose une liste des revues et journaux médicaux présents sur le réseau.

(US) **National Library of Medecine** *www.nlm.nih.gov*

Deux raisons de visiter ce site : Medline (bibliothèque de plusieurs millions d'articles) et Visible human project (le corps dans ses moindres détails).

(US) **WebMedLit** *www.webmedlit.com*

Chaque jour retrouvez la revue de presse des meilleurs articles sur la médecine, classée par matières. Des liens pointent vers les textes intégraux.

Egora *www.egora.fr*
Eurasanté *www.eurasante.com*
Healthnews.com *www.healthnews.com*
HealthWeb *healthweb.org*
Infobiogen *www.infobiogen.fr*
Medical Matrix *www.medmatrix.org*
Medical Word Search *www.mwsearch.com*
MedWeb *www.medweb.emory.edu*
MedWebPlus *www.medwebplus.com*
Ministère de la Santé *www.sante.gouv.fr*
NCBI *www.ncbi.nlm.nih.gov*
Promedical.net *www.promedical.net*
REMEDE *www.remede.org*

Santé > Bien-être

Le bien-être famillial est l'objet de toutes nos attentions : alimentation saine, exercices physiques, thalassothérapie… Les sites Web vous donnent les trucs pour être mieux dans votre peau.

(US) **CyberDiet** *www.cyberdiet.com*

Si vous avez décidé d'adopter une alimentation saine, visitez impérativement ce site. Infos sur le végétarisme, les régimes, les aliments…

Cyberkiné *www.kineconcept.com*

Si vous souffrez à cause d'une mauvaise position devant l'écran, ce site explique comment vous soulager. Répond à vos questions par e-mail.

healthy ideas *www.healthyideas.com*

Un magazine qui aborde toutes les questions relatives à la santé, à la diététique, aux régimes… Menus journaliers et conseils de spécialistes par e-mail.

KidsHealth.org *www.kidshealth.org*

Site dédié à la santé des enfants. Trois sections : enfants, parents, professionnels. Infos et conseils sur la croissance, l'alimentation, le sport…

L'activité physique et de la santé *www.lebulletinregional.com*

Ce site vous dira si vous êtes apte à pratiquer tel ou tel sport. Il vous donnera des conseils pour mieux contrôler vos activités physiques.

Phys *www.phys.com*

Ce site spécialisé en nutrition explique l'art de bien s'alimenter. La rubrique Fitness aide, entre autres, à pratiquer le stretching.

Service Vie *www.servicevie.com*

Le guide pour une alimentation saine. Découvrez des conseils, des recettes, des astuces… Chaque semaine, un dossier complet sur un aliment.

Thalassothérapie *www.thalatel.com*

Guide de la thalassothérapie et de la balnéothérapie. Présente plus de 80 centres en France. Documentation, tarifs, promos et réservation en ligne.

Thrive *www.thriveonline.com*

Infos sur la nutrition, la sexualité, la santé et la forme physique. Les rubriques Blessures et Stretching présentent des exercices. Recettes diététiques.

Végébionet *www.vegebionet.com*

Infos, conseils et actions à mener pour une alimentation biologique. Suggère le boycott des aliments transgéniques.

Veggies Unite! *vegweb.com*

La référence pour les végétariens. Propose plusieurs milliers de recettes, un glossaire, des conseils… Nombreux articles dans la rubrique Vegetarian Info.

BiOrganic *www.biorganic-mag.com*
Biotherm *www.biotherm.com*
evian *www.evian.fr*
L'Oréal *www.loreal.com*

Santé > Médecine

Internet ne remplace pas votre médecin, mais il peut vous aider cependant à établir un diagnostic et vous conseiller sur les premiers soins. Vous prenez votre santé mieux en main.

FR **Aide au diagnostic médical** *www.med.univ-rennes1.fr*

Accédez à une partie de cette base de données, destinée aux professionnels, pour faire un diagnostic médical en ligne.

FR **Dentalespace** *www.dentalespace.com*

Pour tout savoir sur les dents. Description de la carie, des problèmes de gencives, de la prothèse… Infos sur les coûts. Consultez les FAQ.

FR **Esculape.com** *www.esculape.com*

Un généraliste fournit des infos sur des sites médicaux autant que sur des maladies ou affections, le tout avec une bonne dose d'humour.

FR **GlobalMedic** *www.globalmedic.com*

Effectuez un checkup en ligne : après avoir répondu à une série de questions, un diagnostic apparaît. Conseils sur les premiers soins ou la santé des enfants.

FR **Le sommeil, les rêves et l'éveil** *ura1195-6.univ-lyon1.fr*

Articles consacrés à tous les aspects du sommeil (psychologiques, cliniques, rêves…). Une bibliographie de 46 000 références.

US **Medscape** *www.medscape.com*

Actualité et informations sur toutes les spécialités médicales. Téléchargez les articles pour les consulter hors ligne. Abonnez-vous à la newsletter hebdomadaire.

US **OncoLink** *www.oncolink.com*

Le site du cancer : informations, liens, conférences, derniers progrès de la recherche… Consultez les FAQ au sujet du cancer.

FR **Pilado** *www.pilado.com*

Dédié aux adolescents. Informe sur la contraception : histoire et actualité de la contraception, test de connaissances, dossiers…

FR **Psynternaute** *www.psynternaute.com*

Dans la rubrique Cyberdépendance, vérifiez si vous êtes un accro du Net jusqu'à l'obsession. Si tel est le cas, vous trouvez des conseils pour vous soigner !

FR **Quackwatch** *www.allerg.qc.ca/quackwatchfrancais.html*

Cette association dénonce le charlatanisme médical sur Internet. Elle liste les produits, les informations et les services douteux.

US **SafetyAlerts.com** *www.safetyalerts.com*

Service de veille sur les risques de tous types : alimentaire, bactériologique, électronique… Recevez quotidiennement les alertes par e-mail.

Santé Web *www.santeweb.com*

Consultez ce médecin virtuel dès que vous éprouvez un trouble inhabituel, une affection, une maladie…

Stop tabac *www.stop-tabac.ch*

Si vous avez décidé d'arrêter de fumer, trouvez ici, après avoir répondu à un questionnaire, des conseils individualisés.

WebMD *my.webmd.com*

Communauté virtuelle. Publie de nombreuses infos et des conseils sur la santé des adultes et des enfants. Des experts répondent à vos questions.

Ask the dietitian *www.dietitian.com*
Atmedica *www.atmedica.com*
Bienvoir.net *www.bienvoir.net*
CBS Medscape *cbs.medscape.com*
Cosmeceutic *www.cosmeceutic.com*
E-santé *www.e-sante.net*
Healthon *www.myhealtheon.com*
Institut d'Anatomie de Paris *natmac3.citi2.fr*
Lutte contre le cancer *www.fnclcc.fr*
Médecine Net TV *medecine-tv.com*
Mediconsult *www.mediconsult.com*
OnHealth *www.onhealth.com*
PharmInfoNet *pharminfo.com*
Planet Medica *www.planetmedica.co.uk*
Sida Info Service *www.sida-info-service.org*
The Body *www.thebody.com*
The Wonderful World of Diseases *www.diseaseworld.com*

Santé > Handicaps

Le Web offre des opportunités inespérées aux handicapés. Information à domicile, recherche d'emploi, forum de discussion… des sites brisent les tabous et les barrières sociales.

BrailleNet *www.ccr.jussieu.fr/braillenet*

Le livre blanc sur l'accessibilité et la réalisation de sites Web accessibles aux handicapés visuels. Répertoire de ressources pour les malvoyants.

Citoyenneté agitée *www.teaser.fr/~mdemangeon*

Un site informatif et documentaire sur le handicap, les droits de l'homme et les actions humanitaires. Lutte activement contre les mines antipersonnel.

Disabilities *www.adminet.com/handi*

Sélection de liens vers des sites consacrés aux handicaps. Classement thématique. Accédez aux textes officiels relatifs aux handicapés.

Handicap International *www.handicap-international.org*

Cette association met en œuvre des programmes en faveur des handicapés. Elle milite aussi pour l'interdiction des mines antipersonnelles.

Handi-long *www.handi-long.com*

Webzine mensuel. Traite de sujets variés sans tabous : l'emploi, le sport, l'amour et le sexe… Propose un sommaire spécifique pour malvoyants.

Handimag *www.handimag.com*

Mensuel en ligne destiné aux handicapés. Tests, actualité, droit du handicapé, forum de discussion, inventaire des aides, matériels d'aide aux handicapés…

Handitel *www.handitel.org*

Le quotidien du handicap. Revue de presse, agenda de manifestations, flashes d'actualité… Infos sur l'emploi, les transports, les vacances et les loisirs.

Handroit *www.handroit.com*

Le site pour s'informer sur les droits sociaux des handicapés. Fiches classées par âge, nature de l'invalidité et statut social au moment du fait invalidant.

La rééducation des déficients visuels *www.multimania.com/pierreg*

Fournit de multiples informations à l'attention des handicapés visuels : rééducation, déficience visuelle chez l'adolescent, braille…

Le Petit Handinaute Illustré *www.handinaute.org*

Ce webzine mensuel aborde tous les thèmes en rapport avec les handicaps. Sélectionne et commente les sites utiles.

ADMATH *www.admath.asso.fr*
H@ndi Surf *www.handisurf.org*
Handiweb *www.handiweb.com*
Themas *www.themas.org*

Connaissances

Le savoir se multiplie sur Internet. Les sites couvrent tous les domaines de la connaissance, des sciences théoriques aux techniques appliquées, de l'histoire à la religion ou la philosophie. Recherchez des informations ponctuelles, notamment en interrogeant les encyclopédies et les dictionnaires, ou menez à bien des études approfondies. Des sites s'adressent aux chercheurs, d'autres aux étudiants, d'autres encore aux écoliers ou aux dilettantes. Les bases de données succèdent aux encyclopédies papier. Elles renferment toutes les connaissances produites depuis la nuit des temps. Vous vous demandez si un champignon est comestible, interrogez un botaniste. Vous avez la tête dans les étoiles, rejoignez-les.

Connaissances

Le Web traite de la science, tant sous ses aspects théoriques et pratiques que pédagogiques et culturels. Voici les sites qui aident à trouver les autres sites scientifiques.

US **AlphaSearch** *www.calvin.edu/library/as*

Sélection de sites classés par ressources (bases de données, documents, moteurs de recherche…) et par catégories (histoire, mathématiques, physique…).

FR **Franco-Science** *franco-science.org*

Point de départ d'un webring de sites scientifiques francophones. Il classe les sites par catégories : archéologie, astronomie, biologie…

US **Frank Potter's Science Gems** *www-sciencegems.com*

Sélection de sites dans différents domaines : sciences de la vie, sciences de la terre, mathématiques, santé… Sections dédiées aux sites éducatifs.

US **Galaxy** *galaxy.einet.net*

Galaxy se veut le moteur de recherche des professionnels. Il référence les sites scientifiques par catégories : médecine, technologie, sciences…

US **MadSci** *www.madsci.org*

La section Library de cette FAQ sur les sciences propose une sélection des meilleures ressources scientifiques. Maintenue par l'Université de St-Louis.

FR **Sapristi !** *csidoc.insa-lyon.fr/sapristi*

Présentation et commentaires des ressources qui aident à trouver des informations scientifiques (images, revues…).

US **SciCentral** *www.scicentral.com*

Répertoire de ressources scientifiques classées par thèmes : terre et espace, santé, physique et chimie, actualité…

US **SciEd** *www-hpcc.astro.washington.edu/scied*

Grande quantité de liens classés par catégories : astronomie, biologie, musées et expositions… Liste aussi les ressources éducatives.

US **Science links** *www.search-beat.com/science.htm*

Sélection de liens classés par catégories : ressources, médias, biologie, mathématiques, histoire, océanographie, archéologie…

US **Science Netlinks** *www.sciencenetlinks.com*

Sélection réalisée par l'association américaine pour la science. Classement thématique : mathématiques, physique, technologie…

FR **Sciences à l'école** *perso.wanadoo.fr/buch*

Ce répertorie des ressources scientifiques classées par catégories note les sites avec des étoiles en fonction de leur intérêt.

La Toile scientifique *www.sciencepourtous.qc.ca*
Metalab *metalab.unc.edu*
science.komm *www.sciencekomm.at*
ThinkQuest *library.thinkquest.org*

Ressources > Encyclopédies

Curieux ou chercheur, étudiant ou professeur, quelle que soit votre spécialité, Internet offre des encyclopédies et des dictionnaires qui répondent à toutes les questions.

UK **Britannica** *www.britannica.com*

Accédez gratuitement à l'intégralité de l'*Encyclopædia Britannica*. Publie en complément des articles de presse et une excellente sélection de liens.

US **Dictionary.com** *www.dictionary.com*

Dictionnaire anglophone de plus de 300 000 mots. Un expert répond à vos questions sur la langue anglaise. Services de traductions de texte ou de pages Web.

FR **Dictionnaire Argot Français** *www.argots.com*

Après avoir entré un mot, les expressions argotiques présentes dans le dictionnaire et contenant ce mot apparaissent. À replacer avec modération.

FR **Dictionnaire des synonymes** *elsap1.unicaen.fr/dicosyn.html*

Site né de la fusion de sept dictionnaires de synonymes (Bailly, Benac, du Chazeaud, Guizot, Lafaye, Larousse et Robert).

FR **Dictionnaire Francophone** *www.francophonie.hachette-livre.fr*

Ce dictionnaire présente les variations du français en fonction des régions du globe : Canada, Océanie, Afrique… Plus de 110 000 définitions.

US **Encyclopedia Mythica** *www.pantheon.org/mythica*

Encyclopédie de la mythologie et des légendes à travers plus de 4200 définitions et articles régulièrement mis à jour.

US **Encyclopedia.com** *www.encyclopedia.com*

Cette encyclopédie en ligne propose plus de 14 000 documents enrichis de photos, d'illustrations et de liens. Consultez-la via l'index ou des requêtes.

US **Funk & Wagnalls** *www.funkandwagnalls.com*

Cette superbe encyclopédie multimédia offre plusieurs dizaines de milliers d'articles accompagnés d'animations, de photos, de musiques et de sons.

US **Information Please** *www.infoplease.com*

Sorte de métadictionnaire et de méta-encyclopédie. Effectuez des recherches à partir de catégories (sports, sciences, société…) ou par mots clés.

US **On-line Dictionaries** *www.yourdictionary.com*

Liste plus de 1000 dictionnaires en ligne dans plus de 200 langues. Nombreuses rubriques : vocabulaire, grammaire, multilingue…

FR **Quid** *www.quid.fr*

Publie une petite partie de l'édition papier. Infos sur les pays, la culture, les sciences, les loisirs et la vie pratique. Liste les sites de la presse française.

FR **Webencyclo** *www.webencyclo.com*

Les éditions Atlas proposent la première encyclopédie francophone gratuite. 11 000 articles enrichis par 7000 photos, illustrations, cartes…

Biblio Uni Sherwooke *www.biblio.usherb.ca*
Letsfindout.com *www.letsfindout.com*
Merriam-Webster Online *www.m-w.com*
OneLook Dictionaries *www.onelook.com*
Services linguistiques *www.admin.ch/ch/f/bk/sp/index.html*
the Hitch Hicker's Guide to the Galaxy *www.h2g2.com*

Ressources > Bases de données

Dès que vous recherchez des informations précises, plutôt que d'utiliser un moteur de recherche à mots clés, interrogez une base de données spécialisée dans le domaine qui vous intéresse.

US **Electric Library** *www.elibrary.com*

Pour rechercher dans les livres, les articles de presse… aussi bien des textes que des images. Une bonne partie du site s'utilise gratuitement.

US **Library of Congress Catalog** *catalog.loc.gov*

Recherche de livres par titres, noms d'auteur, sujets, langues, références (ISBN, ISSN, LCCN…). À utiliser surtout pour les œuvres en anglais.

US **Search Engines! Newswires!** *www.internets.com*

Une fantastique compilation de ressources de recherche. Découvrez la majorité des bases de données en ligne.

US **TerraServer** *www.terraserver.microsoft.com*

Une des plus importantes bases de données d'Internet. Découvrez des millions de photos aériennes et satellites. Vues des régions et de toutes les grandes villes.

US **The BigHub** *www.thebighub.com*

Sélection de plus de 3000 bases de données. Classement par catégories : business, éducation, Internet… Le métamoteur interroge jusqu'à huit moteurs.

The Genome Database *gdbwww.gdb.org*

Base de données qui répertorie les résultats des recherches effectuées sur le génome humain par Human Genome Initiative.

The InvisibleWeb *www.invisibleweb.com*

Concentrez vos recherches sur les bases de données du Web. Avec Intelliseek effectuez des requêtes dans plus de 10 000 bases de données.

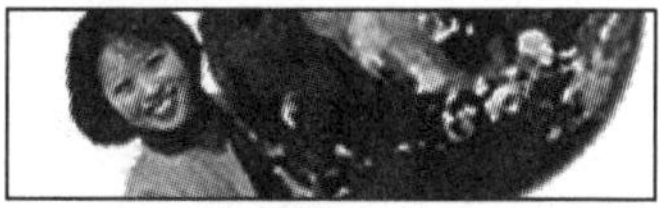

URFIST de Lyon *urfist.univ-lyon1.fr*

Sélection de plus de 300 bases de données gratuites. Classement thématique. Section dédiée aux bases de données payantes.

WebData *www.webdata.com*

Sélection des meilleures bases de données. Recherche à partir de catégories (sports, éducation, arts...). Chaque base est brièvement commentée et notée.

Ressources > Institutions et musées

Gouvernements, instituts, fondations, académies, expositions... présentent le travail des scientifiques. Ils cherchent à démystifier la recherche et à donner, à tous, soif de connaissances.

AAAS *www.aaas.org*

American Association for the Advancement of Science. Accédez aux manifestations, journaux, listes de diffusions, programmes de recherche...

ASTC *www.astc.org*

Guide de plus de 450 musées et instituts scientifiques dans 40 pays. Recherche à partir d'une mappemonde en cliquant sur les continents, puis les pays.

Exploratorium *www.exploratorium.edu*

Le musée de San Francisco sélectionne les meilleures expositions interactives, mais aussi des webcams, des vidéos... sur les disciplines scientifiques.

La cité des sciences *www.cite-sciences.fr*

Présentation, infos pratiques, jeux... La rubrique Surf sélectionne et présente des sites d'intêret scientifique, des musées, des sites pour les enfants...

MNHN *www.mnhn.fr*

Grâce au Muséum National d'Histoire Naturelle, accédez à La grande galerie de l'évolution, aux expositions permanentes et temporaires.

National History Museum *www.nhm.ac.uk*

Le musée d'histoire naturelle de Londres présente son histoire, ses expositions, ses visites virtuelles. À voir impérativement !

US **National Science Foundation** *www.nsf.gov*

La NSF œuvre pour la promotion de la science. Consultez notamment les différents programmes (biologie, maths, physique…) ainsi que la rubrique d'actualité.

US **Science Learning Network** *www.sln.org*

De l'actualité, des liens, un accès direct à douze musées scientifiques : Oregon, Boston, Miami, Minnesota, Franklin Institute, Exploranet…

UK **Science Museum** *www.nmsi.ac.uk*

Présente de nombreuses expositions en ligne sur tous les sujets scientifiques : matériaux, sport, histoire de l'aviation, missions spatiales…

US **Smithsonian MNH** *www.mnh.si.edu*

Le National Museum of Natural History présente des expositions sur le réchauffement de la planète, la dérive des continents, la terre aujourd'hui…

BAAS *www.britassoc.org.uk*
CEA *www.cea.fr*
European Science Fondation *www.esf.org*

Ressources > Recherche scientifique

Après l'invention d'Internet par les militaires, les scientifiques s'en sont emparés et ont inventé le Web. Tous les laboratoires disposent de sites où ils mettent en avant leurs travaux.

FR **CNRS** *www.cnrs.fr*

Le Centre National de la Recherche Scientifique propose l'actualité et des contacts par départements scientifiques : sciences de la vie, physique, chimie…

FR **CORDIS** *www.cordis.lu*

Publie une foule d'infos sur la recherche en Europe. Idéal pour trouver les projets, les partenaires ou les résultats d'une recherche.

UK **Elsevier** *www.elsevier.nl*

L'éditeur Elsevier publie les travaux de chercheurs du monde entier, dans tous les domaines. Le site français *www.elsevier-fr.com* est moins complet.

FR **INIST** *www.inist.fr*

L'Institut National de l'Information Scientifique et Technique collecte, traite et diffuse les résultats de la recherche scientifique.

FR **Institut Pasteur** *www.pasteur.fr*

Présentation des différents thèmes de recherche du laboratoire. Base de données biologiques, conférences et colloques, bibliothèque…

FR **Ministère de la recherche** *www.education.gouv.fr/recherche*

Le Ministère de l'Éducation et de la Recherche présente les grands programmes, les mesures en faveur de l'innovation, les métiers de la recherche…

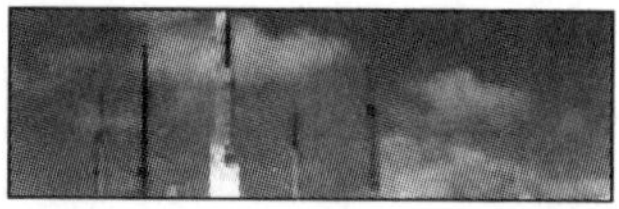

UK **Nobel Foundation** *www.nobel.se*

Tout sur les prix Nobel de physique, chimie, médecine, sciences économiques… La base de données répertorie les lauréats depuis 1901.

FR **Palais de la découverte** *www.palais-decouverte.fr*

Présente les expositions temporaires et permanentes. La rubrique Ateliers découverte propose des expériences à réaliser à la maison.

US **The Nobel Channel** *www.nobelchannel.com*

Présentation d'Alfred Nobel, sa vie, son œuvre. Les travaux des différents lauréats de l'année sont présentés de manière interactive, avec animations et vidéos.

US **UniSci** *www.unisci.com*

L'actualité de la recherche universitaire scientifique américaine. Mise à jour quotidienne. Recherche possible dans plus de 2500 articles.

CNRC *www.nrc.ca*
IRD *www.ird.fr*
The Lab *www.abc.net.au/science*

Sciences naturelles > Géologie

Des volcans rugissants aux calottes glaciaires, des plus hautes cimes au plus profondes abysses, voici les sites qui présentent la Terre. Ils raviront les curieux autant que les étudiants.

US **Disaster Relief** *www.disasterrelief.org*

Actualité quotidienne sur la santé de la planète. Inventaire des incendies, tremblements de terre, cyclones… Voir aussi *www.discovery.com.*

US **Earthrise** *earthrise.sdsc.edu*

Bibliothèque de photographies de la Terre prises depuis l'espace et régulièrement enrichie depuis quinze ans. Visionnez les images à partir d'une carte.

US **explorezone.com** *explorezone.com*

Actualité quotidienne des sciences de la terre. Infos sur le climat, les volcans, les tornades, les tremblements de terre, les glaciers… Glossaire scientifique.

UK **Fourmilab** *www.fourmilab.ch*

Spécifiez la latitude, la longitude et l'altitude d'un lieu ou d'une ville et vous en obtiendrez les vues de jour ou de nuit en provenance de l'espace.

(US) **geologylink** *www.geologylink.com*

L'actualité quotidienne des dernières découvertes géologiques. Localise et présente chaque tremblement de terre ou éruption volcanique.

(US) **National Geophysical Data Center** *www.ngdc.noaa.gov*

Recherchez dans cette base de données des infos sur les éruptions volcaniques, les raz-de-marée et les tremblements de terre. Nombreuses images.

(US) **Nova** *www.pbs.org/wgbh/nova*

Cette chaîne de télévision américaine publie de nombreux dossiers thématiques sur l'époque glaciaire, les avalanches, l'odyssée de la vie…

(FR) **Si la Terre m'étaitcontée** *www.inrs.uquebec.ca/cgq/terre*

Se veut une introduction, accessible à tous, aux sciences de la terre. Nombreuses rubriques : volcans, glaciers, minéraux… et petit test pour terminer.

(US) **US Geological Survey** *www.usgs.gov*

Informations sur les séismes ou la géologie. Posez vos questions et un scientifique vous répond par e-mail. Glossaire des termes techniques.

(US) **Volcano World** *volcano.und.nodak.edu*

Entièrement consacré aux volcans : infos, photos, jeux… La newsletter informe des éruptions volcaniques. Des volcanologues répondent à vos questions.

(FR) **WebMineral** *webmineral.brgm.fr*

Atlas minéralogique. Présente 495 minéraux et variétés, 1200 photos et un glossaire de plus de 250 termes.

Alaska Volcano Observatory *www.avo.alaska.edu*
ASA *www.asa.org*
Climat *www.cnrs.fr/dossiers/dosclim*
Volcanogeol *www.multimania.com/guillon*

Sciences naturelles > Écologie et environnement

Depuis que l'homme a réalisé que les ressources naturelles n'étaient pas inépuisables, l'environnement devient un sujet de société. De nombreux sites militent pour un art de vivre sans pollution.

(US) **Eco-Source** *www.ecosourcenetwork.com*

Ce site, axé sur l'écotourisme, conseille des destinations de voyage et vous guide. Consultez les sections Ressources, Environnement et Sites Web.

(US) **ENN** *www.enn.com*

Actualité quotidienne sur l'environnement. La newsletter gratuite propose une synthèse. L'accès aux archives est réservé aux abonnés.

(US) **EnviroLink** *envirolink.org*

Recherchez toutes les ressources en environnement : organisations, informations, publications… classées par éléments : eau, terre, feu…

(FR) **Fondation Nicolas Hulot** *www.fnh.org*

La fondation mène des actions éducatives avec pour thème l'environnement. Participez à des campagnes comme SOS mer propre et Ma ville ça me regarde.

(UK) **Greenpeace** *www.greenpeace.org*

Informations sur les actions de Greenpeace : désarmement, protection des océans et de l'atmosphère… Liens vers les antennes nationales de l'association.

(FR) **L'Écologie sur la toile** *www.amisdelaterre.org/ecotoile*

Cette page personnelle propose une sélection de sites autour de l'écologie. Classement par catégories : associations, éducation, énergie…

(FR) **Ministère de l'environnement** *www.environnement.gouv.fr*

L'actualité et les infos pratiques de l'environnement. Publie les chiffres officiels de l'Institut Français de l'Environnement (*www.ifen.fr*).

(FR) **Orée** *www.oree.org*

Informations sur la gestion de l'environnement, notamment pour les entreprises. Nombreuses fiches pratiques rassemblées dans une base de données.

(US) **Pace** *www.law.pace.edu*

Cette bibliothèque virtuelle dispose de la quasi-intégralité des législations en matière d'environnement. Elle compare les textes de loi des différents pays.

(US) **World Wildlife Fund** *www.wwf.org.*

Le WWF propose plusieurs actions à mener en ligne afin d'améliorer notre environnement et sauvegarder des espèces en danger.

2100.org *2100.org*
Agences de l'eau *www.ate.tm.fr/fontaine*
Décision Environnement *www.decision-environnement.com*
Earthlaw *www.earthlaw.org*
Earthwatch *gaia.earthwatch.org*
Écoroute *ecoroute.uqcn.qc.ca*
Institut Français de l'Environnement *www.ifen.fr*
National Wildlife Federation *www.nwf.org*
Nature Conservancy *www.tnc.org.*
Rainforest Action Network *www.ran.org*
Ushuaïa *www.ushuaia.com*

Sciences naturelles > Biologie

Les sciences de la vie, grâce aux progrès de la génétique, évoluent à une vitesse vertigineuse. Pour ne rien manquer des domaines phares du XXIe siècle, découvrez les sites clés.

US **Access Excellence** *www.accessexcellence.org*

Destiné aux enseignants et aux étudiants, ce site présente les derniers travaux, projets et technologies liés à la biologie. La liste de liens sera, elle, utile à tous.

US **Astrobiology Web** *www.reston.com/astro*

Dédié à la biologie dans l'espace, ce site informe et liste les ressources sur la vie dans des environnements extrêmes.

UK **BioChemNet** *schmidel.com/bionet.cfm*

Ce répertoire liste les ressources en biochimie, biotechnologie, génétique… Il propose une revue de presse hebdomadaire de l'actualité scientifique.

US **Biology** *www.library.ucsb.edu/subj/bio1.html*

Liste de ressources en biologie. Sélectionnez les rubriques qui vous intéressent et recevez un e-mail dès qu'elles sont mises à jour.

US **Biology Project** *www.biology.arizona.edu*

Biologies humaine, cellulaire, microbiologie… L'Université de l'Arizona propose des cours en ligne, des informations et des liens.

US **BioTech** *biotech.chem.indiana.edu*

Ce métarépertoire de ressources en biologie de l'Université de l'Indiana met à votre disposition un dictionnaire illustré des sciences de la vie.

US **Cells alive** *www.cellsalive.com*

Les cellules, leur vie, leur activité… tel est le sujet de ce site, le tout agrémenté de photographies et d'animations spectaculaires.

UK **Microscopy UK** *www.microscopy-uk.org.uk*

Le site des amateurs de l'infiniment petit. Pour tout savoir sur les microscopes et leurs utilisations : photos, vidéos, cours pour les débutants…

FR **Musée canadien de la nature** *www.nature.ca*

La rubrique À découvrir sélectionne des liens en sciences naturelles. Carnets d'histoires naturelles illustre et commente 260 espèces.

FR **Virtual Frog Dissection** *www-itg.lbl.gov/Frog*

Ne maltraitez plus les grenouilles, préférez la dissection virtuelle. Effectuez des observations sous tous les angles. Manipulations d'une extrême facilité.

FR **Webbio** *webbio.net*

Actualité hebdomadaire des sciences de la vie : biologie, génétique, médecine… Agenda des congrès, nouvelles des sociétés du secteur, offres d'emploi…

Biome *biome.ac.uk*
BioMedNet *www.biomednet.com*
Didacticiel de biologie végétale *ww2.creaweb.fr/bv*
DigiBio *www.digibio.com*
Explore Science *www.explorescience.com*
INRA *www.inra.fr*

Sciences naturelles > Océanographie

Explorez les océans et les mers, de leur surface parfois tourmentée à leurs profondeurs extrêmes. Découvrez l'océanographie et la faune marine. Des images comme si vous y étiez !

US **Aquadome** *home.earthlink.net/~water_monkey*

Découvrez le monde marin en parcourant les rubriques mammifères, requins, cétacés... Chacune propose des photos, des liens et des commentaires.

FR **Cousteau** *www.cousteau.org*

Le site du célèbre commandant raconte l'histoire de la Calypso, de son équipe, des expéditions... Il présente une véritable philosophie : l'écotechnie.

US **Exploring Ecosystems** *www.academy.bsu.edu/ecosystems*

Effectuez une visite virtuelle en 3D de l'écosystème marin (avec le plug-in Quick Time). À voir aussi la section Creatures sur les animaux vivant dans le corail.

US **Fish Link Central** *www.fishlinkcentral.com*

Les passionnés de poissons et d'aquariums trouveront ici les ressources indispensables : articles, logiciels, photos... et une impressionnante liste de liens.

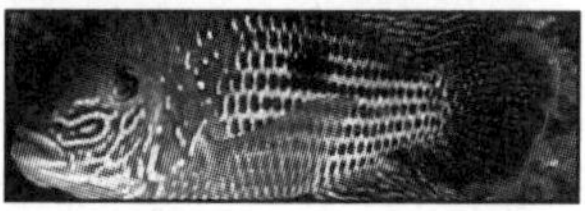

US **Ocean Planet** *seawifs.gsfc.nasa.gov*

Site de l'exposition itinérante Ocean Planet. Visitez en cliquant sur les noms des différentes salles. Celle intitulée Resources propose une collection de liens.

US **Scripps Institution of Oceanography** *www-sio.ucsd.edu*

Ce répertoire liste les meilleures ressources océanographiques : images, documentations, informations, bases de données, programmes de recherche...

US **Sea World** *www.seaworld.org*

Visitez notamment la rubrique Animal resources, base de données sur les animaux marins : tortues de mer, requins, baleines...

UK **Whale-Watching Web** *www.physics.helsinki.fi/whale*

Outre des informations sur les cétacés (photos, conférences, films...), retrouvez une compilation des liens traitant de près ou de loin des baleines.

(US) **WHOI** *www.whoi.edu*

Découvrez des animations vidéo marines ainsi que des documents et des programmes éducatifs sur la recherche océanographique.

(US) **YOTO** *www.yoto.com*

Publie des infos sur les sciences, les technologies, les industries… liées à la mer. La section multimédia présente de nombreux documents audio et vidéo.

Nausicaa *www.nausicaa-sea-centres.com*
Océanographie *isitv.univ-tln.fr/~lecalve/oceano*

Sciences naturelles > Zoologie

Pour observer les animaux sauvages, voyagez à l'autre bout du monde ou visitez les zoos virtuels. Approfondissez ainsi votre connaissance de la faune tout en rêvant à d'autres horizons.

(US) **Bears** *www.bears.org*

Pour tout apprendre sur les ours : espèces, mythes, place dans le cinéma ou dans la littérature… Consultez la sélection des meilleurs sites.

(FR) **Biosis** *www.york.biosis.org*

La rubrique Guide for zoology indexe les ressources sur les sciences de la vie ainsi que sur les animaux : insectes, vertébrés, invertébrés…

(UK) **Birds in a Cheshire Garden** *www.abcissa.force9.co.uk/birds*

Un ornithologue présente ses observations de plus de cent oiseaux du monde. Nombreuses photographies. Téléchargez les rapports d'observation.

(US) **Birmingham Zoo** *www.birminghamzoo.com*

Ressources au sujet des animaux : poissons, reptiles, mammifères… Une section est dédiée aux sites diffusant des bruits d'animaux.

(US) **Electronic Zoo** *netvet.wustl.edu*

Cliquez sur un animal à partir d'une mappemonde et obtenez une impressionnante liste de ressources le concernant.

(FR) **Frogland** *allaboutfrogs.org*

Un site délirant sur les grenouilles : plaisanteries, galerie d'art, conseils farfelus… Évitez la version française traduite automatiquement par AltaVista.

(US) **National Audubon Society** *www.audubon.org*

Cette institution œuvre pour la protection des oiseaux. Le site informe, conseille et fournit une bonne sélection de liens ornithologiques.

FR **Parc safari** *www.parcsafari.qc.ca*

Pour chaque animal, outre une sélection de liens, découvrez une description détaillée, une photographie et même un enregistrement de son cri.

FR **Planete.org** *www.planete.org*

Découvrez la richesse et la beauté de la faune à travers des fiches et des photographies animalières d'espèces disparues, vulnérables, rares... Dossier mensuel.

FR **Univers nature** *www.univers-nature.com*

L'actualité francophone sur la nature : faune, flore, environnement... Consultez la sélection de liens, elle contient plusieurs milliers de sites sur le sujet.

US **World Animal Net** *worldanimal.net*

Liste les organisations qui œuvrent en faveur des animaux. Sélection de sites publiant des informations sur les animaux.

HorseNet *www.horsenet.com*
WCS *www.wcs.org*

Sciences naturelles > Botanique

Si vous voulez identifier une plante ou, au contraire, à partir de son nom retrouver son apparence, consultez les bibliothèques botaniques virtuelles. Vos promenades ne seront plus jamais les mêmes.

FR **Au Cactus Francophone** *www.cactuspro.com*

Dédié aux cactus et autres plantes succulentes ou grasses. Informations sur les producteurs, associations et événements. Conseils de culture.

US **Carnivorous Plant Database** *www.hpl.hp.com/bot/cp_home*

Cette base de données liste et répertorie des informations ainsi que des images de plus de 3000 plantes carnivores.

FR **Criocere** *www.univ-lille1.fr/orchid/mnu_orch.fr*

Dédié aux orchidées. Descriptif, biotopes, reproduction, écosystèmes, insectes et champignons... Liens vers les sites spécialisés en France et dans le monde.

US **DesktopPlant** *www.desksoft.com*

Téléchargez ce petit programme et regardez pousser votre plante virtuelle. N'oubliez pas de la nourrir et de l'arroser pour ne pas la voir dépérir...

UK **Directory for Botany** *www.helsinki.fi/kmus/botgard*

Annuaire de sites spécialisés en botanique. Effectuez des recherches sur une liste alphabétique ou par thèmes : jardins, musées, associations...

L'univers des arbres *www.domtar.com/arbre*

Présente aux enfants l'univers des arbres. Comment protéger ou utiliser les arbres. Téléchargez ce site éducatif pour le consulter quand bon vous semble.

PlantAmerica *www.plantamerica.com*

Dans la rubrique Plant link, effectuez des requêtes (dans une liste alphabétique à partir du nom latin, de famille ou scientifique) sur plus de 80 000 plantes.

Signets de botanique *cma.cuslm.ca/MDube/botanique.htm*

Liste les ressources en botanique utiles aux étudiants : glossaires et dictionnaires, cours de botanique, universités et institutions, jardinage et horticulture…

Virtual Garden *www.vg.com*

Grâce à la rubrique Toolshed, accédez à l'encyclopédie *Time Life* des plantes ainsi qu'à un moteur de recherche spécialisé en botanique.

Sciences naturelles > Mathématiques

Outil indispensable aux scientifiques et aux ingénieurs, les mathématiques sont aussi source de plaisir et de jeu. Lycéens, étudiants, enseignants ou dilettantes, ne laissez pas somnoler vos neurones.

Carré d'AS *carredas.free.fr*

Ce site de mathématiques amusantes propose des problèmes à résoudre selon trois niveaux de difficulté. Mesurez-vous aux autres internautes.

CSC Math *www.csc.fi/math_topics*

Cet annuaire de ressources mathématiques publie des informations au sujet des grands domaines mathématiques, des logiciels, des newsgroups, des journaux…

e-Math *www.ams.org*

L'American Mathematical Society informe sur l'actualité des maths. Elle liste notamment tous les journaux électroniques spécialisés.

History of Mathematics *www-groups.dcs.st-andrews.ac.uk*

L'Université de St Andrews présente des archives sur l'histoire des mathématiques. Retrouvez, entre autres, les biographies de mathématiciens célèbres.

Math Archives *archives.math.utk.edu*

Liste des ressources mathématiques par rubriques : algèbre, arithmétique, géométrie… Les étudiants aussi bien que les enseignants les consulteront.

FR **Société Canadienne de Mathématiques** *camel.math.ca/CMS*

Publie le journal et le bulletin canadien de mathématiques. Organise concours et olympiades de mathématiques.

US **The Math Forum** *mathforum.com*

Posez vos questions, Dr Math vous répond par e-mail. Consultez les archives des questions et la FAQ. Liste les ressources mathématiques.

US **Virtual Library Math** *www.math.fsu.edu/Science*

Cet imposant annuaire de ressources mathématiques classe les sites par rubriques : éducation, départements de recherche, bibliographies…

FR **Web Maths** *www.webmaths.com*

Site dédié aux mathématiques scolaires. Il propose notamment une rubrique Aide aux élèves en difficulté, mais aussi des anecdotes, des cours, des liens…

US **WebMath** *www.webmath.com*

Résoud tous les types de problèmes mathématiques que vous avez (calculs, graphiques, équations, algèbre, trigonométrie…).

Engineering, Maths and Computing *www.emc.ac.uk*
Eric's Treasure Troves of Science *www.treasure-troves.com*
ExploreMath *www.exploremath.com*
Les pages mathématiques *www.multimania.com/strom*
L'intégrale des Maths *www.multimania.com/emauvais/idm*
Mathématiques du secondaire *www.bib.ulb.ac.be/coursmath*
Maths.net *www.maths.net*

Sciences naturelles > Physique et chimie

Admirez le mouvement brownien des molécules sur votre écran, faites des expériences, suivez un cours en ligne ou utilisez les multiples ressources du réseau en physique et chimie.

US **AIP** *www.aip.org*

L'American Institute of Physics publie les dernières actualités de la physique. Recevez-les gratuitement par e-mail. Publie aussi des articles sur la chimie.

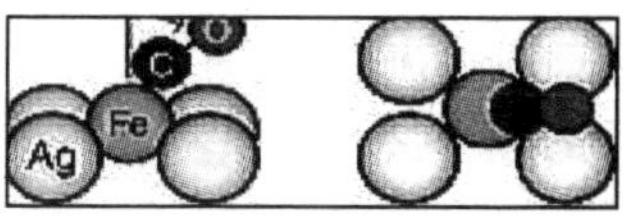

UK **ChemDex** *www.chemdex.org*

Répertoire de liens sur la chimie. Il présente par pays les départements universitaires de chimie et les organismes officiels.

US **Chemistry Information** *hackberry.chem.niu.edu*

Excellente sélection sur la chimie de l'Université de Northern Illinois. Les liens sont classés par catégories et brièvement commentés.

Connaissances

(UK) **Chemistry Teaching Resources** *www.anachem.umu.se*

Cette université présente, à travers ses catégories (cours, expériences, listes de diffusions…), un panorama des ressources en chimie disponibles sur le Web.

(UK) **Chemist's Art Gallery** *www.csc.fi/lul/chem*

Même ceux qui ne s'intéressent pas à la chimie apprécieront les animations de molécules en 3D. Liste les sites proposant des animations.

(US) **CheMystery** *library.thinkquest.org/3659*

Destiné aux étudiants, ce guide interactif commente tous les aspects de la chimie. Animations de molécules en VRML.

(US) **Physics 2000** *www.colorado.edu/physics/2000*

Ce site tente de vulgariser la physique. Les concepteurs ont soigné la présentation et la clarté des propos.

(US) **PhysicsWeb** *physicsweb.org*

Actualité de la physique. Agenda des manifestations, infos sur la recherche et les applications, liens… Tip Top présente des démonstrations virtuelles.

(FR) **Société Française de Physique** *sfp.in2p3.fr*

Actualité de la recherche en physique. Sélection de sites destinée aux scientifiques et au grand public. Agenda des événements.

(UK) **WebElements** *www.webelements.com*

Tableau périodique interactif des éléments. Présente les 118 éléments découverts à ce jour (historique, structure, propriétées…).

Assocampus *www.ifrance.com/assocampus*
CERN *www.cern.ch*
ChemCenter *www.acs.org*
La physique µµ-scopique *sc.physiques.free.fr*
Molecular Arts Corporation *www.molecules.com*
PSI gate *www.psigate.ac.uk*
Sciences Physiques *perso.infonie.fr/jf_noblet*
Site de chimie *chimie.scola.ac-paris.fr*
The American Physical Society *www.aps.org*

Sciences humaines > Archéologie

Les amoureux des vieilles pierres et des civilisations oubliées n'ont plus besoin de parcourir le monde pour parfaire leurs connaissances archéologiques (mais un voyage est toujours plus agréable).

(UK) **Anthropology Resources** *home.worldnet.fr/clist/Anthro*

Une incroyable collection de liens sur l'anthropologie et l'archéologie classés par catégories : généralités archéologiques, musées, académies, journaux…

ArchDATA *www.univ-tlse2.fr/utah/archdata*

Répertoire des ressources françaises en archéologie (sites archéologiques, musées, centres de recherche…). Publie un agenda international des événements.

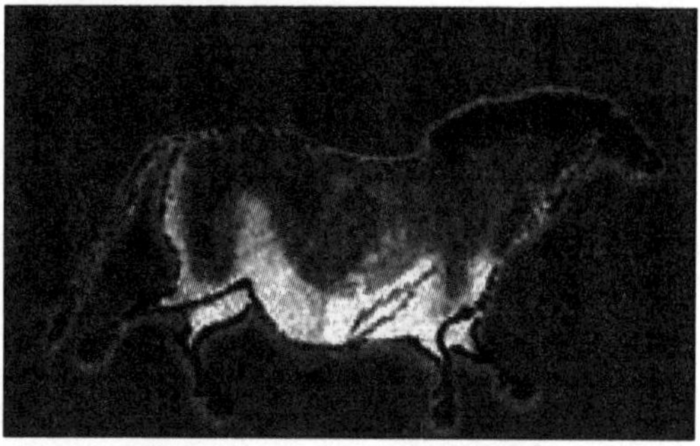

ArchNet *archnet.uconn.edu*

Répertoire de sites archéologiques classés par continents (Afrique, Asie, Océanie…) et par sujets (outil, histoire, programmes…).

ARGE *odur.let.rug.nl/arge*

Ce catalogue des ressources européennes en archéologie liste plus de 1500 sites dans 42 pays. La recherche s'effectue à partir d'un index thématique détaillé.

Classics and Mediterranean archaeology *classics.lsa.umich.edu*

Sélection de liens à interroger par mots clés ou catégories (institutions et musées, newsgroups, associations, expositions en ligne…).

Grands sites archéologiques *www.culture.fr/culture/arcnat*

Le Ministère de la Culture présente l'archéologie : sites sous-marins (histoire, techniques, principaux acteurs…), grotte de Lascaux, caune de l'Arago…

PaleoNet *www.ucmp.berkeley.edu/Paleonet*

Le lieu de rencontre des paléontologues. Bases de données, forums de discussion avec archives, documentations, sélection de liens…

Perseus Project *www.perseus.tufts.edu*

Le site de la Grèce antique. Une quantité incroyable de documents et d'images. Indispensable aux spécialistes comme aux dilettantes.

Stone Pages *www.stonepages.com*

Un site dédié aux mégalithes et autres pierres gigantesques en France, en Italie, en Irlande et au Royaume-Uni. Des liens agrémentent les commentaires.

UCMP Berkeley *www.ucmp.berkeley.edu*

L'université de Berkeley présente ses collections, commentées et imagées, sur les fossiles. La rubrique The Subway passe en revue les meilleurs sites.

Archeobase *www.multimania.com/archeobase*
Musée de la civilisation *www.mcq.org*

Sciences humaines > Sociologie et psychologie

Sociologie, psychologie, sciences politiques… voici les sélections et les bases de données à utiliser pour optimiser vos recherches. Des sites qui raviront les étudiants.

FR **6 milliards d'Hommes** *www.popexpo.net*

Un compteur estime en temps réel la population mondiale. Testez vos connaissances avec un quizz. Publie des statistiques sur la population.

FR **Agora Sociologique** *agorasoc.citeweb.net*

Le rendez-vous des sociologues francophones : sélection de liens classés par auteurs ou par thèmes, événements et colloques, annonces classées…

FR **BibElec** *www.bibelec.com*

Des étudiants en sciences sociales (principalement Sciences-Po Paris) enrichissent cette bibliothèque électronique.

US **MentalHealth.net** *mentalhelp.net*

Guide sur la psychologie et la santé mentale. Présente plusieurs milliers de liens, des FAQ, des livres… Discutez avec les membres dans les nombreux chats.

UK **MOST** *www.unesco.org/most*

Site du centre de gestion des transformations sociales de l'UNESCO. Publie infos et données sur le développement, la globalisation, les diversités culturelles…

UK **Political Science Resources** *www.psr.keele.ac.uk*

Ressources en sciences politiques. Les béotiens consulteront les informations sur les gouvernements, les théories politiques, les systèmes électoraux…

FR **PsychoMédia** *www.psychomedia.qc.ca*

Site d'information, d'échanges et d'entraide réalisé par des psychologues. Dossiers, articles, FAQ… ainsi que des forums de discussion thématiques.

US **PsychREF** *www.psychref.com*

Cette sélection de liens compile et commente les ressources en psychologie dans quatre catégories : général, activités par facultés, étudiants, thèmes.

US **Socio Web** *www.sonic.net/~markbl/socioweb*

Ce guide des ressources sociologiques commente les sites et les classe par rubriques : associations, journaux, théories…

UK **SocioSite** *www.pscw.uva.nl/sociosite*

L'université d'Amsterdam sélectionne et commente des liens en sciences humaines. Liste les newsletters, les newsgroups, les journaux, les institutions…

UK **SOSIG** *sosig.esrc.bris.ac.uk*

Sélection des meilleurs liens en sciences sociales, commentés brièvement et classés par catégories : sociologie, psychologie, sciences politiques…

H-Net *www.h-net.msu.edu*
Humbul Humanities Hub *www.humbul.ac.uk*
La psychanalyse *www.microtec.net/desgros*
Maitron *www.maitron.org*
Political Ressources on the Net *www.agora.stm.it/politic*

Sciences humaines > Histoire

Que vous soyez à la recherche de documents, d'archives ou de données, utilisez ces sites ou ces sélections de sites. Découvrez grâce au Web, une nouvelle vision des événements historiques.

US **American Memory** *lcweb2.loc.gov*

La bibliothèque du Congrès publie des documents, telle la déclaration manuscrite de l'indépendance, à l'occasion d'expositions sur l'histoire américaine.

US **Gateway to World History** *www.hartford-hwp.com/gateway*

Liste de ressources historiques : archives, images, moteurs de recherche… et conseils pour les utiliser.

FR **Histoire du monde** *users.skynet.be/histoire*

Histoire de l'humanité depuis le début de l'ère chrétienne. Chronologie détaillée. Des photos illustrent les nombreux dossiers.

US **Historical text archive** *www.geocities.com/Athens/Forum/9061*

La meilleure ressource à votre disposition si vous cherchez des documents de références en histoire ou des versions électroniques de livres.

FR **Les Forums de l'Histoire** *www.histoire.org*

Magazine bimensuel. Les articles publiés sont écrits par les rédacteurs permanents aussi bien que par les lecteurs. Nombreux forums de discussions.

US **The History Channel** *www.historychannel.com*

L'histoire présentée de manière interactive : visitez les expositions, écoutez un discours de Churchill, discutez en direct…

US **The History Index** *www.ukans.edu/history*

Cet index liste près de 4000 ressources historiques par pays et par sujet (archives, banque de données, livres…). Certaines ressources sont en français.

US **The History Net** *www.thehistorynet.com*

La référence en ce qui concerne l'Histoire américaine. La section World history est intéressante bien que succincte.

UK **World History** *www.hyperhistory.com*

Faites défiler l'Histoire du monde par régions (événements, personnages, cartes…) et cliquez sur les liens pour obtenir une présentation sommaire.

(US) **World History Compass** *www.schillercomputing.com/whc*

Cette imposante sélection de sites propose une classification par régions, puis par pays (même les plus petits sont représentés).

Ancient Greece *www.ancientgreece.com*
Charles de Gaulle *www.charles-de-gaulle.org*
Le Web histoire-géographie *home.nordnet.fr/~jcaremel*
Napoléon *www.napoleon.org*

Sciences humaines > Géographie

Cartes et atlas, statistiques par pays et géopolitique... Le Web se transforme en professeur de géographie incollable. Questionnez-le sans relâche, il actualise ses connaissances en temps réel.

(US) **3D Atlas** *www.3datlas.com*

Publie des infos, des photos et des liens sur la Terre. Traite de multiples sujets : les conditions climatiques, les statistiques, les cartes et mappemondes...

(FR) **Atlas géographique mondial** *www.atlasgeo.net*

Apprenez à mieux connaître la géographie mondiale grâce à cet atlas. Les pays sont classés par continents puis alphabétiquement.

(FR) **CyberGeo** *www.cybergeo.presse.fr*

La revue européenne de géographie propose des articles scientifiques et de nombreux liens au sujet de la géographie.

(FR) **CyberSchoolBus** *www.un.org/Pubs/CyberSchoolBus*

Consultez et comparez les statistiques au sujet des états membres des Nations Unies. Découvrez les notices descriptives des pays.

(FR) **GéoNet** *www.fdn.fr/~fjarraud*

Présentation des nouvelles technologies (Internet, logiciels...) pour enseigner la géographie. Consultez les sélections des meilleurs sites géographiques.

(FR) **Géoscopie** *www.geoscopie.com*

En vous présentant des événements, des lieux, des thèmes et des sources d'information, Géoscopie guidera vos recherches géographiques.

(FR) **Le Villette** *www.refer.org/divers/villette*

Présentation en chiffres (données générales, population, langue, économie, ressources...) de 233 pays et territoires du monde.

US **Map Machine** *plasma.nationalgeographic.com*

Cyber atlas édité par le *National Geographic*. Infos, données, images satellite, cartes… de plus de 190 pays. Recherche thématique ou par mots clés.

US **Thesaurus of Geografic** *shiva.pub.getty.edu*

Cette base de données présente 900 000 lieux (villes, régions, fleuves, rivières, pays…). Entrez le nom d'un lieu pour connaître sa position et ses caractéristiques.

US **US Census Bureau** *www.census.gov*

Ce site fédéral américain publie des infos et des données (notamment démographiques) sur tous les pays. Estimation en temps réel de la population.

US **World Factbook** *www.odci.gov/cia/publications/pubs.html*

Cette base de données, mise en ligne par la CIA, contient des cartes et des statistiques sur quasiment tous les pays du monde.

Sciences humaines > Philosophie

De Platon à Deleuze, de Kant à Lévinas, retrouvez la pensée des grands philosophes. Bibliographies, extraits de livres, essais… étudiez sur le Web les courants philosophiques.

FR **Encéphi** *www.cvm.qc.ca/encephi*

Encyclopédie hypertexte de philosophie réalisée par des enseignants. Présentation des philosophes et de leurs écrits. Leçons pour les étudiants.

US **Episteme Links** *www.epistemelinks.com*

Liste les ressources liées à la philosophie : philosophe, départements de philosophie, journaux, mailing lists et newsgroups.

US **Ethics update** *ethics.acusd.edu*

Dédié à la morale et à l'éthique. Aborde aussi bien des sujets théoriques (Kant, relativisme…) qu'appliqués (avortement, euthanasie, peine de mort…).

US **Hippias** *hippias.evansville.edu*

Moteur de recherche philosophique qui explore uniquement des sites dédiés à la philosophie (encyclopédies, guides, cours universitaires…).

FR **Philagora** *www.philagora.net*

Spécialement destiné aux étudiants, quel que soit le niveau d'étude (baccalauréat, classes préparatoires, université).

US **Philosophy Links** *www.soli.com/philo.htm*

Liste les sites philosophiques par périodes : Grèce antique, Rome antique, philosophie médiévale et philosophie moderne.

FR **Ressources philosophiques** *www.cam.org/~lanteign*

Sélection de liens sur la philosophie classés par catégories : portraits de philosophes, magazines, expériences de pensée, débats…

US **Stanford Encyclopedia of Philosophy** *plato.stanford.edu*

Encyclopédie dynamique de philosophie. Mise à jour par des experts en fonction des besoins, chaque entrée est ensuite révisée par des pairs.

US **The Internet Encyclopedia Of Philosophy** *www.utm.edu/research/iep*

Encyclopédie de philosophie. Recherche alphabétique ou par mots clés. Présente tous les grands philosophes, leur vie, leur pensée et leurs écrits.

UK **The Philosopher's Magazine** *www.philosophers.co.uk*

Magazine consacré à la philosophie. Articles, sélection de livres et de liens, infos sur les événements… Participez aux forums de discussion.

FR **Web Deleuze** *www.imaginet.fr/deleuze*

Présente une partie des cours énoncés par Gilles Deleuze, entre 1971 et 1987 à l'université de Paris 8. Extraits audio de cours au format RealPlayer.

K-Phi *kphi.doremi.net*
Philoweb *www.interpc.fr/mapage/philoweb*
SOS Philo *www.sosphilo.com*

Sciences humaines > Religions

Le Web par son œcuménisme signe-t-il la fin des monothéismes ? Dorénavant, toutes les religions disposent de sites Web qui proposent des informations d'ordre historique ou pratique.

FR **Bible Gateway** *bible.gospelcom.net*

Recherchez, à partir de mots clés ou de passages, des versets de la Bible dans neuf langues : français, anglais, latin… Téléchargement d'extraits au format PDF.

US **Christianity Online** *www.christianity.net*

La religion chrétienne à l'heure d'Internet. Actualité quotidienne, magazines, sélection de sites… avec une présentation des plus réussies.

(UK) **Islamic Gateway** *www.ummah.org.uk*

Publie des infos et de nombreux liens relatifs à la religion musulmane. Présente des sujets d'actualité. Accès à une salle de discussion via un applet Java.

(UK) **Jewish Express Synagogues** *www.synagogues.com*

Répertoire mondial des synagogues classées par pays. Sur la page d'ouverture, une webcam pointe sur Jérusalem.

(FR) **Partenia** *www.partenia.org*

Diocèse virtuel! La rubrique Catéchisme électronique publie tous les mois des textes à étudier. Donnez votre avis dans le forum de discussion multilingue.

(UK) **Religious Tolerance** *www.religioustolerance.org*

Présente et commente 64 religions: catholique, judaïque, islamique... mais aussi vaudou, new-age, satanisme...

(UK) **Shamash** *www.shamash.org*

Répertoire de ressources sur le judaïsme et la communauté juive. Liste et présente les sites, les forums de discussion, les organisations...

(US) **The Hindu Universe** *www.hindunet.org*

Moteur de recherche sur l'univers hindou. Index thématique (histoire, arts, philosophie...). Comparaisons entre les religions (hindouiste, bouddhiste, sikh...).

(FR) **Théolib** *www.theolib.com*

Articles, édition et diffusion d'ouvrages sur la théologie. Organisation de colloques sur le protestantisme. Vente des livres difficiles à trouver.

(FR) **Vatican** *www.vatican.va*

Présentation de l'état du Vatican, des Saints Pères, informations sur les services religieux et accès aux archives du concile Vatican 2.

Bible Search *www.biblesearch.com*
CFN *catholicfamilies.net*
ChristionLife.com *www.christianlife.com*
Judaica *www.judaica.net*
Réalité sur le Christianisme *www.realite-christianisme.org*

Sciences humaines > Lettres et linguistique

Que vous souhaitiez devenir un champion de la dictée de Bernard Pivot ou, plus pratiquement, approfondir votre connaissance d'une langue, voici les sites qui vous conseilleront.

(FR) **DFSF** *www.dfsf.com*

Cours de formation ou de perfectionnement à la grammaire et à l'orthographe. Évaluez gratuitement vos capacités grâce à un test..

Exercices de français *pages.infinit.net/jaser2*

Si vous avez des problèmes d'orthographe, de grammaire, de conjugaison… ce site propose de nombreux exercices pour vous améliorer.

ILD *www.ild.com*

Apprenez à partir de l'anglais une langue de votre choix (allemand, japonais, russe…). La première leçon est gratuite. Visitez aussi *www.cyberlangues.com*.

Le français *www.swarthmore.edu/Humanities/clicnet/fle.html*

Impressionnant répertoire de ressources sur la langue française. Liste et commente les sites par sujets : cours en ligne, vocabulaire, orthographe…

Lettres.net *www.lettres.net*

Tout au sujet du français : liste les ressources éducatives et publie une base de données de cours en ligne. Aide aux devoirs et conseils pour le bac de français.

Logos Dictionary *www.logos.it*

Avec ce dictionnaire linguistique, traduisez dans plus de 31 langues un mot ou une phrase. Lancez des requêtes de recherche à partir des traductions.

Magister *www.multimania.com/plavergne*

Ressources pour l'enseignement et l'apprentissage du français. Publie des travaux dirigés (études d'œuvres, dossiers, méthodologie pour le bac…).

Orthographe *www.montefiore.ulg.ac.be/cgi-bin-ulg/pivot*

Améliorez votre orthographe avec les dictées de Pivot. Consultez le dictionnaire des difficultés. Une fois par semaine, recevez des conseils par e-mail.

SIL *www.sil.org*

Le site des études linguistiques et de ses ressources. La rubrique Ethnologue référence 6700 langues parlées dans 228 pays.

The Human Languages Page *www.june29.com//HLP*

Cet annuaire propose des liens sur le vocabulaire, la grammaire, les dictionnaires… La section Products and services liste les sites et les logiciels de traduction.

ClicNet *www.swarthmore.edu/Humanities/clicnet*
Cyberlangues *www.cyberlangues.com*
DGLF *www.culture.fr/culture/dglf/*
Éducaserve *www.educaserve.com*
Kosmopolitês *www.kosmopolites.com*
Langue française *www.chez.com/languefrancaise*
LMBM *www.facstaff.bucknell.edu/rbeard*

Sciences appliquées > Technologies

Informatique, espace, automobile, médecine… autant de domaines où les ingénieurs appliquent les avancées scientifiques pour notre plus grand confort. Suivez le progrès technologique sur le Net.

FR **CNAM** *www.cnam.fr*

Conservatoire National des Arts et Métiers. Visitez le musée, les objets exposés et leurs inventeurs. Consultez La revue et ses articles sur l'évolution technologique.

US **Foresight** *www.foresight.org*

Consacré à la nanotechnologie (composants mille fois plus petits que ceux de l'électronique). À découvrir : actualité, conférences, événements, publications…

US **Media Laboratory** *www.media.mit.edu*

L'un des plus célèbres laboratoires présente ses travaux, ses recherches et les applications des technologies de demain : livre électronique, cinéma interactif…

US **MIT** *web.mit.edu*

Dédié à la recherche dans tous les domaines technologiques. Présentation des multiples programmes : intelligence artificielle, informatique, robotique…

US **Redherring.com** *www.redherring.com*

Magazine mensuel qui couvre tout ce qui touche au business de la technologie. Mise à jour quotidienne et archives accessibles en ligne.

US **TechCalendar** *www.techweb.com/calendar*

Calendrier des événements liés à la technologie, par dates, lieux, catégories (télécommunications, Internet, informatique…).

US **Technology Review** *www.techreview.com*

Ce magazine mensuel publie des articles sur tous les sujets liés à l'innovation technologique. Traite aussi bien de culture, de sciences, de business…

US **Techserver** *www.techserver.com*

Rubrique technologique du *Nando Times*. Dépêches d'actualité mises à jour en temps réel. Couvre aussi les technologies Internet.

US **TechWeb** *www.techweb.com/today*

Actualités quotidiennes sur la technologie. Nombreux graphiques, interviews et documents audio et vidéo. Archives accessibles par requêtes à mots clés.

US **The Invention Dimension!** *web.mit.edu/invent*

Découvrez chaque semaine la biographie d'un inventeur et la présentation de son invention. Nombreux prix pour les meilleures. Bonne sélection de liens.

US **TheTech** *www.thetech.org*

Le musée de l'innovation présente des expositions en ligne sur la robotique, les lasers… Sélectionne chaque mois les dix meilleurs sites en technologie.

ADIT *www.adit.fr*
Besok *www.besok.com*
FranceTech *www.industrie.gouv.fr/FranceTech*
Industries et techniques *www.industries-techniques.com*
Microsoft Research *www.research.microsoft.com*
Robot Books.Com *www.robotbooks.com*
spark-online *www.spark-online.com*
Street Tech *www.streettech.com*
TechMall *www.techmall.com*
Technologie, recherche, espace *www.education.gouv.fr/rechtech*
Technology News *www.worldtechnews.com*
The Next 20 Years Series *www.next20years.com*

Sciences appliquées > Astronomie/astronautique

De nombreux sites Web ont la tête dans les étoiles. Ils combleront de plaisir les astronomes amateurs et les passionnés de conquête spatiale. Ils publient des informations pratiques et pédagogiques.

FR **Astronomes amateurs** *cafe.rapidus.net/sbelange*

Sur ce site, les astronomes amateurs québécois se donnent rendez-vous. Ils proposent des programmes à télécharger, des jeux, des documents vidéo…

FR **Astronomie visuelle** *pages.infinit.net/initast*

Découvrez comment observer le ciel avec une simple paire de jumelles. Si vous êtes débutant, utilisez ce site et ses liens comme guide d'initiation à l'astronomie.

FR **AstroSurf** *www.astrosurf.com*

Le site incontournable des astronomes amateurs français. Conseils, adresses de clubs, images, jeux… Héberge plus de 150 sites sur l'astronomie.

UK **AstroWeb** *cdsweb.u-strasbg.fr/astroweb*

Le centre de données astronomiques de Strasbourg propose l'une des meilleures sélections de liens dans le domaine de l'astronomie.

CNN Science *cnn.com/TECH/space*

L'actualité de l'astronautique vue par la chaine de télé CNN. Dernières nouvelles de la NASA, webcams, informations internationales…

Cyber Espace *www.wdplus.com/cyber/cyberespace.html*

Un site généraliste dont les rubriques histoire, observatoires, système solaire… vous transportent aux confins de l'univers grâce à des photos superbes.

exoScience *exosci.com*

L'actualité des sciences de l'espace : astronomie, exobiologie, astrophysique… Observez l'espace en direct grâce aux webcams de l'espace.

L'AstroFacile *cafe.rapidus.net/algauthi*

Un site d'initiation à l'astronomie. Les enfants le consulteront avec profit. Histoire générale, formules pratiques, programmes… sont expliqués très clairement.

Les dossiers espaces *www.cam.org/~lafleur*

Un journaliste scientifique québécois présente au grand public l'actualité et des dossiers spéciaux sur l'exploration spatiale.

NASA *www.nasa.gov*

Ce site gigantesque présente les programmes de la NASA : Space shuttle mission, International space station, Space environment effects…

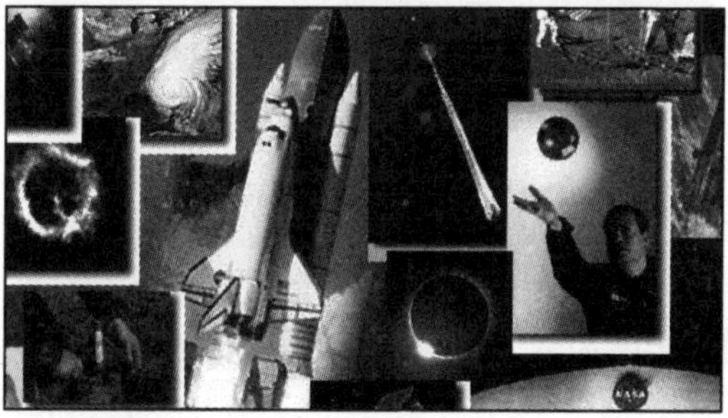

Observatoire de Paris *www.obspm.fr*

Liste les observatoires, centres de recherche, associations d'astronomie en France et en Europe. Histoire de l'observatoire de Paris, le plus ancien de France.

Skypub *www.skypub.com*

Un site immense créé par l'éditeur des magazines *Sky watch*, *Sky and telescope*… Des archives, des liens, des conseils…

Bureau des longitudes *www.bdl.fr*
Ciel et espace *www.cieletespace.fr*
CNES *www.cnes.fr*
Skylink *www.skylink-astro.net*
StarChild *starchild.gsfc.nasa.gov*
Universe Today *www.universetoday.com*

Sciences appliquées > Télescopes virtuels

Dorénavant, plus besoin d'être équipé d'un télescope pour observer la voûte céleste. Recevez des images astronomiques en direct des plus grands observatoires.

US **Astronomy picture of the day** *antwrp.gsfc.nasa.gov/apod*

Retrouvez tous les jours une photographie différente de notre univers, accompagnée des commentaires d'un astronome professionnel.

FR **Images & animations** *graffiti.u-bordeaux.fr/MAPBX/roussel*

Ce serveur propose plus de 4 Go d'images et d'animations en ligne sur les éclipses, les planètes, la navette, le télescope spatial Hubble…

US **JSC Imagery Services** *images.jsc.nasa.gov*

Bibliothèque de plus de 250 000 images réalisée en collaboration avec la NASA. Cette collection provient de toutes les missions des navettes spatiales.

US **NASA Photo gallery** *www.nasa.gov/gallery/photo*

Accédez à la banque de données d'images de la NASA. Le site *nix.nasa.gov* liste d'autres sites proposant des photos.

US **SkyView** *skview.gsfc.nasa.gov*

Avec ce télescope virtuel, observez depuis votre PC les objets stellaires dont vous avez au préalable saisi les coordonnées.

US **Space Image Archive** *www.seds.org/ftpweb*

Ces archives d'images spatiales sont commentées et classées par rubriques : astéroïdes, comètes, planètes, soleil…

US **Space Library** *samadhi.jpl.nasa.gov*

Découvrez les photos, agrémentées de commentaires, de la surface de toutes les planètes et des principales lunes du système solaire.

US **STSCI** *www.stsci.edu*

Grâce au Space Telescope Science Institute, visionnez les images et les animations du télescope spatial Hubble.

US **The Nine Planets** *www.seds.org/billa/tnp*

Présentation multimédia des planètes du système solaire. Des images, des sons et parfois des vidéos agrémentent les pages.

FR **Views of the Solar System** *spaceart.com/solar*

Découvrez le système solaire et ses neuf planètes, les missions spatiales ou les premiers astronautes à travers des documents, des photos, des vidéos…

US **Windows to the Universe** *www.windows.umich.edu*

Outre des images et des animations, ce site propose des données historiques et éducatives (les enfants le consulteront avec profit).

Connaissances

European Space Agency *www.esrin.esa.it*
PlanetScapes *planetscapes.com*
Stanford Solar Center *solar-center.stanford.edu*

Sciences appliquées > Aéronautique/aviation

Voler a toujours été un des rêves de l'homme. Partagez cette fascination pour l'histoire de l'aviation et des avions, avec les passionnés qui proposent des sites riches en informations.

US **Aerofiles** *aerofiles.com*

Liste plus de 11 000 types d'avions de la flotte américaine. Modèles, spécifications, infos et commentaires avec de nombreuses photos.

US **Airliners.Net** *www.airliners.net*

Base de données de plus de 35 000 photos d'avions classées par catégories : aviation civile, militaire, jets privés, hélicoptères...

FR **Aviation** *perso.club-internet.fr/catdoduc*

Historique et présentation de l'aviation, de l'aéropostale, des armées de l'air... Galerie de photos, sélection de liens et amusante rubrique BD.

US **Aviation Home page** *www.avhome.com*

Inventaire de toutes les ressources en rapport avec l'aviation, depuis les aéroports jusqu'aux simulateurs de vol, aux lignes aériennes et aux journaux et magazines...

US **Avweb** *www.avweb.com*

Magazine d'information et d'actualité du monde de l'aviation. Calendrier des événements, tests de modèles d'avions, bases de données, sélection de sites...

FR **Clément Ader** *musee.le-village.com/Eole*

Consacré à Clément Ader, un des plus célèbres chercheurs de l'histoire de l'aviation. Ce musée virtuel présente sa vie, ses inventions, ses avions...

FR **Cyb'AIR** *www.cybair.com/cybair*

Consacré à l'aviation et aux sports aériens. Meetings, aéroclubs, adresses et liens, résultats des compétitions, galerie de photos...

Connaissances

US **NASM** *www.nasm.edu*

National Air and Space Museum. Infos et archives sur l'aéronautique, histoire de l'espace, multiples expositions en ligne, galeries de photos, images satellite…

US **Principles of Flight** *www.allstar.fiu.edu/aero*

Découvrez l'histoire et les principes de l'aéronautique selon trois niveaux d'enseignement : primaire, secondaire et supérieur.

US **The Hangar** *www.the-hangar.com*

Encyclopédie virtuelle de l'aviation. Publie des photos, des liens, des infos sur de nombreux modèles d'avions, notamment militaires.

Aerospacemedia.com *aerospacemedia.mdeo.com*
Décollage *www.decollage.org*
Encyberpedia Aviation *www.encyberpedia.com/aviation*
Onlinepilot *www.onlinepilot.com*
Saint-Exupery *www.saint-exupery.org*

Éducation > Tout sur l'éducation

L'éducation représente le premier budget des états occidentaux (c'est en France le plus important des services publics). Sur Internet, elle occupe une place tout aussi prépondérante que dans la vie civile.

FR **Clic** *www.vitrine.collegebdeb.qc.ca/clic*

Mensuel des applications pédagogiques de l'ordinateur. Visitez les rubriques : logiciels éducatifs, enseignement à distance, enseignement des langues…

FR **Cursus** *cursus.edu*

Cursus indexe les cours de formation francophone à distance. Recherche par mots clés, sujets, institutions, professions et par niveau (primaire, secondaire…).

FR **Educasource** *www.educasource.education.fr*

Le Ministère de l'Éducation Nationale publie une sélection des meilleures ressources dédiées à l'enseignement. Mise à jour hebdomadaire.

FR **Éducation Nationale** *www.education.gouv.fr*

Présentation du système éducatif français : le ministère, les académies, les établissements… Riche collection de liens.

US **Education World** *www.education-world.com*

Base de données des ressources éducatives. Cherchez les programmes, les écoles en ligne, les projets scolaires…

FR **Etudier.com** *www.etudier.com*

Ce moteur de recherche répertorie près de 5000 établissements scolaires français. Sélectionnez le département, le statut ou le diplôme qui vous intéresse.

(US) **Free Ed** *www.free-ed.net*

Répertoire de ressources en rapport avec l'enseignement : sciences, mathématiques, informatique… Liste les cours gratuits en ligne.

(FR) **Infobourg** *www.infobourg.qc.ca*

Consultez, via un moteur de recherche, un index des sites éducatifs de la francophonie (recherche par pays et par types d'établissement).

(US) **International Education Site** *www.intstudy.com*

Guide de l'enseignement dans le monde. Consultez-le si vous cherchez une école, un collège ou un institut où suivre des cours à l'étranger.

(FR) **Mirandole** *www.mirandole.tm.fr*

Utile aux élèves tout comme aux professeurs, ce guide répertorie, classe par niveau d'étude et commente l'ensemble des sites liés à l'éducation.

(FR) **ONISEP** *www.onisep.fr*

L'Office National d'Information Sur les Enseignements et les Professions publie des fiches métiers, des guides d'orientation et un atlas des formations.

(US) **Study Wew** *www.studyweb.com*

Avec cette sélection de sites, trouvez aussi bien les écoles du monde que les ressources sur les domaines touchant à l'éducation (plus de 100 000 sites).

Ask Dr Universe *www.wsu.edu/DrUniverse*
Croc' Sciences *franco-science.org/crocsciences*
Didacsource *www.cndp.fr/didacsource*
Education Network Australia *www.edna.edu.au*
Gateway to Educational Materials *www.thegateway.org*
GEM *www.geminfo.org*
Infomine *infomine.ucr.edu*
Jason project *www.jasonproject.org*
Le Louvre édu *www.louvre.edu*
Orientation.fr *www.orientation.fr*

Connaissances

Éducation > Primaire et secondaire

Les sites éducatifs s'adressent aussi bien aux enfants qu'aux parents. Retrouvez par exemple la liste des écoles et des collèges connectés au Web et les annales du Brevet ou du Bac.

FR **Antoine et Amélie** *www.geocities.com/Paris/4884*

Une sélection des sites pour aider les plus jeunes à faire leurs devoirs, réviser un examen ou maîtriser Internet.

FR **CNDP** *www.cndp.fr*

Les élèves apprécieront les ressources du Centre National de Documentation Pédagogique, même si ce dernier se destine en premier lieu aux enseignants.

FR **Corrige Bac** *www.corrigebac.com*

Le site idéal pour réviser le bac. Nombreux conseils, analyse de sujets probables, annales depuis 1995… Publie les corrigés en direct.

FR **Exam** *www.exam.fr*

Publie des conseils pour réviser le bac quelle que soit la section. Testez votre niveau en répondant aux séries de dix questions par matière.

FR **Histoire, Géo et Education Civique** *perso.club-internet.fr/erra*

Liste les ressources en histoire, géographie et éducation civique. Publie des fiches pour la préparation et les révisions du brevet et du bac.

FR **Le Net des Cartables** *cartables.net*

Outre le répertoire des écoles primaires francophones connectées au Web, consultez l'Encyclopéweb (aide au travail et à la recherche).

FR **Lebac.com** *www.lebac.com*

Consultez, académie par académie, tous les sujets et les corrigés du bac. Pour obtenir les mêmes informations au sujet du brevet, visitez *www.lebrevet.com.*

FR **Noé** *noe-education.com*

Destiné aussi bien aux enseignants et éducateurs qu'aux élèves, ce site propose des documents et des ressources pédagogiques.

FR **Phosphore** *www.phosphore.com*

Publie de nombreuses infos utiles aux étudiants : filières d'études, corrigés du bac, études à l'étranger, jobs saisonniers, idées de vacances…

FR **Quartier français** *www.richmond.edu/~jpaulsen*

Un répertoire de ressources françaises qui nous vient de l'université de Richmond. Visitez les sections École primaire et École de la langue française.

Éducation > Supérieur

Avec Internet, vous avez sous la main toutes les ressources nécessaires à la poursuite de vos études supérieures. Accédez aux sites des universités, à des cours en ligne, à des informations pratiques…

FR **Annuaire UREC** *www.urec.cnrs.fr/annuaire*

Annuaire des sites de l'enseignement supérieur et de la recherche. Requêtes par mots clés ou en cliquant sur des cartes. Commentaires sur chaque site.

FR **Audiosup** *audiosup.net.u-paris10.fr*

Depuis cette base de données universitaire, écoutez une multitude de cours en RealPlayer. Possibilité de construire des programmes sur mesure.

FR **AUPELF-UREF** *www.aupelf-uref.org*

L'agence universitaire de la francophonie présente ses services (notamment ses bourses). Elle liste près de 400 établissements francophones dans 44 pays.

FR **Cap Campus** *www.capcampus.com*

Sélection de sites utiles aux étudiants. La boutique propose, en partenariat avec des sites marchands, des promotions destinées aux étudiants.

FR **CIES** *www.cies.fr*

Le Centre International des Étudiants et Stagiaires présente l'enseignement supérieur en France ainsi que toutes les formations pour les étudiants étrangers.

FR **CNOUS** *www.cnous.fr*

Le Centre National des Œuvres Universitaires présente la carte régionale des CROUS. Elle est utile entre autres pour les demandes de bourse.

FR **EduFrance** *www.edufrance.fr*

Destiné en priorité aux étudiants étrangers désirant étudier en France. Présente l'enseignement supérieur (filières et établissements).

FR **Framonde** *www.aupelf-uref.org/FRAMONDE*

Créé pour dynamiser l'enseignement du français dans les universités, ce site regroupe les pages Web des départements d'études françaises universitaires.

FR **Ici Campus** *www.icicampus.com*

Site portail pour les étudiants. Nombreux services : accès gratuit, guide des études, petites annonces… Actualité et infos sur les principales villes étudiantes.

FR **L'Étudiant** *www.letudiant.fr*

La version en ligne du magazine propose des conseils pour étudier partout dans le monde, des jobs ou des stages, un forum étudiant…

FR **Rond-Point** *rond-point.org*

Liste commentée des sites à vocation pédagogique créés par des enseignants. Classement par domaines : histoire, informatique, physique…

FR **Serveurs des établissements** *dgrt.mesr.fr/Serveurs_Etab*

Liste les sites des universités, des grandes écoles, des IUT, IUFM, IUP… Classement par académie ou alphabétique. Mise à jour mensuelle.

FR **Web transfac** *www.transfac.fr*

Consultez la base de données des filières et formations universitaires. Sélectionnez une région et un type de diplôme pour obtenir l'adresse des établissements.

US **World Lecture Hall** *www.utexas.edu/world/lecture*

Index des pages créées par les universités de tous les pays. Accédez aux cours, aux exercices, aux calendriers des examens…

Braintrack *www.braintrack.com*
Guichet électronique de l'étudiant *www.guichet-etudiant.com*
Unext *www.unext.com*
Université on line *universite.online.fr*

Pays > Afrique

Des dizaines de cultures, de pays, de langues… le Web réussit le tour de force d'unifier l'Afrique tout en préservant sa diversité. Voici les sites pour trouver tous les autres et suivre l'actualité.

UK **AAA Matilda** *matilda.aaa.com.au/world/africa*

Liste par pays les ressources africaines. Accédez aux médias, moteurs de recherche, services utiles… et aux sites officiels de chaque pays.

UK **Africa index** *www.africaindex.africainfo.no*

Liste par pays et par sujets les sites sur l'Afrique. La rubrique Africa Update publie des dépêches en provenance des principaux journaux africains.

UK **Africa Links** *www.crisisweb.org/projects/af_links.htm*

Annuaire de sites sur l'Afrique. Classement par catégories (politique et économie, journaux, institutions…). Chaque site est commenté. Top 10 des meilleurs.

US **Africa news** *www.africanews.org*

L'actualité africaine en provenance de plus de 50 sources d'informations (gouvernements, associations, organes de presse…).

FR **Africa Online** *www.africaonline.com*

Site portail de l'Afrique noire. Éditions spéciales pour la Côte d'Ivoire, le Ghana, le Kenya, le Zimbabwe et la Tanzanie.

Connaissances

FR **Africultures** *www.africultures.com*

L'actualité culturelle africaine. Mise en ligne de quelques articles de l'édition papier du mensuel. Agenda des manifestations culturelles.

UK **ArabNet** *www.arab.net*

Explorez les sites officiels ou non d'Algérie, Maroc, Égypte, Tunisie... Publie des données sur de nombreux pays d'Afrique du Nord.

FR **Jeune Afrique** *www.jeuneafrique.com*

Version en ligne de l'hebdomadaire. Publie le sommaire et une partie des articles de l'édition papier. Archives depuis 1997.

FR **Menara** *www.casanet.net.ma*

Portail marocain. Liste les sites par catégories. Nombreux services : météo, taux de change, programmes télés, horaires des prières, annuaires...

FR **Wafta** *www.wafta.com*

Annuaire téléphonique professionnel des entreprises en Afrique. Accès à partir du pays puis par catégories. Indexe une vingtaine de pays.

FR **WoYaa!** *www.woyaa.com*

Ce moteur de recherche a pour mission de renforcer la présence de l'Afrique sur Internet. Consultez la rubrique information : magazines, radios, agenda...

AfricaBib.org *www.africabib.org*
Africances.com *www.africances.com*
Ananzi South Africa *www.ananzi.co.za*
Mbolo.com *www.mbolo.com*
Multicanal *www.multi-canal.com*
Orientation Africa *af.orientation.com*
Tunisie.com *www.tunisie.com*

Pays > Allemagne et Autriche

Les amateurs de la langue de Goethe partiront de cette page pour explorer les institutions allemandes et autrichiennes. Utilisez un moteur de recherche ou visitez les sites gouvernementaux.

FR **Ambassade d'Allemagne** *www.amb-allemagne.fr*

Ce site est une mine inépuisable d'informations générales sur l'Allemagne. Il permet de tout savoir sur nos voisins d'outre-Rhin grâce à une multitude de liens.

UK **Austrian Internet Directory** *www.aid.co.at*

Ce répertoire du réseau autrichien liste aussi bien les sites professionnels que les home pages. Classement alphabétique.

(UK) **Autriche** *www.austria.gv.at*

Le site du gouvernement autrichien. La rubrique Services informe sur les personnalités, la politique, la culture, l'histoire du pays…

(DE) **Dino** *www.dino-online.de*

Moteur de recherche thématique qui indexe les sites du domaine allemand. Il propose aussi une bonne rubrique actualité avec l'agence Reuters.

(DE) **Flix** *www.flix.de*

Avec ce moteur de recherche, effectuez des requêtes sur le Web allemand ou les sites de Hambourg, Berlin, Cologne et Munich.

(UK) **Germany** *www.germany-tourism.de*

L'office du tourisme publie la liste des villes allemandes présentes sur le Web. Une rubrique fournit des infos sur Berlin. Cartes du pays disponibles.

(UK) **Goethe Institut** *www.goethe.de*

Le site principal du Goethe Institut (dont le but est la promotion de la langue allemande) renseigne sur l'actualité politique et culturelle allemande.

(DE) **Web.de** *web.de*

Un des plus puissants moteurs de recherche thématique du réseau allemand. Possibilité d'effectuer des requêtes dans les chats et les newsgroups.

(DE) **Welt** *www.welt.de*

La version en ligne du célèbre quotidien allemand. Consultez les archives par articles ou par dates de parution (depuis 1995).

(DE) **Yahoo! Deutschland** *www.yahoo.de*

La version allemande du plus célèbre des moteurs de recherche. Excellent point de départ pour explorer le réseau tudesque.

AltaVista Deutschland *www.altavista.de*
Ambassade de France en allemagne *www.botschaft-frankreich.de*
Der Tagesspiegel *www.tagesspiegel.de*
Fireball *www.fireball.de*
Focus Online *www.focus.de*
Lotse *www.lotse.de*
Lycos Deutschland *www.lycos.de*
Sharelook Deutschland *www.sharelook.de*
taz, die tageszeitung *www.taz.de*
T-Online *www.t-online.de*

Pays > Benelux

Belgique, Luxembourg, Hollande... petits par la taille, mais grands par le Web. Inconditionnels de la francophonie, explorez les richesses des meilleurs sites belges.

FR **Belcast** *www.belcast.be/fr*

Site portail belge. Multiples fonctions : recherche avec AltaVista Belgique, sélection des meilleurs sites, annuaires, infos financières, agenda des spectacles...

FR **Belgian Federal Government** *belgium.fgov.be*

Outre une présentation du pays, accédez aux sites fédéraux ainsi qu'aux informations délivrées par l'état fédéral belge.

FR **Le Soir** *www.lesoir.com*

Retrouvez intégralement en ligne le quotidien belge qui paraît à midi (ainsi que ses archives). Supplément hebdomadaire sur l'auto, les loisirs, l'économie...

FR **L'essentiel** *www.ping.be/essentiel*

Retrouvez une sélection de liens pratiques ou officiels à destination des francophones, plus particulièrement des Belges.

FR **Luxembourg** *www.restena.lu*

Présentation du grand-duché. Consultez le répertoire de tous les sites luxembourgeois qu'ils soient administratifs ou privés.

FR **Lycos Belgique** *www.be.lycos.de*

La version belge du moteur de recherche à mots clés. Consultez les différents guides : information, junior, loisirs, Internet...

UK **Minbuza** *www.bz.minbuza.nl*

Le site du Ministère des affaires étrangères des Pays-Bas. Accédez aux autres sites officiels du pays. Présentation du pays et des départements.

UK **NL-menu** *www.nl-menu.nl*

Moteur de recherche thématique des Pays-Bas. Accédez directement aux autres moteurs de recherche du pays.

FR **Pages d'Or** *www.pagesdor.be*

L'annuaire téléphonique belge. Accédez également aux Pages d'Or des Pays-Bas. La recherche s'effectue par noms, communes ou régions.

Web Watch *www.webwatch.be*

Le moteur de recherche thématique et à mots clés belge. Visitez les rubriques Site de la semaine et Sites les plus demandés.

Idéarts *www.idearts.com*
Lycos Benelux *www.lycos.nl*
No-bug.com *www.no-bug.com*
Webbel *www.webbel.be*
Web-belge.net *www.web-belge.net*

Pays > Canada

Les Canadiens, souvent considérés comme nos cousins, devraient, du point de vue du Web, être considérés comme des grands frères tant ils ont pris une avance considérable sur la France.

Ambassade Ottawa *ottawa.ambafrance.org*

Visitez l'Explorateur culturel. À partir d'une tour Eiffel virtuelle s'étagent les rubriques : kiosque, dossiers et documents, expositions…

Canada.com *www.canada.com*

Voici l'un des plus puissants moteurs de recherche du Net canadien. Il indexe plus de 110 millions de documents. Autres services : actualité, guides…

Canoe *www.canoe.ca*

Portail canadien. Publie de nombreuses rubriques d'actualité (sports, cinéma…), des infos pour les enfants (jeux, comics…) et des services (horoscopes, météo…).

Gouvernement du Canada *canada.gc.ca*

Renseignements sur le Canada et accès aux sites des ministères et organismes canadiens présents sur le Web.

Gouvernement du Québec *www.gouv.qc.ca*

Un moteur de recherche indexe les sites gouvernementaux (plus de 100 000 pages). Rubriques sur la culture, les institutions, le tourisme…

InfiniT *www.infinit.net*

Portail québécois. Infos sur la culture, Internet, les loisirs… Propose la création et l'hébergement gratuit de pages persos. Trucs et astuces pour les chats.

Le Quotidien Internet *www.internest.qc.ca*

Ce quotidien d'actualité propose des rubriques sur l'informatique, l'art de vivre… Publie deux éditions régionales spécifiques sur Montréal et sur Québec.

Radio Canada *radio-canada.ca*

Propose des émissions de radio et de télévision : Cl@ir et Net, Branché, Info-Culture, La passion du sport… Diffusion en direct ou en différé.

FR **Statistique Canada** *www.statcan.ca*

L'organisme national de statistiques du Canada publie des tableaux de données sur le territoire, la société, l'économie et le gouvernement canadien.

FR **Tourisme Québec** *www.tourisme.gouv.qc.ca*

Le site touristique officiel du gouvernement québécois. Effectuez une visite virtuelle du Québec et consultez les rubriques Histoire et Patrimoine naturel.

FR **Yahoo! Canada** *ca.yahoo.com*

La version canadienne du célèbre moteur de recherche. Accédez à tous les sites officiels du pays et effectuez des recherches sur le Net canadien.

AltaVista Canada *www.altavistacanada.com*
La Toile du Québec *www.toile.qc.ca*
Ministère des ressources natuelles *www.geologie-quebec.gouv.qc.ca/*
Musée canadien des civilisations *www.civilisations.ca*
Planète Québec *www.planete.qc.ca*
Radio Canada International *www.rcinet.ca/fr*

Pays > États-Unis

Le pays leader de l'industrie informatique est logiquement le leader incontestable d'Internet. Les sites institutionnels reflètent cette position dominante : à l'image du pays, ils sont gigantesques.

FR **Ambassade des États-Unis** *www.amb-usa.fr*

Visitez la section Les États-Unis de A à Z. Indexe tous les services de l'administration. Infos sur l'économie, la politique, les relations internationales…

US **FedWorld Information** *www.fedworld.gov*

Trouvez l'information que vous recherchez en effectuant des requêtes dans plus de vingt bases de données de l'administration américaine.

US **Library of Congress** *www.loc.gov*

Dans la rubrique American memory, consultez documents, photographies, films et enregistrements sonores sur l'Histoire américaine.

US **MSNBC** *www.msnbc.com*

Prenez le pouls de l'actualité américaine. Que ce soit à l'échelle nationale ou locale, tout ce qui concerne les USA est traité ici.

US **New York City…** *www.nycvisit.com*

Découvrez comment aller à New York, où vous loger, où vous restaurer, où vous promener… Effectuez une visite virtuelle avec la sélection de liens.

Connaissances

The Federal Gateway *fedgate.org*

Liste les ressources d'informations du gouvernement disponibles sur le Web à partir de plusieurs branches : législatif, judiciaire, exécutif…

The White House *www.whitehouse.gov*

Visitez la Maison Blanche, découvrez son histoire ainsi que celle des anciens présidents. Envoyez un e-mail au Président.

Thomas loc *thomas.loc.gov*

Le site législatif américain. Consultez des bibliothèques de lois, trouvez les explications sur le fonctionnement du système judiciaire et son historique…

USA Citylink *www.usacitylink.com*

À partir de ce site, visitez la ville ou l'état de votre choix, après l'avoir sélectionné dans la plus importante liste de ce type sur le Web.

USA Today *www.usatoday.com*

Actualité mise à jour toutes les minutes à travers les rubriques : sports, météo, voyages, loisirs, finances… Interviews en RealPlayer.

Bet.com *www.bet.com*
CultureFinder.com *www.culturefinder.com*
International Information Programs *www.usia.gov*
Lycos Estados Unidos *espanol.lycos.com*
SearchEdu.com *www.searchedu.com*
SearchGov.com *www.searchgov.com*
SearchMil.com *www.searchmil.com*
terra.com *www.terra.com*
US News *www.usnews.com*
Yahoo! en español *espanol.yahoo.com*
zagat *www.zagat.com*

Pays > Italie

Si l'administration italienne est bien moins présente sur le Web que la française, les initiatives privées méritent, quant à elles, le détour. Ne manquez surtout pas les journaux italiens.

Agenzia ANSA *www.ansa.it*

Cette agence de presse publie des dépêches d'actualité par secteurs d'activité : sport, économie, société… Mise à jour en temps réel.

(IT) **arianna** *www.arianna.it*

Sur ce moteur de recherche thématique, outre les rubriques : sports, arts, santé… consultez un Top 10 des sites les plus visités.

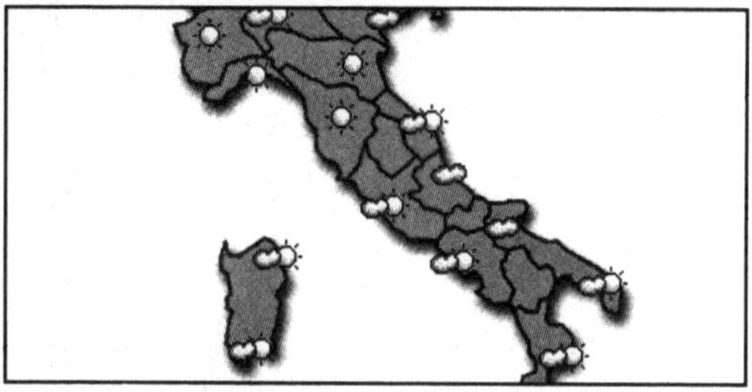

(IT) **Cerca.com** *www.cerca.com*

Le site pour rechercher sur le Web italien : moteurs, métamoteurs, newsgroups, annuaires… Accédez aussi à divers services : change, météo, horaires…

(IT) **Corriere della Sera** *www.corriere.it*

Le quotidien d'actualité générale publie les dernières dépêches en temps réel dans la rubrique Ultime notizie.

(IT) **Il Trovatore** *www.iltrovatore.it*

Ce moteur de recherche à mots clés classe les résultats et les commente. Sélectionnez les sites en fonction de leur langue (chinois, grec, français…).

(IT) **La Repubblica** *www.repubblica.it*

Sur le site du quotidien d'informations, accédez à divers services : bourse en direct, petites annonces, offres d'emplois, météo…

(IT) **Pagine Gialle** *www.paginegialle.it*

Les pages jaunes et blanches italiennes. La recherche s'effectue par activités, produits, catégories, noms, villes…

(IT) **Presidenza del Consiglio dei Ministri** *www.palazzochigi.it*

Depuis le site de la présidence du conseil, accédez aux autres sites des ministères italiens. La rubrique Italia on line publie plusieurs dépêches par jour.

(IT) **Virgilio** *www.virgilio.it*

Moteur de recherche à mots clés disposant aussi de rubriques : musique et spectacles, santé et médecine, voyages et tourisme…

(IT) **WebTime** *www.ipse.com/webtime*

Liste de tous les quotidiens italiens présents sur le Net ainsi que des magazines, radios, télés, listes de diffusions…

Italia Online *www.iol.it*
Lycos Italia *www.lycos.it*
Tin.it *www.tin.it*
Yahoo! Italia *it.yahoo.com*

Pays > Japon

Le pays à la pointe de la technologie se devait d'affirmer sa présence sur Internet. Découvrez le savoir-faire nippon et visitez virtuellement le pays du Soleil Levant.

FR **Ambassade du Japon en France** *www.amb-japon.fr*

La rubrique Point de vue Japon aide à mieux comprendre le Japon, son gouvernement, sa politique, son économie.

UK **Daily Yomiuri** *www.yomiuri.co.jp*

Quotidien d'informations générales. À côté des rubriques classiques : sport, finance, politique… consultez l'étonnante section Crimes et accidents.

UK **Gateway Japan** *www.gateway-japan.org*

Accédez au cœur du Japon contemporain, grâce à une sélection de sites classés par catégories : gouvernement, culture, art de vivre…

US **Japan Guide** *fuji.stanford.edu/jguide*

Excellente sélection de liens classés par catégories : politique et gouvernement, économie et finances, moteurs de recherche…

UK **Kantei** *www.kantei.go.jp*

Depuis le site de la résidence du Premier ministre japonais, accédez directement aux sites des ministères : éducation, finances, agriculture…

UK **MITI** *www.miti.go.jp*

Le site du Ministère du Commerce international et de l'Industrie. Publie des infos, des statistiques, des rapports… sur l'économie japonaise.

UK **Moshix2** *www.moshix2.net*

Ce moteur de recherche à mots clés et par catégories propose des leçons gratuites d'initiation à la langue japonaise.

UK **Nikkei Net Interactive** *www.nni.nikkei.co.jp*

L'actualité du business au Japon et en Asie. Dépêches, cotations, indicateurs économiques… Mise à jour en temps réel.

UK **NTT Directory** *navi.ntt.co.jp*

Moteur de recherche à mots clés et thématique : actualité, style de vie, shopping… Interrogez aussi l'annuaire téléphonique japonais.

(US) **The Weekly Post** *www.weeklypost.com*

Magazine d'informations sur le Japon. Tous les week-ends, retrouvez l'actualité politique et économique du pays.

Lycos Japan *www-jp.lycos.com*
Yahoo! Japan *www.yahoo.co.jp*

Pays > Pays nordiques

L'isolement hivernal, ainsi que la bonne maîtrise de la langue anglaise, ont favorisé l'utilisation du réseau par les habitants des pays nordiques. Venez admirer le résultat.

(US) **American Scandinavian Foundation** *www.amscan.org*

Sur ce site d'une organisation américaine d'échanges éducatifs et culturels, obtenez des informations et des liens sur les cinq pays nordiques.

(FR) **Finlande** *www.publiscan.fi*

Informations au sujet du pays qui possède le plus grand nombre de serveurs Internet par habitants. Sections dédiées au sport, à la culture, à l'économie…

(UK) **Finlandia Net** *www.finlandia.jiop.fi*

Tous les services officiels (gouvernement, administration), des informations touristiques, une sélection alphabétique de liens sur le réseau finlandais.

(US) **Iceland** *www.iceland.org*

L'ambassade d'Islande à Washington offre un panorama complet de l'Islande. Accédez directement à tous les sites officiels et aux meilleurs sites du pays.

(UK) **Nordic Pages** *www.markovits.com/nordic*

Sélection de sites présentant les pays (Danemark, Finlande, Islande, Norvège, Suède). Rubrique complète au sujet de l'actualité, des gouvernements…

(UK) **Polar search** *www.polarsearch.com*

Avec ce moteur de recherche à mots clés, effectuez des requêtes sur les pays scandinaves (Danemark, Suède, Islande, Finlande, Norvège, Groënland).

(UK) **Scandinavia Now Online** *www.scandinavianow.com*

Cliquez sur le nom d'un des pays scandinaves pour accéder à ses ressources. Explorez les villes, les sites officiels, les événements…

(UK) **Smorgasbord** *www.sverigeturism.se/smorgasbord*

Informations et sélections de liens au sujet de la Suède au travers des rubriques culture, infos pratiques, nature et sports…

(UK) **Statistics Finlande** *www.stat.fi*

Les statistiques officielles de la Finlande. Infos sur l'économie, la population, les résultats d'élections… Liens vers les autres ressources de statistiques.

(UK) **Sunet** *www.sunet.se*

Annuaire de sites suédois. Liste aussi bien les sites institutionnels ou gouvernementaux que les home pages, les médias, les bases de données…

(UK) **Sweden CityGuide** *www.cityguide.se*

Guide des villes suédoises. Choisissez dans une liste votre destination et vous connaîtrez les événements qui s'y déroulent, les lieux à visiter, comment y loger…

AltaVista Sweden *www.altavista.se*
Jubii *www.jubii.dk*
Kvasir *kvasir.sol.no/no*
Lycos Norway *www.no.lycos.de*
Lycos Sweden *www.lycos.se*
Scandinavia Online *www.sol.no*
Virtual Finland *virtual.finland.fi*
www.fi *www.fi*
Yahoo! Danmark *dk.yahoo.com*
Yahoo! Norge *no.yahoo.com*
Yahoo! Sverige *se.yahoo.com*

Pays > Péninsule ibérique

Espagnol et portugais, deux langues que nous déchiffrons même quand nous ne les maîtrisons pas tout à fait. Elles peuvent nous servir de passerelle vers des millions de sites Web.

(ES) **AdmiWeb** *www.admiweb.org*

Cet annuaire liste aussi bien les administrations espagnoles que les organisations internationales. Publie des infos sur l'Europe et des textes de loi espagnols.

(PT) **aeiou** *www.aeiou.pt*

Moteur de recherche thématique sur le réseau portugais. Les sites sont classés et présentés en quelques lignes.

(ES) **El Indice** *elindice.com*

Moteur de recherche thématique. Recherche par mots clés ou par catégories (économie, médias…). Publie une revue de presse quotidienne.

(ES) **El Mundo** *w3.el-mundo.es*

Ce quotidien résume l'actualité à travers les rubriques économie, international, sciences… Consultez l'impressionnante liste de liens El navegante.

(ES) **El Pais** *www.elpais.es*

Version en ligne du grand quotidien espagnol. Informations internationales, sportives, cultures… Publie un guide fiscal, un agenda des sorties, des jeux…

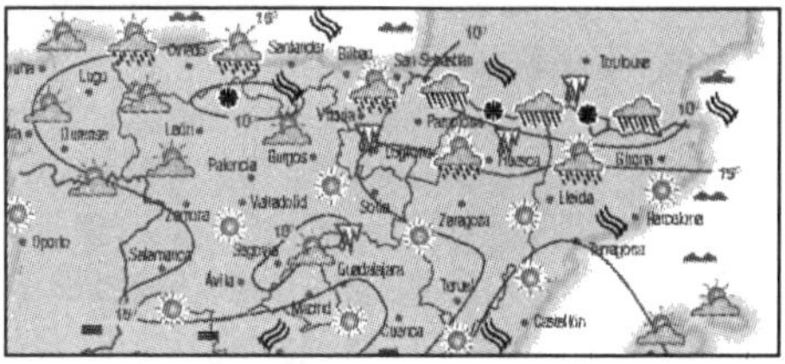

(PT) **Jornal de Noticias** *www.jnoticias.pt*

Quotidien d'informations portugais. Les éditions des six derniers jours sont disponibles. Un dictionnaire Internet et un annuaire e-mail vous rendront service.

(FR) **Lusinet** *www.altern.org/lusinet*

Le serveur de la communauté lusitanienne en France informe sur le Portugal et sa culture. Retrouvez de nombreux liens pour découvrir le Web portugais.

(PT) **Portugal** *s700.di.uminho.pt/Portugal*

Présente le Portugal (histoire, culture, infos pratiques…) et liste les sites officiels. Une rubrique est dédiée aux résidents, une autre aux touristes.

(PT) **PortugalNet** *www.portugalnet.pt*

Répertoire de ressources en langue portugaise dans le monde (Brésil, Angola, Mozambique…), classées par catégories : journaux, culture, commerce…

(PT) **SAPO** *www.sapo.pt*

Moteur de recherche thématique. Propose de nombreux services annexes : annuaire marchand, cartes, rubriques d'actualité…

(ES) **Terra** *www.terra.es*

Portail espagnol. Le moteur de recherche thématique indexe les sites espagnols. Services gratuits de cartes virtuelles, météo, e-mail, accès Internet…

Arrakis *www.arrakis.com*
Cusco *www.cusco..pt*
Diário de Notícias OnLine *www.dn.pt*
Governo em Diálogo *www.primeiro-ministro.gov.pt*
Infocid *www.infocid.pt*
Lycos España *www.lycos.es*
Segundamano *www.segundamano.es*
Tuciudad *www.tuciudad.com*
Yahoo! España *es.yahoo.com*
Yupi *www.yupi.com*

La langue anglaise domine le Web, mais les Anglais n'entendent pas laisser les Américains faire la pluie et le beau temps. Ils affirment leur identité avec des sites impeccables.

UK **CCTA** *www.open.gov.uk*

Liste tous les sites officiels. Effectuez des recherches sur les documents mis en ligne par tous les services gouvernementaux.

UK **fish4** *www.fish4.co.uk*

Réseau de sites spécialisés dans la recherche d'informations : immobilier, voiture, travail, loisirs, shopping, voyage… Idéal pour préparer une visite.

UK **Irish Independent** *www.independent.ie*

Le quotidien d'actualité irlandais. Sections dédiées à la culture, aux sports, au business… Édition spéciale le dimanche.

UK **Local Ireland** *www.local.ie*

Annuaire de sites irlandais. Nombreux infos et services (cartes, météo, chats…). Publie un guide spécifique pour quasiment toutes les villes d'Irlande.

UK **MSN uk** *msn.co.uk*

Avec cette version de MSN, Microsoft dispose du site le plus populaire du Royaume-Uni. Nombreux canaux : football, voyage, éducation, communautés…

UK **NewsNow** *www.newsnow.co.uk*

Ce site présente une synthèse de toute l'actualité anglaise par catégories (finances, sports, jeux…) mise à jour toutes les cinq minutes.

UK **No 10 Downing Street** *www.number-10.gov.uk*

Le site de la résidence du Premier Ministre anglais. Visitez la rubrique histoire, ainsi que Interactive, le forum où dialoguer avec le Premier Ministre.

UK **Scotland.org** *www.scotland.org*

Ce moteur de recherche indexe et classe les sites écossais par rubriques : société et culture, distilleries, sports… La section gouvernement liste les sites officiels.

UK **The British Monarchy** *www.royal.gov.uk*

Le site officiel de la monarchie présente la famille royale, les collections, les photographies et, bien sûr, un chapitre sur Diana.

UK **UK Directory** *www.ukdirectory.com*

Annuaire des sites anglais classés en quatorze catégories : business, ordinateurs, gouvernement, transports, shopping…

UK **UK Index** *www.ukindex.co.uk*

Cet annuaire indexe les sites du Royaume-Uni. Recherche thématique et à mots clés. Consultez le Top 20 ou la liste des cybercafés.

(UK) **UK Plus** *ukplus.co.uk*

Moteur de recherche à mots clés et thématique. Dispose de rubriques dédiées à l'Irlande, l'Écosse et le Pays de Galles.

(UK) **Yahoo! UK & Ireland** *uk.yahoo.com*

Accédez à tous les services du réseau anglais et irlandais. Retrouvez les canaux actualité, football, chat… Les enfants apprécieront Yahooligans!.

AltaVista UK *www.altavista.co.uk*
Art Guide *www.cogapp.com/uk*
British Waterways *www.britishwaterways.co.uk*
Cool Breeze *www.coolbreeze.co.uk/guide*
Freeserve *www.freeserve.co.uk*
Lycos UK *www.lycos.co.uk*
Scoot *www.scoot.co.uk*
The Met.Office *www.meto.gov.uk*
The Scotsman Online *www.scotsman.com*

Pays > Suisse

Les ressources helvétiques sont inversement proportionnelles à la taille du pays. N'hésitez donc pas à les utiliser dans vos recherches, notamment quand vous explorez le domaine francophone.

(FR) **Club des sports** *www.club-des-sports.ch*

Site dédié au sport en Suisse. Outre l'actualité, retrouvez plusieurs rubriques : adresses des fédérations, calendriers, liste des sites sportifs, site du jour…

(FR) **Confédération Helvétique** *www.admin.ch*

Accédez aux sites et aux documents gouvernementaux. Recherche thématique. Consultez les communiqués officiels. Archives depuis 1994.

(FR) **Edicom** *www.edicom.ch*

Consultez les nouvelles (mises à jour toutes les dix minutes), ainsi que les programmes et agendas sportifs et culturels.

(FR) **Événements** *www.evenements.ch*

Agenda de toutes les manifestations se déroulant en Suisse : concerts, festivals, foires et salons… Recherchez par localités.

(FR) **search.ch** *www.search.ch*

Indispensable moteur de recherche à mots clés. Il indexe les sites de l'Internet suisse. Possibilité de limiter les requêtes à une ville.

(FR) **Swiss Government** *www.gov.ch*

Répertoire officiel de tous les sites du secteur public suisse, que ce soit au niveau communal, cantonal ou fédéral.

(UK) **Swiss Web** *www.ch*

Métarépertoire de recherche. Requêtes sur le réseau suisse de langue française, italienne et allemande. Liens vers les guides, annuaires et autres moteurs.

(FR) **SwissGuide** *www.swissguide.ch*

Ce moteur de recherche à mots clés propose un annuaire e-mail ainsi que des guides classés alphabétiquement (auto, emploi, musique...). Carte interactive.

(FR) **Ville de Genève** *www.ville-ge.ch*

Le site officiel de la ville de Genève propose un historique, un agenda, les cartes et plans ainsi qu'une sélection de liens utiles.

(FR) **Webdo** *www.webdo.ch*

Magazine suisse d'infos et de services. Actualité politique, économique et culturelle. Dossiers sur Internet et les nouvelles technologies.

Lycos Suisse *www.lycosch.ch*
Sharelook Schweiz *www.sharelook.ch*
Shopper.ch *www.netguide.ch*

Pays > Autres pays

Les États-Unis, l'Europe et le Japon ne sont pas les seuls à développer Internet. Toutes les autres nations, petites ou grandes, affirment leur présence sur le Web et disposent de sites officiels.

(US) **Asian Net** *www.asiannet.com*

Avec ce moteur de recherche spécialisé sur l'Asie, accédez aux sites officiels des pays et au meilleur du Web de cette partie du monde.

(UK) **Central Europe Online** *www.centraleurope.com*

Actualité des pays d'Europe Centrale. Sections spécifiques à chaque pays : Pologne, Roumanie, Slovénie... Infos touristiques et culturelles.

(US) **ChinaOnline** *www.chinaonline.com*

L'actualité chinoise (très orientée business) sous forme de dépêches (traductions d'articles et d'analyses de spécialistes). Statistiques sur l'économie et l'industrie.

(US) **Latin America** *la.orientation.com*

Sélectionnez les rubriques éducation et politique, puis gouvernements, et accédez aux sites du Chili, Paraguay, Uruguay...

(UK) **Republic of Cuba** *www.cubaweb.cu*

Le site officiel de la république de Cuba. Outre la section gouvernement, consultez les rubriques nouvelles et magazines, art et culture, business...

(UK) **Russia on the Net** *www.ru*

Ce moteur de recherche thématique vous fera découvrir le réseau russe. On retrouve les rubriques traditionnelles : art et culture, business, actualité…

(PT) **Surf Brésil** *www.surf.com.br*

Moteur de recherche qui compile les ressources brésiliennes. Consultez-le à partir de requêtes ou des rubriques : gouvernement, éducation, tourisme…

(US) **SurfChina.com** *www.surfchina.com*

Moteur de recherche sur le Web chinois. Classement thématique. Publie de nombreuses statistiques sur l'évolution d'Internet en Chine.

(US) **Yahoo! Asia** *asia.yahoo.com*

Indexe les sites de la région asiatique. Propose de nombreuses éditions locales : Chine, Hong-Kong, Japon, Singapour, Taïwan…

(UK) **Yahoo! Australia & NZ** *www.yahoo.com.au*

Cette version de Yahoo! publie des informations sur l'Australie et la Nouvelle-Zélande ainsi que sur les pays de la zone océanique.

Asia *as.orientation.com*
Brazil Info *www.brazilinfo.com*
Cap Vietnam *www.cap-vietnam.com*
China.com *english.china.com*
da.ru *www.da.ru*
E-Conflict World Encyclopedia *www.emulateme.com*
Europe de l'Est *eeu.orientation.com*
Evariste Portail chinois *admi.net/evariste/chine*
Foreign Governments *govinfo.ucsd.edu/idtf*
Governments on the www *gksoft.com/govt*
Ibiscus *www.ibiscus.fr*
Inside China Today *www.insidechina.com*
Lycos Argentina *www.lycos.com.ar*
Lycos Asia *www.lycosasia.com.sg*
Lycos Brasil *www.lycos.com.br*
Lycos Chile *www.lycos.cl*
Lycos Colombia *www.lycos.com.com.co*
Lycos México *www.lycos.com.mx*
Monaco Online *www.monaco.mc*
Russia Today *www.russiatoday.com*
Sina.com *www.sina.com*
Virtual Trip to Brazil *www.vivabrazil.com*
Yahoo! Brasil *br.yahoo.com*

Shopping

Même pour faire vos courses, vous pouvez dorénavant rester devant votre écran. Tous les produits se vendent en ligne et sont livrés chez vous sans lever le petit doigt, si ce n'est pour communiquer votre numéro de carte de crédit. Avec les moteurs de recherche spécialisés, découvrez les boutiques virtuelles les mieux appropriées à vos besoins. Interrogez les robots de comparaison de prix pour traquer les bonnes affaires. Si décidemment vous êtes économes, marchandez sur les sites de vente aux enchères. Tous les produits se vendent et s'échangent sur le Web : vêtements, disques, livres, téléphones, électroménager, jeux… sans oublier les services et notamment les voyages.

Shopping

Ressources > Trouver un magasin

Avant de commander en direct un article, recherchez tout d'abord la boutique virtuelle qui le propose. Des moteurs de recherche se transforment en gigantesques galeries marchandes.

FR **123 Achat** *www.123achat.com*

Annuaire de boutiques livrant en France. Classement par catégories : cadeaux, musique, voyages... Top 5 des magasins. Chaque site est brièvement commenté.

FR **Acheter.net** *www.acheter.net*

Classement par catégories des boutiques virtuelles (principalement françaises). Sélection des meilleurs sites. Conseils et infos sur l'e-business.

US **BizRate** *www.bizrate.com*

Ce site sélectionne, présente et note les magasins en ligne par catégories. Utile pour comparer les avantages et inconvénients de chaque site.

FR **Fortune 1000** *www.fortune1000.ca*

Répertoire de sites où on peut commander en ligne. Classement par catégories : commerce de détail, spectacles et loisirs, finances et assurances...

FR **Hotwin** *www.hotwin.com*

Annuaire européen des sites de commerce électronique. Recherche des boutiques virtuelles par mots clés ou catégories. Sites analysés et notés.

US **InternetShopper** *www.internetshopper.com*

Interrogez ce moteur de recherche de boutiques en ligne à l'aide de mots clés (livres, disques...) ou en parcourant les catégories (maisons, cadeaux...).

FR **Kesako** *www.kesako.com*

Annuaire de boutiques qui livrent en France. Recherche par mots clés ou catégories : habillement, informatique, maison et jardin, musique et vidéo...

FR **Lokace Boutique** *boutique.lokace.com*

Annuaire de sites marchands. Commente et note brièvement chaque site. Infos sur le type de paiement, la zone et le délai de livraison.

FR **Magasinez!** *www.magasinez.com*

Sélectionnez les sites par ressources (galerie marchande, vente aux enchères...) ou par produits (jeu, livre...). Dossiers d'informations pratiques.

FR **MSN Shopping** *www.msn.fr/shopping*

Liste et présente plus de 2000 sites marchands. Classement thématique : informatique, gastronomie, voyage...

US **Shopnow** *www.shopnow.com*

Un des plus gros annuaires de boutiques en ligne : il répertorie et commente plus de 45 000 magasins. Top10 des articles les plus vendus sur le Web.

FR **Shopping-Extra** *www.consulweb.com/shopping-extra*

Plus qu'un simple annuaire, trouvez pour chaque site une fiche précisant le contenu de son catalogue, sa langue, ses modes de paiement et de livraison.

US **Visa Shopping Guide** *shopguide.yahoo.com*

Site créé par Yahoo! et Visa. Effectuez des recherches à partir des catégories : jeux, maison, produits de beauté… ou par mots clés.

FR **Voila Shopping** *www.voila.fr/Shopping*

Liste les magasins en ligne par catégories : informatique et multimédia, jeux, livres, CD, vidéos… Recherche par mots clés.

FR **Web Marchand** *www.web-marchand.com*

Cette sélection liste et commente des boutiques vendant en ligne et livrant en France. Sélectionnez-les à partir des catégories ou de requêtes à mots clés.

FR **Yahoo! Shopping** *shopping.fr.yahoo.com*

Annuaire spécialisé de sites marchands. Liens vers les ressources (annuaires, galeries marchandes, commerce électronique…) de Yahoo!.

Achat.com *www.achat.com*
Achète en ligne *www.achetenligne.com*
Gomez *www.gomez.com*
La vague *www.lavague.com*
OùAcheter.Net *www.ouacheter.net*
Toutlouer.com *www.toutlouer.com*
Zonecommerce *www.zonecommerce.com*

Ressources > Robots d'achat

Avant d'acheter un article, comparez les prix. Des robots explorent les boutiques virtuelles à la recherche des meilleurs prix. Dorénavant, marchandez à l'échelle planétaire.

FR **acheter-moins-cher** *www.acheter-moins-cher.com*

Guide d'achat qui référence pratiquement tous les produits courants, excepté les produits alimentaires. Compare les prix des livres et des CD.

FR **Bottomdollar** *www.bottomdollar.com*

Ce robot explore le Web à la recherche du meilleur prix de l'article que vous avez sélectionné (disques, jouets, logiciels…).

FR **Bravonestor** *www.bravonestor.com*

Comparez en temps réel les prix d'articles vendus en ligne : livres, jeux vidéo, DVD… Utilise la technologie de *www.mysimon.com*. Liste les sites marchands.

FR BuyCentral France *www.buycentral.fr*

Robot pour chercher le meilleur prix d'un article. Version française du moteur de recherche américain *www.buycentral.com.*

US DealPilot *www.dealpilot.com*

Après avoir indiqué le titre d'un livre ou son numéro ISBN, ce robot recherche le site qui le propose au meilleur prix. Recherche aussi les CD, DVD et vidéos.

US eShop *www.eshop.msn.com*

Guide interactif, mis à jour quotidiennement, qui compare les produits (voitures, appareils photos…) et les services (fournisseurs d'accès, agents de change…).

US eSmarts *www.esmarts.com*

Plusieurs guides d'achat : musique, voyages, ordinateurs… qui prodiguent des conseils et des adresses (notamment des robots de recherche de prix).

FR Kelkoo *www.kelkoo.com*

Conseils, infos et services pour acheter en ligne. Liste plusieurs centaines de sites marchands. Compare les prix de dizaines de milliers d'articles.

FR Laventis.com *www.laventis.com*

Recherche les meilleurs prix des produits : télévisions, téléphones, ordinateurs… Alerte par e-mail quand un article correspond à vos critères.

US mySimon *www.mysimon.com*

Tapez la référence de l'un des 10 millions d'objets référencés pour comparer les prix proposés par plus de 1300 sites de e-commerce.

US RoboShopper *www.roboshopper.com*

Ce logiciel cherche non seulement le prix le plus bas d'un article, mais aussi des informations à son sujet pour vous aider à bien choisir.

US Shopping Explorer *www.shoppingexplorer.com*

Après avoir indiqué la référence d'un produit, ce logiciel explore le réseau à la recherche de son prix. La version d'évaluation est proposée gratuitement.

FR Toobo *www.toobo.com*

Guides d'achats par famille de produits (informatique, jeux, logiciels…). Comparaison de prix. Fiches détaillées sur les produits et les sites marchands.

FR Vialenet *www.vialenet.fr*

À la fois un annuaire marchand et un guide d'achat. Compare les prix de produits. Top des meilleures ventes.

ComparisonShoppingNet *www.comparisonshopping.net*
Consumer Reports *www.consumerreports.org*
Epinions.com *www.epinions.com*
J'ai testé *www.jai-teste.com*
jedecide.com *www.jedecide.com*
Le négociateur *www.lenegociateur.com*
R U Sure *www.rusure.com*
WebMarket *www.webmarket.com*

Ressources > Bonnes affaires

Il ne suffit pas de comparer les prix pour faire des affaires. Utilisez les traditionnels coupons de réduction, les offres de remboursement ou, mieux, rejoignez un club d'achats pour bénéficier de prix de groupes.

FR **Akabi** *www.akabi.fr*

Club d'achat. Pour chaque produit, indique le prix public conseillé par le fabricant, le prix en cours chez Akabi et le nombre de personnes ayant déjà acheté.

FR **Alibabuy** *www.alibabuy.com*

Participez à des sessions d'achats groupés en informatique, hi-fi, vidéo, gastronomie… Des conseillers répondent à vos questions par e-mail.

FR **ClicAchat** *www.clicachat.com*

Club d'achat pour particuliers et entreprises. Sélection quotidienne de produits (informatique, habillement, bricolage…).

FR **Clust.com** *www.clust.com*

Club d'achat organisé en communautés : nomades, famille, fans de high-tech… Faites chuter les prix de voyages, produits informatiques ou alimentaires.

FR **Consowin** *www.consowin.com*

Après enregistrement de votre profil recevez des coupons de réduction ou des échantillons correspondants à vos centres d'intérêt.

FR **e-Buy Club** *www.ebuyclub.com*

Achetez à prix de gros grâce à ce club d'achat. Bénéficiez d'au moins 10% de réduction sur vos sites marchands préférés. Rémunère le parrainage.

US **Free Forum** *www.freeforum.com*

Liste les propositions commerciales offrant quelque chose de gratuit sur Internet : essais gratuits de produits, catalogues, échantillons…

FR **Les promos du jour** *www.promosdujour.com*

Sélectionne tous les jours les meilleures promotions des sites marchands (offres de lancement, fins de séries, déstockages, articles dégriffés…). Alerte par e-mail.

FR Offres De Remboursement *odr.free.fr*

Faites-vous rembourser vos achats : ce site liste les offres de remboursement placées par les publicitaires sur les produits de grande consommation.

FR Promodor *www.promodor.com*

Sélectionne les bonnes affaires sur le Web dans les secteurs informatique, alimentaire, électroménager, voyage… Top des affaires du mois.

FR Promoselect *www.promoselect.com*

Répertoire des promotions et des bonnes affaires disponibles sur le Web. Chaque semaine, les meilleures offres produit par produit (auto, culture, maison…).

US YesMail *www.yesmail.com*

Après enregistrement et saisie de vos centres d'intérêt, recevez par e-mail des offres publicitaires ciblées.

Guide de la vie moins chère *www.super-promos.net*
iChoose *www.ichoose.com*
Koobuy *www.koobuy.com*
Les promotions du net *www.lespromotionsdunet.com*
Mercata *www.mercata.com*

Ressources > Aide aux consommateurs

En général, on gère ses finances pour augmenter son capital et donc son pouvoir d'achat. De nombreux sites de conseils aident à devenir des consommateurs avisés et respectés.

UK CE *europa.eu.int/comm/dg24*

Le site de la Commission Européenne dédié à la consommation. Infos, dossiers, rapports et législations sur la santé, l'alimentation, la sécurité…

FR Consomania *www.consomania.com*

Webzine hebdomadaire sur la consommation. Nouvelles boutiques, nouveaux produits et bons plans dans les rayons alimentation, maison-déco, beauté…

US Consumer World *www.consumerworld.org*

Cette mine d'or fournit des infos, des conseils et une quantité impressionnante de liens. Un robot recherche le prix le moins cher des articles sélectionnés.

FR CRC Conso *www.crc-conso.com*

Plus de 800 pages d'informations, notamment sur les législations. Des lettres types sont également à votre disposition.

FR FEVAD *www.fevad.com*

Le syndicat des entreprises de vente par correspondance et à distance vous conseille et informe sur la VPC. Liens avec les sites de tous ses membres.

FR **France 2 Consommation** *www.france2.fr/rubriques/rubriques.htm*

Toutes les semaines des infos et des conseils pratiques sur la façon de consommer afin d'éviter de se faire arnaquer.

FR **INC** *www.conso.net*

Voici le site de l'Institut National de la Consommation et de son magazine, *60 millions de consommateurs.*

FR **Infos consommation** *www.finances.gouv.fr/a_votre_service*

Conseils et liste d'adresses. Dans la rubrique Informations pratiques, trouvez des guides sur les garanties, les crédits, les livraisons…

US **NFIC** *www.fraud.org*

Ce service dénonce les fraudes et les tentatives d'escroquerie par l'intermédiaire du réseau. Conseils à suivre pour ne pas en être victime.

FR **Que Choisir** *www.quechoisir.org*

Le site de l'UFC (Union Fédérale des Consommateurs) publie l'index des comparatifs de produits et de services parus dans l'édition papier du magazine.

Altema *www.altema.com*
Ciao.com *www.ciao.fr*
CLCV *www.clcv.org*
MHR Viandes *www.mhr-viandes.com*
Microsoft Passport *www.passport.com*
Monsommeil.com *www.monsommeil.com*
poulet-info.com *www.poulet-info.com*
safeshopping.org *www.safeshopping.org*
The Consumer Gateway *www.consumer.gov.uk*

Supermarchés > Grande distribution

De plus en plus de supermarchés virtuels livrent à domicile, non seulement des produits technologiques, mais aussi des produits frais. Choisissez sur photos, commandez d'un clic.

FR **Choix.com** *www.choix.com*

Faites vos courses dans un supermarché virtuel avant d'être livré. Sept villes couvertes : Paris, Lyon, Marseille, Toulouse, Montpellier, Cannes et Grenoble.

FR **Conforama** *www.conforama.fr*

Propose plusieurs boutiques virtuelles : multimédia, décoration, arts ménagers… Consultez les promotions, les nouveautés et les produits vedettes…

FR **C-online** *www.c-online.fr*

Casino propose cinq boutiques spécialisées : technologie, voyage, sport, multimédia et vin. Livraison à domicile de produits alimentaires en région lyonnaise.

Continent *www.continent.tm.fr*

Vend en ligne une sélection d'articles informatiques, de vins, de matériels hi-fi ou vidéo… Livraisons en 72 heures partout en France.

G20 *www.g20-livraison.com*

Commandez parmi plus de 3 000 références (épicerie, produits frais, hygiène…). Paiement à la livraison. Couvre la région parisienne et le Nord de la France.

houra.fr *www.houra.fr*

Plus de 50 000 articles (épicerie, papeterie, électroménager…) livrables dans toute la France sous 48 heures. Photo et présentation de chaque article.

Intermarché Seyssins *www.intermarche-seyssins.com*

Parcourez les différents rayons : produits frais, boissons, hygiène et beauté… Livraisons à domicile pour la région de Grenoble.

Ooshop *www.ooshop.com*

Cette filiale de Promodès (Continent, Champion, Shopi…) offre un choix de 6000 produits frais, surgelés et d'épicerie livrables à domicile en région parisienne.

Pratic Shopping *www.pratic-shopping.fr*

Faites vos courses sans vous déplacer si vous habitez Marseille ou ses environs. Retrouvez les rayons d'un supermarché classique : épicerie, lingerie, alcools…

Shopping.com *www.shopping.com*

Ce supermarché virtuel américain vend en ligne une foule de produits : disques, montres, matériel électronique… Livraisons internationales.

Télémarket *www.telemarket.fr*

L'épicerie du futur. Choisissez parmi 2500 produits et faites livrer vos achats à l'heure de votre choix (à Paris et en Ile-de-France).

C-mescourses *www.c-mescourses.fr*
FCD *www.fcd.asso.fr*
more.com *www.more.com*

Supermarchés > Galeries virtuelles

Comme dans un centre commercial classique, les boutiques se regroupent pour offrir plus de choix, plus de prix, plus de promotions… Retrouvez les enseignes prestigieuses et d'autres 100% Web.

FR **Casher on line** *www.casheronline.com*

Pour la communauté juive, le premier centre commercial virtuel casher. Recherche par mots clés ou produits : alimentation, bijoux, presse…

FR **Elle Boutique** *www.elleshop.com*

Sélection d'articles du magazine *Elle*. Boutiques décoration, cuisine, mode… La plupart des articles sont disponibles en différentes tailles et couleurs.

FR **Galerie Rhône-Alpes** *www.galerierhonealpes.com*

Les boutiques virtuelles de la région Rhône-Alpes (alimentation, mode, loisir…). Actualité et petites annonces par le quotidien régional *www.ledauphine.com*.

FR **Galeries Lafayette** *www.glparis.com*

Créez un mannequin virtuel à partir de vos mensurations pour faire vos essayages. Boutiques spécialisées pour les jeunes, les voyages et les listes de mariage.

FR **Le Marché de France** *www.lemarchedefrance.com*

Bénéficiez de réduction ou participez aux enchères proposées par les boutiques de cette galerie : alimentation, gadgets, bijoux…

FR **Le Printemps** *www.printemps.fr*

Le shopping interactif. Un employé (webcamer) promène une webcam dans les rayons que vous lui indiquez : mode, maison, beauté… Visite de 10 à 19 heures.

FR **Promofrance** *www.promofrance.com*

Réunion de boutiques spécialisées dans l'habillement, la gastronomie, les voyages… Propose chaque semaine une sélection d'idées cadeaux.

FR **Shopping Eden** *www.noelonline.com*

Parcourez les vitrines de cette galerie virtuelle : sport, maison, luxe… Elles sont tenues par les plus grandes enseignes : Fnac, Conforama, La Redoute…

FR **Une Journée en France** *www.unejourneeenfrance.fr*

Pour ceux qui recherchent la qualité et l'authenticité, voici une sélection de produits régionaux : gastronomie, habillement, maison…

US **Virtual Emporium** *www.virtualemporium.com*

Galerie virtuelle de plus de 200 boutiques dans tous les domaines : habillement, sports, boissons… Top 10 des plus fréquentées du week-end.

France Boutiques *acheter.citeweb.net*
Globe Online *www.globeonline.fr*
Martinique Shop.Com *www.martiniqueshop.com*

Supermarchés > VPC

Oubliez ce bon vieux minitel et passez vos commandes en ligne. Les catalogues sont illustrés et en couleur, les paiements sécurisés et le choix n'a jamais été aussi large.

FR **3 Suisses** *www.3suisses.fr*

Découvrez en ligne l'essentiel du catalogue. Passez directement vos commandes ou commandez gratuitement un des neuf catalogues spécialisés.

FR **CAMIF** *www.camif.fr*

L'essentiel du catalogue est disponible en ligne. Conseils sur les livres, les disques ou l'habitat. Seuls les adhérents peuvent commander.

FR **Catalogue service** *www.catalogue-service.com/pf*

Recevez gratuitement vos catalogues de vente par correspondance préférés. Propose tous les mois une nouvelle sélection de catalogues.

FR **Catalogues.fr** *www.catalogues.fr*

Choisissez les catalogues de vente par correspondance que vous souhaitez recevoir. Classement thématique : animaux, maison, mode…

FR **La Redoute** *www.redoute.fr*

Commandez les articles des catalogues papier ou de la boutique électronique. Promo et sélection du mois, boutique déco pour la maison, articles de marques…

FR **Le Club des Créateurs de Beauté** *www.ccb-paris.com*

Achetez des produits de beauté (maquillage, parfum, hygiène…) élaborés par sept créateurs : Maniatis, Agnès B., Corinne Cobson…

FR **Quelle** *www.quelle.fr*

Consultez en ligne une partie du catalogue (environ 5000 articles). Les commandes s'effectuent sur l'intégralité des 50 000 articles de l'édition papier.

FR **Somewhere** *www.somewhere.fr*

La marque de prêt à porter de La Redoute pour toute la famille. Distribue aussi des chaussures et des accessoires : montres, ceintures, sacs…

FR **Teleshopping** *www.teleshopping.fr*

Découvrez tous les jours de nouveaux produits (astucieux, pratiques ou utiles). Recherche thématique ou par mots clés.

FR **Vertbaudet** *www.vertbaudet.com*

Le spécialiste de l'enfant et de la future maman donne un aperçu de ses collections. Commande en ligne de l'intégralité des articles du catalogue papier.

Club Téléachat *www.clubteleachat.com*
M6 boutique *www.m6boutique.com*
Plein Ciel *www.plein-ciel.tm.fr*

Équipement > Maison et décoration

Pour décorer votre maison, vous meubler ou découvrir des objets design, visitez donc ces boutiques. Sur mesure ou de série, neuf ou ancien, elles possèdent l'objet qui manque à votre intérieur.

FR **1001 Couettes** *www.1001couettes.com*

Couettes artisanales réalisées sur mesure et produits dérivés : housses, taies d'oreillers, rideaux... Fiches conseils sur l'allergie, l'entretien, le sommeil...

FR **Basic System** *www.basic-system.com*

Meubles de rangement en pin massif : étagères, meubles d'angle, bibliothèques... Composez-les et visualisez le résultat immédiatement.

FR **Décomédia** *www.decomedia.tm.fr*

Plus de 20 000 produits vendus par 8000 entreprises (décoration, arts de la table, design...). Fiches pratiques sur l'entretien, les styles, les matériaux...

FR **Déco-On-Line** *www2.promofrance.com/decosysteme*

Créez vos rideaux. Entrez vos données (largeur, hauteur, doublure...) pour obtenir le prix et une photo de votre rideau. Une vingtaine de tissus disponibles.

UK **Fiftie-Fiftie** *www.fiftie-fiftie.be*

Commandez des objets de designers contemporains : chaises, tables, lampes... Passez une petite annonce pour vendre ou trouver un article particulier.

FR **IKEA France** *www.ikea.fr*

Infos sur les magasins et les services : horaires, promotions, modalités de paiement... Vend en ligne une partie de son catalogue : meubles, cuisine, lampes...

FR **La Puce à l'Oreille** *www.la-puce.com*

Spécialiste du meuble en bois (teck, sapin, pin...) pour la chambre, le salon et la salle à manger. Fabrication à partir de bois neuf ou ancien. Réservation en ligne.

FR **Made In Design** *www.madeindesign.com*

Des objets design classés par créateur, marque ou rubriques : tables, lampes, tapis... Webzine sur les dernières tendances du design.

FR **Matelsom** *www.matelsom.com*

Commandez matelas, sommier ou tête de lit. Choix de grandes marques : Tréca, Dunloppilo, Epeda... Reprend le matelas si vous n'êtes pas satisfait.

FR **the-french-touch.com** *www.the-french-touch.com*

Boutique virtuelle d'objets de décoration. Plus de 1000 produits décrits. Présentation des dernières tendances, coups de cœur, promos...

Decoralia *www.decoralia.com*
Herman Miller *www.hermanmiller.com*
Nathalie Laporte *www.nathalielaporte.com*

Équipement > Téléphonie

Phénomène de société, le téléphone mobile a conquis plus de 20 millions d'utilisateurs. Pour un plus grand confort et pour bénéficier des dernières innovations, changez régulièrement de modèle.

FR **Aboutbatteries.com** *www.aboutbatteries.com*

Spécialisé dans les batteries pour portables : téléphone mais aussi ordinateur ou caméscope. Réponds à vos questions techniques par e-mail.

FR **Discount Telecom** *www.discount-telecom.com*

La téléphonie à prix discount : portables, packs, forfait… Distribue également des PDA et des cartes PCMCIA. Quelques promotions en stock limité.

FR **GSM Discount** *www.gsmdiscount.com*

Vend des téléphones portables sans abonnement. Services annexes : promotions, programmation des mélodies (Ericsson), messagerie (SFR)…

FR **La boutique Cegetel** *boutique.cegetel.fr*

Présente les offres de SFR et du 7. Fiche et visuel de chaque article. Promotion de bienvenue pour les nouveaux abonnés.

FR **ma télécarte** *www.macarte.com*

Créez votre télécarte personnalisée : 40 fonds différents, zones pour votre texte, choix de la couleur et du type de police.

FR **Mobile Direct** *www.mobiledirect.fr*

Distribue les portables, packs et forfaits de Bouygues Telecom. Assurez votre portable ou achetez l'accessoire qui lui manque.

FR **Télécarte** *www.telecarte.tm.fr*

Commandez toutes les télécartes de l'année, les dernières nouveautés et les séries limitées. Indispensable pour le collectionneur.

FR **Telecom Net** *www.telecomnet.fr*

Retrouvez un panorama complet du marché : tous les téléphones, les forfaits, les packs, les bipers… Nombreux comparatifs. Conseils pour mieux choisir.

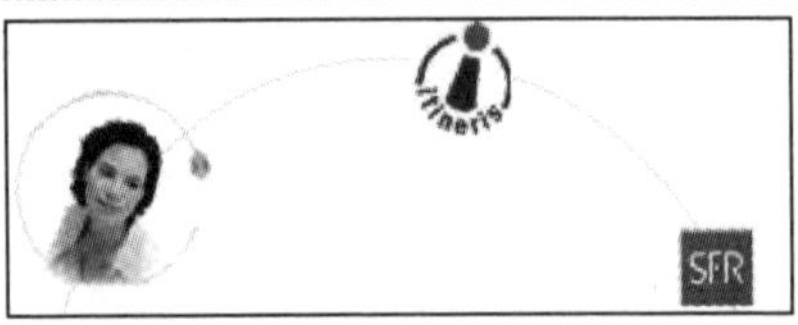

FR **The Phone House** *www.phonehouse.fr*

La boutique spécialisée dans le mobile présente les téléphones, les packs et les forfaits. Conseils pour choisir les formules avec ou sans abonnement.

FR **Videlec** *www.videlec.fr*

Boutique de téléphonie portable : téléphones, packs, forfaits et accessoires. Propose aussi un coin vidéo : cassettes audio et vidéo, CD-ROM vierges, boîtiers…

Équipement > Électroménager et hi-fi

Avant d'acheter un lave-vaisselle, une télé ou un caméscope, prenez le temps de comparer les prix et de lire les fiches techniques. Ces boutiques vous guident dans vos choix.

FR **Club Achat Service** *www.club-achat-service.com*

Bénéficiez des prix d'une centrale d'achat sur la télé, la hi-fi, la vidéo et l'électroménager (jusqu'à 40% d'économie). Livraison sous huit jours maximum.

FR **Codiac** *www.codiac.fr*

Boutique spécialisée dans les accessoires d'électroménager : sacs d'aspirateur, filtres de friteuses, aquastop pour lave-vaisselle…

FR **Darty** *www.darty.fr*

Près de 5000 références d'électroménager, hi-fi, multimédia… Infos sur les produits et le financement. Réservation en ligne uniquement.

FR **Digital shopping** *www.digital-shopping.com*

Le spécialiste du numérique (photo, vidéo, scanners…) et de leurs accessoires (housse, carte mémoire, batterie…). Fiche technique sur chaque produit.

FR **FFD** *www.ffd.fr*

Plus de 1500 articles de grande marque en électroménager, vidéo et hi-fi. Livre en 48 heures les produits en stock partout en France.

FR **Hifissimo** *www.hifissimo.com*

Spécialisé dans la hi-fi et le homecinéma. Comparatif de produits, bancs d'essai, témoignages d'utilisateurs… Promotions, premiers prix et coups de cœur.

FR **Marcopoly** *www.marcopoly.fr*

Supermarché virtuel spécialisé en électroménager, télévisions, hi-fi… Recherchez par critères de prix, par caractéristiques…

FR **Photo-Discount** *www.photo-discount.com*

Tout pour l'amateur d'images : caméscopes, appareils photos, projecteurs… Propose une large gamme d'accessoires : filtres, objectifs, boîtiers…

FR **Shoptimum** *www.shoptimum.com*

La boutique des 3 Suisses spécialisée en télé, hi-fi, gros électroménager et informatique. Prés de 800 articles. Guide d'achats pour chaque catégorie.

FR **Vpc2000** *www.vpc2000.com*

Vente directe de produits informatiques, télés, vidéo, hi-fi… Commande en ligne et paiement sécurisé. Possibilité de crédits. Livraison sous huit jours.

Abc 2001 Électroménager *www.armenager.com*
AudioCafe.com *www.audiocafe.com*
BoutiqueMicro *www.boutiquemicro.com*

Équipement > DVD

Standards de l'avenir, les DVD remplacent progressivement les CD-ROM. Ils offrent une plus grande capacité de stockage de données et sont utilisables aussi bien au bureau qu'à la maison.

FR **Cyber DVD Film** *www.cyberdvdfilm.com*

Des films sur DVD Zone 2 classés par catégorie : aventure, horreur, classique… Promotions, packs, nouveautés… Des offres spéciales pour les clients réguliers.

US **Digital Eyes** *www.digitaleyes.net*

DVD Zone 1 et Laser Discs américains. Synopsis des films, critiques et listes des prochaines sorties. Classement par genre : comédie, western, polar…

US **DVD Empire** *www.dvdempire.com*

Plus de 4 200 DVD Zone 1 en catalogue. Descriptif complet de chaque film : acteurs, studio, fiche technique… Note chaque film et publie leur classement.

US **DVD Express** *www23.dvdexpress.com*

Distribue tous les types de DVD : films et jeux. Ventes aux enchères d'articles ayant appartenus à des stars ou utilisés dans des films.

FR **DVD World Report** *www.dvdworldreport.com*

Tout l'univers DVD en français. Présentation du matériel, prévisions de sorties, critiques… Sélection des meilleures boutiques en ligne.

FR **DVD Zone 2** *www.dvdzone2.com/fr*

Achetez vos films DVD ou réservez-les avant leur sortie. Présente les nouveautés. Top des meilleures ventes. Livraison en Europe.

FR **Dvdway** *www.dvdway.com*

Films DVD Zone 2 (France). Recherche par titre, par acteurs, par genre : action, comédie, enfant… Rubriques meilleures ventes, nouveautés, films cultes…

FR **InterDVD** *www.microside.net/interdvd*

Échangez ou vendez vos DVD grâce aux petites annonces (plus de 300 annonces). Achats des DVD neufs via les sites d'Amazon, DVD Empire ou DVD Express.

FR **Planète DVD** *www.planetedvd.com*

Des DVD Zone 2 (France) classés par catégorie, par réalisateur et par tranche d'âge. Frais de port gratuit pour toute commande de deux DVD.

FR **Touslesdvd.com** *www.touslesdvd.com*

Achetez vos DVD sans frais de port. Consultez le catalogue par mots clés ou par catégorie : policier, drame, humour… Fiches techniques avec résumé des films.

CinéBox *www.cinebox.net*
DVDRama *www.dvdrama.com*
NetFlix *www.netflix.com*

Alimentation > Épicerie fine

Un plat réussi commence par des ingrédients de qualité. Où que vous soyez, trouvez et commandez les produits du terroir grâce à des boutiques spécialisées.

FR **Aux délices de la Biliais** *www.saucisson-sec.com*

Pour amateurs de charcuterie, 13 saucissons à découvrir (nature, à l'anis, au cumin…). Coffrets de dégustation : saucissons et vins.

US **Chocolat Epicure** *www.chocolatepicure.com*

Commandez les chocolats des meilleurs artisans français, suisses, allemands… En été, les livraisons s'effectuent dans des emballages isothermes.

FR **Epicuria** *www.epicuria.fr*

Commandez des produits régionaux : armagnac, foie gras, confiserie… Consultez les recettes de chefs et les itinéraires gastronomiques.

US **Flying Noodle** *www.flyingnoodle.com*

L'une des références américaines en matière de boutique spécialisée. Vends des pâtes, des sauces, des huiles… Importante sélection de liens.

FR **France Gourmet Tradition** *www.gourmet-tradition.com*

Commandez caviar, truffes, confiseries… Suivez l'avancement de votre commande jusqu'à sa livraison en quatre jours maximum par Chronopost ou TNT.

FR **Fromages** *www.fromages.com*

Commandez des plateaux de fromage : roquefort, brie, camembert… Encyclopédie des fromages français. Livraison internationale !

FR **La Comtesse du Barry** *www.comtessedubarry.fr*

Spécialiste de la vente par correspondance de produits gastronomiques (foie gras, pâtés, plats cuisinés…). Conseils, recettes, idées cadeaux… Livre partout.

FR **Poilâne** *www.poilane.fr*

La référence du pain français. Description des différentes étapes de fabrication, liste des points de vente, recettes de sandwichs de grands chefs…

FR **Saveurs des montagnes** *www.saveurs-des-montagnes.com*

Spécialités des Pyrénées à base de canard, fromages, charcuterie, truites et miel. Pour chaque article, conseils de préparation, recettes, vins recommandés…

FR **The foiegras.com** *www.thefoiegras.com*

La boutique virtuelle du canard et de ses produits dérivés. Neuf gammes disponibles : blocs de foie gras, confits, plats cuisinés…

Labeyrie *www.labeyrie.fr*
Saveurs & Traditions *www.saveurs-traditions.com*
Valgourmand *www.valgourmand.com*

Alimentation > Cave

Amateur de vins, de champagnes ou de whiskies, que vous préfériez les grands crus, les appellations régionales ou les vins du monde, ne manquez pas de visiter les caves virtuelles.

FR **1855** *1855.com*

Trouvez un vin à partir de plusieurs critères : appellation, cépage, prix… Évaluation gratuite de votre cave. Caves complètes pour les débutants.

FR **Amavins.com** *www.wine-reporter.com*

Ce magazine en ligne dresse des portraits de vignerons, de grands domaines ou des acteurs principaux du secteur vinicole. Service d'estimation.

FR **Aux Vins de France** *www.avfr.com*

Présentation et vente de vins de producteurs français. À partir d'une carte, choisissez votre destination : Bordelais, Bourgogne, Champagne…

FR **Château Internet** *www.chateauinternet.com*

Choisissez un vin par son prix, sa région, sa couleur… Guide pour accorder mets et vins. Suggestions de dégustation : température, débouchage et décantation.

FR **Chateau-Online** *www.chateau-online.com*

Boutique virtuelle de l'ancien sommelier en chef du Ritz. Conseils pour marier les vins. Présentation des grands crus et des cépages moins connus.

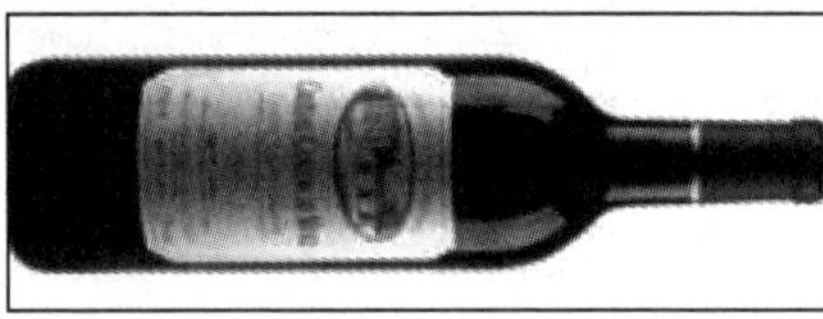

FR **La Carte des vins** *www.lacartedesvins.com*

Le site des vins de Bourgogne. Informations sur le vignoble : cépage, appellation, millésimes… Passez commande parmi une sélection de plus de 300 vins.

FR **La maison du whisky** *www.maisonduwhisky.fr*

Entrez dans l'univers du whisky : histoire, élaboration, tests de dégustation de plus de 100 whiskies… Commandez single malt, millésimés, bourbons…

FR **Maison Lemarchand** *www.lemarchand.com*

Sélection de 50 vins incluant quelques vieux millésimes (1928 pour le plus vieux). Coffrets assortis (vins + produits du terroir).

FR **Millesimes.com** *www.millesimes.com*

Spécialisé dans les grands vins. Des millésimés depuis 1889, disponibles en quantité limitée. Service de petites annonces.

FR **Rouge-Blanc** *www.rouge-blanc.com*

Recherchez un vin par couleur, région, prix et cépage. Propose aussi des grands crus et des vins étrangers. Interviews de courtiers, négociants, viticulteurs…

Champagne Direct *www.champagnedirect.com*
ChateauNet *www.chateaunet.com*
C-macave *www.c-macave.com*
Grap.com *www.grap.com*
La clé de la cave *www.la-cle-de-la-cave.com*
Viniphile *www.viniphile.tm.fr*
VinsurVins *www.vinsurvins.com*
Wine and Co *www.wineandco.fr*

Alimentation > Restauration à domicile

Stressé, débordé, surmené… commandez votre repas en ligne et ne sortez plus de chez vous ou restez au bureau. Vous avez un vaste choix, à condition d'habiter Paris ou la région parisienne.

FR **AlloPizza** *www.allopizza.com*

Liste plus de 8000 pizzerias et livreurs de pizzas à domicile en France. Recherche à partir du nom de votre ville ou du code postal.

FR **Au panier des Halles** *www.panierdeshalles.fr*

Restauration à domicile pour entreprises et particuliers. Gammes de produits conçus pour les réunions : plateaux repas, assiettes, cocktails et buffets à thèmes.

FR **CanalFood** *www.canalfood.com*

Liste les restaurants qui livrent à domicile (sur Paris et la région parisienne). Indique les horaires d'ouverture et les délais de livraison.

FR **Chez-vous.com** *www.chez-vous.com*

Guide des services et de la restauration à domicile pour la région parisienne. Classement par arrondissements et catégories : enfants, maison, réception…

FR **Chronoresto.fr** *www.chronoresto.fr*

À domicile ou au bureau, commandez votre repas dans l'un des restaurants partenaires. Fonctionne sur Paris et la petite couronne.

FR **Eatonline** *www.eatonline.fr*

Restauration à domicile ou au bureau pour Paris, Lyon et Lille. Les commandes s'effectuent en ligne et le paiement à la livraison.

FR **Floprestige** *www.floprestige.fr*

Choisissez parmi seize plateaux repas différents. Sélection de vins complémentaires. Pour vos réceptions et cocktails, demandez le catalogue traiteur.

FR **Jacques Hesse** *www.jacqueshesse.fr*

Chaque jour dix plateaux repas différents. Livrés en coffret individuel incluant couverts, serviette et set de table. Optimisé pour Paris et la région parisienne.

Le Lotus Bleu *www.lotus-bleu.fr*

Commandez à la carte ou choisissez un menu chez ce traiteur chinois. Couvre Paris, Boulogne, Neuilly et Levallois Perret. Paiement à la livraison.

Matsuri Sushi *www.matsuri-sushi.com*

Ce traiteur japonais, spécialiste du sushi, vous fait mieux connaître ce plat traditionnel : histoire, recettes, conseils pratiques… Livre sur Paris et la région.

Loisirs > Voyagistes francophones

Les grandes agences de voyage francophones publient sur le Web leurs catalogues et offrent des services de réservation de vol, d'hôtel et de voiture. En achetant en ligne, bénéficiez de tarifs avantageux.

Anyway *www.anyway.fr*

Réservez et achetez en ligne vos billets d'avion ou vos nuits d'hôtel. Plus d'un million de tarifs négociés sur vols réguliers aussi bien que sur charters.

Bourse des vols *www.bourse-des-vols.com*

Recevez de nombreuses promotions de voyages par e-mail. Infos et conseils sur plus de 175 destinations. Liste plusieurs centaines d'aéroports dans le monde.

Carlson Wagonlit Travel *www.travelonweb.com*

Réservations et ventes de billets d'avion. Recherche par destination, durée du séjour ou budget. Offres spéciales et vols à prix discount.

Club Med *www.clubmed.fr*

Présente de manière détaillée les nombreux clubs. Offres promotionnelles pour les résidents français. Formulaire de réservation en ligne.

Dégriftour *www.degriftour.fr*

Idéal pour un voyage improvisé. Quinze jours avant de partir, achetez vos billets à prix réduit (transport seul ou séjour).

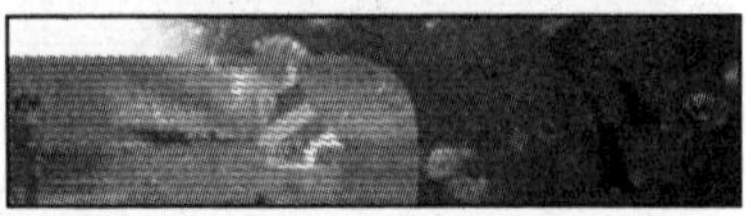

Inter-Rés@ *www.inter-resa.com/fr*

Centrale de réservation de véhicule, avion, hébergement… Remplissez un formulaire et recevez une réponse par e-mail. Nombreuses promotions.

La Compagnie des Voyages *www.lcdv.com*

Réservez vos billets d'avion au meilleur prix. 70 compagnies aériennes, 900 destinations et plus de 250 000 tarifs sont à votre disposition.

Lastminute.com *www.fr.lastminute.com/fr*

Offres de dernières minutes à prix promotionnels pour des vols, séjours, chambres, places de spectacles… Service de vente aux enchères.

Nouvelles Frontières *www.nouvelles-frontieres.fr*

Retrouvez le catalogue du célèbre tour operator. Possibilité de consulter le catalogue et de réserver en ligne. Vente aux enchères une fois par semaine.

Promovac *www.promovac.com*

Offre des milliers de voyages à prix dégriffés. Recherche par pays et budget. Abonnez-vous à la newsletter pour recevoir les promotions par e-mail.

Réductour *www.reductour.fr*

Réservez vos voyages à l'avance (de quelques jours à plusieurs mois), vous êtes sûr d'avoir de la place et de bénéficiez de remises importantes (jusqu'à 30%).

Selectour *www.selectour-voyages.fr*

Réseau d'agences de voyages indépendantes. Recherche multicritère de voyages. Offres de départs immédiats, prix bas, voyages d'affaires…

Travelprice *www.travelprice.com*

Comparez les prix pour acheter vos voyages aux meilleures conditions. Accès direct à 600 compagnies aériennes. Recherche multicritère des vols.

E-mondial *www.e-mondial.com*
Leclerc voyages *www.leclercvoyages.com*

Loisirs > Magasins de sport

Généralistes ou spécialisées, les boutiques de sport virtuelles proposent un choix immense d'articles. Pour vous guider, elles décrivent les équipements dans des fiches techniques.

C-sportif *www.c-sportif.fr*

La boutique sport de Casino. Section remise en forme, football avec les équipements de l'AS Saint-Étienne et cyclisme avec les maillots de l'équipe Casino.

Décathlon *www.decathlon.com*

Catalogue en ligne du supermarché du sport. Des centaines de produits à commander. Retrouvez les articles de sports aquatiques sur *www.tribord.com*.

Fogdog *www.fogdog.com*

Pourquoi ne pas commander aux USA vos produits sportifs. Visitez les rayons : tennis, football, basket… ou ceux des marques : Nike, Adidas, Reebok…

Go Sport *www.go-sport.fr*

Fiches techniques sur chaque sport. Description du matériel et conseils de professionnels : Florian Maurice, Cédric Pioline, Fabien Pelous…

(US) REI *www.rei.com*

Avant de vous aventurer en montagne, vérifiez que vous disposez du matériel nécessaire. Cette boutique virtuelle livre partout (bon de commande en français).

(UK) Rugby shopping *www.rugbyshopping.com*

Boutique virtuelle spécialisée dans les articles sur le rugby. Commandez en ligne les maillots, ballons, livres et vidéos… Livraison internationale.

(US) Soccer Plus Sports Shop *www.soccerplus.net*

Achetez en ligne les maillots de toutes les équipes de foot de la planète. Propose aussi des chaussures de foot et les maillots de la NBA et de la NFL.

(US) Tennis Direct *www.tennisdirect.com*

La boutique du joueur de tennis : raquettes, chaussures, sacs… Pour améliorer vos performances : cours en vidéo, livres, CD-ROM…

(US) Tennis Warehouse *www.tennis-warehouse.com*

Boutique virtuelle spécialisée dans le tennis. Pour chaque article, vous disposez d'un descriptif, de conseils sur son utilisation et sur le public auquel il s'adresse.

(FR) Velostore *www.velostore.com*

La boutique de tous les vélos : VTT, route et piste. Commandez des vélos complets ou seulement des pièces détachées : roues, cadres, plateaux…

Adidas *www.adidas.com*
Cyberpêche *www.cyberpeche.com*
Playpro *www.playpro.com*
Sport 2000 *www.sport2000.fr*
Technicien du Sport *www.techniciendusport.com*
Unisports *www.natation.com.fr*

Loisirs > Jeux et jouets

Les achats pour les fêtes de fin d'année sont souvent synonymes de cohue ou de bousculade. Avec les boutiques virtuelles de jeux et de jouets, choisissez et commandez en toute tranquillité.

(FR) AbCool *www.abcool.com*

Supermarché virtuel de jouets et jeux sur consoles et ordinateurs. Nouveautés, promotions, Top 10, démos… Recherche par prix, marque ou tranches d'âge.

(FR) Alapage Jeux et Jouets *www.alapage.com/jeux-jouet*

Le libraire/disquaire vend aussi des jeux et des jouets. Sélection selon le prix, la marque, le thème ou l'âge de l'enfant. Promotions, coups de cœur…

(US) **eToys** *www.etoys.com*

Immense supermarché du jouet. Infos sur tous les produits : poupées, véhicules miniatures, puzzles… Vend aussi des CD, des vidéos, des logiciels…

(FR) **Éveil & jeux** *www.eveiljeux.fr*

Sélection de jeux éducatifs destinés aux enfants de 0 à 14 ans. Classement thématique : jeux de logique, découvrir la nature, le monde des sciences…

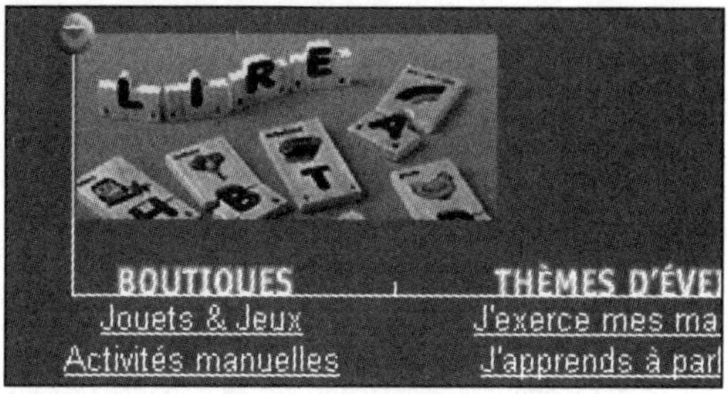

(FR) **Graine d'éveil** *www.grainedeveil.fr*

Catalogue spécialisé dans l'éveil et le bien-être des tout-petits (0 à 3 ans). Recherche thématique et par mots clés. Catalogue papier disponible.

(FR) **JouéClub** *www.joueclub.fr*

Recherchez et commandez des jouets selon différents critères : premier âge, jouets garçons, jouets filles, jeux de société… Catalogue papier disponible.

(FR) **Jouetel** *www.jouetel.com*

Boutique virtuelle de jouets, jeux éducatifs, puzzles… pour les petits et les grands. Jouets du mois, nouveautés, coin des collectionneurs…

(FR) **Jouet-online** *www.jouet-online.com*

Recherche multicritère par marque, prix, sexe, tranche d'âge (tout-petits, benjamins, ados…). Section dédiée au multimédia.

(FR) **Le coin des enfants** *www.coinenfant.com*

Boutique spécialisée dans les jouets en bois. Choix en fonction de l'univers : artistes, mélomanes, rêveurs, coquettes, frimousses ou gastronomes.

(US) **ToysRUs** *www.toysrus.com*

Supermarché virtuel du jouet. Recherche d'articles par âge d'utilisateur, type de jouet, marque ou thème. Chats avec des vedettes.

(FR) **Wingo Dingo** *www.wingodingo.com*

Boutique virtuelle de jeux de société (cartes, jeux de plateau, jeux éducatifs…). Classement par âge d'utilisateur ou prix. Livraison sous 48h.

achatdiscount.com *www.achatdiscount.com*
E.Leclerc Jouets *www.leclerc-jouets.com*
Neteco *www.neteco.com*
SatElliteGames.com *www.satelitegames.com*

Loisirs > Cadeaux

Faites plaisir aux gens que vous aimez, offrez-leur des cadeaux. Trouvez l'objet qui plaira quel que soit votre budget ou l'événement et faites-le livrer partout dans le monde.

FR **Aquarelle** *www.aquarelle.com*

Livraison de fleurs dans les grandes villes (Paris, Lyon, Nantes…) et par Chronopost pour le reste de la France. Envoie par e-mail la photo du bouquet.

FR **Capfleurs** *www.capfleurs.com*

Commandez des bouquets : champêtres, exotiques, roses… Livraison en 24h partout en France. Alerte par e-mail (mariage, anniversaire, fêtes…).

FR **c-nouveau.com** *www.c-nouveau.com*

Si vous manquez d'idées, consultez ce magazine de cadeaux et de nouveaux produits. Classification par catégories : femme, homme, maison, sport…

FR **Floritel** *www.floritel.com*

Ce service international livre des fleurs dans plus de 190 pays. Garantit une livraison sous 4h. Infos sur les principales fêtes et commémorations.

FR **Hoolashop** *www.hoolashop.fr*

Liste près de 500 idées cadeaux. Pour trouver le cadeau idéal, indiquez son destinataire (homme, femme, enfant…) ou votre budget.

FR **Interflora** *www.interflora.fr*

Réseau de plus de 55 000 fleuristes dans le monde. Propose une multitude de bouquets à offrir en fonction de l'occasion : mariage, anniversaire…

UK **Laguiole** *www.laguiole.com*

Histoire et présentation des couteaux de Laguiole. Créez votre propre couteau, faites-le graver et commandez-le en ligne.

FR **Les Galeries de Versailles** *www.galeries-versailles.com*

Spécialisé dans la vente de produits de luxe. Sélection à partir de la marque (Chaumet, Caron…) ou du type de produit (parfum, stylo…).

FR **Monnaie de Paris** *boutique.monnaiedeparis.fr*

Pièces de monnaies et bijoux en tirage limité. Plusieurs séries commémoratives sur l'Europe, le rugby, Yves Saint-Laurent…

FR **Printmania** *www.printmania.com*

Plus de 200 images à imprimer sur le support de votre choix : tee-shirt, casquette, tapis de souris… Personnalisez des cadeaux avec vos propres dessins ou photos.

US **Virtual Flowers** *www.virtualflowers.com*

Envoyez des fleurs n'importe où dans le monde. Vous pouvez aussi envoyer, gratuitement cette fois, un bouquet virtuel par e-mail.

Au jardin des fleurs *www.lejardindesfleurs.com*
Cadeaux de Paris *www.cadeau.fr*

Mode > Vêtements

Achetez vos vêtements dans une boutique virtuelle. Prêt-à-porter, premier prix, sur mesure, un vaste choix à un clic de souris, pour tous les goûts et toutes les bourses.

FR **Atlas for Men** *www.atlas-for-men.com*
Vêtements et accessoires adaptés aux activités de détente et de loisir d'extérieur: résistants, chauds et pratiques. Livraisons internationales.

FR **Boo** *www.boo.com*
Boutique virtuelle de sportswear (Puma, Timberland, Vans...). Visualisation des articles en 3D, essayage virtuel, livraisons et retours gratuits si insatisfait...

FR **Boutique Boy** *www.boy.tm.fr*
Spécialiste des chaussettes pour homme et femme. Plusieurs lignes disponibles: ville, fantaisie, détente... Propose des ensembles cravate/chaussettes.

FR **Chemises Alain Gauthier** *www.alain-gauthier.com*
Après avoir choisi le modèle et le tissu, faites un essayage virtuel, avant de commander vos chemises. Réalise des modèles sur mesure.

FR **Damart Shop** *www.damartshop.com*
Retrouvez toute la gamme des produits (sous-pull, vestes, pull-over...). Damart pour hommes, femmes et enfants. Catalogue gratuit sur demande.

US **Fashionmall.com** *www.fashionmall.com*
Annuaire de boutiques de mode. Plusieurs rubriques: homme, femme, enfant... Liste des boutiques des meilleurs designers.

FR **Pièce unique** *www.pieceunique.com*
Vente de pièces uniques: accessoires et vêtements des plus grands créateurs qui ont été portés par des mannequins lors de défilés ou par des actrices.

FR **Promod** *www.promod.fr*
Boutique de prêt-à-porter pour femme. Recherchez les articles à partir de quatre critères: produit, collection, style et coloris. Conseils d'entretien des tissus.

FR **Studio Aventures** *www.studioaventures.com*
Les amateurs de BD retrouvent leurs héros préférés sur les vètements de cette marque: chemise Corto Maltese, tee-shirt Lagaffe, pull Droopy...

Tati *www.tati.fr*

La mode à petit prix pour toute la famille. Retrouvez chaque mois une sélection de promotions. Tati, c'est aussi les boutiques mariage, or et photos.

Teeware parade! *www.teeware.com*

Cette boutique virtuelle de tee-shirts et de transferts sur tee-shirts offre plus de 2000 modèles d'illustrations gratuites.

Valmary *www.valmary.com*

Faites réaliser vos chemises sur mesure. Commandez aussi des accessoires masculins et des sous-vêtements. Livraison internationale.

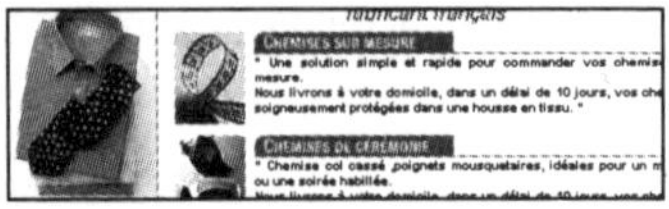

Clara Simpson by Monica *www.clara-simpson.com*
Creeks Online *www.creeks.fr*
Du pareil au même *www.dupareilaumeme.fr*

Mode > Lingerie

Madame, regardez à loisir les derniers modèles, comparez les prix, faites le tour des promotions et, vous, Monsieur, profitez des guides pour choisir le bon modèle : taille, couleur, matière…

Bertille Lingerie *www.bertillelingerie.com*

Distribue la lingerie féminine de grandes marques : Aubade, Prima Donna, Marie Jo… Conseils d'entretien selon la matière : laine, soie, coton…

Boutique Cytise *www.cytise-tarantola.com*

Lingerie de grandes marques : Lou, Lejaby, Gerbe… Tableau de correspondance des tailles (français, anglais et américain).

Charlott-direct *www.charlott-direct.com*

Lingerie fine et dessous de charme pour homme et femme. Commandez les modèles de la dernière collection ou le catalogue.

Froufrou.com *www.froufrou.com*

Pour choisir comme dans une boutique de lingerie, vous disposez de nombreuses photos et d'un descriptif détaillé de chacune des six parures présentées.

Hot Couture Lingerie *www.hot-couture.com*

Lingerie féminine haut de gamme avec les marques Aubade, Lise Charmel, Marie Jo… Deux gammes particulières, bonnets profonds et lingerie sexy.

Koba *www.koba.fr*

Dessous pour hommes et femmes. Présentation des marques du catalogue : Pérèle, Dior, Gerbe… Guide d'achats et conseils d'entretien de la lingerie.

UK **Maple Drive Lingery** *www.bainbridge.co.uk*

Premier revendeur européen de lingerie en ligne. Plus de 12 000 choix possibles selon le style, la taille et la couleur des soutiens-gorge, culottes, bodies…

FR **Princesse Tam Tam** *www.princessetamtam.com*

Commandez les modèles de la dernière collection. Chaque article est disponible en plusieurs teintes. Promotions spéciales.

FR **Rêves en soie** *www.douai-lingerie.com*

Consultez les collections de lingerie de grandes marques : Lou, Bolero, Barbara, Silhouette… Soldes en quantité limitée. Commandez les catalogues.

US **Victoria's Secret** *www.victoriassecret.com*

La plus grande boutique de lingerie au monde. Trouvez votre bonheur parmi des milliers de référence. Livraison internationale et paiement sécurisé.

Smartbras *www.smartbras.com*

Mode > Accessoires

Branchés, sérieux ou fantaisie, les accessoires complètent votre garde-robe. Ne sortez plus sans les lunettes, cravates ou casquettes qui mettront en évidence votre personnalité.

FR **Barrettes shop** *www.shopissimo.com/barrettes-shop.html*

Prés de 200 barettes en résine ou en plexiglas peintes à la main. Photo de chaque modèle. Suivi de l'avancement de la commande.

FR **Bexley** *www.bexley.fr*

Commandez vos chaussures directement chez le fabriquant. Outre le catalogue, retrouvez des conseils d'entretien et des fiches techniques sur tous les produits.

FR **Catherine B** *www.catherine-b.com*

Achat et vente de sacs, d'accessoires ou de foulards d'occasion, mais griffés Hermès ou Chanel. Photo de chaque article.

FR **Fashion-ties.com** *www.fashion-ties.com*

Choisissez vos cravates parmi près de vingt marques : Balenciaga, Torrente, Pierre Cardin… Consultez l'encyclopédie pour résoudre vos problèmes de nœuds.

FR **Galerie Gaultier** *www.galeriegaultier.com*

Jean-Paul Gaultier vend les accessoires de sa création : maroquinerie, bijoux, cravates… Retrouvez aussi ses célèbres marinières.

FR **Le Manège à Bijoux** *www.lemanegeabijoux.com*

Boutique bijoux des supermarchés Leclerc. Catalogue de plus de 1400 références. Fiches de présentation sur chaque pierre : diamant, rubis, émeraude…

Lefelix *www.lefelix.com*

Articles de maroquinnerie artisanale. Créez un sac personnalisé à partir d'éléments prédéfinis : brides, corps, soufflets…

Sunglasses.com *www.sunglasses.com*

Supermarché de lunettes. Choisissez parmi les modèles des marques les plus célèbres : Vuarnet, Police, Ray-Ban… Livraison internationale.

Swatch *www.swatch.com*

Achetez en ligne la dernière-née des Swatch : la beat, première montre designée suivant la mode Internet. Consultez l'intégralité du catalogue.

Virtuashop *www.virtuashop.com*

Si vous aimez les dessins animés des Simpson's ou de South Park, cette gamme de produits dérivés est pour vous : casquettes, tee-shirts, chaussons…

Worldstyle France *www.accessoireshop.com*

Accessoires en tout genre (ceintures, montres, sacoches…) pour toute la famille et objets de décoration (bougies, lampes, vases) pour votre intérieur.

Le comptoir de l'or et des bijoux *www.gold.fr*
Online Ties *www.onlineties.com*

Culture > Supermarchés

Le marché des produits culturels attise les convoitises. Il est à l'origine d'une guerre commerciale qui bénéficie en premier lieu aux consommateurs : choix immense, paiements sécurisés, livraisons gratuites…

Alapage *www.alapage.com*

Vente en ligne de plus de 400 000 livres français. Vend aussi des CD, CD-ROM, DVD et jeux. Service de billetterie pour les spectacles.

Amazon.com *www.amazon.com*

Numéro un des libraires du Web. Plusieurs millions de références disponibles et livrables dans le monde. Vend aussi des CD, DVD, CD-ROM…

BarnesAndNoble *www.barnesandnoble.com*

Le challenger d'Amazon propose lui aussi une quantité impressionnante de titres. Présentation des nouveautés, recherche par noms d'auteur, titres, thèmes…

BOL France *www.bol.fr*

Propose l'intégralité des livres et des disques de l'édition française. Dossiers spéciaux, idées cadeaux, sélections par thèmes…

Fnac.com *www.fnac.com*

Numéro 1 de la vente de produits culturels en France : livres, disques, vidéos, DVD, billetterie, voyages… Livraison sous 48h.

France Loisirs *www.franceloisirs.com*

Après inscription au club, disposez d'une large sélection de livres, CD ou vidéos à prix avantageux. Dans les forums en accès libre discutez avec les auteurs.

Librairie On Line *www.livresonline.com*

Choisissez un livre parmi les nouveautés ou à partir de sélections thématiques. Meilleures ventes, livre du jour, idées cadeaux… Vend aussi CD, CD-ROM et DVD.

Novalis *www.novalis.fr*

Vente de livres, disques, CD-ROM et vidéos. Recherche par artistes ou par titres. Possibilité d'écouter des extraits avant de commander.

Proxis *www.proxis.com*

Depuis la Belgique, propose des livres (plus de 2,6 millions) et des disques (plus de 370 000) à prix discount (jusqu'à 46% de réduction).

Virgin Megastore *virginmega.com*

Vente en ligne de CD, vidéos et livres. Recherche par catégorie, artistes ou mots clés. Tops des meilleures ventes, infos sur les nouveautés, promotions…

Culture > Disquaires virtuels

Pour acheter un disque au meilleur prix, consultez les disquaires du Web. Écoutez toutes les nouveautés, choisissez ou recherchez parmi des centaines de milliers de titres. Recevez les CD à domicile.

Boxman *www.boxman.fr*

Cyberdisquaire européen. Infos sur les produits, prévisions de sorties, top des meilleures ventes… Prix compétitifs et livraison rapide.

CD Universe *www.cduniverse.com*

Disquaire généraliste proposant un choix de CD livrables partout. Promos en fonction de l'actualité. Vend aussi des vidéos, DVD et des jeux.

Cdiscount *www.cdiscount.com*

Vend CD, CD-ROM et vidéos les plus populaires du moment à prix discount. Sélection couvrant tous les domaines : classique, variétés, jazz…

CDmail *www.cdmail.fr*

Vente en ligne de CD, CD-ROM, DVD et Mini Disc en tout genre. Propose chaque mois plus de 1000 nouveautés et promotions.

FR **CDnow** *www.cdnow.com*

Dans ce magasin virtuel, chaque style de musique dispose de son espace (rock, pop, classique…). Écoutez les nouveautés, lisez les actualités… Livre partout.

US **Collector's Choice Music** *www.ccmusic.com*

Spécialisé dans les disques rares et de collection. Idéal pour dénicher un disque de rock'n'roll, pop, country… mal ou pas distribué en France. Livre partout.

US **CustomDisc.com** *www.customdisc.com*

Pour ne plus être déçu, sélectionnez les titres du CD que vous achetez et créez votre propre compilation. Top 10 des artistes de la semaine.

US **EMusic.com** *www.emusic.com*

Un des pionniers de la vente de disques par téléchargement. Le téléchargement d'albums entiers est payant mais certains extraits restent gratuits.

FR **eWorldMusic** *www.eworldmusic.com*

Boutique virtuelle de fichiers MP3 francophones. Distribue gratuitement les œuvres d'artistes indépendants. Publie des infos sur le MP3 et les droits d'auteur.

FR **House of techno** *www.house-of-techno.com*

Prenez l'ascenseur et déambulez dans cette maison de la techno. Actualité au premier, agenda et discussion en direct au rez-de-chaussée, studio dans la cave.

FR **Le Club DIAL** *www.clubdial.fr*

Spécialiste de la VPC de disques. Propose la vente en ligne de l'intégralité de son catalogue (au préalable, abonnez-vous au club).

FR **MusicBox** *www.musicbox.fr*

Vente de CD et DVD à prix discount. Top des meilleures ventes, nouveautés, coups de cœur… Plus de 20 000 extraits à écouter (MP3 et ReaPlayer).

US **musicmaker.com** *www.musicmaker.com*

Créez vos compilations sur CD ou achetez les morceaux de votre choix par téléchargement (format MP3, Liquid Audio et Windows Media Player).

FR **Open-Sound** *www.open-sound.com*

Boutique spécialisée dans la musique techno. Distribue plus de 300 labels. CD, vinyles, accessoires, feutrines, tee-shirts…

121music *www.121music.com*
Atomic Pop *www.atomicpop.com*
Blacksound *www.blacksound.com*
Blockbuster *www.blockbuster.com*
Netbeat *www.netbeat.com*
ocd *www.ocd.net*
shop eonline *shop.eonline.com*
SoundStone *www.soundstone.com*
Star avenue *www.staravenue.com*

Culture > Librairies virtuelles

Pour rechercher puis acheter un livre, qu'il soit récent ou ancien, en français ou en anglais, consultez un libraire virtuel avant de passer commande et de vous faire livrer.

FR **00h00.com** *www.00h00.com*

Éditeur en ligne. Pour acquérir les ouvrages : téléchargez-les pour une lecture à l'écran (vous pouvez les imprimer) ou commandez la version papier.

FR **Axelea** *www.axelea.com*

Propose l'intégralité des titres de l'édition française. Sections dédiées aux enfants et à la bande dessinée. Top des meilleures ventes.

FR **Chapitre.com** *www.chapitre.com*

Vente en ligne des titres français. Spécialisé dans la recherche de titres épuisés (base de données de plus de 80 000 titres). Sélection de 1000 sites littéraires.

FR **Culture Surf** *www.culturesurf.com*

Vente en ligne de l'intégralité de l'édition française. Suggestions de lecture par thèmes. Service de recherche de livres épuisés.

FR **Cylibris** *www.editions-cylibris.fr*

Commercialisation d'œuvres originales par Internet. Impression à la demande. Les auteurs trouveront de nombreux conseils pour se faire éditer.

FR **Decitre** *www.decitre.fr*

Une librairie sobre et bien dessinée. Infos sur les parutions, coups de cœur, agenda des manifestations par e-mail… Recherche multicritère des ouvrages.

FR **Galaxidion** *www.galaxidion.com*

Spécialiste des livres anciens ou épuisés. Les recherches s'effectuent auprès des libraires affiliés. Consultez les catalogues de ces libraires.

FR **Infothèque** *www.infotheque.com*

Librairie virtuelle spécialisée en informatique. Plus de 20 000 références. De nombreux livres en anglais. Les nouveautés sont commentées.

FR **Itinéraires** *www.itineraires.com*

Avant de partir en voyage, consultez la littérature spécialisée et équipez-vous en cartes et guides. Cette librairie couvre 160 pays et 250 destinations.

FR **Le Furet du Nord** *www.furet.com*

Ce libraire généraliste propose chaque mois une sélection thématique liée à l'actualité. Conseils de lecture et meilleures ventes.

FR **Le Monde En Tique** *www.lmet.fr*

Pour les férus d'informatique, Le Monde En Tique est la librairie de référence. Interrogez la base de données et commandez vos livres directement.

FR **Librairie Eyrolles** *www.eyrolles.com*

Vente en ligne de livres spécialisés dans le management, l'informatique, la gestion, les sciences… Voir aussi *www.editions-organisation.com*.

BD Philia *www.bdphilia.com*
BDNET *www.bdnet.com*
Biblimedia.com *www.biblimedia.com*
Champollion *www.cri.ensmp.fr/champollion*
Editions Organisations *www.editions-organisation.com*
Graphivore *www.graphivore.com*
L'Appel du Livre *www.appeldulivre.fr*
Lavoisier *www.lavoisier.fr*
L'Ex-Libris *www.lexlibris.com*
Librairie Médicale & Scientifique *www.lms-web.com*
Librairie virtuelle *www.ebc.qc.ca*
Librissimo *www.librissimo.com*
ZDLibrairie *www.zdlibrairie.com*

Culture > Marché de l'art

Recherchez les prochaines ventes d'œuvres d'art ou informez-vous sur l'évolution du marché. Découvrez les galeries, les commissaires-priseurs, faites estimer des œuvres d'après photo.

FR **Arcult** *www.artcult.com*

Publie de nombreuses infos sur le marché de l'art et les galeries, une cote des artistes, un agenda d'expositions, des dossiers thématiques…

US **ARTLister** *www.artlister.com*

Service de petites annonces spécialisé dans le marché de l'art. Propose de nombreux services : estimations, vidéos de vos objets, conseils d'achats…

FR **artprice.com** *www.artprice.com*

Consultez cette base de données pour connaître la cote d'un artiste. Plus de 150 000 artistes référencés dans tous les domaines : peinture, sculpture, dessin…

FR **Auctionconsult** *www.auctionconsult.com*

Liste les ventes publiques françaises par artistes, thèmes, commissaires-priseurs… Nombreuses informations : législation, conseils, cours des ventes…

FR **France antiques** *www.franceantiq.fr*

Catalogues d'antiquaires disponibles en ligne. Recherche par régions et spécialités. Annuaires des compagnies d'experts et du syndicat national des antiquaires.

FR Inter Auction Paris *www.interauction.org*

Propose la recherche, dans les salles de vente parisiennes, de l'objet que vous convoitez. Faites estimer vos objets d'après photographie.

US Interactive Collector *www.icollector.com*

Service spécialisé dans les ventes aux enchères d'objets de collection. Archives des catalogues depuis 1994. Liste les ventes et les galeries dans le monde.

FR La Gazette des ventes publiques *www.gazette-drouot.com*

Tenez-vous au courant de la valeur des œuvres (peinture, sculpture, dessins…), en consultant les résultats des ventes aux enchères du marché de l'art.

FR Louvre des Antiquaires *www.louvre-antiquaires.com*

Les 250 antiquaires du Louvre des antiquaires vendent en ligne une sélection d'objets. Services d'annonces (vente/achat) et d'estimation d'objets.

US Sotheby's *www.sothebys.com*

L'un des acteurs illustres des ventes aux enchères avec *www.christies.com*. Le site mérite une visite, ne serait-ce que pour consulter ou commander les catalogues.

Antika *www.antikaparis.com*
Art donation *www.art-donation.com*
ArtQuest *www.artquest.com*
Christie's *www.christies.com*
Ruby Lane *www.rubylane.com*

Informatique > Guides d'achat

Une fois les standards de l'industrie informatique maîtrisés, il devient possible d'acheter en toute intelligence. Consultez les guides d'achat pour comparer les prix et obtenir d'ultimes conseils.

FR Choisir son PC *www.multimania.com/kirin*

Conseils pour choisir un PC. Descriptions des composants, de la carte mère au disque dur en passant par la vidéo. Prix pour toutes les configurations.

US Computer Shopper *www.zdnet.com/computershopper*

Des dizaines de guides d'achat, des milliers de produits comparés pour vous aider à choisir les meilleurs. Trucs et astuces pour bien acheter en ligne.

US Computers.com *www.computers.com*

Cette rubrique du c|net classe par thèmes tous les composants matériels (PC, modems, imprimantes, écrans…). Des dizaines d'articles à lire avant tout achat.

FR Le Juste Prix *www.justeprix.gds.fr*

Pour tous les composants matériels, ce site compare les prix proposés par les distributeurs. Listes non exhaustives des produits et des revendeurs.

Megapixel *www.megapixel.net*

Présente chaque mois des tests d'appareils photo numériques et publie des conseils d'utilisation. Voir aussi *www.pcphotoreview.com*.

PC Futé *www.multimania.com/jeebiz*

Prix, conseils et infos sur le matériel informatique. Recherche les prix les plus bas pour les composants courants : mémoire, disque, processeur...

PriceScan *www.pricescan.com*

Si vous commandez vos produits directement aux États-Unis, comparez les prix des produits avec ce robot de recherche (*shopping bot*).

Scanners *www.arpla.univ-paris8.fr/scanners*

Présente des tests comparatifs des différents modèles de scanner. Découvrez le fonctionnement, les conseils pour bien choisir et bien utiliser un scanner.

The CD-ROM Shopper's Guide *www.cdrom-guide.com*

Liste les ressources pour CD-ROM : boutiques virtuelles, listes de diffusion, pilotes... Le forum de discussion permet de résoudre les problèmes.

ZDProducts *www.zdnet.com/products*

Guides des principales familles de produits : ordinateurs, périphériques, logiciel, Internet... Sélection d'articles de presse, guides d'achat, précisions techniques.

Gravure-fr *www.gravure-fr.com*
Info-Prix *www.info-prix.com*
PriceWatch *www.pricewatch.com*
Shopper.com *www.shopper.com*
Steve's Digicam *www.steves-digicams.com*
The Consumer Electronics Source *www.virtualces.com*
WebShopper *www.webshopper.com*

Informatique > Supermarchés virtuels

Inutile de se déplacer pour acheter un ordinateur, des périphériques ou des logiciels. Les supermarchés du Net proposent des milliers de références. Idéal pour comparer les prix.

CentraleNet *www.centralenet.com*

Ce supermarché propose près de 10 000 références de produits informatiques : PC (en configuration complète ou à la carte), périphériques et logiciels.

CompUSA *www.compusapc.com*

L'un des supermarchés virtuels américains. Même si vous ne commandez pas outre-Atlantique, mesurez les possibilités qui s'offrent à vous.

FR **Cyberian Outpost** *www.outpost.com*

Immense supermarché de l'informatique : 120 000 produits. Tous les domaines couverts du soft au hard en passant par les accessoires.

FR **Euralliance** *www.euralliance.com*

Vente de PC de grandes marques et de tous les logiciels et périphériques du marché. S'engage à vous livrer sous 24h. Propose plus de 10 000 articles.

FR **Inmac** *www.inmac.fr*

Ce vépéciste vend en direct des PC de grandes marques ainsi que des périphériques, consommables et logiciels. Une section est consacrée au Mac.

FR **MacWay** *www.macway.fr*

Voici la boutique française spécialisée dans la vente en ligne de produits Mac. Possibilité de demander des devis et de recevoir des conseils techniques.

FR **Materiel.Net** *www.materiel.net*

Vaste choix d'ordinateurs, périphériques, consoles de jeux, logiciels et consommables. Top des produits dont le prix baisse.

US **McGlen Micro** *www.mcglen.com*

Boutique virtuelle avec une superbe base de données (plus de 50 000 produits). Consultez les multiples catégories (modems, écrans, portables…).

FR **RueDuCommerce** *www.rueducommerce.fr*

Référence en 18 catégories plus de 10 000 produits provenant de 120 marques (PC, Mac, portables, imprimantes, logiciels…). Vend aussi des DVD et des jeux.

FR **Wstore** *www.wstore.fr*

Supermarché virtuel de l'informatique. Plusieurs milliers d'articles : PC, périphériques, logiciels… Guides et aides à l'achat, états des stocks en temps réel.

BIM-Europe *www.bim-europe.com*
C & I *www.abcinet.com*
Computer Shopper UK *www.compshopper.co.uk*
Divendo *www.divendo.fr*
Eurisko *www.eurisko.fr*
HCS Misco *www.hcsmisco.fr*
Top achat *www.topachat.com*

Informatique > Boutiques de logiciels

Le Web simplifie et accélère l'achat de logiciels. Après un paiement électronique, il suffit de télécharger le produit désiré (à condition qu'il ne dépasse pas quelques Mo). Plus besoin de se déplacer.

US **Beyond.com** *www.beyond.com*

Supermarché virtuel du logiciel. Propose des jeux et des applications pour PC et pour Mac. Promotions, exclusivités et réservations des titres avant leur sortie.

FR **CD and Co** *www.cdandco.com*

Cette boutique de vente de CD-ROM dispose d'un catalogue très complet. Un article décrit chaque produit. Un bon moyen de connaître les titres disponibles.

FR **digitall.fr** *www.digitall.fr*

Supermarché du logiciel : CD-Rom, jeux, consoles, accessoires… Section dédiée au DVD. Top 10 des meilleures ventes, coups de cœur, sélection de la semaine…

US **eBarn** *www.ebarn.com*

Lancée par *www.tucows.com*, cette boutique commercialise des logiciels pour tous les systèmes d'exploitation. Critiques, infos et conseils, versions béta…

FR **Galette** *www.galette.com*

Le site idéal pour s'informer de l'actualité des CD-ROM. Consultez la revue de presse et le dossier du mois. Présente les sorties et les dix meilleurs titres.

FR **Hardiscount** *www.hardiscount.com*

Plus de 3000 logiciels en vente sur le Net. Classement par rubriques. Vous êtes livré dans les trois jours suivant votre commande. Vend aussi du matériel.

FR **monmicro.com** *www.monmicro.com*

Cette boutique de logiciels, sœur cadette de *www.euralliance.com*, s'adresse au marché domestique. Livraison express le lendemain avant midi.

FR **Soft Horizon** *www.softhorizon.com*

Boutique virtuelle de logiciels. Propose des produits grand public, mais aussi des logiciels plus spécialisés à usage professionnel. Promotions hebdomadaires.

FR **Softdiscount** *www.softdiscount.com/soft*

Spécialiste de la vente à prix discount de logiciels pour PC et Mac, ainsi que pour consoles Game Boy, Gamegear ou Nintendo.

FR **SoftGallery** *www.softgallery.fr*

Commandez et téléchargez vos logiciels en version française ou internationale. Vous les utilisez immédiatement sans attendre d'être livré.

FR **TouSoft** *www.tousoft.com*

Boutique spécialisée dans les logiciels pour Mac. Classement par catégories de produits : bureautique, gestion et social, culture et éducatif, jeux et loisirs…

Yaskifo! *www.yaskifo.com*

Les auteurs de shareware vendent leurs programmes et disposent d'une vitrine internationale. Les acheteurs peuvent payer dans la monnaie de leur pays.

Alaxis *www.alaxis.com*
BlackOrange *www.blackorange.com*
BuySoft *www.buysoft.com*
Graphiland *www.graphiland.fr*
Linux Central *www.linuxcentral.com*
RegSoft *www.regsoft.com*

Informatique > Bonnes affaires

Les supermarchés virtuels offrent tous les produits disponibles, mais les spécialistes offrent souvent de meilleures affaires. Et pour acheter encore moins cher, participez aux ventes aux enchères.

@zimut *www.azimut.com*

Spécialiste des PDA de toutes marques : Psion, PalmPilot, Compaq… Nombreux accessoires. Achetez vos logiciels par téléchargement.

Annonce-fr *www.annonce-fr.com*

Service gratuit de petites annonces entre particuliers, spécialisé dans le matériel informatique. Recevez par e-mail celles correspondant à vos critères.

Destockage.com *www.destockage.com*

Boutique virtuelle spécialisée dans la vente de produits informatiques déstockés. Chaque jour de nouvelles offres et chaque semaine des promotions.

Encre.com *www.encre.com*

Boutique de cartouches et de recharges pour imprimantes. Vend aussi les papiers spéciaux. Téléchargez les pilotes de vos imprimantes. Livraison sous 48h.

La Vista *www.lavista.fr*

Boutique virtuelle spécialisée dans l'informatique portable : ordinateurs et PDA. Fiches techniques détaillées des produits.

MediaCash *www.mediacash.com*

Si vous trouvez que les produits Mac restent trop chers, pourquoi ne pas les acheter ou les vendre aux enchères via ce service.

Microdiscount *www.microdiscount.com*

Vente à prix discount de matériel, logiciels et périphériques. Vend aussi des pièces détachées et des consommables.

FR **Moniteurs.com** *www.moniteurs.com*

Plus de 250 modèles de moniteurs parmi 20 marques. Du 14" au 21". Frais de port uniques, quel que soit le moniteur, pour toute la France.

US **Onsale Online** *www.onsale.com.*

Spécialisé dans le matériel électronique pour la maison et le bureau. Idéal pour dénicher du matériel à un prix défiant toutes concurrences.

FR **ReducMICRO** *www.reducmicro.com*

Vente de matériel micro. Du neuf en provenance directe des brokers. Réductions de 20% à 40% par rapport aux produits équivalents dans la distribution classique.

Annonces > Généralistes

Pour vendre ou acheter un objet ou un service, visitez les sites de petites annonces en ligne. Gratuits, consultables 24h/24, illustrés de photos ou de vidéos, les internautes les plébiscitent.

FR **Ads-it** *www.ads-it.com*

Service gratuit de petites annonces accompagnées d'images et de photos. Insertion et suppression des annonces en ligne.

FR **AnnonceNet** *www.annoncenet.com*

Service gratuit de petites annonces en tout genre, classées par catégories : immobilier, informatique, bureautique, auto, moto…

FR **Annonces Web** *www.annoncesweb.com*

Petites annonces avec photos. Recherchez dans plus de 300 rubriques. Mise à jour de la base de données deux fois par semaine.

FR **Bonjour** *www.bonjour.fr*

Plus de 250 000 petites annonces. Mise à jour quotidienne. Le passage d'annonces est gratuit pour une diffusion en ligne.

US **Classifieds2000** *www.classifieds2000.com*

Plus gros site américain de petites annonces. Organisé comme un moteur de recherche. Propose également des ventes aux enchères pour certains articles.

FR **e-Annonces** *www.e-annonces.fr*

Propose quatre types d'annonces : autos, motos, locations immobilières et ventes immobilières. Services gratuits pour les particuliers.

FR **HTON** *www.hton.tm.fr*

Service gratuit de petites annonces. Une annonce a une durée de vie d'un mois (passé ce délai, elle est détruite).

FR **La Centrale** *www.lacentrale.fr*

Près de 15 000 annonces à consulter gratuitement (auto, immobilier, emploi...). Mise à jour chaque jeudi matin. Avec La Cote évaluez le prix d'un véhicule.

FR **Petites annonces** *www.petites-annonces.fr*

Consultez plus de 200 000 petites annonces, en provenance de journaux gratuits répartis dans toute la France. Mise à jour quotidienne.

FR **Toutéla** *www.toutela.com*

Service gratuit de petites annonces classées : rencontres, loisirs, multimédia... Recherche en fonction de la région et par produits.

eMclub *www.emclub.com*
iFrance annonces *www.gratuite.com/pa*
Particuliers.com *www.particuliers.com*
Trader.com *www.trader.com*
Yahoo! Petites Annonces *fr.classifieds.yahoo.com/fr*

Annonces > Annonces immobilières

Que vous souhaitiez investir dans l'immobilier ou simplement louer un appartement, des dizaines d'agences immobilières virtuelles ouvrent leurs portes sur le Web. Visitez sans vous déplacer !

FR **Abritel** *www.abritel.fr*

Après avoir bien travaillé, il est temps de partir en vacances. Voici des milliers d'annonces de location et de vente mises à jour en permanence.

FR **ANIL** *www.anil.org*

L'Agence Nationale pour l'Information sur le Logement offre aux particuliers des conseils (juridiques, financiers ou fiscaux) sur tous les problèmes liés au logement.

FR **De Particulier à Particulier** *www.pap.fr*

Diffusez ou consultez des annonces immobilières : locations à l'année ou saisonnières, vente, viager... Publie des guides juridiques et des contrats types.

FR **Demeures de France** *www.demeures.com*

Un site consacré aux maisons de caractère en France. Vous pouvez prendre contact et recevoir des informations par courrier électronique.

FR **FNAIM** *www.fnaim.fr*

Consultez les offres de locations et de ventes du réseau FNAIM (plus de 7000 agences immobilières en France). Annuaire des agences.

FR **IFP** *www.french-property.co.uk*

Voici un cybermagazine pour les clients internationaux qui cherchent en France un logement à acheter ou louer.

FR **ImmoParis** *www.immoparis.com*

Le site idéal pour acheter ou louer à Paris et en Ile-de-France. Indexe plus de 1000 agences. Recherche par critères : prix, localisation, nombre de pièces…

FR **IMMOsearch** *www.immosearch.inba.fr*

Moteur de recherche spécialisé dans l'immobilier, que ce soit pour chercher une agence ou directement un bien à acheter.

FR **ImmoStreet** *www.immostreet.com*

Consultez ou passez une annonce gratuitement. Nombreux services complémentaires : calcul d'emprunt, évaluation de budget, annonces par e-mail…

US **IRED** *www.ired.com*

L'annuaire de référence pour les ressources sur l'immobilier, plus de 30 000 sites recensés dans 110 pays. Recherche par continent et par pays.

FR **Minitelorama** *www.alouer.com*

Répertoire de petites annonces, tant de vente que de location. Publiez en ligne vos annonces. Annuaire des agences immobilières.

FR **Nexdom** *www.nexdom.com*

Des milliers d'annonces pour louer, acheter ou vendre un bien. Infos pratiques et conseils sur les législations, les assurances, le déménagement…

US **Real Estate Library** *www.relibrary.com*

Le site propose des milliers de liens sur l'immobilier, pouvant être utilisés aussi bien par les particuliers que par les professionnels.

FR **Se loger** *www.seloger.com*

Annonces de vente et de location dans toute la France. Après avoir saisi vos critères, recevez par e-mail les annonces correspondantes.

123immo *www.123immo.com*
Carrefour de l'immobilier *www.lecarrefour.com*
Chateaux & Country *www.chateaucountry.com*
Copropriete.fr *www.copropriete.fr*
Licitor *www.licitor.com*

Annonces > Ventes aux enchères

Pour faire des affaires, pourquoi n'achèteriez-vous pas aux enchères? Cette technique de vente s'adapte particulièrement bien au Web et elle séduit de plus en plus d'internautes.

FR **Aucland** *www.aucland.fr*

Ventes aux enchères pour particuliers et entreprises. Les enchères se déroulent sur deux jours minimum et quatorze maximum. Frais fixes de 1 franc par enchère.

(US) **BidFind** *www.bidfind.com*

Agent intelligent qui visite les sites de ventes aux enchères. Sélectionnez un produit et le robot cherche pour vous les sites qui le proposent.

(FR) **Cara Plazza** *www.caraplazza.com*

Services gratuit pour les utilisateurs de *www.caramail.com*. Guide de l'acheteur et du vendeur. Classement des meilleures offres.

(US) **Ebay** *www.ebay.com*

Le plus gros site de vente aux enchères de particulier à particulier. Plus de 800 catégories répertorient des centaines de milliers d'articles.

(FR) **Enchère On-Line** *www.enchereonline.com*

Service gratuit (aussi bien pour l'acheteur que pour le vendeur) de ventes aux enchères de matériel informatique. Autres catégories : auto, moto, brocante...

(FR) **Epublik** *www.epublik.com*

Original ! Les rubriques thématiques s'organisent en communautés (arts, jeux, musiques...). La sécurité des transactions est le cheval de bataille de ce site.

(FR) **Eurobid** *www.eurobid.com*

Service européen de ventes aux enchères entre particuliers. Inscription gratuite. Classement des objets dans une centaine de catégories.

(FR) **ibazar** *www.ibazar.com*

Système de vente aux enchères entre particuliers. Inscription libre pour les acheteurs aussi bien que pour les vendeurs.

(FR) **Oh!Deal** *www.odeal.com*

Ventes aux enchères avec paiement sécurisé. Recherche d'annonceurs à proximité de votre domicile. Enchères en direct pendant une heure tous les soirs.

(FR) **Onatoo** *www.onatoo.com*

Ventes aux enchères entre particuliers. Les objets sont classés par catégories (informatique, musique, philatélie...). Top 10 des annonces les plus consultées.

(FR) **QXL** *www.qxl.fr*

Vente aux enchères de produits neufs ou d'occasion. Alerte par e-mail des nouvelles bonnes affaires et de l'évolution de vos enchères.

(FR) **Yahoo! Enchères** *fr.auctions.yahoo.com*

Service gratuit pour le vendeur et l'acheteur. Classement thématique des articles. Recherche multicritère. Enchère du jour.

Affaire conclue *www.affaire-conclue.com*
AuctionWorks *www.auctionworks.com*
Enchères-Express *www.enchere-express.com*
Evatek Auction *www.evatek.com*
Internet Auction List *www.internetauctionlist.com*

Informatique

Les sites dédiés à l'informatique complètent d'une certaine façon ceux dédiés à Internet (il est bien rare qu'un site informatique ne traite pas d'Internet et réciproquement). Retrouvez trois types de ressources : les sites d'actualité parlent des produits, utilisez-les pour préparer vos achats (reportez-vous au chapitre Actualité*) ; les sites conseils publient des trucs et astuces, consultez-les afin de mieux maîtriser votre ordinateur ; les sites techniques s'adressent, en premier lieu, aux programmeurs ou à ceux qui souhaitent le devenir. Grâce aux dizaines de boutiques virtuelles, commandez des ordinateurs et des périphériques ou téléchargez des logiciels commerciaux. Pour maintenir vos connaissances à jour, consultez les dictionnaires et les encyclopédies.*

Informatique

Ressources > Mégasites

Que vous soyez utilisateur, acheteur ou programmeur, les sites de ressources informatiques répondent à vos questions ou vous renvoient vers les sites qui les fournissent.

US **Andover.Net** *www.andover.net*

Groupement de plusieurs sites spécialisés dans l'informatique : actualité, téléchargement, informations pour les programmeurs…

US **cnet** *www.cnet.com*

Aborde tout ce qui touche de prés ou de loin l'informatique et Internet. Un site indispensable aussi bien au néophyte qu'au spécialiste.

US **CMPnet** *www.cmpnet.com*

Le site du groupe de presse CMP fédère une foule de services : classés par produits aussi bien que par domaines… Des heures de surf en perspective.

US **Computing Central** *computingcentral.msn.com*

Microsoft informe sur le matériel, les logiciels, les systèmes d'exploitation… Des experts répondent à vos questions dans les forums. Section pour les néophytes.

FR **Excite Informatique** *www.excite.fr/informatique*

Le moteur de recherche dispose d'un canal dédié à l'informatique. Il reprend la plupart des sites français en une quinzaine de catégories.

FR **Index@matériel** *www.index-materiel.com*

De nombreuses bases de données aident à retrouver toutes les informations concernant le matériel. Une bonne sélection de liens.

UK **Maximum PC Network** *www.maximumpc.co.uk*

Édite plusieurs sites spécialisés en informatique. Infos sur le matériel, les logiciels, le design de sites, le commerce électronique, la programmation…

US **MyDesktop** *www.mydesktop.com*

Réunion de plusieurs sites spécialisés en informatique : matériels, systèmes d'exploitation, aides en ligne, téléchargement de logiciels…

US **ZDNet** *www.zdnet.com*

Le site le plus imposant de tout Internet ne traite que de l'informatique. Des milliers de pages, retrouvez tout ce que vous pouvez chercher.

FR **ZDNet France** *www.zdnet.fr*

Reprend et complète les informations publiées par les magazines *PC Direct* et *PC Expert*. Annuaire des produits, logithèque…

@MIE *www.multimania.com/sbernard*
PC Tests *www.pctests.com*
Yahoo! Computers *dir.yahoo.com/Computers_and_Internet*

Ressources > Encyclopédies

Les informaticiens jargonnent souvent et utilisent à tout bout de champ des sigles ésotériques. Si l'un d'entre eux vous échappe, interrogez un dictionnaire interactif.

US **Computer and Internet Books** *hoganbooks.com/freebook*

Sélection de livres en ligne qui traitent d'Internet et de l'informatique. Propose aussi une sélection très complète de magazines d'informatique.

US **Computer Magazine Archive** *cma.zdnet.com*

Les archives de plus de 200 magazines américains (informatique, électronique…). Interrogation par mots clés. Deux semaines d'essai gratuit.

FR **Dico de l'informatique** *www.dicofr.com*

Dictionnaire de plus de 3500 termes liés à l'informatique et à Internet. Liste les autres dictionnaires. Dossiers thématiques (MP3, smileys, Tags HTML…).

UK **Foldoc** *foldoc.doc.ic.ac.uk*

Définit plus de 12 000 termes d'informatique. Pour chaque terme vous disposez de liens vers des termes connexes.

US **HCI Bibliography** *www.hcibib.org*

Base de données bibliographique sur l'informatique. Indexe livres, articles de journaux, rapports de recherche, résumés de congrès…

FR **Le Jargon Français** *linux-france.com/prj/jargonf*

Un bon dictionnaire de l'informatique. Brève description de plus de 7000 termes. Dans chaque texte, des liens renvoient vers les définitions corrélées.

US **O'Reilly** *www.oreilly.com*

Cet éditeur publie infos et conseils d'experts sur les systèmes d'exploitation et les langages de programmation. Voir aussi *www.editions-oreilly.fr*.

US **PC Webopædia** *pcwebopaedia.com*

Chaque terme de cette encyclopédie est longuement développé. Pour chacun, vous disposez d'une imposante collection de liens.

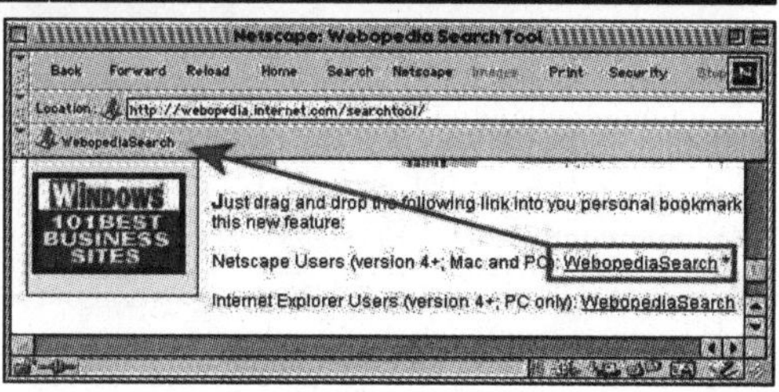

US **Tech Encyclopedia** *www.techweb.com/encyclopedia*

Encyclopédie d'Internet et de l'informatique. Interrogation par requêtes. Plus de 10 000 définitions extraites d'une version CD-ROM (démo en téléchargement).

US **Whatis.com** *whatis.com*

Ce dictionnaire explicite les sigles de la micro-informatique et d'Internet. Il renvoie vers les sites où en savoir plus. La newsletter signale les nouvelles entrées.

US **ZDNet Webopædia** *www.zdwebopedia.com*

Visitez cette encyclopédie d'Internet et de l'informatique en parcourant l'index thématique ou en saisissant des requêtes.

Acronymes informatiques *www.indexa.fr/cgi-bin/acronymes.pl*

Ressources > Aides en ligne et conseils

Même avec le meilleur ordinateur du monde et les meilleurs logiciels, des problèmes surviennent toujours. De nombreux sites se présentent comme les docteurs de l'informatique.

US **24 Hour Support.com** *www.24hoursupport.com*

Les débutants trouveront sur ce site des conseils de première urgence pour subvenir à un problème insoluble (qu'il soit matériel ou logiciel).

FR **Expert-fr.com** *www.expert-fr.com*

Support en ligne gratuit. 30 experts répondent à vos questions par e-mail. Dictionnaire des termes techniques. Consultez les dossiers et les astuces.

US **Experts Exchange** *www.experts-exchange.com*

Échangez vos idées avec des experts spécialisés dans tous les domaines de l'informatique : matériel, logiciels, systèmes d'exploitation, programmation…

US **Help!** *www.zdnet.com/zdhelp*

En cas de problème informatique, accourez sur ce site. Retrouvez des conseils, tutoriaux, trucs et astuces… tant pour le matériel que les logiciels ou Internet.

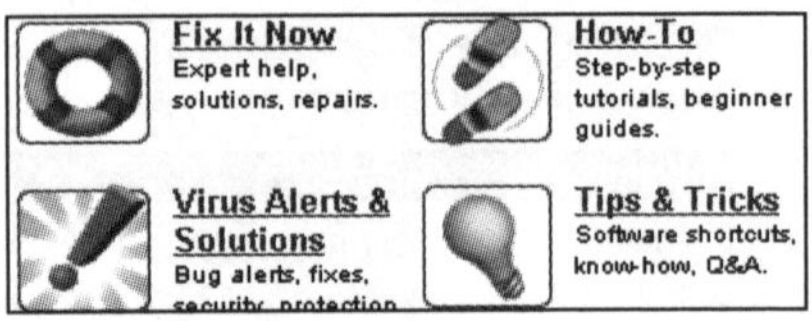

FR **Informatique Pratique** *infoprat.free.fr*

La section Assistance Informatique contient des centaines d'astuces pour logiciels. Posez vos questions dans le forum. Glossaire.

US **No Wonder Computing** *www.nowonder.com*

En cas de problème avec un logiciel ou un matériel, des volontaires vous viennent en aide et vous répondent par e-mail sous 24h.

FR **PC Astuces** *www.pcastuces.com*

Bonne bibliothèque d'astuces pour les principaux logiciels bureautiques et pour Internet. Recevez l'astuce du jour par e-mail.

PCMaintenant *www.pcmaintenant.com*

Infos sur le matériel, les logiciels et les technologies d'Internet. Actualité sous forme de brèves, dossiers, tests… Les forums répondent à vos questions.

TipWorld mailing list *www.tipworld.com*

Recevez tous les jours des conseils d'utilisation sur Windows, Internet et les logiciels les plus populaires (lettres sur mesure).

Virtual Doctor *www.virtualdr.com*

Dépannage en cas de problèmes. Des experts vous conseillent et répondent à vos questions sur Windows, Linux et Internet.

ZD Journals *www.zdjournals.com*

Publie chaque mois des infos sur de nombreux logiciels : Oracle, Access, PowerPoint, Windows, Office, WordPerfectSuite…

A few scanning tips *www.scantips.com*
Balfer Inter Actue *www.balfer.com*
Bootdisk.com *www.bootdisk.com*
c|net Help *www.help.com*
click2learn.com *www.click2learn.com*
Memoclic *www.memoclic.com*
MyHelpdesk.com *www.myhelpdesk.com*
PC Support Center *www.pcsupport.com*
Service911.com *www.service911.com*
SolutionCentral.com *www.solutioncentral.com*

Matériel > Standards de l'industrie

Un PC repose sur des composants clés qui obéissent à des standards évoluant sans cesse. Pour ne pas investir dans une configuration obsolète, restez informé.

Bus AGP *www.agpforum.org*

Grâce au bus AGP, les microprocesseurs communiquent rapidement avec les cartes vidéo, notamment les cartes 3D.

Cartes mères *www.motherboards.org*

Voici le site pour tout savoir sur l'élément névralgique de l'ordinateur, la carte mère. Conseils d'achat, liste de constructeurs, descriptifs techniques…

CPU Central *www.cpu-central.com*

Les fiches techniques de tous les microprocesseurs, ainsi que les prévisions des nouvelles sorties. Idéal pour savoir quelle machine choisir.

CPU Review *www.cpureview.com*

Actualité et prévisions de sorties des processeurs. Articles et tests. Nombreux forums de discussion spécialisés sur les composants (carte mère, vidéo…).

PC Guide *www.pcguide.com*

Présentation de tous les composants du PC et de tous les standards. Les technologies n'auront plus de secrets pour vous.

PCMCIA *www.pc-card.com*

Tous les portables disposent de ports de communication PCMCIA où s'enfichent les cartes d'extension. Voici le site pour tout savoir à leur sujet.

SCSI Trade Association *www.scsita.org*

Pour connecter des périphériques préférez l'interface SCSI. Des experts répondent ici à vos questions. Présente les spécifications techniques.

Universal Serial Bus *www.usb.org*

Découvrez le bus Plug and Play USB qui permet de connecter de nombreux périphériques : clavier, appareil photo, caméra, joystick…

Wim's BIOS page *www.ping.be/bios*

Présentation et explications sur le système nerveux d'une machine : le BIOS. Liens vers les sites des constructeurs. Liste les mises à jour.

DDJ Microprocessor Center *x86.ddj.com*
PC Drivers *www.pcdrivers.com*
The DigitalBits *www.thedigitalbits.com*

Matériel > PC

En visitant les sites des constructeurs, faites-vous une bonne idée des PC qu'ils commercialisent. Chez les spécialistes de la vente directe, vous passez vos commandes en ligne.

Bullexpress *www.bullexpress.net*

Un imposant catalogue de matériels, logiciels, consommables et périphériques. Livraison gratuite en France sous 24h (à partir de 600 F d'achats).

Compaq *www.compaq.fr*

Présente sa gamme de produits et liste les revendeurs. Téléchargez les logiciels et les pilotes. Vente en ligne réservée aux PME/PMI et aux professions libérales.

Dell *www.dell.fr*

Dell est le leader mondial de la vente directe de PC. Découvrez les gammes de produit pour particuliers, petites, moyennes ou grandes entreprises.

Informatique

UK **Fujitsu** *www.fujitsu.com*

Présentation de toute la gamme Fujitsu : PC, imprimantes, scanners… Téléchargez les pilotes et leurs mises à jour.

FR **Gateway 2000** *www.gateway2000.fr*

Derrière Dell, Gateway est le second vendeur direct. Propose une gamme de produits correspondant à un profil d'utilisateur (maison, passionné ou entreprise).

FR **Hewlett Packard** *www.france.hp.com*

Sur le site HP, informez-vous au sujet des PC et des périphériques de la marque (imprimantes, scanners…). Nombreux pilotes à télécharger.

FR **IBM** *www.fr.ibm.com*

IBM publie de nombreuses informations sur ses produits et sur Internet, notamment le commerce électronique. Visitez aussi *www.ibm.com*.

FR **Nec** *www.nec-online.fr*

Nec présente sa gamme d'ordinateurs. Créez une configuration sur mesure. Matériel livré, testé et pré-installé avec les applications de votre choix.

FR **Packard Bell** *www.packardbell-europe.com*

Présentation des différents modèles de PC du constructeur membre du groupe Zenith. Publie une initiation à la micro-informatique.

FR **Toshiba** *www.toshiba.fr*

Toshiba est le grand spécialiste des portables. Le site présente aussi les autres produits du groupe, des fax aux téléviseurs.

Acer *www.acer.fr*
Bower *www.bowerfrance.com*
Hewlett Packard US *www.hp.com*
Hitachi PC *www.hitachipc.com*
IPC *www.ipcdirect.com*
Modulux *www.modulux.fr*
Olivetti *www.olivetti-pc.fr*
Panasonic *www.panasonic.com*
Philips *www.philips.com*
Quantex *www.quantex.com*
Samsung *www.samsung.com*
Texas Instruments *www.ti.com*
TigerDirect *tigerdirect.com*
Trust *www.trust.com*
Unika *www.unika.com*

Matériel > PDA

Plus léger et moins cher que les portables, les Personal Digital Assistants se connectent à Internet. Palm, Epoc et Windows CE se disputent le marché des systèmes d'exploitation pour PDA.

FR **EpocBoulevard.com** *www.epocboulevard.com*

Présente les caractéristiques, les logiciels et des trucs et astuces pour les PDA qui utilisent le système d'exploitation Epoc (principalement les Psion).

US **Handango!** *www.handango.com*

Infos sur le matériel et les logiciels pour les PDA qui utilisent les systèmes d'exploitation Windows CE ou Palm. Plus de 7000 logiciels disponibles.

FR **Libération Palm** *www.liberation.com/palm*

Après installation de cet utilitaire sur votre PalmPilot, téléchargez les articles de Libé, des livres de *www.00h00.com* ou des programmes ciné de *www.allocine.fr.*

US **MemoWare** *memoware.com*

Des milliers de documents sur tous les sujets (sciences, littérature, business...) spécialement formatés pour les PDA. Tous les OS sont supportés.

FR **Palm Computing** *www.palm.com*

Site officiel de 3Com, inventeur du PalmPilot et du système Palm. Des experts répondent à vos questions. Téléchargez les mises à jour. Section en français.

FR **PalmBox** *www.palmbox.com*

Bien que dédié au système d'exploitation Palm, ce site présente les différents systèmes et PDA. Téléchargez des mises à jour de logiciels.

US **PalmGear H-Q** *www.palmgear.com*

Mégasite dédié au système Palm. Infos sur le matériel, les logiciels et les accessoires. Superbe bibliothèque de logiciels à télécharger.

FR **Psion France** *www.psion-fr.com*

Le site des célèbres ordinateurs qui tiennent dans la main. Présentation des nouveaux modèles et logiciels. Vente d'accessoires et logiciels.

US **Tucows PDA** *pda.tucows.com*

Tucows dédie un site aux PDA. Téléchargez les logiciels pour tous les PDA et leurs systèmes. Pour l'actualité visitez : *http://news.tucows.com/pdanews.*

FR **Windows CE** *www.microsoft.com/france/windowsce*

Infos sur le système d'exploitation pour PDA, téléphone portable et autres systèmes embarqués de Microsoft. Section dédiée aux développeurs.

CEWire *cewire.com*
Conduits *www.conduits.com*
Handspring *www.handspring.com*
HP Jornada PC Companions *www.hp.com/jornada*
MobileNET *www.mobilenet.de*
PalmPower Magazine *www.palmpower.com*
PalmSizeMedia *www.palmsizemedia.com*
PalmStation.com *www.palmunderground.com*
PDAfrance.com *www.pdafrance.com*
Pilot Avenue *www.pilotavenue.com*
Psion *www.psion.com*
Psion Dacom *www.psiondacom.com*
smaller.com *www.smaller.com*
Windows CE Power Magazine *www.windowscepower.com*

Matériel > Périphériques

Imprimantes, écrans, cartes graphiques 3D, unités de sauvegarde… Un ordinateur n'est rien sans les périphériques qui l'accompagnent. Voici les sites des principaux constructeurs.

FR **3Com** *www.3com.fr*

Société spécialisée dans les réseaux et la télécommunication. Téléchargez les pilotes de votre modem. Informations sur la téléphonie via Internet.

US **Adaptec** *www.adaptec.com*

Adaptec est le principal fabricant de cartes SCSI. Téléchargez les dernières versions des pilotes. ASK présente conseils, astuces et FAQ.

FR **Canon** *www.canon.fr*

Canon est l'un des grands constructeurs d'imprimantes. Découvrez sur ce site commercial toute sa gamme. Possibilité de télécharger les pilotes.

US **Creative** *www.creaf.com*

Constructeur des célèbres cartes SoundBlaster et 3D Blaster. Un des sites institutionnels les mieux dessinés. Une section est disponible en français.

FR **Epson** *www.epson.fr*

Avec HP et Canon, Epson est l'un des grands acteurs de l'impression. N'oubliez pas de télécharger les dernières mises à jour des pilotes.

FR **Iiyama** *www.iiyama.fr*

Derrière Sony, Philips ou NEC, les moniteurs IIYAMA ont le vent en poupe. Ils raflent les premières places dans les comparatifs des revues informatiques.

US **iomega** *www.iomega.com*

Iomega commercialise le lecteur ZIP (disquettes de 100 Mo) et Jaz (cartouches de 1 ou 2 Go). Voici un superbe site institutionnel.

FR **Lexmark** *www.lexmark.fr*

Présente sous forme de fiches les imprimantes de la marque. Téléchargez les pilotes et le catalogue. Liens vers les sites vendant en ligne les produits Lexmark.

US **Logitech** *www.logitech.com*

Présentation des scanners et des souris, entre autres la souris sans cordon, des trackballs et des joysticks, des claviers…

US **Sony France** *www.sony.fr*

Présentation des produits Sony et notamment des moniteurs. De nombreuses informations sous forme de FAQ présentent les technologies d'affichage.

Abit *www.abit-usa.com*
Asus *www.asus.com.tw*
Kodak *www.kodak.com*
Konica *www.konica.com*
MonitorWorld.com *www.monitorworld.com*
Olitec *www.olitec.com*
Plustek *www.plustek.com*
Samsung: *www.samsung.com:*
Seagate *www.seagate.com*
Sharp *www.sharp.fr*
Soltek *www.soltek.com.tw*
SYQT *www.syquest.com*
Xerox France *www.rankxerox.com*

Matériel > Cartes graphiques

Avec l'avènement de la 3D, les cartes graphiques ont fait un bond en avant. Elles réalisent des prouesses au niveau de la qualité du rendu. Elles sont indispensables aux amateurs de jeux vidéo.

US **3Dfiles.com** *www.3dfiles.com*

10 Go de fichiers à télécharger en rapport avec la 3D : pilotes, utilitaires, jeux, écrans de veille, patches, trucs et astuces…

FR **3DFX Attack** *3dfx.infomaniak.ch*

Publie des infos sur les cartes d'accélération graphique 3DFX. Conseils d'installation, dépannages matériel ou logiciel, nombreuses FAQ.

US **3DNews.net** *www.op3dfx.com*

Actualité quotidienne au sujet des cartes vidéo 3D sous la forme d'une revue de presse. Tests des nouvelles cartes. Publie aussi des critiques de jeux 3D.

FR **Ezone-FR** *www.ezone-fr.com*

Tout sur les cartes vidéo 3D et les jeux spécialement conçus pour elles. Téléchargement de pilotes et de démonstrations.

US **Fast Graphics** *www.fastgraphics.com*

Spécialisé dans les cartes vidéo. Tests, critiques, overclocking, annonce des mises à jour… sur les cartes 2D et 3D. La sélection de liens est très complète.

FR **Guillemot** *www.guillemot.com*

Constructeur des cartes Maxi Voodoo et Banshee. Présentation des caractéristiques techniques. Téléchargez les derniers pilotes.

FR **Matrox** *www.matrox.com/mga*

Constructeur de cartes d'accélération graphique. Assistance technique.,Guide d'installation. FAQ. Téléchargez les pilotes. Liste les revendeurs.

US **nvidia** *www.nvidia.com*

Le fabriquant des célèbres chipsets Riva TNT et TNT2. Publie des infos sur la 3D en général. Pilotes à télécharger. Liens vers les constructeurs de cartes.

US **Riva 3D** *www.riva3d.com*

Actualité et infos sur les cartes utilisant les chipsets Riva TNT et TNT2. Tests de cartes et de jeux en 3D, derniers pilotes…

US **Voodoo extreme** *www.ve3d.net*

Publie toutes les infos sur la 3D. FAQ, interviews, tests de cartes ou de jeux 3D… Liens vers les sites des constructeurs de cartes graphiques.

3Dfx *www.3dfx.com*
3dfx gamers *www.3dfxgamers.com*
3dnow.org *www.3dnow.org*
Dimension 3D *www.dimension3d.com*
Gibbed *www.gibbed.com*
Rage-fr *www.rage-fr.com*
Tweak3D *www.tweak3d.net*
Voodoo2 *www.voodoo2.com/france*

Matériel > Macintosh

Si vous travaillez avec un Macintosh, retrouvez sur le Web toutes les ressources dont vous pouvez rêver : utilitaires à télécharger, conseils d'utilisation… et même des émulateurs Windows.

US **Aladdin System** *www.aladdinsys.com*

Téléchargez, entre autre, StuffIt, l'outil de compression et de décompression le plus populaire du monde Mac. La version Windows est disponible.

FR **Apple** *www.apple.fr*

Sur le site officiel d'Apple, informez-vous en direct des nouveautés et téléchargez des utilitaires. Pour plus d'informations, visitez *www.apple.com.*

FR **atou.com** *www.atou.com*

Publie des fiches pratiques contenant des milliers d'infos sur les configurations Mac. Liste plusieurs centaines de liens. Services de petites annonces.

US **emulation.net** *www.emulation.net*

Si vous voulez utiliser un logiciel PC sur votre Mac, voici le site idéal. Trouvez aussi comment utiliser des jeux de console ou même de Game Boy.

US **iMacworld** *www.imacworld.com*

Dédié à l'iMac, le plus design des ordinateurs. L'actualité et la présentation de tous les logiciels ainsi que de tous les périphériques spécifiques.

US **MacFixIt** *macfixit.pair.com*

Même les Mac peuvent avoir des problèmes. Ce site tente d'en faire l'inventaire. Interrogez la base de données.

FR **MacFR** *www.macfr.com*

Annuaire de sites. Trucs et astuces. Dictionnaire du Mac. Téléchargez des logiciels et des pilotes. Section dédiée aux développeurs.

US **Macinsearch.com** *www.macinsearch.com*

Un moteur de recherche thématique dédié au monde Mac. Nombreuses catégories : actualité, logiciel, matériel, téléchargement…

US **MacintoshOS.com** *www.macintoshos.com*

Pour mieux maîtriser le système d'exploitation du Mac et télécharger les dernières mises à jour. Une bonne bibliothèque de shareware.

US **MacLaunch** *www.maclaunch.com*

Portail du Mac. Sections dédiées aux matériel, logiciels et jeux. Dépêches d'actualité en temps réel. Guides d'achat des produits Mac.

(US) MacWindows *www.macwindows.com*

Travailler avec les logiciels Windows sur Mac, c'est possible. Ce site fait l'inventaire de toutes les solutions. Il explique aussi comment faire cohabiter les deux mondes.

MacFinder *macfinder.org*
MacKiDo *www.mackido.com*
MacManiac *www.multimania.com/robby*
The Mac Orchard *www.macorchard.com*
TheiMac *www.theimac.com*

Logiciels > Tout sur les logiciels

Tout comme les processeurs, les logiciels évoluent rapidement. Informez-vous sur les nouvelles sorties et les dernières versions. Lisez les critiques pour acheter en toute connaissance de cause.

(FR) AFAS *www.afas-fr.org*

L'Association Française des Auteurs de Shareware présente le principe du shareware. Publie des aides pour les développeurs (fiscalité, droits d'auteurs…).

(FR) BetaNews.com *www.betanews.com/fr*

Liste et présente les versions béta des logiciels. Idéal pour être au courant des prochaines sorties et des dernières évolutions. Annonce des nouveaux drivers.

(FR) Business Software Alliance *kepler.pictime.fr/bsa*

Chapitre français de la Business Software Alliance (regroupement d'éditeurs de logiciels). Infos sur la législation et statistiques sur le piratage.

(US) c|net Software *home.cnet.com/category/0-3662.html*

La section Software du c|net est superbe. Présentation et critiques des nouveautés, rubriques dédiées aux logiciels célèbres, téléchargement de logiciels…

(US) KeyScreen Previewer *www.screenshot.com*

Avant de télécharger un logiciel, découvrez son fonctionnement, illustré par de multiples captures d'écran. Plus de 400 shareware et freeware présentés.

(FR) ShareDif *www.sharedif.com*

Destiné aux concepteurs de logiciels. Conseils et liens utiles sur les modes d'édition et de distribution, les aspects juridiques, la communication…

(US) SharePaper *www.sharepaper.com*

Actualité du logiciel. À partir des sections jeux et applications, découvrez, dans de nombreuses catégories, la présentation des dernières versions des logiciels.

(US) **Versions!** *www.versions.com*

Pour être à la pointe du progrès, soyez informé des nouvelles versions de vos logiciels préférés. Vous pourrez les mettre à jour immédiatement.

(US) **ZD Tips** *www.zdtips.com*

Recevez chaque semaine par e-mail des trucs et astuces sur un logiciel (Word, Access, Excel...). Près de trente abonnements disponibles.

(US) **ZDNet SoftwareUser** *www.zdnet.com/products/softwareuser*

ZDNet informe et présente les nouveaux logiciels. Critiques, aides, astuces... Pour tout savoir sur les logiciels avant de les acheter ou de les télécharger.

APRIL *www.april.org*
Beta Bites *www.betabites.com*
Beta Magazine *www.betamag.com*
Betafiles.com *www.betafiles.com*
Corporate Software & Technology *www.corpsoft.fr*
CXP *www.cxp.fr*
Egg Heaven 2000 *www.eggheaven2000.com*
GNU's *www.gnu.org*
Logiciels & Systèmes *www.grd-publications.com*
Microsoft Office Update *officeupdate.microsoft.com/France*
Personable.com *www.personable.com*
StarOffice *www.staroffice.online.fr*
The Upgrade Center *www.upgradecenter.net*
Tucows news *news.tucows.com*
VersionTracker *www.versiontracker.com*
Woody's Office Portal *www.wopr.com*

Logiciels > Éditeurs

Sur les sites des éditeurs, il y a toujours de bonnes affaires en perspective. Outre vous informer sur les nouveautés, téléchargez des versions de démonstration et des utilitaires.

(FR) **Computer Associates** *www.cai.com*

Éditeur spécialisé dans les logiciels professionnels (réseau, sécurité, base de données...). Téléchargez les fiches produits. Rejoignez les clubs d'utilisateurs.

(FR) **Corel** *www.corel.fr*

Présentation de la suite WordPerfect, du logiciel de dessin CorelDraw et du logiciel de PAO Ventura... Achetez des images par téléchargement.

(FR) **Inprise** *www.inprise.fr*

Édite des applications (Delphi, C++Builder, VisiBroker...) destinées aux développeurs. Participez aux forums d'utilisateurs.

Macromedia *www.macromedia.com/fr*

Macromedia est l'éditeur vedette du monde multimédia, notamment avec Director, outil de développement d'applications interactives.

Microsoft *www.microsoft.com/france*

Présentation des produits Microsoft, mais aussi des services d'aide en ligne. Zone de téléchargement de mises à jour ou d'utilitaires.

Netscape *home.netscape.com/fr/netscape*

Avec son navigateur Web, Netscape est devenu l'un des acteurs incontournables de l'industrie du logiciel. Sur son site, une mine d'informations sur le Net.

Network Associates *www.nai.com*

Éditeur de solutions de protection (entre autre l'antivirus McAfee) et de systèmes de codage utilisant l'algorithme PGP. Base de données de virus.

Novell *www.novell.fr*

Avec NetWare, Novell est le spécialiste des systèmes d'exploitation de réseaux. Un site à visiter dès que vous travaillez avec plus d'un ordinateur.

Sun *www.sun.fr*

Mis en vedette par son langage Java, Sun est l'un des principaux acteurs d'Internet. Néanmoins, il reste avant tout un constructeur de stations de travail.

Symantec *www.symantec.fr*

Symantec est l'incontestable leader dans le domaine des utilitaires PC, notamment avec sa gamme Norton. Possibilité de télécharger les mises à jour.

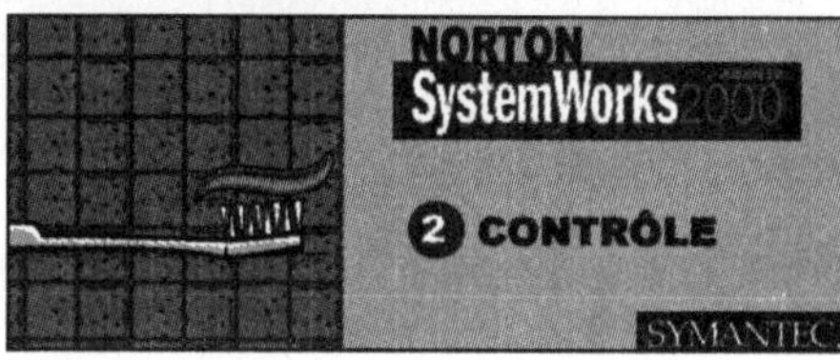

Aci *www.aci.fr*
Bvrp Software *www.bvrp.fr*
Intuit *www.intuit.com*
Intuit France *www.quicken.tm.fr*
Lotus *www.lotus.fr*
PowerQuest *www.powerquest.com*
Windev *www.pcsoft.fr*

Logiciels > Windows 95/98 et Millenium

Pour optimiser un ordinateur, il ne suffit pas de jouer sur le matériel. Windows doit se régler comme un moteur très pointu. Voici les sites pour aller toujours plus loin.

US **ActiveWindows** *www.activewin.com*

Superbe site. Pour tout savoir des dernières évolutions de Windows. Trucs et astuces. Guides d'utilisation. Pilotes et utilitaires à télécharger.

US **DriversHQ** *www.drivershq.com*

Vérifiez si vous disposez des dernières versions des pilotes de périphériques. Téléchargez un utilitaire qui aide à faire le point.

US **F Condron's World O'Windows** *www.worldowindows.com*

Tous les pilotes et les mises à jour disponibles en téléchargement et cela pour toutes les versions de Windows. Une riche sélection de liens.

FR **Microsoft Windows** *www.microsoft.com/france/windows*

Obtenez les informations à la source. Téléchargez les mises à jour et les versions de démonstration. Accédez au support technique.

US **Windows Device Drivers** *www.windrivers.com*

Le site indispensable pour que votre PC soit au meilleur de sa forme. Retrouvez les dernières versions des pilotes pour Windows. Nombreux guides.

US **Windows Magazine** *www.winmag.com*

Actualité Windows avec de nombreuses rubriques : optimisation, téléchargement, présentation des logiciels, FAQ, trucs et astuces…

US **WinFiles.com** *www.winfiles.com*

La bibliothèque de shareware et de freeware spécialisée Windows. Téléchargez des pilotes et des utilitaires. Consultez les trucs et astuces.

US **WinInfo** *www.barkers.org/windows*

Infos sur Windows 98. Publie des trucs et astuces et une liste de ressources. Posez vos questions dans l'un des forums de discussion.

US **WinPlanet** *www.winplanet.com*

La bible de Windows. Plus de 10 000 pages Web d'informations, de trucs et astuces, de présentations de logiciels, de jeux ou d'utilitaires à télécharger…

US **ZDWindows** *www.zdnet.com/windows*

Couverture de toutes les versions de Windows. Critiques et tests des nouveaux produits. Conseils d'expert. Pilotes à télécharger.

Annoyances.org *www.annoyances.org*
FixWindows.com *www.fixwindows.com*
PCWin Resource Center *pcwin.com*
RegEdit *www.regedit.com*
Windows Update *windowsupdate.microsoft.com*
Windows-Help.Net *www.windows-help.net*

Logiciels > Systèmes d'exploitation

Si près de 90% des ordinateurs individuels utilisent Windows, dans les entreprises ils tournent souvent sur Unix ou Windows NT. Les agendas électroniques fonctionnent, eux, avec Windows CE.

FR **AFUNT** *www.afunt.org*
Superbe site pour les utilisateurs et les administrateurs Windows NT/2000. Actualité présentée sous forme de liens.

FR **AFUU** *www.afuu.fr*
L'AFUU (Association Française des Utilisateurs d'Unix et des Systèmes Ouverts) propose des ressources pour naviguer dans l'univers Unix.

FR **Force** *www.gramer.nu*
Collection de liens au sujet de Windows CE, le système d'exploitation des ordinateurs de poche et des agendas électroniques.

FR **Le Butineur** *www.chez.com/beos*
Portail français des utilisateurs du système d'exploitation de JL Gassée : le BeOS (*www.beos.com*). Actualité, infos sur le système et les logiciels, liens…

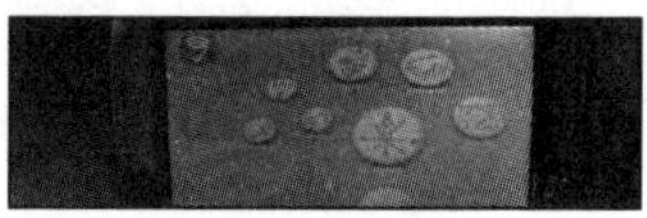

FR **Les OS** *www.multimania.com/laportea*
Découvrez les principes de fonctionnement des différents systèmes d'exploitation. Idéal pour une initiation. Trucs et astuces, programmes à télécharger, glossaire.

FR **Les systèmes d'exploitation** *cuiwww.unige.ch/~billard/systemeII*
Si vous voulez savoir en profondeur ce qu'est un système d'exploitation, voici un cours décrivant leur architecture (relativement technique).

US **OS/2 e-Zine!** *www.os2ezine.com*
Un hebdomadaire dédié au système d'exploitation d'IBM et qui s'adresse avant tout aux développeurs. Présentation des nouveaux produits.

US **Unix Guru Universe** *www.ugu.com*
Le moteur de recherche du monde Unix. Recherche par mots clés ou index. De nombreuses rubriques : réseaux, sécurité, aide, revendeurs…

FR **Windows NT Magazine** *www.windowsntmag.presse.fr*

Cette version électronique du magazine s'adresse aux utilisateurs, débutants ou non, de Windows NT/2000. Dossiers, tests de matériels, analyses…

US **Windows NT/2000 Resource Center** *www.bhs.com*

Pour retrouver tout ce qui se fait de mieux sur le Web au sujet de Windows NT/2000 : actualité, téléchargement, collections de liens, listes de newsgroups…

MyWebOS.com *www.mywebos.com*
NTDIOS *www.ntdios.org*
OS News *www.osnews.com*
OS Tips *www.os-tips.com*
Windows NT Systems *www.ntsystems.com*
WinFinder *www.winfinder.com*

Logiciels > Linux

Windows est-il mort ? Peut-être pas encore mais Linux s'impose en concurrent sérieux. Développé par jeu, cette version d'Unix devient une alternative économique et performante, et qui plus est gratuite.

FR **AFUL** *www.aful.org*

L'Association Francophone des Utilisateurs de Linux et des logiciels libres publie des documentations sur les solutions destinées aux particuliers ou aux entreprises.

US **freshmeat** *news.freshmeat.net*

Découvrez tous les jours les nouvelles applications Linux. Liens vers les pages d'accueil des concepteurs. Possibilité de télécharger.

FR **Ikarios** *www.ikarios.com*

Linux est gratuit si vous le téléchargez (des mégas et des mégas…). Commandez plutôt ici des CD-ROM Linux, des livres… à des prix compétitifs.

US **Linux** *www.linux.org*

Linux est une version d'Unix distribuée gratuitement (ou pratiquement). Ce site répertorie de nombreuses ressources Linux, notamment les newsgroups.

FR **Linux Center** *www.linux-center.org/fr*

Un moteur de recherche spécialisé dans les ressources Linux. Un site incontournable pour les passionnés de cette version d'Unix ouverte entre toutes.

US **Linux journal** *www.linuxjournal.com*

Magazine mensuel. Articles complémentaires de l'édition papier. Critiques de logiciels et de livres. Voir aussi *www.linux-gazette.com*.

US **Linux Today** *linuxtoday.com*

Revue de presse quotidienne sur Linux et ses applications. Passe au crible les journaux de la presse spécialisée et les communiqués des sociétés liées à Internet.

US **Linux Weekly News** *lwn.net*

Actualité quotidienne du monde Linux. Pour tout savoir des nouvelles applications. Comptes rendus de conférences et calendrier des événements.

US **Linux.com** *www.linux.com*

Site portail de la communauté Linux. Contient des infos, des logiciels, des liens... La base de données sera utile aussi bien aux utilisateurs qu'aux développeurs.

FR **linuxbe.org** *linuxbe.org*

Maintenu par des bénévoles ce site fournit de nombreuses infos utiles, surtout aux béotiens. Les listes de diffusion et le forum sont là pour vous aider.

US **Slashdot** *slashdot.org*

Actualité pour les nerds (fous d'informatique). Publie les articles d'internautes, notamment sur Linux. Archives thématiques. Canal IRC dédié.

Debian *www.debian.org*
Freenix *www.freenix.fr*
Linux HeadQuarters *www.linuxhq.com*
LinuxStart *r.linuxstart.com*
Red Hat *www.redhat.com*

Pratique > Bugs et virus

Hackers, pirates, crackers, virus, bugs... menacent vos systèmes informatiques. Informez-vous des risques ou des épidémies et surtout protégez-vous en téléchargeant des antivirus.

US **AntiOnline** *www.antionline.com*

Actualité et infos sur les hackers. Détecte gratuitement les faiblesses de votre machine en matière de sécurité. Un expert répond à vos questions.

FR **Antivirus Center** *www.symantec.fr/region/fr/avcenter*

Symantec propose une présentation des virus et de leurs risques. Possibilité de télécharger les mises à jour mensuelles de Norton AntiVirus.

US **Bug Net** *www.bugnet.com*

Recevez par e-mail la liste des derniers bugs découverts. Pour les plus anciens, consultez la base de données et les nombreuses analyses.

US **CERT** *www.cert.org*

Une mine d'information sur les problèmes de sécurité informatique. Aide et conseille les victimes de virus ou de hackers. Service d'alerte par e-mail.

FR **CLUSIF** *www.clusif.asso.fr*

Le Club de la Sécurité des Systèmes d'Information Français. Infos juridiques, documents et outils à télécharger, sélection de liens…

US **HNN** *www.hackernews.com*

Actualité quotidienne du piratage informatique. Revue de presse maintenue par des bénévoles. Archive des sites piratés en collaboration avec *www.attrition.org*.

FR **Secuser News** *www.secuser.com/news*

Actualité sur la sécurité informatique. Publie infos et dossiers thématiques (hackers, sécurité des e-mails…). Liste les derniers virus détectés.

FR **Taz** *www.zataz.com*

Magazine de l'underground. Reportages sur la piraterie informatique et téléphonique. Archive des sites piratés depuis 1995.

US **Virus Central** *www.drsolomon.com/vircen*

Informations et conseils sur les virus. Consultez le glossaire, la liste des macro-virus les plus dangereux ou des virus les plus courants. Service d'alerte par e-mail.

US **Virus Information Center** *vil.mcafee.com*

McAfee publie des infos sur des milliers de virus. Recherche alphabétique, par mots clés et par catégories. Top 10 des nouveaux virus et des virus plus célèbres.

UK **Virus Information Centre** *www.europe.datafellows.com*

Descriptions des principaux virus et des nouveaux venus. Conseils pour protéger votre ordinateur et pour réagir en cas d'attaque.

403-Security *www.403-security.org*
crypto.yashy.com *crypto.yashy.com*
Help Net Security *www.net-security.org*
HERT *www.hert.org*
Infowar *www.infowar.com*
L0pht Heavy Industries *www.l0pht.com*
Microsoft Security *www.microsoft.com/security*
Mind Security *www.mindsec.com*
MSI *www.msi-sa.fr*
OSALL Network *www.aviary-mag.com*
SCSSI *www.scssi.gouv.fr*
SecuriNews *www.bull.fr/securinews*
security focus *www.securityfocus.com*
technotronic *www.technotronic.com*
Virus Bulletin *www.virusbtn.com*
WildList *www.wildlist.org*

Si vous trouvez votre ordinateur trop lent, pourquoi ne pas lui donner une nouvelle jeunesse en remplaçant quelques cartes ou en accélérant son processeur (opération appelée overclocking).

FR Accelerator PC *www.dyadel.net/~vic*

Conseils pour augmenter la puissance de votre PC en accélérant la fréquence du processeur. Collection de liens vers les autres sites du même type.

US AMD *www.amd.com*

Présentation de tous les microprocesseurs AMD pour PC. Comparez leurs caractéristiques à celles des Pentium d'Intel.

US American Megatrends *www.ami.com*

Voici l'éditeur du BIOS le plus largement utilisé sur les PC. Si vous aimez régler votre machine avec finesse, visitez absolument ce site.

UK Anand's Hardware *www.anandtech.com*

Actualité et annonce de sortie des nouveaux matériels et logiciels. Teste les nouveaux produits. Infos sur tous les composants d'une machine.

US Computers R Us *www.crus.com*

Actualité du hardware et de l'overclocking. Tests et comparatifs de matériels et de logiciels. Nombreux conseils d'optimisation.

FR HardWare.fr *www.hardware-fr.com*

Un magazine en ligne pour les fous de matériel. Infos sur tous les composants, tests des nouveaux processeurs, annonces des nouvelles cartes d'extensions.

FR Intel *www.intel.fr*

Intel explique ses technologies et leurs évolutions. Des dossiers montrent tout ce qu'on peut faire avec des machines à base Pentium.

US PC Mechanic *www.pcmech.pair.com*

Le site qui se veut un guide du bricolage de PC. Téléchargez des utilitaires pour évaluer si vos modifications améliorent les performances.

FR Puissance PC *www.puissancepc.com*

Fait le point sur les nouveautés technologiques et les processeurs. De nombreux conseils pour doper votre PC. Pour ne pas vous ruiner, lisez les guides d'achat.

(US) **Tom's Hardware Guide** *www.tomshardware.com*

Dès que vous vous posez une question technique, consultez ce site. De nombreux guides couvrent tous les domaines : mémoire, processeur, overcloking…

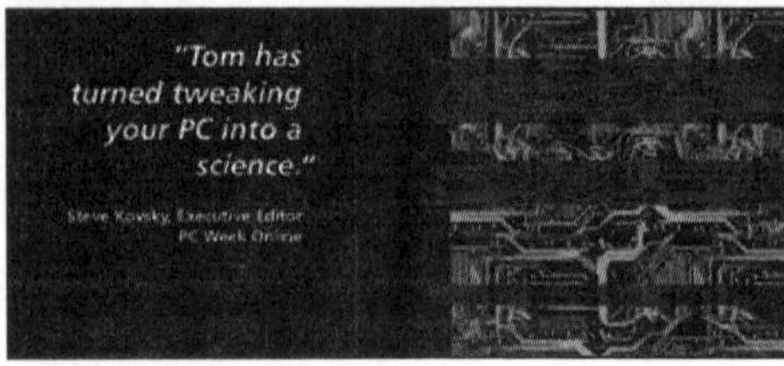

Ace's Hardware *www.aceshardware.com*
Ars Technica *www.arstechnica.com*
BXBoards *www.bxboards.com*
Docteur PC *www.docteur-pc.com*
Gamers Depot *www.gamersdepot.com*
Guide du PC Haute-Performances *optimize.bhcom1.com*
iXBT Hardware *www.ixbt-labs.com*
Maximum Hardware *www.maximumhardware.com*
MP-Hardware *www.mp-hardware.com*
PC Reviewer *www.pcreviewer.com*
ReviewFinder *www.reviewfinder.com*
Sharky Extreme *www.sharkyextreme.com*
System Optimization PC *www.sysopt.com*
TT-Hardware *www.tt-hardware.com*

Pratique > Égayer le bureau

En complément des bibliothèques de téléchargement d'images, visitez les sites spécialisés dans les fonds d'écrans. Avec les écrans de veille, animez votre PC quand vous ne l'utilisez pas.

(US) **Freesaver.com** *www.freesaver.com*

Découvrez plus de 1000 écrans de veille classés par style et par sujet. Pour chacun vous disposez d'un commentaire, d'une photo et de sa taille.

(US) **FreeThemes** *eunet.freethemes.com*

Tucows propose une section dédiée au téléchargement de thèmes pour le bureau, d'écrans de sauvegarde, d'utilitaires de création et d'installation…

(US) **MacDesktops** *macdesktops.com*

Infos, astuces et conseils sur les réglages et la personnalisation d'un écran Mac. Sélection d'images pour fonds d'écrans.

(US) **Screens and Themes** *www.screensandthemes.com*

Près de 15 000 fichiers à télécharger pour votre bureau : images pour fonds d'écran, écrans de veille, boutons, curseurs…

Informatique

Screensaver France *www.screensaverfrance.com*

Choisissez parmi plus de 800 modèles d'écrans de veille. Recherche thématique ou alphabétique. Infos sur l'installation et la configuration d'un écran de veille.

The ScreenSaverDirectory *screensaverdirectory.com*

Écrans de veille à télécharger. Classement thématique : sports, célébrités, bandes dessinées… Indique le système d'exploitation et la taille du fichier.

Theme World *www.themeworld.com*

Près de 4000 thèmes de bureaux classés par sujets. Publie des infos et des conseils sur l'installation et la création de fonds d'écran.

Themes Unlimited *www.themesunlimited.com*

Des thèmes à télécharger pour votre bureau. Classement par style en fonction de la résolution de l'écran. Bonne sélection de liens.

TopThemes *www.topthemes.com*

Choisissez votre écran de sauvegarde à partir de l'index thématique. Bref commentaire, notation et taille des fichiers.

Webshots *www.webshots.com*

Utilitaire pour installer ou changer les images de votre bureau et pour créer des écrans de veille personnalisés. Plus de 1000 images à télécharger.

Desktop Heaven *www.desktopheaven.com*
IconPackager *www.tysoft.co.uk*
ScreensaverShot *www.screensavershot.com*
Top Wallpapers *www.topwallpapers.com*

Pratique > Programmation

Un programmeur débutant ou expert a une soif insatiable d'informations. Pour gagner du temps, il recherche avec avidité les utilitaires et les programmes développés par ses collègues.

DEV.X *www.devx.com*

Ce superbe site passe en revue tous les langages (VB, C++, Java…) : collections de liens, conseils, guides des produits, guides d'achat… Incontournable.

developer.com *www.developer.com*

Le site incontournable aussi bien pour les programmeurs débutants qu'expérimentés. Une riche collection de liens, notamment au sujet de Java.

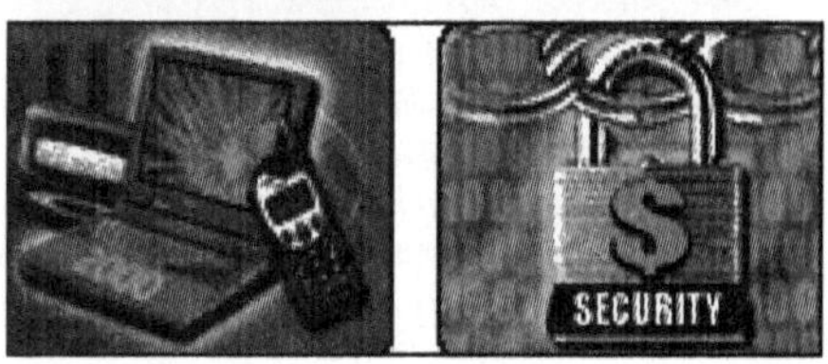

FreeCode *www.freecode.com*

Téléchargez gratuitement des codes source écrit en C/C++, Java, Perl ou Visual Basic. Vous pouvez les utiliser dans des applications commerciales.

inquiry.com *www.inquiry.com*

Un site qui vient en aide aux programmeurs et répond à leurs questions. Sections Visual Basic, C++, Java, PowerBuilder, Delfi, MFC…

MSDN *www.microsoft.com/france/msdn*

Microsoft propose une actualité sur mesure pour les développeurs. Possibilité de télécharger de nombreuses ressources.

MSDN Online *msdn.microsoft.com*

Le site pour développeurs de Microsoft. Infos sur tous les produits, les langages de programmation, les outils… Chats avec des experts.

Programmer's Paradise *www.pparadise.com*

Pour acheter vos outils de développement, voici la boutique virtuelle des programmeurs (point d'accès en France). Promotions quotidiennes.

Sourcebank *www.sourcebank.com*

Moteur de recherche de programmes et de codes source en C, C++, Java, Perl, Visual Basic… Indexe aussi des articles de la presse spécialisée.

The Programmer's Source *www.progsource.com*

Sélection de liens avec six grandes rubriques : C/C++, Java, Perl, Pascal/Delphi, assembleur et CGI. Un bon point de départ pour les programmeurs.

Vbplus *www.vbasic.org*

Cours complet sur la programmation Visual Basic : codes sources commentés, guides et fiches techniques… Aide pour les néophytes.

Visual Basic *www.afunt.org/VB*

Si vous vous intéressez à Visual Basic, ce site propose une bonne sélection de liens et une bibliothèque de trucs et astuces.

Bâtiment 8 virtuel *pauillac.inria.fr*
Code Collection *www.codecollection.com*
devSearch *www.devsearch.com*
Dr. Dobb's *www.ddj.com*
Game Developer Magazine *www.gdmag.com*
RoadCoders *www.roadcoders.com*
Sprockets and Cogs.com *www.sprocketsandcogs.com*
Visual C++ Developers Journal *www.vcdj.com*

Pratique > Infographie et graphisme

Avec l'ordinateur, tout le monde peut devenir artiste. Toutefois, pour ne pas réinventer la roue, suivez les conseils des spécialistes. De nombreux logiciels sont disponibles en freeware.

US **3D Cafe** *www.3dcafe.com*

Le moteur de recherche, à mots clés et thématique, dédié aux graphistes. Ressources à télécharger, trucs et astuces, tutoriaux, galerie d'images…

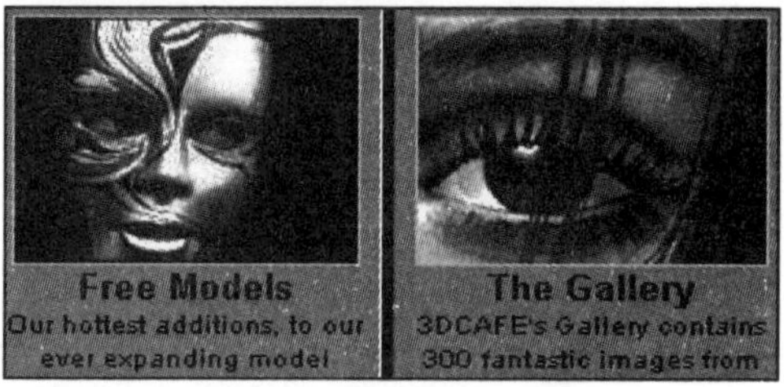

US **Andy's art attack!** *www.andyart.com*

Un site complet. Trucs et astuces sur les principaux logiciels (Photoshop, Illustrator…) ou sur le design de site. Des milliers d'images à télécharger.

US **Autodesk** *www.autodesk.com*

Autodesk édite 3D Studio, le plus populaire des outils de conception 3D. Le site propose de nombreux liens et des conseils d'utilisation.

FR **chroma** *www.chez.com/ybilik*

Pour tout savoir sur les couleurs. Liste alphabétique des noms de couleurs. Un nuanciers présente environ 60 teintes pour chaque couleur.

US **Creativepro** *www.creativepro.com*

Infos sur les principaux éditeurs spécialisés (matériel et logiciel). Astuce du jour, forums thématiques, versions d'évaluation de logiciels…

FR **Falkenzone** *www.falkenzone.com*

Publie infos, conseils et liens sur l'infographie. Sections dédiées à la 2D, à la 3D et aux polices de caractères. Tests de logiciels et de filtres, images…

FR **Guide de la couleur** *www.multimania.com/guidcoul*

Ce petit guide de la couleur présente les principes de traitement de l'image et les impératifs pratiques de la fabrication, du flashage et de l'impression.

FR **Infographie francophone** *perso.wanadoo.fr/pierre.g/ring*

Ce webring regroupe plus de 250 sites, le plus souvent réalisés par des indépendants et dédiés à l'infographie.

FR **Micrografx** *www.micrografx.com/France*

Un des grands spécialistes des logiciels graphiques grand public avec notamment Picture Publisher et Windows Draw.

Pantone *www.pantone.com*

Le site institutionnel de Pantone (société créatrice du nuancier de couleurs) publie des conseils quant à l'usage des couleurs. Les graphistes apprécieront.

Photo on PC *www.photo-on-pc.com*

Infos sur la photo et la vidéo numériques. Découvrez les logiciels de retouche d'images et les matériels photographiques.

Silicon Graphics *www.sgi.fr*

Les stations de travail Silicon Graphics sont les Rolls Royce des graphistes. Le site publie des exemples d'animations réalisées avec la station.

Tout sur Paint Shop Pro *www.multimania.com/psp*

Paint Shop est un des éditeurs d'images bitmap les plus performants (existe en version freeware). Essayez-le. Visitez le site officiel *www.jasc.com*.

Aesthetics Web Creation *www.aestheticweb.com*
Grenadine *www.grenadine.net*
Imprimerie online *www.imprimerie-online.com*
Imdk *lmdk.online.fr*
Ozone *www.ozones.com*
Praktica *www.praktica.net*

Pratique > PAO

Pour réussir des mises en pages, les amateurs et les professionnels ont besoin de logiciels spécifiques. Exploitez-les au mieux grâce aux sites des éditeurs ou des spécialistes.

Adobe *www.adobe.fr*

Avec PageMaker, PhotoShop, Illustrator et InDesign, Adobe est l'éditeur vedette de la PAO. Nombreuses astuces. Téléchargez les mises à jour et les plug-ins.

Designer's corner *www.designerscorner.com*

Annuaire du graphisme. Édite des newsletters dédiées à la PAO et ses logiciels vedettes : PhotoShop, XPress, CorelDraw, PageMaker, Illustrator…

(US) Desktop Publishing Resource *desktoppublishing.com*

Un site énorme ! Présentation des nouveaux logiciels en rapport avec la PAO et une vaste collection de liens : polices, cliparts, magazines…

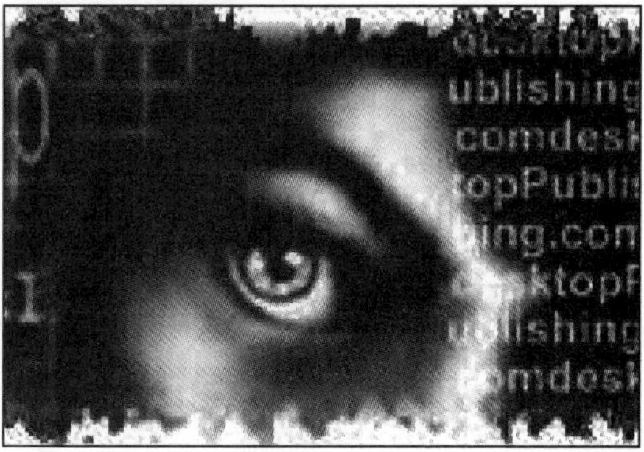

(US) DTP Journal *www.dtpjournal.com*

En anglais, PAO se dit DTP (Desktop Publishing). Le magazine du même nom présente les nouveaux produits matériels et logiciels.

(FR) La Tour des ruses *www.ruses.com*

Informations pratiques, conseils techniques et liens sur la PAO et ses logiciels vedettes (PhotoShop, Xpress, Illustrator…). Bibliographie commentée.

(US) Pixart *www.ruku.com*

Publie des articles et des conseils sur tous les logiciels vedettes de la PAO : Photoshop, Illustrator, Paintshop… Nombreux tutoriaux, trucs et astuces, FAQ…

(US) Publish RGB *www.publish.com*

Magazine américain spécialisé dans la PAO. Publie des articles et des conseils. Propose une section dédiée au design de sites Web.

(US) Quark *www.quark.com*

XPress de Quark reste le logiciel de PAO favori des maquettistes. Téléchargez une version de démonstration du produit et de nombreuses extensions.

(US) The Design Publishing Center *www.graphic-design.com*

Publie des conseils et des critiques sur le design de sites. Trucs et astuces sur PhotoShop. Liste les ressources utiles aux designers.

(US) The Xpresso Bar *www.xpressobar.com*

Site indépendant sur XPress. Trucs et astuces, extensions et mises à jour à télécharger, liens vers les meilleures ressources… Consultez la FAQ.

Adobe US *www.adobe.com*
B Milic InDesign *www.milic.net/indesign*
Computer Grafics World *www.cgw.com*
EyeWire *www.eyewire.com*

Le monde du travail affirme sa présence sur le Web. Les sites financiers sont sans nul doute les plus actifs. Ils diffusent en temps réel les cours boursiers et permettent de passer les ordres d'achat et de vente. Les banques suivent le mouvement : elles proposent dorénavant des guichets virtuels. Les magazines couvrent tous les aspects de l'économie et présentent l'information de façon attractive. Accédez aux bases de données concernant la législation. Pour repérer un site, interrogez les moteurs et annuaires spécialisés. Ces ressources renvoient vers tous les organismes et toutes les sociétés. Retrouvez les adresses Web et postales ainsi que de nombreuses informations chiffrées. Pour créer ou gérer une société, des sites vous conseillent. Et si vous voulez changer d'emploi, publiez votre CV et consultez les petites annonces.

Business

Ressources > Tout sur le business

Lorsque vous recherchez des informations économiques, utilisez de préférence une sélection de liens ou un moteur spécialisé dans le domaine. Vous trouverez plus vite qu'avec un moteur traditionnel.

US **All Business Network** *www.all-biz.com*

Indexe par catégories les ressources du business. Conseils pour créer ou améliorer un site commercial. Sélection de bases de données et de forums.

FR **Direct-Way** *www.direct-way.com*

Guide de sites pour professionnels. Six chaînes thématiques : management, marketing, droits et sociétés, industries, informatique, loisirs.

US **Dow Jones Business Directory** *businessdirectory.dowjones.com*

Proposé par l'éditeur du *Wall Street Journal*, cet annuaire sélectionne et répartit les sites par catégories : marchés financiers, carrières, économie, industrie…

FR **EnterWeb** *www.enterweb.org*

Ce méta-index liste, commente et note les ressources liées à l'économie, à l'entreprise, au commerce international, aux affaires et aux finances.

US **Inc. Online** *www.inc.com*

Consultez les mini-sites : Internet, Finances, News, Business… Ils listent pour chaque domaine newsgroups, listes de diffusions, bases de données…

FR **Infopro** *www.ksiopa.com/infopro*

Sélection de sites pour les professionnels classés par thème ou par secteur. Librairie spécialisée en marketing, management, comptabilité…

US **International Business Resources** *ciber.bus.msu.edu*

Sélection de liens vers les ressources utiles au business : infos, statistiques et données sur les pays, législations, annuaires de sociétés…

US **Livelink Pinstripe** *pinstripe.opentext.com*

Ce moteur de recherche à mots clés propose aussi des rubriques thématiques : emplois, finances, actualités, sociétés…

FR **Pros21.com** *www.pros21.com*

Une sélection de sites professionnels choisis parmi les meilleurs et répartis en rubriques : gestion, marketing, finances, industrie…

FR **RIME** *www.ccip.fr/rime*

Cette base de données recense, à l'échelle mondiale, les sites dans les domaines de l'entreprise et de l'économie. Une fiche décrit chaque site.

US **Smart biz supersite** *www.smartbiz.com*

Trouvez les articles, les livres ou les sites en rapport avec une branche du business : marketing, communication, ressources humaines…

Strategic road *www.strategic-road.com*

Méta-index dédié à la recherche de documents. Pour chacun des thèmes (économie, commerce...), retrouvez les moteurs de recherche spécialisés.

Work.com *www.work.com*

Cet annuaire de sites professionnels classe les sites des entreprises selon leur secteur d'activité : agriculture, chimie, défense... Réalisé par Excite.

@Brint *www.brint.com*
iAtlas *www.iatlas.com*

Ressources > Institutions françaises

Même dans une économie libérale, on ne peut entreprendre sans une connaissance approfondie des organismes qui régulent les marchés et qui en fixent les règles.

ACFCI *www.lille.cci.fr/ccis*

La Chambre de Commerce et d'Industrie de Lille liste les autres chambres de commerce françaises (en France et dans le monde).

Chambre Nationale des Huissiers de Justice *www.huissier-justice.fr*

L'huissier, ses procédures et son vocabulaire. Historique et lexique de la profession. Annuaire des huissiers. Infos sur les ventes aux enchères.

Commerce extérieur *www.commerce-exterieur.gouv.fr*

Le site pour ceux qui veulent des renseignements sur l'emploi et les stages à l'étranger ou qui envisagent d'avoir une activité liée à l'exportation.

Commissariat général du Plan *www.plan.gouv.fr*

Étudie les perspectives de l'économie française. Consultez les études des groupes de travail sur la recherche et l'innovation, les retraites, les minimun sociaux...

Conseil économique et social *www.conseil-economique-et-social.fr*

Réfléchit aux adaptations et aux perspectives de l'économie. Consultez les études sur le travail, cadre de vie, affaires sociales...

Économie et finances *www.finances.gouv.fr*

Présente la politique économique et financière de la France. Dossiers, indicateurs, réglementations... Téléchargez plus de 140 formulaires : douanes, impôts...

Ined *www.ined.fr*

L'Institut National d'Études Démographiques publie les résultats de ses enquêtes. Recherche par auteur, titre, date de publication ou période. Archives depuis 1944.

INSEE *www.insee.fr*

L'Institut National de la Statistique et des Études Économiques calcule les chiffres clés de l'économie (revenu, emploi, travail…). Notes de conjonctures.

MEDEF *www.medef.fr*

Infos sur le monde de l'entreprise. Actualité, chiffres, dossiers spéciaux (35 heures, euro…). Liste les sites utiles aux entrepreneurs.

Ministère de l'industrie *www.industrie.gouv.fr*

Publie tableaux de bords, statistiques, chiffres clés, infos sur l'industrie. Espace pratique sur les aides, les formulaires et les conseils aux entreprises.

PME, Commerce et Artisanat *www.pme-commerce-artisanat.gouv.fr*

Site dédié à l'artisanat, au commerce intérieur, aux professions libérales… La rubrique sur les simplifications de formalités est particulièrement intéressante.

Ressources > Institutions internationales

Informez-vous sur les divers domaines du business mondial (développement, finance, commerce…) et sur les réglementations et coordinations. Consultez des centaines d'études.

ASEAN *www.aseansec.org*

L'Association of Southeast Asian Nations regroupe dix nations : Indonésie, Laos, Viet-Nam… Statistiques, fiches par pays, prospectives.

Fedstats *www.fedstats.gov*

Toutes les statistiques recueillies par les 70 agences fédérales américaines (prix, taxes, travail…). Tri par activité, état ou comté.

FMI *www.imf.org*

Site du Fonds Monétaire International : données, statistiques, législations et publications économiques. Milite pour l'adoption des standards internationaux.

G8 Information Centre *www.g7.utoronto.ca*

Les pays industrialisés abordent les problèmes économiques lors des sommets du G8. Comptes rendus depuis 1975. Recherche par année, pays ou sujet.

IFC *www.ifc.org*

L'International Finance Corporation facilite les investissements privés dans les pays en développement. Actions en cours, conjoncture, rapport annuel…

OCDE *www.oecd.org*

L'Organisation de Coopération et de Développement Économique coordonne les politiques économiques et sociales des pays riches. Rapports, statistiques…

OIT *www.ilo.org*

L'Organisation Internationale du Travail informe sur le respect des normes du travail, la protection sociale, le dialogue social…

OMC *www.wto.org*

À chaque négociation commerciale, l'Organisation Mondiale du Commerce propose un dossier (accords, textes juridiques…).

World Bank Group *www.worldbank.org*

Présente les institutions et la mission de la Banque mondiale. Actualité, rapports et infos sur les programmes d'aide au développement dans plus de 100 pays.

World Chambers Network *www.worldchambers.com*

Retrouvez les listes des chambres de commerce de tous les pays ainsi que des opportunités d'import-export et des listes d'entreprises.

Davos *www.davos.org*
G8 Summit Online *www.g8online.org*
Rand *www.rand.org*
The Global Compact *www.unglobalcompact.org*
UNECE *www.unece.org*

Travail > Tout sur l'emploi

Que ce soit pour la recherche d'un emploi ou vérifier vos droits, informez-vous auprès des institutions ou dans la presse spécialisée. Retrouvez conseils, adresses, aides…

100cv.com *100cv.com*

Que vous publiez votre CV sur le Net ou sur papier, soignez la forme avec ces modèles originaux (107 mises en page papier et 40 assistants Web).

Adecco *www.adecco.fr*

Le n°1 du travail temporaire informe sur l'intérim, le statut d'intérimaire, la formation… Aide à la rédaction de CV. Offres d'emploi en France et à l'étranger.

ANEJ *www.anej.org*

Présente et explique le dispositif d'Aide pour de Nouveaux Emplois Jeunes. Dossiers thématiques, bourse au projet, aides financières…

ANPE *www.anpe.fr*

Avec l'Agence Nationale Pour l'Emploi, retrouvez les offres d'emploi après sélection de la région, du domaine et de votre qualification.

Atoutjob *www.atoutjob.com*

Sélection de sites sur l'emploi. Classement thématique. Dossiers sur le travail à l'étranger, le télétravail, les chasseurs de têtes… Interviews de décideurs.

Cyber Emploi *www.cyber-emploi-centre.com*

Sélectionne et commente les ressources sur l'emploi et la formation. Liste les sites d'offres d'emploi et de stages en Europe et les entreprises qui recrutent.

JobFrance.com *www.jobfrance.com*

Participez quotidiennement à des chats avec des recruteurs, des professionnels de l'emploi ou des créateurs d'entreprise. Archives thématiques.

Jobtel *www.jobtel.com*

Le Parisien publie l'intégralité des articles sur l'emploi et la formation parus dans l'édition papier. Diffusez ou consultez les offres d'emploi.

Ministère de l'emploi et de la solidarité *www.travail.gouv.fr*

Le site où découvrir les actions menées par le gouvernement en faveur de l'emploi et de la formation. Dossiers sur les 35 heures, les emplois jeunes, la sécurité…

Rebondir *www.rebondir.fr*

Informations sur la recherche d'emploi : choisir un métier, travailler à l'étranger, créer son entreprise… Sélectionne les meilleurs sites sur l'emploi.

Ressources Humaines *www.ressources-web.com*

Annuaire des ressources humaines francophones. Mis à jour tous les lundis. Consultez les sections emploi, annonces en ligne, cabinets de recrutement…

Unedic et Assedic *www.assedic.fr*

Informe les employeurs et les demandeurs d'emploi sur l'assurance chômage (droits et obligations). Textes de lois, chiffres, données et statistiques.

INRS *www.inrs.fr*
Les grèves *www.lesgreves.com*
L'Express Emploi *www.lexpress.fr/emploi*
Manpower *www.manpower.fr*

Travail > Rechercher une formation

Le monde bouge et nos compétences doivent faire de même. Si vous voulez progresser dans votre domaine ou vous reconvertir, recherchez sur Internet les opportunités de formation.

50 liens sur la formation *www.em-g.com/formation*

Sélection, réalisée par un professionnel de la formation, régulièrement mise à jour. Les 50 sites sont commentés. Consultez la rubrique sur la téléformation.

FR **CARIF** *www.carif.asso.fr*

Recherchez les centres de formation français en sélectionnant le nom d'un centre, d'une localité ou d'un département. Section dédiée aux Emplois Jeunes.

FR **Centre Inffo** *www.centre-inffo.fr*

Développement de la formation permanente. Actualité de la formation, documentation et dossiers de synthèse (emplois jeunes, discrimination...).

FR **CNED** *www.cned.fr*

Le Centre National d'Enseignement à Distance: inscriptions, orientations, informations... Tests d'auto-évaluation. Section dédiée à la téléformation.

FR **Foragora** *www.foragora.com*

Ce site fédère le monde de la formation continue et des ressources humaines: dossiers, magazine... Les abonnés peuvent consulter la base de données.

FR **Formatel** *www.formatel.com*

Spécialiste de la formation professionnelle. Propose plus de 80 000 formations par 4500 organismes. Nombreuses infos, notamment juridiques.

FR **Onlineformapro** *www.onlineformapro.com*

Participez gratuitement à des formations (webmaster, base de données, bureautique...) sans quitter votre écran. Cours interactifs, vidéoconférence, forum...

FR **Promostages** *www.promostages.com*

Plus de 500 stages de loisirs culturels ou de développement personnel pour apprendre, se perfectionner ou s'initier. Stages dans tous les pays.

FR **Thot** *thot.cursus.edu*

Toute l'actualité de la formation à distance francophone. Liste les cours virtuels et les meilleures ressources pour apprendre à distance.

US **Training Registry** *www.tregistry.com*

Annuaire de ressources sur la formation aux États-Unis et au Canada. Recherche dans plusieurs centaines de catégories: santé, business, Internet...

Cegos *www.cegos.fr*
Formation en France *www.formation.org*
Génération Formation *www.generation-formation.fr*
Interef *www.interef.com*
Intif *intif.francophonie.org*
Réa *www.rea.org*

Pour rechercher un premier emploi, changer d'activité ou d'employeur, affichez votre CV et diffusez-le sur des banques de données spécialisées. Grâce aux newsletters ne ratez aucune opportunité d'embauche.

FR **Cyber Search** *www.cybersearch.fr*

Banques de CV, offres d'emploi, fiches de présentation des entreprises… dans cinq salons spécialisés : gestion, industrie, tourisme, vente et informatique.

FR **Demain !** *www.demain.fr*

La chaîne télé de l'emploi, de la formation et des initiatives. Retrouvez par régions des offres d'emploi, de stages, de reprises d'entreprise…

FR **E-mail job** *www.emailjob.com*

Avec votre CV en ligne, recevez chaque jour par e-mail les offres d'emploi correspondant à votre profil. Service gratuit pour les demandeurs.

FR **Emploi-Service** *www.emploi-service.com*

Aides, conseils et services pour la recherche d'emploi. Envoie simultanément votre annonce à plusieurs sites. Liste les sites spécialisés français et étrangers.

FR **Job.fr** *www.jobpilot.fr*

Plus de 3500 annonces d'emplois pour la France et plus de 40 000 à l'international. Dépôt de CV et annonces à recevoir par e-mail.

FR **Jobline** *www.jobline.fr*

Enregistrez votre CV et recevez par e-mail les demandes des recruteurs ou les offres d'emploi correspondant à votre profil. Anonymat préservé.

FR **Joblive !** *www.joblive.com*

Déposez votre CV et consultez les offres d'emploi. Recevez par e-mail les nouvelles offres : sélection par activité, région, expérience…

FR **Le rûcher de l'emploi** *www.lerucher.com*

Site généraliste sur la recherche d'emploi : dépôt de CV, offres d'emploi, conseils pratiques… Consultez les offres ou recevez votre sélection par e-mail.

FR **Monster.fr** *monster.fr*

Version française du géant américain *www.monster.com*. Consultez les annonces, déposez votre CV, discutez dans les forums.

FR **Neat CV** *www.neatcv.com*

Envoyez votre CV par e-mail, NeatCV se charge de l'éditer et de le diffuser : référencement auprès de 300 moteurs de recherche et dans quatre banques de CV.

FR **Online CV** *www.online-cv.com*

Déposez gratuitement votre CV par e-mail (format Word ou HTML), saisissez-le en direct ou indiquez son URL et la rubrique où il doit apparaître.

Recrut *www.recrut.com*

Site du mensuel de l'emploi sur Paris et l'Ile-de-France. Dépôt de CV. Newsletter d'offres d'emploi classées par activité (informatique, vente, tertiaire...).

robopost *www.robopost.com*

Décrivez votre demande d'emploi et robopost la diffuse gratuitement vers cinq banques de CV (payant au-delà). Comparatif des sites de petites annonces.

VideoJob *www.videojob.com*

Chaîne de l'emploi en vidéo sur Internet. Émissions en direct ou en différé à la demande. Déposez votre CV en vidéo.

APR *www.apr-job.com*
Critère *www.critere.net*
Epower Emploi *www.epoweremploi.com*
Jobboom *www.jobboom.com*
Les pages emploi *www.les-pages-emploi.com*
Libremploi *www.libremploi.fr*

Travail > Offres spécialisées

Pour décrocher un job par l'intermédiaire d'Internet, l'idéal est d'être informaticien. Scientifiques, cadres ou jeunes diplômés sont eux aussi choyés : ils disposent de sites spécialement conçus à leur intention.

AFIJ *www.afij.org*

Association pour Faciliter l'Insertion professionnelle des Jeunes diplômés. Plus de 9000 offres de premier emploi classées par activité, lieu, type de contrat...

APEC *www.apec.asso.fr*

Association pour l'emploi des cadres. Plus de 8500 offres actualisées chaque jour. Les adhérents reçoivent les offres par e-mail.

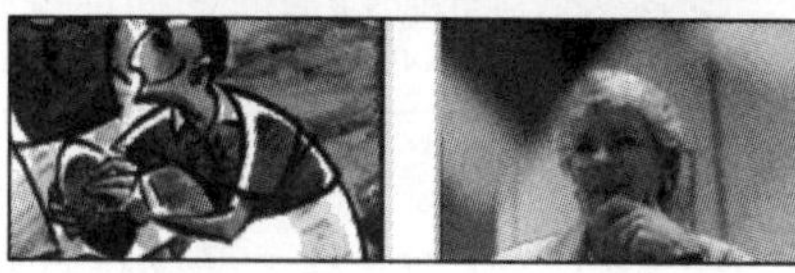

Cadremploi *www.cadremploi.com*

Plusieurs milliers d'annonces pour cadres en provenance de 180 cabinets de recrutement, de supports de presse et d'agences de communication.

Cadres on line *www.cadresonline.com*

L'emploi pour les cadres. Informations, tests d'auto-évaluation, calculs de salaire, aides à la réalisation de CV... Nombreuses offres d'emploi à recevoir par e-mail.

EmploiCenter *www.emploicenter.com*

Destiné aux professionnels de la high-tech. Plus de 1500 offres d'emploi. Actualité de l'emploi, chiffres clés, interviews de recruteurs et de salariés du secteur...

FR go.tm.fr *www.go.tm.fr*

Offres d'emploi pour jeunes diplômés et jeunes cadres. Consultez les dossiers pratiques : contrat de travail, coopération, stage étudiant…

FR INA *www.ina.fr*

L'Institut National de l'Audiovisuel propose formations et offres d'emploi liées aux métiers de l'audiovisuel. Guide des formations au multimédia.

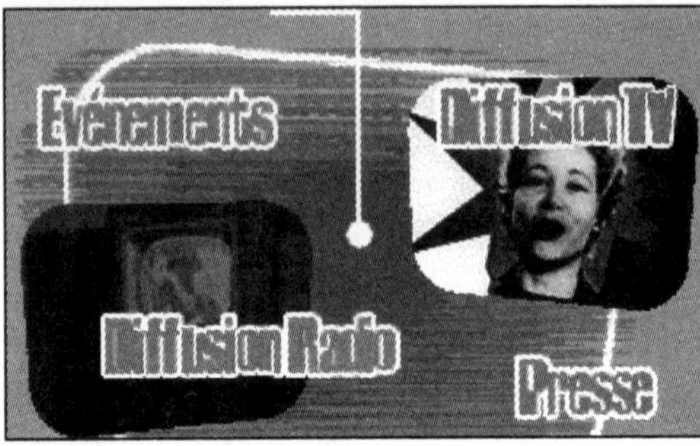

US jobEngine *www.jobengine.com*

Consultez les offres ou déposez votre CV sur ce site US spécialisé en informatique et NTIC. Pour le Royaume-Uni visitez *www.jobserve.com.*

UK JobServe *www.jobserve.com*

Plus de 150 000 offres d'emploi informatiques, la plupart sur le Royaume-Uni. Téléchargez le fichier ou recevez par e-mail les offres qui vous intéressent.

FR JobUniverse *www.jobuniverse.fr*

Spécialisé en informatique. Offres d'emploi, alerte par e-mail, liste d'entreprises qui recrutent… Actualité fournie par *Le Monde Informatique.*

FR Michael Page *www.mpfrance.com*

Cabinet spécialisé dans le recrutement de cadres. Offres d'emploi et dépôt de CV. Aides à la préparation du CV et à l'entretien d'embauche.

FR Réservoir Job *www.reservoir-job.com*

Destiné aux étudiants : offres d'emploi, formations en alternance, stages… Services annexes : alerte par e-mail, conseils de recrutement, travail à l'étranger…

FR Science Emplois *www.abg.asso.fr*

Le marché de l'emploi des docteurs en sciences : offres d'emploi, concours, dépôt de CV… Articles sur l'insertion professionnelle, la formation, les débouchés…

FR WebCible *www.webcible.com*

Plus de 3000 offres d'emploi et 4000 CV de professionnels de l'informatique. Recherche multicritère : disponibilité, compétence, localisation…

Cool Works *www.coolworks.com*
Overseas jobs *www.overseasjobs.com*

Travail > Travailler à domicile

Si vous n'avez plus envie de vous retrouver tous les matins dans les embouteillages ou si vous voulez habiter à la campagne, devenez un télétravailleur. Faites-vous connaître via le Net.

FR **Business Solo** *www.business-solo.com*

Actualité, revue de presse, petites annonces pour travailleurs indépendants. Formulaires administratifs, contrats-type, tableaux de bord comptables…

FR **Cyberworkers** *cyberworkers.com*

Consultez l'annuaire des télétravailleurs et les propositions d'emploi. Articles de fond sur le télétravail : sécurité, formation, solutions techniques…

US **Entrepreneur Mag** *www.entrepreneurmag.com*

Le magazine du télétravail et de ce que les Américains nomment le *small business*. Utilisez la liste de ressources et les bases de données.

UK **IHA** *www.homeworkers.org*

Association internationale de travailleurs à domicile. Informations et conseils destinés plus particulièrement aux résidents d'Amérique du Nord.

FR **IndépendantS.fr** *www.independants.fr*

Consultez les missions disponibles dans diverses branches d'activité : informatique, industrie, vente… Exposez vos compétences à l'aide d'un mini-CV.

US **Mother's Home Business** *www.homeworkingmom.com*

Un site dédié aux femmes et, en particulier, aux mères qui ont décidé d'exercer une activité à domicile. Publie de nombreux conseils et astuces à leur intention.

FR **Réseau d'Activités à Distance** *rad2000.free.fr*

Infos, stages et ateliers animés par courrier électronique. Plusieurs chapitres : emploi, culture, dialogue, renaissance et société.

US **Small & Home Based Business Links** *www.bizoffice.com*

Liste de liens sur le travail à domicile : services, newsgroups, informations, conseils marketing, opportunités, franchises…

FR **Solo Connexions** *www.solo-connexions.com*

Le site du professionnel indépendant : perspectives, annuaire, réservation pour le salon professionnel… Inscrivez votre site à un webring spécialisé.

FR **Télétravail** *www.teletravail.net*

Si vous êtes télétravailleur et recherchez des missions, inscrivez-vous, moyennant 30 F/mois, dans cet annuaire spécialisé.

FR **Télétravail On Line** *www.new-business.com*

L'essentiel de ce qu'il faut connaître sur le télétravail : s'informer, se documenter, choisir son matériel… Inscription payante dans l'annuaire spécialisé.

FR Virtu@ *www.virtua.fr*

Présentez vos compétences afin de séduire un employeur potentiel. Voici une nouvelle façon de promouvoir les télétravailleurs.

FR W3Workers *www.w3workers.com*

Pour les télétravailleurs ou les travailleurs indépendants : annuaire, conseils, actualité… Partagez votre expérience sur le forum ou les chats.

AFTT *www.aftt.net*
European telework Online *www.eto.org.uk*
Freelance en Europe *www.freelance-europe.com*
Telejob *telejob.wwdat.com*
Your Small Office *www.smalloffice.com*

Travail > Travailler à l'étranger

L'expatriation n'est plus un parcours du combattant. Informez-vous sur les formalités administratives, la recherche d'emploi ou sur la vie à l'etranger. Il ne vous reste plus qu'à préparer vos valises…

US AboutJobs.com *www.aboutjobs.com*

Offres d'emploi et dépôt de CV pour travailler à l'étranger : emplois saisonniers, stages pour étudiants, animation de centres de loisirs ou expatriation.

US America's Job Bank *www.ajb.dni.us*

L'équivalent américain de l'ANPE propose plus de 1 400 000 offres. Tri par diplôme, expérience, situation géographique… Dépôt de CV.

FR CareerMosaic Fr@nce *www.careermosaic.tm.fr*

Déposez votre CV dans cette base de données mondiale des CV. Accédez directement aux autres sites de Career : USA, Canada, Australie, Japon…

FR Expat.org *www.expat.org*

Pour ceux qui rêvent de travailler à l'étranger ou pour ceux qui y travaillent déjà : offres d'emploi internationales, infos sur la vie pratique, annuaires des expatriés…

US Headhunter *www.headhunter.net*

Le marché de l'emploi vu des USA : plus de 160 000 offres et 230 000 CV. Recherche multicritère : salaire, lieu, activité…

US Hot Jobs *www.hotjobs.com*

Offres d'emploi internationales. Recherche par pays, état pour les USA, entreprise… Bibliographie, institutions, perspectives d'emploi… par branche d'activité.

FR Job action *www.jobaction.com*

Outils pour travailler au Canada ou aux USA : offres d'emploi, législation, banque de CV… Conseils pratiques sur les CV, l'entretien d'embauche, la formation…

JobOptions *www.joboptions.com*

Offres d'emploi et banque de CV pour les USA. Nombreux services annexes : listes des entreprises qui recrutent, sélection de liens professionnels, alerte par e-mail…

JobSearch *www.jobsearch.co.uk*

Pour chercher un emploi au Royaume-Uni. Offres à consulter selon la profession ou lieu de travail souhaité. Banque de CV et alerte par e-mail.

Monster board *www.monster.com*

Tous les services pour travailler à l'étranger : offres d'emploi, annuaire de sociétés, banque de CV… Articles, interviews, quizz sur plus de soixante professions.

Net-Temps *www.net-temps.com*

Banque de CV et offres d'emploi sur les USA. Renseignements pratiques sur chaque état (logement, coût de la vie, éducation…).

Webexp@t *www.webexpat.com*

Passe au crible plus de trente destinations professionnelles (États-Unis, Japon, Brésil…) : marché de l'emploi, démarches administratives, fiscalité…

CFE *www.cfe.fr*
Expatriation.com *www.expatriation.com*
France Service *www.franceservice.com*
iAgora *www.iagora.com*
The Riley Guide *www.dbm.com/jobguide*

Finances > Tout sur la finance

La finance est un secteur trés développé sur le Net. Pour vous retrouver dans cette jungle, ne surfez pas au hasard. Commencez vos recherches à partir des sites clés.

AssurWeb *www.assurweb.com*

L'annuaire mondial de l'assurance recense plus de 10 000 sites. Recherche par noms, pays et catégories (courtier, compagnie, mutuelle…).

CyberInvest *www.cyberinvest.com*

Sélectionne et surtout compare les sites et services anglophones liées au business : supersites, traders, annuaires, actualité, utilitaires…

Finance Net *www.finance-net.com*

Informations financières et conseils boursiers, cotations boursières du monde entier, graphiques personnalisables… Vaste sélection de liens.

FinanceWise *www.financewise.com*

Moteur de recherche spécialisé dans la finance. Recherche multicritère de sociétés (par nom, pays ou région, langues, secteur d'activités…).

FINWeb *www.finweb.com*

Sélection de liens sur l'économie et les finances. Liste et commente les sources d'actualité, les bases de données, les sites généraux…

invest-o-rama *www.investorama.com*

Plus de 11 000 sites répartis en 141 catégories. Cette sélection recense les bons plans où placer son argent. Elle ravira les investisseurs potentiels.

InvestorLinks *www.investorlinks.com*

Pour découvrir le Web financier américain : par activité, graphiques, cours… Pour vous perfectionner : tendance du marché, conseils boursiers…

Qualisteam *www.qualisteam.com*

Un index mondial des sites financiers. Retrouvez par exemple les adresses de toutes les banques. Une visite s'impose.

StreetEYE *www.streeteye.com*

Consultez Index, un superbe répertoire des meilleures ressources sur le business (sites d'actualité, supersites, données financières…).

Wall Street Research Net *www.wsrn.com*

Des liens pointent sur des données économiques, l'actualité, les sociétés cotées… bref, rien de ce qui fait bouger les marchés ne manque.

Actbourse *www.actbourse.com*

Finances > Finances personnelles

Pour bien gérer votre budget, entourez-vous des meilleurs conseillers en assurance, fiscalité, gestion de patrimoine… Simulez des crédits et étudiez les opportunités de défiscalisation.

AFUB *www.afub.org*

Grâce à l'Association Française des Usagers des Banques évitez les litiges avec votre banque : jurisprudence, taux moyens pratiqués, droits de l'usager…

Askifo *www.askifo.com*

Économisez sur vos primes d'assurance : comparatifs et descriptifs de contrats d'assurance. Demande de devis en ligne.

assurLand *www.assurland.com*

Tout sur l'assurance : auto, santé, étudiants… Calculez vos primes en direct. Posez vos questions à des conseillers avec Microsoft Netmeeting.

Credit-On-Line.com *www.credit-on-line.com*

Montez un dossier de crédit : prêt immobilier, prêt personnel, crédit permanent… Services annexes : demande de carte bancaire et défiscalisation.

FR **EDV** *www.edvfrance.com*

Infos sur les impôts (TVA, taxe foncière, droits de succession…) et solutions pour les diminuer (donation, loi Madelin, défiscalisation…).

FR **Le Particulier** *www.leparticulier.fr*

Fiches infos sur la famille, la fiscalité, l'habitat… Commandez celles sur l'immobilier, les placements, la retraite… Actualité juridique hebdomadaire.

FR **Le Revenu** *www.lerevenu.com*

Le magazine de vos finances. Nombreux guides : fiscalité, immobilier, placements, SICAV… Actualité avec l'AFP. Bourse en direct.

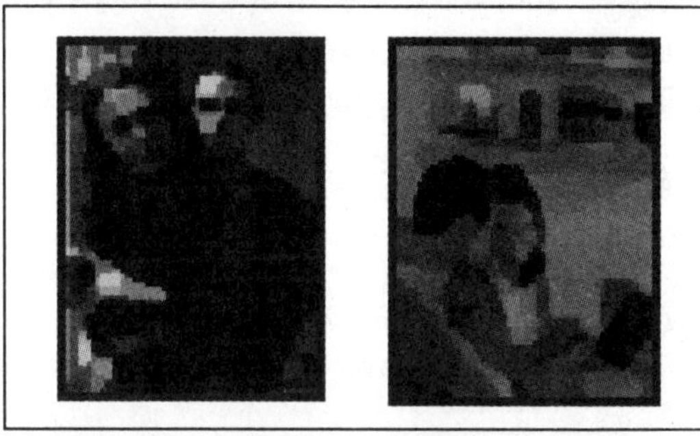

FR **Mieux vivre votre argent** *www.mieuxvivre.fr*

Tout ce que vous devez savoir pour gérer vos finances personnelles : actualité financière, conseils pour investir, guide de l'épargne…

FR **NetAssurances** *www.netassurances.tm.fr*

Assurez-vous en direct : devis et souscription de contrat. Pour tout savoir sur les assurances, consultez le glossaire : définition des contrats, lettre-type, constat…

FR **Notaires de France** *www.notaires.fr*

Le notaire vous accompagne pour les actes les plus importants : immobilier, donation, mariage… Historique et annuaire de la profession.

FR **Patriconseil** *www.patriconseil.com*

Présente la gestion de patrimoine : crédit, immobilier, déontologie… Info sur l'endettement, la défiscalisation, l'épargne…

Assurdiscount *www.assurdiscount.com*
Calculer.com *www.calculer.com*
DirectGestion.com *www.directgestion.com*
FirstAssur *www.firstassur.com*
Meilleurs taux *www.meilleurtaux.com*
Microsoft Investor *investor.msn.com*
Patrimoine.com *www.patrimoine.com*
Telefact *www.telefact.fr*
Webinsurance *www.webinsurance.com*
Ze Project *www.zeproject.com*

Vous ne gérez efficacement vos finances que si vous disposez d'une banque en ligne. Effectuez alors vos opérations depuis votre navigateur Web. Disposez de puissants tableaux de bord.

FR **BancoPC** *www.bancopc.ccf.fr*

La banque en ligne du CCF. Effectuez vos opérations courantes : virements, commande de chéquiers, relevés… Obtenez une vision synthétique de vos avoirs.

FR **Banque Directe** *www.banquedirecte.fr*

Filiale de Paribas, la première banque française sans guichets offre ses services. Gérez vos opérations courantes en ligne et par e-mail.

FR **BNP Net** *www.bnpnet.bnp.fr*

La BNP propose un service de consultation de vos comptes en direct et divers conseils. Téléchargez relevés de comptes ou de portefeuilles de titres.

FR **Caisse d'Épargne** *www.caisse-epargne.fr*

Consultez les soldes de vos comptes, commandez vos chéquiers, prenez rendez-vous… Simulations de prêts et de placements. Guide de l'euro.

FR **cetelem online** *www.cetelem.fr*

Pour satisfaire une envie de dépenses consultez cet établissement de crédit : virement, demande de prêt, liste de sites marchands…

FR **Crédit Agricole** *www.credit-agricole.fr*

Gérez vos comptes : relevés d'opérations, commande de chéquiers, détails des positions… Téléchargez les fiches pratiques sur les impôts, la fiscalité, l'euro…

FR **Crédit Lyonnais interactif** *interactif.creditlyonnais.fr*

Vérifiez le solde de vos comptes, téléchargez vos relevés dans Microsoft Money, consultez le détail de vos opérations sur les trente derniers jours.

FR **Cyber MUT** *www.creditmutuel.fr*

Services Internet du Crédit Mutuel. Accédez à vos comptes, effectuez des opérations (virements, impression de RIB…), téléchargez des données…

FR **Société Générale** *www.socgen.com*

Consultez vos comptes, téléchargez vos opérations vers des logiciels de finances personnelles, effectuez des virements ou passez des ordres de bourse.

FR **Vidéoposte Net** *www.videoposte.com*

Les services financiers de La Poste. Pour le moment, seule la consultation des comptes est possible. Actualité financière, cours boursier, tarification…

Bank of America *www.bankamerica.com*
BankWeb *www.bankweb.com*
Banque de France *www.banque-france.fr*

Finances > Places boursières

Que vous soyez professionnel ou particulier, suivez l'évolution de la bourse en temps réel… et cela sur toutes les places financières de la planète. Vous investirez au meilleur moment.

FR **Bourse de Montréal** *www.bdm.org*

Publie de nombreuses infos et conseils pour découvrir, explorer et investir en bourse. Obtenez des informations de première main dans le Parquet Virtuel.

FR **La COB** *www.cob.fr*

La Commission des Opérations de Bourse veille à la protection de l'épargne et au bon fonctionnement des marchés financiers. Publie un relevé quotidien.

FR **Le nouveau marché** *www.nouveau-marche.fr*

L'équivalent français du NASDAQ. Les entreprises innovantes ayant besoin de capitaux sont cotées sur cette place boursière. Infos sur toutes les valeurs.

FR **MONEP** *www.monep.fr*

Marché des options négociables de Paris. Liens vers les bourses d'actions, de dérivés et les sources d'informations. Amusez-vous avec le simulateur d'option.

US **NASD Regulation** *www.nasdr.com*

Informez-vous sur les traders sur ce site équivalent américain de notre Commission des Opérations de Bourse.

US **NASDAQ** *www.nasdaq.com*

Le NASDAQ est le marché des sociétés innovantes aux États-Unis. Cotations en direct. Multiples infos sur les mouvements de valeurs.

UK **Neuer Markt** *www.neuermarkt.de*

Le nouveau marché allemand représente 85% de la capitalisation boursière des valeurs high-tech européennes. Statistiques, indices, rapport d'activité…

US **NYSE** *www.nyse.com*

New York Stock Exchange : une des plus importantes places boursières du monde vous propose son histoire, ses documentations ainsi que ses cotations.

FR **ParisBourse SBF SA** *www.bourse-de-paris.fr*

Infos sur les sociétés, les indices, les introductions, les décisions et avis, les commentaires de séance, la valeur du jour… Suivi de portefeuille.

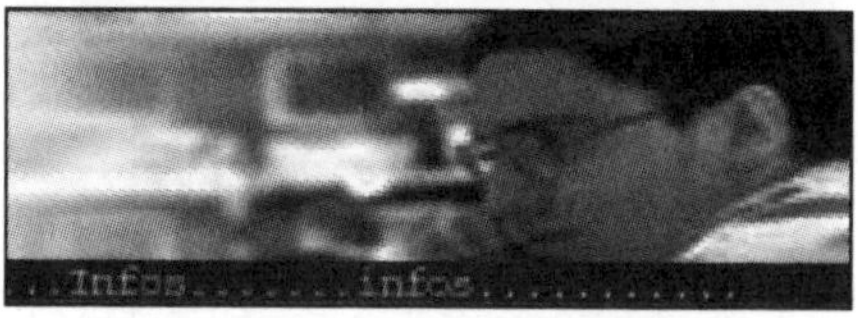

US **Security and Exchange Commission** *www.sec.gov*

Collection de liens vers tous les autres sites officiels américains dans le domaine de la bourse. Accès à Edgar, la base de données des valeurs.

Pour gagner en bourse, comptez plutôt sur vos connaissances que sur la chance. Débutant ou confirmé, consultez les guides sur les marchés, les techniques d'analyse, le vocabulaire boursier…

FR **abcbourse.com** *www.abcbourse.com*

Leçons d'analyses technique et fondamentale. Exercices pratiques via des listes de diffusion. Analyses, historiques et vie des marchés. Cours avancés payants.

FR **Action Bourse Conseil** *www.financeabc.com*

Fiches techniques pour améliorer vos connaissances (ordres, marchés dérivés, analyse technique…). Newsletter payante de conjoncture boursière.

FR **Bourse-City** *www.bourse-city.com*

Guide de la bourse : histoire, fonction, stratégie. Liste les courtiers. Lexique de 600 mots. Critiques des logiciels et des ouvrages spécialisés. Analyses et cours gratuits.

FR **Boursemania** *www.boursemania.com*

Présentation des diverses analyses boursières : fondamentale, graphique et technique. Conseils hebdomadaires sur la tendance des marchés.

FR **EduBourse** *www.edubourse.com*

Infos, services et conseils pour les boursicoteurs. Publie notamment un guide d'apprentissage des marchés financiers et un comparatif des traders en ligne.

US **Investor Guide** *www.investorguide.com*

Infos et conseils pour spéculer sur les marchés américains (marchés, principes d'investissements, cotations et graphiques…).

US **InvestorWords** *www.investorwords.com*

Si vous avez un doute sur un terme technique, consultez ce glossaire des termes financiers anglophones. Publie 5000 définitions et 15 000 liens.

FR **L'École de la Bourse** *www.ecole-bourse.tm.fr*

La bourse de Paris vous initie. Séquences animées et QCM pour apprendre les rudiments sur les titres, les ordres, les marchés…

FR **Planète Bourse** *finance.wat.ch/filbours*

La bourse de Genève explique les notions de base : actions, obligations, risque… Présente l'histoire de la bourse, son organisation et le rôle des marchés financiers.

FR **Serial-Traders** *serial-traders.com*

Conseils pour débuter ou se perfectionner : histoire de la bourse, comment lire une cote, fiscalité… Conseils et analyses boursières sur les valeurs et les marchés.

US **Wall street city** *www.wallstreetcity.com*

Un site pour les débutants aussi bien que pour les spécialistes. Des outils de recherche et d'apprentissage performants : cours, analyses, graphiques…

Web Bourse *www.webbourse.com*

Pour vous faire la main, gérez un portefeuille virtuel. Plusieurs outils d'aide : cotations, résumés des séances, dictionnaire… Index des sociétés cotées.

Finances > Courtiers

En passant vos ordres en direct, bénéficiez d'une tarification attractive et d'un accès aux places étrangères… Choisissez votre intermédiaire en fonction des prix, mais aussi des services proposés.

Capitol *www.capitol.fr*

Investissez sur les marchés européens et US. Les petits porteurs bénéficient de frais d'ordres réduits et ne paient pas de droits de garde. Fiches pédagogiques.

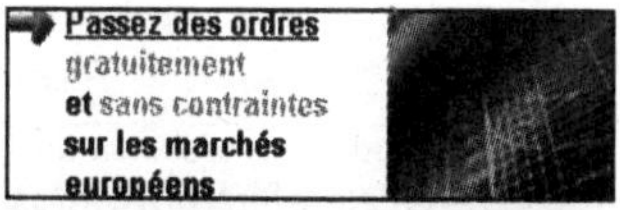

ConSors *www.euraxfin.com*

En plus de l'offre de courtier en ligne (transactions, gestion du portefeuille, graphiques…), bénéficiez de services annexes (infos financières, formation…).

Cortal *www.cortal.fr*

Investissez sur neuf bourses : Paris, New York, Londres… Services financiers spécifiques : alertes boursières, accès à toutes les SICAV, euro-certificats…

CPR E*Trade *www.cpr-etrade.com*

Consultez votre portefeuille, passez vos ordres, suivez les cours… Commentaires quotidiens sur l'évolution des marchés, analyses des valeurs et alertes…

Direct Finance *www.directfinance.com*

Courtier bon marché, mais certains services sont payants : points boursiers, tendances de marché, analyses de valeurs…

Dubus SA *www.dubus.fr*

Consultez gratuitement le dossier boursier (historique, analyse graphique, rapport d'activité) de chaque société cotée avant de passer un ordre chez ce courtier.

Ferri *www.ferri.fr*

Couvre les marchés européens et américains. Aides à la décision par des conseils, analyses, graphiques… Offre à ses clients un logiciel d'analyse technique.

Fimatex *www.fimatex.fr*

Courtier en ligne de la Société Générale : gestion du portefeuille, transactions, analyses boursières… Guide de formation, bibliographie financière, alerte…

Groupe Wargny *www.wargny.fr*

Passage d'ordres, gestion du portefeuille, graphiques… Un bureau d'étude vous aide à décider. Rapport quotidien d'analyse financière.

FR **I-Bourse** *www.i-bourse.fr*

Boursicotez à prix discount (ordres à partir de 79 F). Services annexes payants sauf l'analyse de valeur quotidienne, les avis financiers et les points boursiers.

FR **Paresco Bourse** *www.paresco-bourse.fr*

Investissez sur de nombreux marchés : Paris, New York, Tokyo… Tarification forfaitaire ou progressive. Conseils, analyses, gestion de patrimoine…

FR **Selftrade** *www.selftrade.fr*

Passation d'ordres, suivi des cours et actualité financière. Droits d'entrée réduits sur certaines SICAV (Invesco, CPR, Vega…). Alertes par fax, e-mail, portable…

FR **WEBroker** *www.webroker.fr*

Courtier en ligne du CCF : transactions, gestion du portefeuille, informations financières en temps réel… Service d'alertes boursières.

Acer Finance *www.acerfinance.com*
Barclays Bourse Direct *www.barclays-bourse-direct.com*
Bourse Direct *www.boursedirect.fr*
Charles Schwab *www.schwab.com*
Datek On Line *www.datek.com*

Finances > Conseils boursiers

Pour être efficace en bourse et prendre les bonnes décisions, soyez bien informé. N'hésitez pas à utiliser les analyses, les recommandations ou les commentaires de spécialistes.

FR **Boursier.com** *www.boursier.com*

Spécialiste des conseils boursiers au quotidien. Publie des analyses, des graphiques, des interviews… Cours de la bourse en différé de 15 minutes.

FR **Boursorama** *www.boursorama.com*

Véritable salle de marchés personnelle. Cotations en direct et nombreux graphiques : Bourse de Paris, indices internationaux, cours des devises.

FR **Cercle Finance** *www.cerclefinance.com*

Commentaires et analyses dans les domaines de la bourse et de la finance. Signaux graphiques en temps réel. Présente les principales variations du jour.

FR **Firstinvest.com** *www.firstinvest.com*

Pour limiter vos risques en bourse, consultez les conseils d'un spécialiste : recommandation, stratégie d'investissement, sélection de valeurs…

US **Inter@ctive Investor** *www.zdii.com*

Pourquoi ne pas investir dans les technologies numériques ? C'est le marché le plus actif et celui où il y a le plus d'opportunités : analyses, cours, actualité…

US **PC Quote Online** *www.pcquote.com*

Consultez les cours ou le dossier financier (historique, analyses, graphiques…) de toutes les valeurs US. Cotation avec un différé de 20 minutes.

FR **SelectBourse** *www.selectbourse.com*

Conseils financiers classés par thème, par secteur, par société… Outils d'aide à l'investissement : actualité financière, cours, répartition de son épargne…

FR **Small Caps Services** *www.smcaps.com*

Pour tout savoir sur les sociétés cotées au Second et Nouveau marchés de la bourse de Paris : actualité, tendance, conseils boursiers…

FR **Tr@der on line** *www.trader-on-line.com*

Consultez le sommaire du mensuel de l'investisseur en ligne. Sélection de liens commentée, notée et classée par catégorie : conseils boursiers, courtiers, presse…

FR **Webboursier** *bourse.victoire.fr*

Flux de données en temps réel : conseils, graphiques… Informations par e-mail sur vos valeurs (alertes, avis, cours…). Une semaine d'essai gratuit.

US **Zacks investment research** *www.zacks.com*

Source d'informations pour les investisseurs : analyses financières, tendance des marchés, sélection de valeurs… Gratuit pendant deux semaines.

Agefi *www.agefi.com*
Day-Traderz Forum *www.day-traderz.com*
Motley fool *www.motleyfool.com*
Stock Smart *www.stocksmart.com*
Yats *www.yats.com*

Finances > Outils financiers

Pour optimiser votre quête d'informations, travaillez avec les outils des professionnels de la finance : communiqués de presse, logiciels, porte-feuilles virtuels…

FR **Company News** *www.companynews.org*

Diffuse en temps réel les communiqués de presse des sociétés françaises et étrangères. Recevez par e-mail ceux dont les thèmes vous intéressent.

US **JustQuotes** *www.justquotes.com*

Retrouvez les cotations de n'importe quelle action dans le monde. Publie également un guide sur la finance aux USA : bons du trésor, retraite, fonds mutuels…

FR **net.ipo** *www.netipo.fr*

Participez aux introductions en bourse comme un professionnel. Ayez droit à plus de titres que les investisseurs individuels sans changer de courtier.

FR **Netbroker's** *www.netbrokers.fr*

Téléchargez sur ce site tout un ensemble de logiciels pour la bourse, dont Quote Loader, un historique de 10 ans de cotations de la Bourse de Paris.

FR **NetCote** *www.netcote.com*

Suivez les cotations boursières à Paris en temps réel : actions, obligations, MONEP... Fournit aussi les indices internationaux : Dow Jones, Nikkei, Footsie...

FR **News Invest** *www.newsinvest.fr*

Publie les communiqués de presse des sociétés cotées à la bourse de Paris. Flashes et dossiers spéciaux sur les principaux événements financiers.

FR **PRLine** *www.prline.com*

Accédez aux archives des communiqués de presse des sociétés françaises. Recherche thématique ou par nom de société. Veille par e-mail.

FR **Rapport-Annu.com** *www.rapport-annu.com*

Téléchargez les rapports annuels des sociétés cotées : activité, événements marquants de l'exercice, comptes annuels... Archives depuis 1997.

FR **Top Finance** *www.topfinance.com*

Outils de l'investisseur boursier : cours, graphiques, simulation de portefeuille... Services : actualité financière, alertes boursières, comparatifs des courtiers.

FR **Waldata** *www.walmaster.com*

Pour comprendre l'analyse technique et graphique (momemtum, RSI, droite de vitesse...), consultez le glossaire de cet éditeur de logiciels boursiers.

epo.com *www.epo.com/fr*
Kit Bourse *www.kitbourse.com*

Entreprises > Créer une société

Plus que les investissements boursiers, la meilleure façon de faire fructifier son argent, est de créer une société. Voici les sites pour vous conseiller et vous informer sur l'économie en mouvement.

FR **APCE** *www.apce.com*

Découvrez les étapes à respecter pour réussir votre création : projets, études de marché, financement, choix de statuts...

FR **Bénéfice Net** *www.benefice.net*

Destiné aux cyberentrepreneurs (surtout canadiens), ce site vous est utile si vous envisagez de créer un site Web ou une activité en rapport avec Internet.

CANAM *www.canam.fr*

La Caisse Nationale d'Assurance Maladie informe, conseille les entrepreneurs sur les aspects juridiques, fiscaux et sociaux de la création d'une entreprise.

Capitaux *www.capitaux.com*

Retrouvez des annonces financières, un panorama des banques et de la bourse, des conseils pour la création et le développement d'entreprises…

CCIP *www.ccip.fr*

La Chambre de Commerce et d'Industrie de Paris informe sur la création, reprise ou cession d'entreprise. Dossiers thématiques d'aide à la décision.

Décideur.com *www.decideur.com*

Sélection des meilleures ressources utiles aux responsables d'entreprise comme aux chefs de services. Publie de nombreuses études et statistiques.

Dialogue avec les entreprises *europa.eu.int/business*

Créé par la commission européenne, ce Guichet Internet fournit conseils, renseignements pratiques, réglementations utiles… aux entreprises.

Entreprendre *www.hrnet.fr/~fischer/entreprise*

Sélection de sites réalisée par un amateur pour entreprendre, gérer, investir… Diverses rubriques : documentation, associations, assurances, embauche…

Entreprises.net *www.entreprises.net*

Infos et sélection de liens utiles aux entreprises. Articles sur l'exportation, la recherche de financement, la prospection sur Internet…

Evariste *www.evariste.anvar.fr*

Serveur du Ministère de l'Industrie consacré à l'innovation industrielle et technologique. Publie infos, chiffres, liens… utiles aux entreprises de ce secteur.

Guide pratique du créateur d'entreprise *www.capcreation.com*

Infos pour la création d'entreprise : questions à se poser, obligations (juridiques, comptables et fiscales), formalités de création et sociales…

L'Entreprise *www.lentreprise.com*

Le magazine des chefs d'entreprises. Découvrez le guide du créateur d'entreprise (démarches, financements, conseils de gestion…).

Liane *www.ardnpc.org/liane*

Base de données sur la création d'entreprise. Publie des infos sur toutes les étapes de la création d'une entreprise : projet, étude de marché, choix de statuts…

L'Observatoire de la Franchise *www.observatoiredelafranchise.fr*

Infos et conseils sur les franchises (séduire un franchiseur, choisir un emplacement, créer un réseau…). Annuaires français et européen de la franchise.

(US) **SBA** *www.sbaonline.sba.gov*

La Small Business Association fournit tout ce dont vous avez besoin pour démarrer une activité aux USA : formalités, financement, développement…

(FR) **URSSAF** *www.urssaf.fr*

Publie des conseils sur les déclarations, les taux de cotisation, les mesures d'aide à l'embauche… Section dédiée à la création d'entreprise.

Club-Compt@ble *www.club-comptable.com*
Innovation 2000 *www.innovation2000.tm.fr*
Institut de la PME *www.institutdelapme.fr*
Les enjeux de l'entreprise *www.entrepreneurs-fr.com*
PME Pro *www.chez.com/pmepro*

Entreprises > Financer un projet

Pour la création ou le développement d'une entreprise, il vous faut des capitaux. En complément des banques traditionnelles, les sociétés de capitalrisque aident les start-ups.

(FR) **Adie** *www.adie.org*

Association qui aide des personnes exclues du marché du travail et du système bancaire classique à créer leur propre emploi sous la forme d'entreprise.

(FR) **Anvar** *www.anvar.fr*

L'Agence Nationale pour la Valorisation de la Recherche finance de nombreux projets liés à l'innovation. Conseils pour obtenir des aides.

(FR) **Business Angels** *www.business-angels.com*

Pour entreprendre, il faut des capitaux. Le but des business angels est de faciliter la rencontre entre investisseurs et entrepreneurs.

(FR) **Club Business Angels** *www.clubbusinessangels.com*

Lieu de rencontre entre entrepreneurs à la recherche de capitaux et investisseurs en capital-développement ou capitalrisque. Plus de 300 annonces disponibles.

(FR) **Datar** *www.datar.gouv.fr*

La Délégation à l'Aménagement du Territoire liste les aides aux entreprises : aides au développement, aides directes, allégements fiscaux et des charges…

(FR) **Défi Start-up** *www.defi-startup.com*

Aide pour démarrer une start-up dans le secteur des technologies de l'information et boucler le tour de table. Formulaire de dix questions clés à remplir.

(FR) **Eurofinder** *www.ecufinder.fr*

Définissez en quatre étapes votre projet pour obtenir le nombre des aides, leurs noms et le nom des organismes qui les dispensent à l'échelle européenne.

KH-Invest *www.kh-invest.com*

Insérez gratuitement une annonce de demande de capitaux pour votre projet ou votre entreprise. Destiné aux porteurs de projets. Offres de crédit en ligne.

La Bourse des Initiatives *www.bourse-des-initiatives.com*

Consultez ou diffusez gratuitement des annonces pour trouver financements, partenariats, conseils… Annonces publiées dans le mensuel *Initiatives Magazine*.

Leonardo *www.leonardo.asso.fr*

Espace de rencontre pour investisseurs et entrepreneurs. Présentez en ligne votre projet innovant. En cas de sélection, aide et conseille sur le financement.

Les Cigales *www.cigale.org*

Ces clubs ont pour vocation de collecter de l'épargne et financer des petits projets de création d'entreprise. Actualités, témoignages, échange d'idées…

MGT *www.mgt.fr*

Si votre entreprise prospère, augmentez son capital. Publie une newsletter hebdomadaire sur l'actualité du capital risque.

Réseau entreprendre *www.reseau-entreprendre.org*

Si vous pensez avoir un bon projet, le réseau entreprendre (composé de chefs d'entreprises), aide et conseille sur la manière de le financer.

UpDesk *www.updesk.net*

Infos sur le capitalrisque, les start-ups, les introductions en bourse… en Europe. Présente les outils qui facilitent le recrutement et la recherche de capitaux.

Apax *www.apax.com*
Atlas Venture *www.atlasventure.com*
Galileo Partners *www.galileo.fr*
Index Ventures *www.indexventures.com*
Innovacom *www.innovacom.fr*
Proxicap *www.proxicap.com*
Siparex *www.siparex.com*
Sofinnova *www.sofinnova.fr*
Viventures *www.viventures.com*

Entreprises > Marketing et publicité

Internet devient un média de communication en même temps qu'un point d'information au sujet du marketing. Dorénavant, faites votre pub sur Internet. Des millions d'Internautes penseront à vous !

abc Net Marketing *www.abc-netmarketing.com*

Publie le manuel en ligne du marketing sur Internet. A pour vocation de fournir des renseignements pratiques. Bonne collection de liens.

Conférence de presse virtuelle *www.acorus.fr/presse*

Que ce soit pour annoncer la création de votre site, des modifications sur celui-ci ou un nouveau produit, ce service vous met en contact avec 750 journalistes.

Idea Site *www.ideasiteforbusiness.com*

Si vous cherchez des idées en matière de marketing, ce site est fait pour vous. Abonnez-vous à la liste de diffusion et recevez une idée tous les jours.

Infos MD *www.infosmd.com*

Infos utiles, conseils, idées, solutions... en marketing direct. Publie l'actualité quotidienne, des études et statistiques et le Top 100 des meilleurs sites.

Jupiter communications *www.jup.com*

Un site où obtenir des informations sur le comportement des internautes, notamment vis-à-vis de la consommation. Publie de nombreuses enquêtes.

Marketing Info Center *www.wilsonweb.com*

Consultez des milliers d'articles ayant pour thème principal le marketing et Internet, classés par catégories: e-mail, international, e-commerce...

MD-Lab *www.md-lab.com*

Laboratoire européen de marketing direct et de e-commerce. Publie études, dossier thématiques et comptes rendus d'événements (congrès, forums...).

Musée de la publicité *www.ucad.fr/pub*

Laissez-vous guider dans l'univers de la publicité à travers des thèmes riches et variés: histoire de l'affiche, l'affiche dans la ville, histoire des marques...

PQR *www.pqr.org*

Le site de la pub: actualité quotidienne (médias et multimédias), infos sur les campagnes, leurs créations... Liens vers les quotidiens et les régies de publicité.

Zaw *www.zaw.tm.fr*

Véritable mémoire de la pub sur Internet. Une incroyable collection de bandeaux publicitaires. Les liens fonctionnent, voici une nouvelle façon de surfer.

AAAA *www.aaaa.org*
Advertising age *www.adage.com*
Bluesky International Marketing *www.blueskyinc.com*
Carat *www.carat.fr*
GFM net *www.gfm.fr*
Iconocast *www.iconocast.com*
Kitmedia.com *www.kitmedia.com*
Marketing en ligne *www.marketingenligne.com*
Motivaction *www.motivaction.fr*
Peppers and Rogers Group *www.1to1.com*
The Marketing Resource Center *www.marketingsource.com*
Toutsurlacom.com *www.toutsurlacom.com*

Entreprises > Commerce électronique

Internet devient un canal de vente en direct. Pour distribuer vos produits ou services via le Net, voici les sites qui vous ouvrent les portes du e-business.

FR **(e)-business** *www.ebusiness.org*

Newsletter du commerce électronique gratuite pendant 15 jours. Plus de 1000 articles en ligne. Accès gratuit à l'annuaire du commerce européen.

FR **Clés du commerce electronique** *vianet.infinit.net*

La source d'infos en français sur la cyberéconomie. Publie infos et conseils pour s'initier au commerce électronique.

US **Commerce Net** *www.commerce.net*

Publie des études sur l'e-commerce et sur le comportement des internautes. Consultez les questions/réponses sur les principes de base du e-business.

UK **EC** *bscw2.ispo.cec.be/ecommerce*

L'initiative européenne pour le commerce électronique dresse un inventaire des standards internationaux. Liste les associations vouées au e-business.

UK **ECE** *www.ec-europe.org*

L'association européenne du commerce électronique vise à l'élaboration d'un code de bonne conduite des entreprises.

FR **e-economie.com** *www.e-economie.com*

Site d'actualité sur le commerce électronique, le marketing et la publicité sur Internet. Mise à jour quotidienne.

US **Electronic Commerce Guide** *e-comm.internet.com*

Une bonne sélection de ressources sur le commerce en ligne agrémentée d'actualité. La rubrique Expert fournit des statistiques et des expertises.

FR **IBM e-business** *www.ibm.com/e-business/fr*

Informations, explications, contacts et toutes les solutions pour faire du commerce électronique. Nombreux exemples.

FR **Internet Marchand** *www.internet-marchand.com*

Publication dédiée au commerce électronique. Extraits de l'édition papier, sélection de sites marchands, résultats d'études sur l'e-business…

planète commerce *www.planete-commerce.com*

Communauté de professionnels du commerce électronique, du webmarketing et de l'économie Internet. Annuaire de 1500 sites, 400 pages de contenu.

b2bNow *www.b2bnow.com*
Business Week e-biz *www.businessweek.com/ebiz*
CyberSource *www.cybersource.com*
Declic.net *www.declic.net*
Digital Economy *www.digitaleconomy.gov*
E Business Generation *www.ebusinessgeneration.com*
ECML *www.ecml.org*
Ecnow.com *ecnow.com*
eCoin *www.ecoin.net*
E-Commerce Times *www.ecommercetimes.com*
eMarketer *www.emarketer.com*
Far Web *www.farweb.fr/fwn*
Secure Electronic Transaction *www.setco.org*
Stratégie Internet *www.strategie-internet.com*

Entreprises > Services

Pour simplifier la vie des hommes d'affaires et, plus généralement le travail, de nombreux services se développent. Le Web devient le meilleur moyen de les contrôler.

Biztravel *www.biztravel.com*

Agence de voyage dédiée aux businessmen. Recevez par e-mail les horaires et les promotions. La rubrique BizCityInfo présente les aéroports, les villes…

DHL *www.dhl.fr*

Achemine vos colis et documents dans tous les pays. Suivi des colis par e-mail. Infos sur les législations liées au transport de marchandises.

Euridile *www.euridile.inpi.fr*

Accès au Registre National du Commerce et des Sociétés. L'identification d'une entreprise est gratuite. Consultation et commande des documents payantes.

FedEx *www.fedex.com*

Federal Express s'occupe de transporter tous vos colis (poids quasiment illimité) n'importe où dans le monde (plus de 180 pays). Suivi des colis en temps réel.

Foires & Salons de France *www.foiresalon.com*

Retrouvez sur ce site la liste des principaux salons en France et dans le monde. Recherche par mot clés, thématique et localisation.

FR **Greftel** *www.greftel.fr*

La source d'information officielle sur les entreprises. Consultez ou commandez les bilans et les procédures collectives des sociétés françaises.

FR **Guide Réunir** *www.reunir.tm.fr*

Recense les lieux susceptibles d'accueillir vos réunions, séminaires, congrès, événements. Recherche multicritère : localisation, capacité d'accueil, structures…

FR **Interface** *www.interface.net*

Externalisez les fonctions tertiaires de votre entreprise : conseils, marketing, ressources humaines… Sélection de prestataires de services pour l'entreprise.

FR **Les Jours Fériés** *www.jours-feries.com*

Liste par continent puis par pays les jours fériés (fêtes nationales, religieuses, repos hebdomadaire…). Service de traduction de documents ou de pages Web.

FR **Qwam** *www.qwam.com*

Recherche en ligne de documents utiles pour suivre et améliorer le développement d'une entreprise. Accès aux brevets français depuis 1966.

FR **Societe.com** *www.societe.com*

Pour toutes les entreprises immatriculées au RNCS (Registre national du commerce et des sociétés), consultez gratuitement les chiffres clés du bilan.

FR **Super-Secretaire.com** *www.super-secretaire.com*

Offrez-vous une secrétaire virtuelle. Fiches pratiques, dossiers, trucs et astuces. Téléchargez les modèles de contrats, lettres, rapports…

US **UPS** *www.ups.com*

Le transporteur international est à votre service pour acheminer vos colis. Suivez leur parcours en temps réel.

FR **Web Compta** *www.webcompta.com*

Téléchargez ce logiciel de comptabilité. Possibilité d'échanger des données via Internet. Utilisez-le gratuitement pendant un exercice comptable.

Bizbuyer *www.bizbuyer.com*
Cessions & Transmissions *www.cessions-transmissions.com*
Chronogramme.com *www.chronogramme.com*
Chronopost *www.chronopost.fr*
Coface *www.coface.fr*
Comite-entreprise.com *www.comite-entreprise.com*
Coupefile *www.coupefile.com*
DoubleTrade.com *www.doubletrade.com*
ExpoWorld.net *www.expoworld.net*
Marchés on line *www.marchesonline.com*
On-net-Services *www.on-net-services.com*
ORT *www.ort.fr*

Entreprises > Annuaires des sociétés

Que ce soit pour rechercher des clients ou des fournisseurs, que ce soit en France ou à l'étranger, consultez les annuaires électroniques du Web (on les appelle partout les pages jaunes).

FR **Actufax** *www.actufax.com*

Liste les entreprises françaises par secteurs d'activités ou par régions. Publie une revue de presse hebdomadaire (politique économique, indices, entreprises…).

FR **Annuaire de la poste** *www.annuaire.laposte.fr*

Annuaire des 4 millions d'entreprises inscrites au Registre National du Commerce et des Sociétés. Recherche thématique par secteur d'activité ou à partir du nom.

US **AnyWho Toll-Free** *www.anywho.com/tf*

Annuaire des numéros 800 américains (numéros verts). Recherche par catégories (restaurants, shopping, voyage…), mots clés, noms de société, villes et états.

US **BigBook** *www.bigbook.com*

L'annuaire indispensable pour ceux qui cherchent à localiser une société américaine. Sélectionnez la catégorie ou le nom, puis la ville ou l'état.

US **BigYellow** *www.bigyellow.com*

Annuaire téléphonique recensant plusieurs millions d'adresses aux États-Unis. Recherche par noms, villes, états ou par secteurs d'activités.

FR **Bottin Entreprises** *www.bottin.fr*

Annuaire des entreprises françaises classées selon plusieurs critères : activité, raison sociale, chiffre d'affaires, département, effectifs…

FR **Europages** *www.europages.com*

Outre une recherche thématique, retrouvez dans cet annuaire européen des infos et des liens sur le business ainsi que sur les foires et les salons.

US **Hoover's Online** *www.hoovers.com*

Un annuaire des sociétés américaines. Recherche thématique. Il aide également à rechercher des informations financières et des cotations boursières.

FR **Indexa** *www.indexa.fr*

Annuaire des sites de sociétés. Des dizaines de catégories, chacune débordant de sites francophones, mais aussi anglophones.

FR **Kompass** *www.kompass.fr*

Les adresses, les numéros de téléphone, de fax et diverses autres informations légales de plusieurs millions d'entreprises dans tous les pays.

FR **Les Pages Pro** *www.pagespro.com*

Grâce à l'annuaire professionnel de France Telecom, effectuez des recherches par raisons sociales, activités, codes siret, codes naf…

Annuaire des Décideurs *www.annuaire-decideur.com*
L'annuaire des Entreprises Françaises *www.entreprises.fr*
MonsterBook *www.monsterbook.com*
Yellow Pages Europe *www.yellowpageseurope.com*

Droit > International

De plus en plus, les décisions de justice ont des répercussions à l'échelle planétaire. Visitez les sites qui suivent l'actualité du droit et qui décrivent les spécificités judiciaires des pays.

US **Court TV** *www.courttv.com*

Site d'une télé câblée américaine. Visionnez des vidéos de procès célèbres. Actualité juridique disponible en ligne. Section dédiée aux procès internationaux.

FR **EUR-Lex** *europa.eu.int/eur-lex*

Accédez aux textes des lois européennes et à la jurisprudence récente dans les domaines de la concurrence, de la libre circulation, de l'environnement…

US **FindLaw** *www.findlaw.com*

Superbe moteur de recherche spécialisé dans le droit. Recherche par catégories ou mots clés. Rubriques liées à l'actualité : résultats d'élections, procès célèbres…

FR **Hieros Gamos** *www.hg.org*

Premier site d'informations concernant les professions juridiques. Retrouvez, pays par pays, les professionnels du droit.

US **Law Library** *www.law.indiana.edu/lib*

Liens classés par catégories : institutions (gouvernements, écoles…), sujets (environnement, famille, business…) et recherche (moteurs, ressources, guides…).

UK **Law Money** *www.lawmoney.com*

Law Money a l'ambition d'être le plus compréhensif et le plus actualisé des services d'informations sur la législation.

US **Law News Network** *www.lawnewsnetwork.com*

Toute l'actualité du droit et des législations vue des USA. Mise à jour quotidienne. Publie des infos sur le droit privé, commercial ou lié aux nouvelles technologies.

US **LawCrawler** *web.lawcrawler.com*

Avec ce moteur de recherche d'informations législatives, lancez des requêtes sur un seul pays (par exemple la France) ou sur une région du monde.

(US) **LawGuru** *www.lawguru.com*

Ce moteur de recherche indexe, commente et donne accès à plus de 400 moteurs de recherche spécialisés dans le droit.

(FR) **toile.org** *www.toile.org*

Publie un annuaire de sites classés et commentés sur les droits de l'homme, le droit international, les organisations internationales… Réalise des sites de droit.

APBNews *www.apbnews.com*
Farislaw *www.farislaw.com*
LawInfo *www.lawinfo.com*
Legal dot Net *www.legal.net*
Lexis Nexis *www.lexis-nexis.com*

Droit > Français

Que ce soit pour participer à la vie associative, pour votre travail ou pour vos études, vérifiez la légalité de vos actions et étudiez vos droits grâce aux ressources juridiques.

(FR) **Codes et textes de loi** *www.planete.net/~mirage*

Téléchargez gratuitement les codes civil, de la route, pénal… au format hlp (fichier aide Windows). Pour les lire, il suffira de les ouvrir depuis Windows.

(FR) **Cyber Avocat** *www.cyber-avocat.com*

Des rubriques d'informations sur la famille, le travail, les tribunaux civils… Posez vos questions d'ordre juridique et recevez un e-mail sous 48h.

(FR) **Droit.org** *www.droit.org*

Portail du droit français : textes fondamentaux, droit européen, codes, Journal Officiel, jurisprudence, doctrine… Liens vers les meilleures ressources françaises.

(FR) **En Droit** *www.en-droit.com*

Publie des articles sur la législation française, notamment sur les NTIC. Lettre mensuelle sur le droit de l'entreprise. Sélection de liens commentés.

(FR) **JuriCours** *www.chez.com/juricours*

Destiné aux étudiants en droit. Conseils pédagogiques, bibliographie, sujets corrigés… L'adhésion donne droit à des corrections et à un suivi personnalisé.

FR **Juriline** *www.juriline.com*

Actualité juridique quotidienne. Annuaires des juristes d'affaires, guide des professions juridiques, agenda, petites annonces…

FR **Juris F@C** *www.chez.com/jurisfac*

Le site des étudiants en droit. Les sections droit privé et droit public proposent de la jurisprudence fondamentale, des notes de cours, des sujets d'examens…

FR **Jurisweb** *jurisweb.citeweb.net*

Revue d'actualité juridique. Analyse et commente les décisions de jurisprudence française, européenne et internationale. Dossiers thématiques.

FR **Légifrance** *www.legifrance.gouv.fr*

Le site officiel du droit français : la Constitution et les codes, mais aussi la jurisprudence de la Cour de cassation, des Conseils d'État et Constitutionnel.

FR **Ministère de la Justice** *www.justice.gouv.fr*

Consultez les textes des réformes en cours, informez-vous sur la justice en France et dans votre région, accédez à un glossaire juridique.

FR **Pages juridiques** *www.rabenou.org*

Le site d'informations sur la législation française. Consultez les codes civil, pénal, de la route… ainsi que des textes juridiques.

FR **TRiPALiUM** *www.decf.com/social*

Le spécialiste du droit du travail et des ressources humaines publie des infos sur les législations, la formation, le droit, la gestion et l'emploi.

FR **VosDroits** *vosdroits.admifrance.gouv.fr*

Pour tout savoir sur vos droits, consultez les informations officielles. Infos sur les législations du travail, du logement, de la famille… ou sur l'administration.

Cour d'appel de Paris *www.ca-paris.justice.fr*
Jurifrance *www.jurifrance.com*
Juripole *juripole.u-nancy.fr*
Jurismasters *www.chez.com/jurismasters*
La Porte du Droit *www.laportedudroit.net*
Le barreau de Paris *www.paris.barreau.fr*
Le Corpus Juris *www.corpus-juris.org*
Le Village de la Justice *www.village-justice.com*
Legal News France *www.legalnews.fr*

Droit > Internet

Quelles sont les législations relatives à Internet ? Internautes ou entrepreneurs découvrez vos droits et faites-vous aider en cas de litiges (de plus en plus fréquents avec le développement du e-business).

FR **Avocat-On line** *www.murielle-cahen.com*

Une avocate parisienne répond aux questions juridiques les plus fréquentes sur la vie quotidienne et Internet. Importante rubrique consacrée au droit d'Internet.

FR **CNIL** *www.cnil.fr*

La Commission Nationale Informatique et Libertés explique comment protéger les données personnelles. Découvrez comment on vous piste sur Internet.

FR **CyberlexNet** *www.grolier.fr/cyberlexnet*

Découvrez et maîtrisez les aspects juridiques liés au multimédia et aux services en ligne. Répertoire de tous les sites juridiques francophones.

FR **Droit & Nouvelles Technologies** *www.droit-technologie.org*

Actualité du droit des nouvelles technologies. La section Dossiers propose des analyses et des articles de fond sur le droit et Internet.

FR **Juriscom.net** *www.juriscom.net*

Spécialisé dans le droit des technologies de l'information. Présente des travaux universitaires, des résumés et des textes de jurisprudence…

FR **JurisExpert** *www.jurisexpert.net*

Publie de multiples infos sur les législations d'Internet. Classement selon le type d'acteurs : internautes, commerçants, pros de l'informatique ou créateurs de sites.

FR **Legalis** *www.legalis.net*

Tout sur les aspects juridiques du monde numérique : propriété intellectuelle, contrefaçons, règlement des litiges et arbitrage sur Internet…

FR **L'internet Juridique** *www.argia.fr/lij*

Informations juridiques et sélection de sites sur le commerce et l'économie. Sections dédiées à la cryptographie et à la jurisprudence relative à Internet.

FR **Panoranet** *www.panoranet.org*

Propose des infos (enjeux, actions, ressources) sur le respect de la vie privée sur Internet. Sélection de ressources juridiques.

Celog *www.celog.fr*
jnet *www.legalis.net/jnet*

Droit > Commercial

Avant de vous lancer dans les affaires, surtout à l'échelle internationale, il vaut mieux étudier les diverses législations, vous mettre en conformité avec les normes et protéger vos brevets.

FR **European Patent Office** *www.european-patent-office.org*

Cet organisme multi-état est l'office européen des brevets. À utiliser si vous êtes un petit génie de l'invention. Recherche parmi 30 millions de brevets.

FR **INPI** *www.inpi.fr*

L'Institut National de la Propriété Industrielle publie des informations pratiques sur les droits d'auteurs, y compris sur Internet.

FR **ISO** *www.iso.ch*

Le site de l'organisation internationale de normalisation propose des liens avec les diverses délégations (dans plus de 100 pays).

FR **La Revue Fiduciaire** *www.revue-fiduciaire.fr*

Publie des infos et des fiches d'information fiscale, sociale ou comptable. Chiffres utiles et agenda fiduciaire pour entreprises ou particuliers.

US **Lex Mercatoria** *lexmercatoria.net*

Accédez à toutes les ressources sur les législations relatives aux différents secteurs du commerce, e-business compris.

US **Mc Bride Baker & Coles** *www.mbc.com*

Trouvez sur ce site de nombreuses informations relatives à la législation sur l'e-business et sur les signatures digitales.

FR **OMPI** *www.wipo.int*

L'Organisation Mondiale de la Propriété Intellectuelle propose les mêmes services que l'INPI : protection de la propriété intellectuelle et des droits d'auteurs.

US **Patent and Trademark Office** *www.uspto.gov*

Le site du bureau des brevets américains. Comme avec son homologue européen, accédez à un résumé en ligne de plusieurs millions de brevets.

US **TradeWinds** *www.intl-trade.com*

Un site spécialisé dans la publication d'informations électroniques utiles au commerce international (chiffres, statistiques…). Archives en ligne.

US **USITC** *www.usitc.gov*

La commission américaine pour le commerce international est le service de référence pour tout ce qui a trait aux informations sur le commerce.

Index

Index

A

C

E

F

G

H

J

K

L

O

P

Q

R

S

T

X

Y

Z

· · · SAGIM · · · ·

Achevé d'imprimer en mars 2000
sur rotative Variquik par l'imprimerie
SAGIM à Courtry (77)

Imprimé en France

Dépôt légal : avril 2000
N° d'impression : 4245